MARKO BRAMBACH

Probleme der Tatbestände des erpresserischen Menschenraubes und der Geiselnahme

Schriften zum Strafrecht

Heft 119

Probleme der Tatbestände des erpresserischen Menschenraubes und der Geiselnahme

Von

Dr. Marko Brambach

Duncker & Humblot · Berlin

Die Deutsche Bibliothek – CIP-Einheitsaufnahme

Brambach, Marko:
Probleme der Tatbestände des erpresserischen Menschenraubes
und der Geiselnahme / von Marko Brambach. –
Berlin : Duncker und Humblot, 2000
  (Schriften zum Strafrecht ; H. 119)
  Zugl.: Köln, Univ., Diss., 1998
  ISBN 3-428-09936-2

ISSN 0558-9126
ISBN 3-428-09936-2

Gedruckt auf alterungsbeständigem (säurefreiem) Papier
entsprechend ISO 9706 ♾

Vorwort

Die vorliegende Arbeit lag im Wintersemester 1998/99 der Juristischen Fakultät der Universität zu Köln als Dissertation vor.

Ich möchte zunächst all jenen danken, die mich ermutigt haben, dieses Werk zu beginnen. Hier sind neben meinen Eltern natürlich Katja Leesemann und Dr. Manfred Entrich ausdrücklich zu nennen.

Dafür, daß es nicht bei einem Entschluß blieb, sind neben den bereits Genannten insbesondere Prof. Dr. Dr. h.c. mult. Hans Joachim Hirsch, Dorthee Jacoby und Martin Heening verantwortlich. Insoweit danke ich meinem Doktorvater für die konstruktive Kritik, die wertvollen Anregungen und sein Bemühen, eine Fertigstellung der Arbeit in angemessener Zeit zu gewährleisten. Den Übrigen gebührt mein Dank, da sie mir stets als Gesprächspartner zur Verfügung standen und sich bereit fanden, die Arbeit in ihrer ursprünglichen Fassung zu lesen, um mit ungezählten, sachdienlichen Anregungen und Hinweisen zu ihrem Gelingen beizutragen. Meinem Computer möchte ich dafür danken, daß er mir durch das erforderliche häufige Zwischenspeichern immer wieder die notwendige Zeit zum Nachdenken gegeben hat und trotz großer Beanspruchung nur gelegentlich abgestürzt ist.

Trotz dieser technischen Hilfe wäre die Arbeit ohne die moralische Unterstützung meiner Freunde, meiner Eltern und meiner Freundin wohl nie fertig gestellt worden. Daher sei jenen diese Arbeit in großer Dankbarkeit gewidmet.

Köln, den 11.11.1999   *Marko Brambach*

Inhaltsverzeichnis

Abkürzungsverzeichnis

a.A.	andere Auffassung
Abs.	Absatz
a.F.	alte(r) Fassung
Anm.	Anmerkung
Art.	Artikel
AT	Allgemeiner Teil
Aufl.	Auflage
Bay ObLG	Bayrisches Oberstes Landesgericht
BGB	Bürgerliches Gesetzbuch
BGBl I	Bundesgesetzblatt Teil I
BGH	Bundesgerichtshof
BGH GS St	Großer Senat für Strafsachen des Bundesgerichtshofs
BGHSt	Amtliche Sammlung der Entscheidungen des Bundesgerichtshofs in Strafsachen
BT	Besonderer Teil
BT Drucks.	Drucksachen des Deutschen Bundestages
BT-Protokolle	Protokolle der Verhandlungen des Deutschen Bundestages
BVerfG	Bundesverfassungsgericht
BVerfGE	Amtliche Sammlung der Entscheidungen des Bundesverfassungsgerichts
bzw.	beziehungsweise
ders.	derselbe
etc.	et cetera
f.	folgende
ff.	fortfolgende
Fn.	Fußnote
FS	Festschrift
GA	Goldammers Archiv
GG	Grundgesetz
h.L.	Herrschende Lehre
h.M.	Herrschende Meinung
i.V.m.	in Verbindung mit
JA	Juristische Arbeitsblätter
JR	Juristische Rundschau
Jura	Juristische Ausbildung
JuS	Juristische Schulung
JZ	Juristische Zeitung
LK	Leipziger Kommentar zum Strafgesetzbuch
NJW	Neue juristische Wochenschrift
NK	Nomos Kommentar zum Strafgesetzbuch
Nr.	Nummer
NStZ	Neue Zeitschrift für Strafrecht

Rdn.	Randnummer
RG	Reichsgericht
RGSt	Amtliche Sammlung der Entscheidungen des Reichsgerichts in Strafsachen
S.	Seite oder Satz
SK	Systematischer Kommentar
StGB	Strafgesetzbuch
StR	Senat für Strafsachen
StRÄndG	Strafrechtsänderungsgesetz
StRRG	Gesetz zur Reform des Strafrechts
StV	Strafverteidiger
vergl.	vergleiche
Vorbem.	Vorbemerkung
VRS	Verkehrsrechtssammlung
z.B.	zum Beispiel
ZRP	Zeitschrift für Rechtspolitik
ZStW	Zeitschrift für die gesamte Strafrechtswissenschaft

Einleitung

Die §§ 239 a/b[1] StGB sind seit ihrer Änderung 1989 Gegenstand mehrerer höchstrichterlicher Entscheidungen und einer lebhaften Diskussion geworden. Auf den ersten Blick muß dies verwundern, denn bis zu dieser Änderung haben erpresserischer Menschenraub und Geiselnahme in der strafrechtlichen Literatur einen eher bescheidenen Raum beansprucht und waren auch in der strafrechtlichen Praxis zumindest in quantitativer Hinsicht von geringer Bedeutung.[2]

Die Änderung von 1989 führte jedoch zu einer erheblichen Erweiterung des Anwendungsbereichs und wird in weiten Teilen der Literatur als verfehlt angesehen.[3] Aus diesen Umständen erklärt sich die erhöhte Aufmerksamkeit, die den fraglichen Normen nun zuteil wird. So haben sich in den letzten Jahren die verschiedenen Senate[4] des BGH mit Abgrenzungsproblemen der §§ 239 a/b beschäftigt und eine Entscheidung des Großen Senats[5] herbeigeführt. Wie sich an der dieser Entscheidung folgenden Literatur[6] zeigt, brachte sie nicht die erhoffte klare Lösung, so daß Raum und Bedarf für weitere Überlegungen besteht. Inwieweit sich die geltende Gesetzesfassung sinnvoll in das StGB integrieren läßt, oder ob es einer erneuten Gesetzesänderung bedarf, soll Thema dieser Abhandlung sein.

Die ersten sieben Abschnitte sind der momentan geltenden Fassung der Geiseldelikte gewidmet. Ausgehend von der Entstehungsgeschichte (1. Abschnitt) und der Relevanz der §§ 239 a/b (2. Abschnitt) wird der Meinungsstand zu den geschützten Rechtsgütern und der Auslegung der einzelnen Tatbestandsmerkmale dieser Normen dargestellt (3.-5. Abschnitt). Dabei wird sich herausstellen, daß aufgrund der gefundenen Ergebnisse eine sinnvolle Abgrenzung zu einigen anderen Delikten problematisch ist (6. Abschnitt I.-III.).

---

[1] Alle nicht weiter gekennzeichneten §§ sind solche des StGB.

[2] Vergl. hierzu 2. Abschnitt, S. 42.

[3] *Hassemer*, StV 89, 72 (78); *Kunert/Bernsmann*, NStZ 89, 449 (451); *Geerds*, JR 93, 424.

[4] Nämlich der 1., 2.und 5. Strafsenat.

[5] BGHSt 40, 350 = BGH GS St, NJW 95, 471 (472).

[6] *Fahl*, Jura 96, 456; *Graul*, Zustand, S. 345 ff.; *Hauf*, NStZ 95, 184; *Heinrich*, NStZ 97, 365; *Hellmann*, JuS 96, 522 (527 f.); *Lesch* JA 95, 449; *Müller-Dietz*, JuS 96, 110; *Renzikowski*, JZ 94, 492; Ders., JR 95, 349; Ders., JR 98, 126.

Aufgabe der folgenden Ausführungen ist es, verschiedene Lösungsvorschläge zu überprüfen und eine Möglichkeit der Auslegung der Geiseldelikte aufzuzeigen, die eine sinnvolle Abgrenzung zu anderen Delikten ermöglicht (6. Abschnitt IV.). Die dabei gefundenen Ergebnisse werden sodann anhand der strittigen Fälle überprüft (6. Abschnitt V.). Der 9. Abschnitt nimmt schließlich zur Notwendigkeit und Möglichkeit einer Neufassung der fraglichen Tatbestände Stellung.

Erster Abschnitt: Die Entstehungsgeschichte der Normen

Die Darstellung der Entstehungsgeschichte könnte mit der Einführung des erpresserischen Kindesraubes in das RStGB im Jahre 1936 beginnen. Dies um so mehr, als mit dem "Gesetz gegen den erpresserischen Kindesraub" eine einzelne Norm in eine bestehende Kodifikation eingefügt wurde, wobei diese Norm nicht an die Stelle einer alten Vorschrift trat.

Trotzdem versuchte Stockmayer in seiner Monographie zum erpresserischen Kindesraub[1], historische Wurzeln im römischen und germanischen Recht zu finden. Dabei stieß er auf das seiner Ansicht nach den erpresserischen Kindesraub umfassende Delikt des "plagiums" im römischen Recht und die entsprechenden Delikte in den germanischen und frühmittelalterlichen Rechtsordnungen, die als "Menschenraub" bezeichnet werden können.[2]

I. Das plagium des römischen Rechts

Stockmayer führt aus, daß sich das "plagium" erstmals in der lex Fabia de plagiariis[3] findet und das Verheimlichen, Gefangenhalten und Kaufen Freier wider deren Willen unter Strafe stellt.[4] Ziel der Norm sei es gewesen, den illegalen Menschenhandel zu bekämpfen.[5] Dabei konnten, und insoweit sieht Stockmayer eine Gemeinsamkeit mit dem erpresserischen Kindesraub, auch Kinder Opfer des "plagiums" werden.[6] Diese Gemeinsamkeit rechtfertigt indes nicht, in dem "plagium" eine dem erpresserischen Kindesraub vergleichbare Norm zu sehen. Vielmehr lassen sich zwischen den Normen relevante Unterschiede ausmachen. So fehlt es dem "plagium" an dem Erpressungselement, einem Charakteristikum des erpresserischen Kindesraubes. Auch ging der Tatbestand davon aus, daß das Opfer seiner Umgebung dauerhaft entzogen ist und sich nach Durchführung des "plagiums" im Zustand der Sklaverei befin-

---

[1] *Stockmayer*, Erpr. Kindesraub, S. 2 ff.

[2] *Stockmayer*, Erpr. Kindesraub, S. 2.

[3] Digesten 48, 15, 6, § 2.

[4] *Stockmayer*, Erpr. Kindesraub, S. 2.

[5] *Mommsen*, Röm. Strafrecht, S. 780; *Stockmayer*, Erpr. Kindesraub, S. 2.

[6] *Stockmayer*, Erpr. Kindesraub, S. 4.

det,[7] so daß eine andere Freiheitsberaubung nicht ausreichte. Das "plagium" entspricht daher viel eher unserem heutigen Menschenraubtatbestand (§ 234 StGB). Soweit Stockmayer formuliert, daß unter dem Delikt des "plagiums" auch die Fälle des erpresserischen Kindesraubes zu behandeln seien,[8] kann dem nicht gefolgt werden, denn nach seiner eigenen Darstellung liegt ein "plagium" nur dann vor, wenn das Opfer versklavt wird, was in eine andere Richtung weist.

Man wird insgesamt daran zweifeln müssen, daß die Römer schon einen Tatbestand ähnlich dem des erpresserischen Menschenraubes nach unserem heutigen Verständnis kannten. Entsprechendes wird bezüglich der Geiselnahme gelten, da diese aus dem Tatbestand des erpresserischen Menschenraubes entwickelt wurde.[9]

II. Der Menschenraub des deutschen (germanischen) Rechts

Parallel zum römischen Recht sieht Stockmayer auch im alten deutschen Recht in den Normen, die den Menschenraub bestraften, historische Wurzeln des erpresserischen Menschenraubes. Doch auch die insoweit zitierten Normen der lex Ribuaria[10], der lex Alamannorum[11], der lex Salica[12] oder der lex Baiuvariorum[13] umfassen nur den Raub und Verkauf Freier. In späteren Rechtsordnungen, nämlich im Sachsenspiegel[14], im Deutschenspiegel[15] und im Schwabenspiegel[16], verschwand dann die besondere Absicht des Verkaufs in die Sklaverei, und es blieb ein Tatbestand, der unserer heutigen Freiheitsberaubung ähnelt. Diese Delikte scheinen ihre Nachfolger in den heutigen §§ 234, 234 a, 235 und 239 zu finden, weshalb eine historische Linie vom römischen "plagium" beziehungsweise dem Menschenraub des germanischen und alten deutschen Rechts zu unserem heutigen Strafrecht nachvollziehbar ist.

---

[7] *Stockmayer*, Erpr. Kindesraub, S. 3.

[8] *Stockmayer*, Erpr. Kindesraub, S. 2.

[9] Siehe unten 1. Abschnitt VI., S. 30.

[10] Lex Ribuaria 16.

[11] Lex Alamannorum 48, 1.

[12] Lex Salica 41, 4; 11, 1 und 43, 1.

[13] Lex Baiuvariorum 9, 4.

[14] Sachsenspiegel II, 13, § 5.

[15] Deutschenspiegel II Landesrechtsteil Art. 110, § 5.

[16] Schwabenspiegel in der laßbergischen Ausgabe von 1840 § 227.

Diese Linie setzt sich fort, als aus dem Erpressungs- und dem Freiheitsberaubungstatbestand der des erpresserischen Kindesraubes gebildet wurde. Eine Norm, die vor 1936 beide Delikte zu einem neuen verband, ist aber nicht ersichtlich. Bekannt und strafbar war zwar der Raub eines Kindes und die Erpressung seiner Eltern.[17] Allerdings war dieses Verhalten nicht nach einer eigenständigen Norm strafbar, sondern nach zwei verschiedenen, nämlich einer ähnlich unserer heutigen Freiheitsberaubung und einer weiteren ähnlich unserer Erpressung, wobei Streit über das Konkurrenzverhältnis zwischen den beiden Normen bestand.[18] Eine Notwendigkeit, für ein solches Verhalten einen eigenen Tatbestand zu schaffen, wurde allerdings (noch) nicht gesehen. Vielmehr entwickelten sich die beiden Normen unabhängig voneinander weiter.

Ein historisches Vorbild für den Tatbestand des erpresserischen Menschenraubes gab es also nicht, so daß bei dessen Normierung lediglich auf die Tatbestände Freiheitsberaubung und Erpressung zurückgegriffen werden konnte, die ihrerseits jeweils eigenständige historische Wurzeln aufweisen.

III. Die Situation vor der Einführung des § 239 a in das RStGB

Mit der Einführung des RStGB erhielt das Deutsche Reich 1871 ein einheitliches Gesetzbuch. Bei diesem Gesetzeswerk, das, wenn auch mit wesentlichen Änderungen, heute noch gilt, haben zunächst weder der erpresserische Menschenraub noch die Geiselnahme Berücksichtigung gefunden.

Hinsichtlich der Systematik der Nötigungstatbestände ist bei diesem Gesetz auffällig, daß die Erpressung, § 253, die sexuelle Nötigung, § 177 n.F.[19], und die Freiheitsberaubung, § 239, nicht in einem gemeinsamen Nötigungsabschnitt zu finden sind, sondern jeweils Kernbestandteile eines Abschnitts bilden, der die Beeinträchtigung eines weiteren Rechtsgutes zum Inhalt hat.[20] Einen Abschnitt, der die Beeinträchtigung der allgemeinen Willensfreiheit zum Inhalt hat, gibt es zwar auch (Straftaten gegen die persönliche Freiheit), doch sind hier nur die Delikte zusammengefaßt, die die persönliche Freiheit allein oder ganz überwiegend schützen sollen.[21] Eine Zusammenfassung der aufgezählten Straftatbestände als Fälle einer "besonders schweren" Nötigung läßt sich daher allenfalls mit dem Inhalt der Normen, nicht aber mit der Systematik begründen.

---

[17] *Feuerbach/Mittermaier* S. 422 Note II.; *Morstadt* S. 421, A.c.

[18] *Stockmayer*, Erpr. Kindesraub, S. 10 f.

[19] bzw. die §§ 177, 178 a.F.

[20] Hierauf weist auch Wessels BT 2 Rdn. 351 f. hin.

[21] *Eser*, Schönke/Schröder Vorbem. §§ 234 ff. Rdn. 1; *Wessels* BT 1 Rdn. 350.

Der Tatbestand der "einfachen" Nötigung, § 240, ist also als Grundtatbestand zu den aufgezählten Normen und den später geschaffenen §§ 239 a/b diesen nicht vorangestellt, sondern vielmehr mit der Freiheitsberaubung einer eigenen Untergruppe zugeordnet. Trotzdem ist im Rahmen der Lehre der Konkurrenzen anerkannt, daß die angesprochenen Delikte, §§ 177 n.F.[22], 239[23] und 253[24] die Nötigung durch Spezialität verdrängen. Der wenig stringente Aufbau in diesem Bereich - einfacher Diebstahl wurde den anderen Diebstahlsformen vorangestellt, einfache Nötigung den anderen Nötigungsdelikten augenscheinlich nicht - läßt sich damit begründen, daß die Beeinträchtigung durch die Nötigung im Verhältnis zum spezialisierenden Unrecht eine untergeordnete Rolle spielt. Auch wird die allgemeine Willensfreiheit bei fast allen Delikten tangiert, so daß sich eine Anordnung nach diesem Schutzgut nicht anbietet. Daher wurden die Delikte unter dem Aspekt des darüber hinaus verwirklichten Unrechts geordnet.

IV. Die Einführung in das RStGB 1936

A. Grund und Umstände der Einführung

Im Jahr 1936 sorgte ein spektakulärer Kriminalfall für die Erkenntnis, daß die bis dahin normierten Tatbestände zur Erfassung des hier verwirklichten Unrechts nicht ausreichten[25]: Begünstigt durch die neuen Massenmedien erregte die erpresserische Entführung eines 12jährigen Kindes am 16.6.1936 in Bonn großes Aufsehen[26] und veranlaßte den Gesetzgeber zum sofortigen Tätigwerden. In nur wenigen Tagen wurde ein neuer Tatbestand geschaffen, der dann rückwirkend (!) in Kraft trat (durch Gesetz vom 22.6.1936 zum 1.6.1936).[27] Am 30.6.1936 wurde der Täter durch ein Sondergericht aufgrund dieses neuen Tatbestandes zum Tode verurteilt und hingerichtet.[28] Daß dieses

---

[22] *Eser*, Schönke/Schröder § 240 Rdn. 39; *Lackner/Kühl* § 240 Rdn. 27; *Tröndle* § 240 Rdn. 37.

[23] BGHSt 30, 235; OLG Köln, NStZ 85, 550 (552); *Eser*, Schönke/Schröder § 240 Rdn. 41; *Lackner/Kühl* § 240 Rdn. 27; *Tröndle* § 240 Rdn. 37; *Otto*, Jura 89, 497.

[24] RGSt 41, 276; *Eser*, Schönke/Schröder § 240 Rdn. 39; *Lackner/Kühl* § 240 Rdn. 27; *Tröndle* § 240 Rdn. 37.

[25] *Kohlrausch/Lange* 38. Aufl. § 239 a Anm. 1; *Stockmayer*, Erpr. Kindesraub, S. 1; *Bohlinger*, JZ 72, 230 (231); *Hansen*, GA 74, 353; *Kunert/Bernsmann*, NStZ 89, 449 (450).

[26] *Hansen*, GA 74, 353 (354).

[27] Reichsgesetzblatt I (1936), S. 493.

[28] *Stockmayer*, Erpr. Kindesraub, S. 1; *Bohlinger*, JZ 72, 230 (231); *Hansen*, GA 74, 353.

Vorgehen gleich in mehrerer Hinsicht mit der heutigen Auffassung von Rechtsstaatlichkeit nicht vereinbar ist, steht außer Frage[29] und soll nicht Thema dieser Arbeit sein. Die eingeführte Norm hatte folgenden Wortlaut:

§ 239 a:

Wer in Erpressungsabsicht ein fremdes Kind durch List, Drohung oder Gewalt entführt oder sonst der Freiheit beraubt, wird mit dem Tode bestraft. - Kind im Sinne dieser Vorschrift ist der Minderjährige unter 18 Jahren.

B. Schutzbereich nach damaliger Auffassung

Nach damaliger Auffassung sollte die neu geschaffene Norm mehrere Rechtsgüter schützen. Aus der systematischen Stellung im 18. Abschnitt ergab sich zunächst, daß der erpresserische Kindesraub ein Delikt war, das sich gegen die persönliche Freiheit des Kindes richtete.[30] Darin bestand, soweit ersichtlich, auch Einigkeit.

Die inhaltliche Ausfüllung dieses Begriffs war allerdings strittig. Eine Meinung definierte die persönliche Freiheit als die Fähigkeit, eigenes Verhalten ausschließlich nach eigenem Willen bestimmen zu können, wobei diese Fähigkeit allein ein mit Vernunft begabtes Wesen hat.[31] Als problematisch wurde an dieser Definition kritisiert, daß weder Kinder noch Geisteskranke über diese Fähigkeit verfügen und daher deren persönliche Freiheit nicht eingeschränkt werden kann.[32] Wie sich aus dem Wortlaut ergibt, sollen aber gerade Kinder geschützt werden. Es wurde daher vorgeschlagen, bei dieser Gruppe statt der persönlichen Freiheit die Erwartung künftiger Freiheit als durch den Tatbestand geschützt anzusehen.[33] Nach anderer Ansicht wurden die Rechtsgüter des Willensunfähigen dadurch verletzt, daß dieser dem Schutze des Gesetzes und des Staates entzogen[34] oder jedenfalls in seiner Menschenwürde durch die Anmaßung eines unbefugten Herrschaftsrechtes seitens des Täters über seinen Körper verletzt wird.[35]

Kritisiert wurde an dieser Auffassung, daß nicht die persönliche Freiheit befriedigend bestimmt, sondern neben dieser ein weiteres Schutzgut definiert

---

[29] *Maurach*, JZ 62, 559.

[30] *Stockmayer*, Erpr. Kindesraub, S. 32; *Schönke* 4. Aufl. § 239 a Nr. I.

[31] *Tittmann*, Beiträge, S. 8.

[32] *Stockmayer*, Erpr. Kindesraub, S. 27.

[33] *Tittmann*, Beiträge, S. 2.

[34] *Hälschner*, Strafrecht, S. 137 ff.

[35] *Bruck*, Lehre, S. 5 f.

werde, welches in gleicher Weise auch bei einem Erwachsenen durch die Tat beeinträchtigt würde. Die persönliche Freiheit sei dann aber als Schutzgut des § 239 a überflüssig, was der systematischen Stellung widerspräche.[36] Die Lösung dieses Konfliktes sah man darin, daß unter persönlicher Freiheit das Recht auf Unabhängigkeit von fremder Gewalt über die Person zu verstehen sei,[37] dessen Träger auch kleine Kinder sein könnten.

Diese Ansätze wurden mit dem Gedankengut des Nationalsozialismus überlagert, so daß unter persönlicher Freiheit die Möglichkeit des "Volksgenossen" verstanden wurde, ungestört von Einflüssen, die dem Willen der Gemeinschaft entgegenstanden, auf seinem Platze im Gefüge des Volkes zu stehen und dort seinen Willen zu betätigen.[38] Die so definierte persönliche Freiheit sollte durch § 239 a geschützt werden.

Strittig war, ob auch die Muntgewalt zum Schutzbereich des § 239 a gehört. Indem der Täter das Kind den Eltern entzieht, wird, so eine Ansicht,[39] die Muntgewalt, also das Recht des Gewalthabers zur Sorge für die Person, zur Aufsicht und zur Erziehung des Minderjährigen, beim erpresserischen Kindesraub regelmäßig beeinträchtigt. Es wurde auch formuliert, daß die "Verfügungsbefugnis der für das Kind der Volksgemeinschaft verantwortlichen Person" durch § 239 a hauptsächlich geschützt werde.[40] Andererseits will sich der Täter kein Erziehungsrecht anmaßen. Die Beeinträchtigung des rechtlichen Verhältnisses zwischen Eltern und Kind ist aus seiner Sicht allenfalls Mittel zum Zweck.[41] Dabei will er weniger diesen rechtlichen Aspekt ausnutzen als vielmehr das menschliche Verhältnis der Eltern zu ihrem Kind.[42] Demnach gehörte mit der Gegenmeinung nicht die Muntgewalt, sondern die "innere Gemeinschaft" zwischen Eltern und Kind zumindest auch[43] zum Schutzbereich des erpresserischen Kindesraubes.[44]

Das Vermögen wurde nicht oder jedenfalls nur als ganz unwesentlicher Bestandteil zum Schutzbereich des § 239 a gerechnet.[45] Dem lag die Überlegung zugrunde, daß ein umfassender Schutz des Vermögens schon durch andere

---

[36] *Stockmayer*, Erpr. Kindesraub, S. 28.

[37] *Knitschky*, GS 44, S. 249 ff. (274).

[38] *Stockmayer*, Erpr. Kindesraub, S. 31.

[39] *Stockmayer*, Erpr. Kindesraub, S. 32; Schönke 4. Aufl. § 239 a Nr. I.

[40] *Ficker*, Pfundtner, Nr. II c 6.

[41] *Stockmayer*, Erpr. Kindesraub, S. 33.

[42] *Stockmayer*, Erpr. Kindesraub, S. 33.

[43] *Schönke* 4. Aufl. § 239 a Nr. I.

[44] *Stockmayer*, Erpr. Kindesraub, S. 33.

[45] *Stockmayer*, Erpr. Kindesraub, S. 35; a.A.: *Mezger*, Strafrecht, S. 287.

Normen gewährleistet war.[46] Zwar sei der rechtswidrige[47] Vermögensvorteil, und damit die Beeinträchtigung fremden Vermögens, nach der Fassung der Norm das Endziel des Täters. Allerdings zeige der Strafrahmenunterschied zwischen den Vermögensdelikten und dem erpresserischen Kindesraub, daß der Gesetzgeber den Schwerpunkt der Verwerflichkeit gerade nicht in der Vermögensbeeinträchtigung sah.[48]

Ausgehend von der Überlegung, daß die bisher angenommenen Schutzgüter den hohen Strafrahmen nicht zu rechtfertigen vermögen und es kein neues, nur von § 239 a erfaßtes Schutzgut gibt, wurde die Auffassung begründet, daß auch das Leben des Kindes zum Schutzbereich gehört.[49] § 239 a sei ein abstraktes Lebensgefährdungsdelikt, und indem sich hieran der Strafrahmen ausrichte, sei das Leben das Hauptschutzgut der Norm.[50]

V. Die Modifizierung nach Gründung der Bundesrepublik[51]

A. Grund und Umstände der Änderung

Der Straftatbestand des erpresserischen Kindesraubes wurde nach der Gründung der Bundesrepublik nicht nur wegen der absoluten Höchststrafe,[52] sondern auch wegen seiner Fassung als verunglückt angesehen.[53] So blieb er zwar ein eigenständiger Straftatbestand des StGB, wurde aber geändert. Man ersetzte auf der Tatbestandsseite die erpresserische Absicht durch die Absicht, ein Lösegeld zu verlangen und auf der Rechtsfolgenseite die Todesstrafe durch eine Freiheitsstrafe.

B. Tatbestandsfassung

§ 239 a. Erpresserischer Kindesraub.

---

[46] *Stockmayer*, Erpr. Kindesraub, S. 35.

[47] *Kohlrausch/Lange* 38. Aufl. § 239 a Nr. 2; *Olsenhausen* § 239 a Nr. 5a; *Schönke* 4. Aufl. § 239 a Nr. III.

[48] *Schönke* 4. Aufl. § 239 a Anm. 1; *Stockmayer*, Erpr. Kindesraub, S. 35.

[49] *Kohlrausch/Lange* 38. Aufl. § 239 a Nr. 2; *Schönke* 4. Aufl. § 239 a Nr. I.; *Stockmayer*, Erpr. Kindesraub, S. 35 ff.; *Welzel*, Strafrecht, 1. Aufl., S. 149.

[50] *Stockmayer*, Erpr. Kindesraub, S. 40.

[51] 3. StRÄndG (Strafrechtsbereinigungsgesetz) vom 4.8.53, BGBl I S. 735 ff.

[52] *Schönke* 4. Aufl. § 239 a Vorbem.

[53] *Kohlrausch/Lange* 38. Aufl. § 239 a Anm. 1; *Lange*, NJW 53, 1161 (1164); *Nüse*, JR 53, 277.

(1) Wer ein fremdes Kind entführt oder der Freiheit beraubt, um für dessen Herausgabe ein Lösegeld zu verlangen, wird mit Zuchthaus nicht unter drei Jahren bestraft.

(2) Kind im Sinne dieser Vorschrift ist der Minderjährige unter achtzehn Jahren.

C. Schutzbereich

Grundsätzlich ging man davon aus, daß sich trotz der Neufassung der Schutzbereich nicht geändert hat, weshalb man die Bewegungsfreiheit des Kindes, die Munt - nun verstanden als die menschliche Beziehung zwischen Eltern und Kind -, die Entschlußfreiheit und das Vermögen des Sorgeberechtigten zum Schutzbereich zählte.[54]

Dabei ist darauf hinzuweisen, daß sich nach dem Ende der NS-Zeit deren Gedankengut aus der Norminterpretation verflüchtigte, was insbesondere im Bereich des Schutzgutes der persönlichen Freiheit zu bemerken ist, die dem einzelnen nun nicht mehr als Teil des Volkes, sondern vielmehr als Individuum selbst zukommt.

Ferner ist anzumerken, daß die Einbeziehung des elterlichen Vermögens in den Schutzbereich sehr fraglich ist, denn aus dem Wortlaut ergibt sich nicht, daß das Lösegeld aus dem Vermögen der Eltern stammen muß. Jedenfalls ist mit der Ersetzung der Erpressungsabsicht durch das Erfordernis der Lösegeld-herausgabe eine Änderung des Schutzbereichs eingetreten[55]: Das Vermögen wurde fortan nicht mehr nur gegen rechtswidrige Vermögensverschiebungen, sondern auch gegen rechtmäßige geschützt.[56] Demnach wurde auch vertreten, daß die Dispositionsfreiheit hinsichtlich des Vermögens geschützt sei, und zwar nicht nur die der Eltern, sondern auch die eines beliebigen Dritten, denn auch dessen Vermögen werde geschützt.[57] Nach der Gegenansicht würde aber die Intention der Änderung in ihr Gegenteil verkehrt, wäre das Streben nach einem rechtswidrigen Vermögensvorteil nun nicht mehr Tatbestandsmerkmal der Norm, da dann der Tatbestand unschärfer würde, so daß der als Lösegeld erstrebte Vermögensvorteil rechtswidrig im Sinne des § 253 sein müsse.[58]

---

[54] *Kohlrausch/Lange* 43. Aufl. § 239 a Nr. II; *Hansen*, GA 74, 352 (359).

[55] a.A.: *Kohlrausch/Lange* 43. Aufl. § 239 a Nr. IV.

[56] BGH, JZ 62, 576; *Schäfer*, LK 8. Aufl. § 239 a Anm. 4; *Welzel*, Strafrecht, 11. Aufl., § 43 V.; *Nüse*, JR 53, 277; *Bohlinger*, JZ 72, 230 (231).

[57] *Dreher* 32. Aufl. § 239 a Anm. 2.B.; *Schäfer*, LK 8. Aufl. § 239 a Anm. 4; *Schönke/Schröder* 10. Aufl. § 239 a Nr. IV. 1; *Maurach*, JZ 62, 559 (560 f.).

[58] *Kohlrausch/Lange* 43. Aufl. § 239 a Nr. IV.

Streit bestand auch darüber, ob das Leben[59] oder die körperliche Unversehrtheit des Kindes[60] oder keines von beidem[61] zum Schutzbereich gehöre, wobei sich die erste Meinung auf den immer noch sehr hohen Strafrahmen, die zweite auf dessen Absenkung berufen hat. Die dritte Ansicht argumentierte vom Wortlaut her, der eine Gefahr für das Kind gerade nicht mehr voraussetze.

VI. Die Änderung von 1971[62]

A. Grund und Umstände der Änderung

Einige spektakuläre Kriminalfälle im In-[63] und Ausland[64] motivierten den Gesetzgeber zu einer Änderung des § 239 a.[65] Zwischen Denkanstoß und Verabschiedung der Reform vergingen nur viereinhalb Monate, wieder eine überraschend kurze Zeitspanne.[66]

B. Tatbestandsfassung

1. § 239 a. Erpresserischer Menschenraub

(1) Wer einen anderen entführt oder sich eines anderen bemächtigt, um die Sorge eines Dritten um das Wohl des Opfers zu einer Erpressung (§ 253) auszunutzen, oder wer die von ihm durch eine solche Handlung geschaffene Lage eines anderen zu einer solchen Erpressung ausnutzt, wird mit Freiheitsstrafe nicht unter drei Jahren bestraft.

(2) Verursacht der Täter durch die Tat leichtfertig den Tod des Opfers, so ist die Strafe lebenslange Freiheitsstrafe oder Freiheitsstrafe nicht unter zehn Jahren.

(3) Das Gericht kann die Strafe nach den Vorschriften über die Bestrafung des Versuchs mildern, wenn der Täter das Opfer unter Verzicht auf die er-

---

[59] *Nüse*, JR 53, 277.
[60] BGHSt 25, 36 f.
[61] *Dreher* 32. Aufl. § 239 a Anm. 3.B.
[62] 12. StRÄndG, BGBl I 1971/1979; Inkrafttreten 19.12.71.
[63] *Schäfer*, LK § 239 a Rdn. 1; *Hansen*, GA 74, 353; *Blei*, JA 75, 19; insbesondere der Münchener Banküberfall am 4.8.71.
[64] *Müller-Emmert/Maier*, MDR 72, 97.
[65] BT Drucks. VI/2722, S. 1; *Müller-Emmert/Maier*, MDR 72, 97.
[66] *Hansen*, GA 74, 353 f.; *Blei*, JA 75, 19; *Backmann*, JuS 77, 444 (446).

strebte Leistung in dessen Lebenskreis zurückgelangen läßt. Tritt dieser Erfolg ohne Zutun des Täters ein, so genügt sein ernsthaftes Bemühen, den Erfolg zu erreichen.

2. § 239 b. Geiselnahme

(1) Wer einen anderen entführt oder sich eines anderen bemächtigt, um einen Dritten durch die Drohung mit dem Tode oder einer schweren Körperverletzung (§ 224) des Opfers zu einer Handlung, Duldung oder Unterlassung zu nötigen, oder wer die von ihm durch eine solche Handlung geschaffene Lage eines anderen zu einer solchen Nötigung ausnutzt, wird mit Freiheitsstrafe nicht unter drei Jahren bestraft.

(2) § 239 a Abs. 2, 3 gilt entsprechend.

C. Inhalt der Änderung

Auffälligste Änderung ist die Einführung des Tatbestandes der Geiselnahme in das StGB. Hierdurch wurde der Anwendungsbereich des erpresserischen Menschenraubes weder eingeschränkt noch aufgesplittet sondern vielmehr um andere Nötigungsziele erweitert.[67] Dabei erschien es dem Gesetzgeber nötig, bei dem Geiselnahmetatbestand mit den anzustrebenden schwer(er)en Nötigungsmitteln eine zusätzliche Voraussetzung zu normieren, um eine Ausuferung des Anwendungsbereiches zu verhindern und die Gleichwertigkeit des Unrechts zu gewährleisten.[68] So wurde das Erpressungsziel des § 239 a in seinem Unwertgehalt gegenüber dem Nötigungsziel des § 239 b als gesteigert angesehen,[69] was im Rahmen des § 239 b durch das Erfordernis einer qualifizierten Drohung kompensiert wurde.[70]

Eine Erweiterung des Anwendungs- und damit auch des Schutzbereiches kann in zweierlei Hinsicht festgestellt werden. Zum einen wurde der Kreis der tauglichen Opfer der Tat erweitert und zum anderen kann sich der Täter auch dann aus einem Geiseldelikt strafbar machen, wenn er keine Erpressungsabsicht verfolgt.

---

[67] *Dreher* 33. Aufl. § 239 a Anm. 1; *Müller-Emmert/Maier*, MDR 72, 97 (99).

[68] BT Drucks. VI/2722, S. 2; *Bohlinger*, JZ 72, 230 (233); *Backmann/Müller-Dietz*, JuS 75, 38 (41).

[69] BT Drucks. VI/2722, S. 2.

[70] *Bohlinger*, JZ 72, 230 (233).

Das Tatbestandsmerkmal "ein fremdes Kind" wurde sowohl in § 239 a als auch in § 239 b durch die Formulierung "einen anderen" ersetzt. Neben dem fremden Kind unter achtzehn Jahren ist durch diese Änderung nun jeder Mensch davor geschützt, Geisel zu werden.[71] Im Zusammenhang mit dem Kreis der möglichen Opfer ist auch die Änderung des Begriffes "Freiheitsberaubung" in die Formulierung "sich eines anderen bemächtigen" zu sehen. Opfer einer Freiheitsberaubung konnte nach damaliger h.M. nur sein, wer die Möglichkeit zur Fortbewegung hat und sich einen dahingehenden Willen bilden kann.[72] Schon der alte § 239 a sollte aber nach der h.M. auch Kleinstkindern, denen die Möglichkeit zur Fortbewegung oder einer entsprechenden Willensentschließung fehlt, Schutz gewähren.[73] Ziel der Änderung war es nun, den Auslegungswiderspruch zwischen § 239 und § 239 a zu beseitigen.[74]

Auch in der Schaffung des § 239 b liegt eine Erweiterung des Schutzbereiches, denn anders als bei § 239 a ist eine Erpressungsabsicht hier nicht erforderlich; es genügt, wenn der Täter mit der Geiselnahme andere Ziele verfolgt. Unerheblich ist bei § 239 b, ob der Täter das Ziel zu Recht oder zu Unrecht verfolgt, wenn er nur die qualifizierten Nötigungsmittel einsetzen will.[75] Das ergibt sich insbesondere daraus, daß § 239 b anders als § 239 a im Hinblick auf § 253 nicht auf § 240 verweist und es daher auch nicht auf dessen Absatz 2 ankommt.[76]

Darüber hinaus wurde eine Strafschärfung insoweit vorgenommen, als nach dem zweiten Absatz derjenige mit mindestens 10 Jahren Freiheitsstrafe rechnen muß, der den Tod des Opfers durch die Tat leichtfertig verursacht. Der Täter sollte hierdurch dazu angehalten werden, wenigstens das Leben der Geisel zu schonen.[77] Der Gesetzgeber reagierte hiermit auf den Umstand, daß sich aus einer solchen Tat stets eine besonders große Gefahr für das Leben der Geisel ergibt.[78]

---

[71] So auch BT Drucks. VI/2722 S. 2; *Dreher* 33. Aufl. § 239 a Anm. 2.A.; *Bohlinger*, JZ 72, 230 (231).

[72] Bay ObLG, JZ 52, 237; *Dreher* 32. Aufl. § 239 Anm. 1; *Schönke/Schröder* 15. Aufl. § 239 Nr. 4; *Bohlinger*, JZ 72, 230; *Müller-Emmert/Maier*, MDR 72, 97.

[73] Vergl. oben 1. Abschnitt IV.B., S. 27.

[74] BT Drucks. VI/2722 S. 2; BGH, GA 75, 155; *Müller-Emmert/Maier*, MDR 72, 97 (98); *Blei*, JA 75, 37.

[75] *Dreher* 33. Aufl. § 239 b Anm. 2.; *Bohlinger*, JZ 72, 230 (233); *Müller-Emmert/Maier*, MDR 72, 97 (99).

[76] *Bohlinger*, JZ 72, 230 (233).

[77] *Müller-Emmert/Maier*, MDR 72, 97 (98).

[78] BT Drucks. VI/2722 S. 2 f.

Zuletzt wurde zur Verbesserung des Opferschutzes[79] mit dem dritten Absatz die Möglichkeit der tätigen Reue geschaffen: Der Täter, der unter Verzicht auf die Beute sein Opfer freiläßt, kann milder bestraft werden. Daß die Voraussetzung für diese Strafmilderungsmöglichkeit nicht die Unversehrtheit der Geisel, sondern nur das Überleben und der Verzicht auf den Vermögensvorteil ist,[80] erklärt sich damit, daß es dem Täter regelmäßig nur auf diesen Vermögensvorteil ankommt und nicht darauf, das Opfer zu verletzen.[81] Die Strafmilderung nur an die Unversehrtheit oder das Überleben der Geisel zu knüpfen, würde zu einer Aushöhlung des Regelstrafrahmens für den Fall führen, daß der Täter die Beute behielte und das Opfer laufen ließe.[82] Auch die Verknüpfung von Verzicht auf den Vermögensvorteil und Unversehrtheit der Geisel als Voraussetzung für die tätige Reue erscheint nicht sinnvoll, da einer einmal verletzten Geisel so der Schutz der tätigen Reue entzogen würde.[83] Dies kann nicht sinnvoll sein.

D. Schutzbereich

Obwohl der Schutzbereich des alten § 239 a im wesentlichen erhalten bleiben sollte,[84] haben sich einige Änderungen ergeben.

1. Schutzbereich des § 239 a

Schon bei der Diskussion über die richtige systematische Stellung der Geiseldelikte im StGB wurde die Frage nach dem intendierten Schutzbereich erörtert.[85] Insoweit stellte man übereinstimmend fest, daß es sich in gewisser Hinsicht um Lebensgefährdungsdelikte handeln würde.[86] Das Leben eines Menschen sollte also zum Schutzbereich gehören. Dies bestätigen auch Stim-

---

[79] BT Drucks. VI/2722 S. 2.
[80] *Dreher* 33. Aufl. § 239 a Anm. 6.
[81] BT Drucks. VI/2722 S. 2.
[82] *Müller-Emmert/Maier*, MDR 72, 97 (98).
[83] BT Drucks. VI/2722, S. 2; *Bohlinger*, JZ 72, 230 (232 f.).
[84] *Müller-Emmert/Maier*, MDR 72, 97.
[85] BT Drucks. VI/2722 S. 2; *Schäfer*, LK § 239 a Rdn. 2.
[86] BT-Protokolle über die 49.-51. Sitzung, S. 1552; *Schäfer*, LK § 239 a Rdn. 2; *Backmann*, JuS 77, 444 (447).

men in der Literatur[87], die ihre Ansicht auf das Strafmaß und das typische Tatbild stützten.

Neben dem Leben wird von einer Meinung auch die Unversehrtheit als dem Schutzbereich zugehörig angesehen.[88] § 239 a erscheine weniger als Lebensgefährdungsdelikt, denn als Gefährdungsdelikt hinsichtlich der körperlichen Integrität, was damit erklärt wurde, daß die nunmehr geringere Mindeststrafandrohung (seit der Änderung 1953) eine einengendere Auslegung nicht rechtfertige.[89]

Ferner sollen auch die Schutzgüter des § 253, also Willensfreiheit und Vermögen,[90] zum Schutzbereich des § 239 a gehören, da dieser eine Vorbereitungshandlung zur Erpressung darstelle.[91] Insoweit soll dem Vermögensschutz aber nur eine untergeordnete Bedeutung zukommen.[92]

An der systematischen Einordnung und dem typischen Tatbild hat sich nichts geändert, so daß auch die persönliche Freiheit weiterhin zum Schutzbereich gezählt wurde.[93] Dies war vom Gesetzgeber auch so beabsichtigt.[94]

Auffällig ist aber die Wortlautänderung, mit der das Erfordernis der Freiheitsberaubung durch die Formulierung "sich eines anderen bemächtigt" ersetzt wurde. Mit dieser Änderung begegnete man dem sich wandelnden Verständnis zum Inhalt der persönlichen Freiheit und beseitigte Auslegungswidersprüche.[95]

Hinsichtlich der beeinträchtigten Dimension der persönlichen Freiheit ging die h.L. trotz der Änderung weiterhin davon aus, daß in erster Linie die Fortbewegungsfreiheit geschützt werde.[96] Die Entschlußfreiheit der Geisel gehöre

---

[87] *Bohlinger*, JZ 72, 230 (231 f.); *Hansen*, GA 74, 352 (368 f.); *Backmann*, JuS 77, 444 (446); *Schmitt*, Jura 85, 269.

[88] *Dreher* 33. Aufl. § 239 a Anm. 1.A.; *Lackner/Maassen* 7. Aufl., § 239 a Rdn. 2; *Müller-Emmert/Maier*, MDR 72, 97; *Hansen*, GA 74, 352 (363); *Rengier*, GA 85, 314 (316).

[89] BGHSt 25, 35 (36).

[90] *Dreher* 33. Aufl. § 253 Anm. 1.

[91] *Dreher* 33. Aufl. § 239 a Anm. 1.A.; *Eser*, Schönke/Schröder 16. Aufl. § 239 a Rdn. 3; *Lackner/Maassen*, 7. Aufl., § 239 a Rdn. 2; *Schäfer*, LK 9. Aufl. § 239 a Rdn. 2; *Hansen*, GA 74, 352 (364).

[92] *Müller-Emmert/Maier*, MDR 72, 97.

[93] *Dreher* 33. Aufl. § 239 a Anm. 1.A.; *Eser*, Schönke/Schröder 16. Aufl. § 239 a Rdn. 3; *Lackner/Maassen* 7. Aufl., § 239 a Rdn. 2; *Schäfer*, LK 9. Aufl. § 239 a Rdn. 2; *Müller-Emmert/Maier*, MDR 72, 97; *Hansen*, GA 74, 352 (363); *Rengier*, GA 85, 314 (316).

[94] BT-Protokolle VI/2722 S. 2.

[95] Vergl. oben 1. Abschnitt VI.C. S. 31.

[96] *Hansen*, GA 74, 352 (364); *Backmann*, JuS 77, 444 (445).

daneben nicht zum Schutzbereich, denn sie werde nicht anders beeinträchtigt, als dies bei Freiheitsberaubungen im Sinne des § 239 auch der Fall wäre.[97]

Nach anderer Ansicht sollte aber nach der Änderung nicht mehr die Fortbewegungsfreiheit der geschützte Bereich der persönlichen Freiheit sein, sondern etwas, das mit Geborgenheit umschrieben wurde.[98] Inhaltlich läge die Geborgenheit solange vor, wie der einzelne in der Lage ist, sich durch eigene Kräfte oder die schützenden Kräfte der sozialen Gemeinschaft selbst zu beherrschen.[99] Die persönliche Freiheit bedeute im Rahmen des § 239 a somit die Freiheit von der Herrschaft eines anderen.[100]

Vereinzelt wird auch die Muntgewalt weiterhin zum Schutzbereich gezählt.[101] Diese Ansicht übersieht allerdings, daß nicht mehr nur Kinder taugliche Opfer des erpresserischen Menschenraubes sind, sondern ebenso Erwachsene. Auch wurde durch § 239 a in seiner alten Fassung weniger die Muntgewalt, also das Erziehungsrecht der Eltern, als vielmehr die besonders enge soziale Bindung zwischen Kindern und Eltern geschützt.[102] Mit der Ausweitung der möglichen Opfer erscheint nun der Begriff Muntgewalt zur Umschreibung des Gemeinten endgültig verfehlt. Soll nämlich der Menschenraub Erwachsener genauso verwerflich sein wie der von Kindern, so gehört entweder das besondere Verhältnis von Eltern und Kindern nicht zum Schutzbereich oder aber ein entsprechend schützenswertes Verhältnis muß auch unter Erwachsenen bestehen können. Beide Alternativen führen jedoch dazu, daß die Muntgewalt jedenfalls nicht mehr zum Schutzbereich gezählt werden kann.

Andere Stimmen halten die psycho-physische Integrität des in Sorge Gebrachten für zum Schutzbereich gehörig.[103] Eine solche Beeinträchtigung ist indes nur bei einer besonderen emotionalen Bindung zwischen Drittem und Geisel denkbar, so daß nach dieser Auffassung der Schutz der besonderen Gefühle intendiert ist. In der Ausnutzung dieser Gefühle des Dritten für die Geisel soll dabei auch die besondere Verwerflichkeit der Tat liegen.[104] Statt der besonderen Eltern-Kind-Beziehung sollte also nunmehr die emotionale Bindung zwischen beliebigen Personen geschützt werden.

---

[97] *Hansen*, GA 74, 252 (364); *Backmann*, JuS 77, 444 (445).

[98] *Lampe*, JR 75, 423 (425).

[99] *Lampe*, JR 75, 423 (425).

[100] *Lampe*, JR 75, 423 (425).

[101] *Schmitt*, Jura 85, 269.

[102] *Maurach*, JZ 62, 559 (560); *Backmann/Müller-Dietz*, JuS 75, 38 (41).

[103] *Dreher* 33. Aufl. § 239 a Anm. 1.A.

[104] *Eser*, Schönke/Schröder 16. Aufl. § 239 a Rdn. 15; *Schäfer*, LK 9. Aufl. § 239 a Rdn. 6; *Blei*, JA 75; 19 (20).

Nach anderer Ansicht[105] gehöre dieses Gefühl nicht zu dem geschützten Bereich, da als Erpressungsopfer auch der Staat in Betracht kommen müsse, der ein solches Gefühl aber nicht haben könne.

2. Schutzbereich des § 239 b

Hinsichtlich des Schutzbereiches der Geiselnahme kann weitgehend auf die Ausführungen zu § 239 a verwiesen werden. Da jedoch eine Erpressungsabsicht nicht erforderlich ist, gehört das Vermögen hier nicht zum Schutzbereich. Vielmehr wurde die Geiselnahme als Qualifikation der Nötigung angesehen[106] und schützte daher die allgemeine Willensentschließungs- und Willensbetätigungsfreiheit.[107]

VII. Die Änderung von 1989[108]

A. Grund und Umstände der Änderung

Eine weitere Änderung der fraglichen Normen erfolgte 1989 zusammen mit der Einführung der sogenannten "Kronzeugenregelung" und wie diese[109] mit dem erklärten Ziel, terroristische Straftaten besser bekämpfen zu können.[110] Speziell wurde auf den Fall hingewiesen, in dem ein Politiker festgesetzt wird und zu einem bestimmten Verhalten gezwungen werden soll.[111] Ein solches Unrecht werde im geltenden Recht nicht oder jedenfalls nicht voll erfaßt und sei nicht weniger strafwürdig, als wenn ein Politiker mit der Festsetzung seiner Frau zu einem Verhalten gezwungen werde.[112] Zudem reagierte der Gesetzgeber auch auf vereinzelte Forderungen im Schrifttum, die Dreiecksstruktur abzuschaffen.[113]

---

[105] *Hansen*, GA 74, 352 (368).

[106] *Schäfer*, LK § 239 a Rdn. 2.

[107] BGHSt 26, 73; *Dreher* 33. Aufl. § 239 b Anm. 1; *Backmann*, JuS 77, 444 (445).

[108] "Artikelgesetz" vom 9.6.89; BGBl I 1059; Inkrafttreten 16.6.89.

[109] *Hilger*, NJW 89, 2377.

[110] BR Drucks. 238/88 S. 18 f.; *Eser*, Schönke/Schröder § 239 a Rdn. 1; *Kunert/Bernsmann*, NStZ 89, 449.

[111] BR Drucks. 238/88 S. 2, 19.

[112] BR Drucks. 238/88 S. 2, 19; *Kunert/Bernsmann*, NStZ 89, 449 (450).

[113] *Hansen*, GA 74, 353 (356).

B. Tatbestandsfassung

1. § 239 a. Erpresserischer Menschenraub

(1) Wer einen anderen entführt oder sich eines anderen bemächtigt, um die Sorge des Opfers um sein Wohl oder die Sorge eines Dritten um das Wohl des Opfers zu einer Erpressung (§ 253) auszunutzen, oder wer die von ihm durch eine solche Handlung geschaffene Lage eines anderen zu einer solchen Erpressung ausnutzt, wird mit Freiheitsstrafe nicht unter fünf Jahren bestraft.

(2) In minder schweren Fällen ist die Strafe Freiheitsstrafe nicht unter einem Jahr.

(3) Verursacht der Täter durch die Tat leichtfertig den Tod des Opfers, so ist die Strafe lebenslange Freiheitsstrafe oder Freiheitsstrafe nicht unter zehn Jahren.

(4) Das Gericht kann die Strafe nach § 49 Abs. 1 mildern, wenn der Täter das Opfer unter Verzicht auf die erstrebte Leistung in dessen Lebenskreis zurückgelangen läßt. Tritt dieser Erfolg ohne Zutun des Täters ein, so genügt sein ernstliches Bemühen, den Erfolg zu erreichen.

2. § 239 b. Geiselnahme

(1) Wer einen anderen entführt oder sich eines anderen bemächtigt, um ihn oder einen Dritten durch Drohung mit dem Tod oder einer schweren Körperverletzung (§ 224) des Opfers oder mit dessen Freiheitsentziehung von über einer Woche Dauer zu einer Handlung, Duldung oder Unterlassung zu nötigen, oder wer die von ihm durch eine solche Handlung geschaffene Lage eines anderen zu einer solchen Nötigung ausnutzt, wird mit Freiheitsstrafe nicht unter fünf Jahren bestraft.

(2) § 239 a Abs. 2 bis 4 gilt entsprechend.

C. Inhalt der Änderung

Mit der Änderung wurde erneut der Anwendungsbereich erweitert. So müssen Entführungs- und Nötigungsopfer bei beiden Normen nicht mehr personenverschieden sein: War bislang ein Dreipersonenverhältnis für beide Tatbestände charakteristisch, so ist eine Verwirklichung der §§ 239 a/b nun auch im Zweipersonenverhältnis möglich.[114] Damit wurde die bislang geltende Drei-

---

[114] *Kunert/Bernsmann*, NStZ 89, 449 (450); *Jung*, JuS 89, 1025.

ecksstruktur - der Täter bemächtigt sich des Opfers 1, um beim Opfer 2 etwas zu erreichen[115] - zumindest in ihrer ursprünglichen Form aufgehoben.[116] Es hat den Anschein, als würden schwere Fälle der Erpressung, der Freiheitsberaubung und der Nötigung nun unter die Tatbestände der §§ 239 a/b zu subsumieren sein und damit die typische und bislang unrechtsbegründende Struktur aufgehoben.[117]

Zur Erreichung einer höheren generalpräventiven Wirkung[118] wurde die Mindeststrafe von drei auf fünf Jahre angehoben.

Weiterhin wurde bei § 239 a ein neuer Absatz 2 geschaffen, der mit dem minder schweren Fall einen unbenannten Strafmilderungsgrund einführt. Die hier vorgenommene Absenkung der Strafandrohung, die gemäß § 239 b auch für die Geiselnahme gilt, wird als eine notwendige Folge der Erhöhung bezeichnet, um in Fällen, in denen der Unrechtsgehalt im Vergleich zum Normalfall deutlich nach unten abweicht, schuldangemessenes Strafen zu ermöglichen.[119] Eine Höchstgrenze wurde dabei allerdings nicht vorgesehen, so daß ein Strafrahmen bis zu 15 Jahren Freiheitsstrafe eröffnet ist, was angesichts der Bezeichnung "minder schwerer Fall" wenig stimmig erscheint.[120] Kritisiert wurde ferner, daß es sich bei dem Strafmilderungsgrund um einen unbenannten handelt, denn auf diese Weise werde die Strafzumessung noch unbestimmter, als sie ohnehin schon sei.[121]

Die Nötigungsmittel des § 239 b wurden um die Drohung mit einer Freiheitsentziehung von über einer Woche Dauer erweitert. Hiermit hat der Gesetzgeber, wie zuvor schon in § 239 Absatz 2, der Vergleichbarkeit des Unrechtsgehaltes dieses Nötigungsmittels mit den bisherigen Rechnung getragen.[122]

---

[115] *Eser*, Schönke/Schröder § 239 a Rdn. 2; *Tröndle* § 239 a Rdn. 6a; *Maurach*, JZ 62, 559 ff.; *Hassemer*, StV 89, 78.

[116] *Eser*, Schönke/Schröder § 239 a Rdn. 2; *Tröndle* § 239 a Rdn. 6a; *Krey* BT 2 Rdn. 322; *Maurach/Schroeder/Maiwald* BT I § 15 Rdn. 26; *Fahl*, NJ 96, 70; *Kunert/Bernsmann*, NStZ 89, 449 (450).

[117] *Krey* BT 2 Rdn. 322; *Kunert/Bernsmann*, NStZ 89, 449 (450).

[118] *Eser*, Schönke/Schröder § 239 a Rdn. 1; *Kunert/Bernsmann*, NStZ 89, 449 (451).

[119] *Kunert/Bernsmann*, NStZ 89, 449 (451).

[120] *Jung*, JuS 89, 1025.

[121] *Hassemer*, StV 89, 78.

[122] *Hassemer*, StV 89, 78; *Jung*, JuS 89, 1025.

D. Schutzbereich

Obwohl diese Änderung im Vorfeld vereinzelt gefordert worden war[123], stellt sich nun die Frage nach dem spezifischen Unrechtsgehalt des erpresserischen Menschenraubes und der Geiselnahme. Dies um so mehr, als es den Anschein hat, als werde hier der Tatbestand einer qualifizierten Erpressung oder Nötigung nur in anderer Weise beschrieben und dann mit einer sehr scharfen Strafandrohung versehen. Zur Frage der nunmehr geschützten Rechtsgüter wird im folgenden noch Stellung zu nehmen sein.[124]

VIII. Die Änderung von 1998[125]

A. Grund und Umstände der Änderung

Im Rahmen eines umfangreichen Reformwerks versuchte der Gesetzgeber, das Strafrecht insgesamt zu harmonisieren. Die Änderung der §§ 239 a/b resultiert dabei aus dem Streit, ob das Tatbestandsmerkmal "leichtfertig" auch eine vorsätzliche Herbeiführung der Erfolgsqualifizierung umfasse oder nicht.[126]

B. Tatbestandsfassung

1. § 239 a. Erpresserischer Menschenraub

(1) Wer einen Menschen entführt oder sich eines Menschen bemächtigt, um die Sorge des Opfers um sein Wohl oder die Sorge eines Dritten um das Wohl des Opfers zu einer Erpressung (§ 253) auszunutzen, oder wer die von ihm durch eine solche Handlung geschaffene Lage eines Menschen zu einer solchen Erpressung ausnutzt, wird mit Freiheitsstrafe nicht unter fünf Jahren bestraft.

(2) In minder schweren Fällen ist die Strafe Freiheitsstrafe nicht unter einem Jahr.

---

[123] *Dreher/Tröndle* 44. Aufl. § 239 b Rdn. 4; *Hansen,* GA 74, 353 (369); *Backmann,* JuS 77, 444 (446).

[124] Zu § 239 a siehe: 3. Abschnitt I., S. 47; zu § 239 b siehe: 4. Abschnitt II., S. 167.

[125] 6. StrRG, BGBl I 1998/164, Inkrafttreten: 1. April 1998.

[126] Vergl. zu den Einzelheiten unten 3. Abschnitt VI.B.2., S. 151.

(3) Verursacht der Täter durch die Tat wenigstens leichtfertig den Tod des Opfers, so ist die Strafe lebenslange Freiheitsstrafe oder Freiheitsstrafe nicht unter zehn Jahren.

(4) Das Gericht kann die Strafe nach § 49 Abs. 1 mildern, wenn der Täter das Opfer unter Verzicht auf die erstrebte Leistung in dessen Lebenskreis zurückgelangen läßt. Tritt dieser Erfolg ohne Zutun des Täters ein, so genügt sein ernstliches Bemühen, den Erfolg zu erreichen.

2. § 239 b. Geiselnahme

(1) Wer einen Menschen entführt oder sich eines Menschen bemächtigt, um ihn oder einen Dritten durch Drohung mit dem Tod oder einer schweren Körperverletzung (§ 226) des Opfers oder mit dessen Freiheitsentziehung von über einer Woche Dauer zu einer Handlung, Duldung oder Unterlassung zu nötigen, oder wer die von ihm durch eine solche Handlung geschaffene Lage eines Menschen zu einer solchen Nötigung ausnutzt, wird mit Freiheitsstrafe nicht unter fünf Jahren bestraft.

(2) § 239 a Abs. 2 bis 4 gilt entsprechend.

C. Inhalt der Änderung

Das Merkmal "anderer" wurde durch "Mensch" ersetzt. Hierbei handelt es sich allein um eine - auch bei anderen Strafbestimmungen vorgenommene - Änderung der Formulierung. Eine inhaltliche Änderung ist damit nicht verbunden. Ferner wurde durch die Einführung des Wortes "wenigstens" im Rahmen der Erfolgsqualifikation nun ausdrücklich normiert, daß auch die vorsätzliche Herbeiführung des Todes des Opfers nach § 239 a Absatz 3 beziehungsweise § 239 b Absatz 2 i.V.m. § 239 a Absatz 3 strafbar ist. Dies war vor der Änderung verschiedentlich, insbesondere bei dem insoweit vergleichbaren § 251, bestritten worden.[127]

---

[127] *Lackner/Kühl* § 251 Rdn. 4; *Rengier*, Erfolgsquali. Delikte, S. 107 ff., 113, 116; *Rudolphi*, JR 76, 73 (74).

Zweiter Abschnitt: Die Relevanz der Normen

Die Bedeutung einer Norm im Vergleich zu anderen Vorschriften richtet sich zunächst nach der Häufigkeit ihrer Anwendung. Bei Straftatbeständen korreliert diese Zahl mit der Anzahl der entsprechenden Taten, die sich der polizeilichen Kriminalstatistik entnehmen läßt.

I. Die Anzahl der entsprechenden Delikte

Vor dem Jahr 1973 wurden der erpresserische Menschenraub und die Geiselnahme in der Kriminalstatistik nicht explizit ausgewiesen, so daß für die Jahre 1936 bis 1972 keine zuverlässige Aussage über die Anzahl der Fälle getroffen werden kann.[1] Die dargestellten Zahlen beziehen sich bis einschließlich 1990 auf die alte Bundesrepublik. Ab 1991 werden, mit Ausnahme der Spalten "darunter Nichtdeutsche", "erfaßte Opfer" und "davon weiblich", auch die Zahlen der neuen Bundesländer erfaßt. Von 1994 an beziehen sich alle Zahlen auf die gesamte Bundesrepublik.

A. Erpresserischer Menschenraub

Jahr	erfaßte Fälle	Steigerungsrate gegen Vorjahr	Häufigkeitszahl	aufgeklärte Fälle	Aufklärungsquote	ermittelte Tatverdächtige	darunter Nichtdeutsche	erfaßte Opfer	davon weiblich
1973	27		0,0	26	96,3	32	3	27	12
1974	50	+85,2	0,1	37	74,0	50	6	51	25
1975	37	-26,0	0,1	25	67,6	32	2	39	15
1976	34	-8,1	0,1	25	73,5	42	9	48	29
1977	65	+91,2	0,1	45	69,2	74	3	82	38
1978	40	-38,5	0,1	32	80,0	71	3	50	37
1979	39	-2,5	0,1	26	66,7	33	6	73	37
1980	43	+10,3	0,1	24	55,8	39	11	68	36

---

[1] *Bohlinger*, JZ 72, 230 (233) Anm. 29 und *Hansen*, GA 74, 353 Anm. 5 a, gehen von acht Fällen des erpr. Kindesraubs im Zeitraum von Kriegsende bis März 1971 aus.

1981	66	+53,5	0,1	46	69,7	80	2	85	49
1982	65	-1,5	0,1	57	87,7	97	26	119	64
1983	70	+7,7	0,1	52	74,3	87	14		
1984	67	-4,3	0,1	47	70,1	63	9	85	35
1985	69	+3,0	0,1	49	71,0	68	15	105	48
1986	87	+26,1	0,1	56	64,4	89	21	121	57
1987	66	-24,1	0,1	46	69,7	80	20	88	43
1988	50	-24,2	0,1	37	74,0	62	16	79	39
1989	54	+8,0	0,1	40	74,1	48	7	86	51
1990	50	-7,4	0,0	38	76,0	76	17	62	38
1991	66	+32,0	0,0	59	89,4	91	(24)	(86)	(46)
1992	102	+54,5	0,0	77	75,5	119	(39)	(110)	(55)
1993	107	+4,9	0,0	69	64,5	128	(60)	(110)	(58)
1994	106	-0,9	0,0	80	75,5	161	74	147	61
1995	112	+5,7	0,0	103	92,0	225	141	178	68
1996	126	+12,5	0,0	109	86,5	203	91	171	74
1997	133	+5,6	0,0	104	78,2	218	113	174	56

B. Geiselnahme

Jahr	erfaßte Fälle	Steige-rungsrate gegen Vorjahr	Häufig-keits-zahl	aufge-klärte Fälle	Aufklä-rungs-quote	ermittelte Tatver-dächtige	darunter Nicht-deutsche	erfaßte Opfer	davon weib-lich
1973	24			27	112,5	33	4	30	13
1974	24	-	0,0	23	95,8	29	6	36	17
1975	30	+25,0	0,0	27	90,0	31	1	36	14
1976	55	+83,3	0,1	52	94,5	88	5	68	28
1977	46	-16,4	0,1	38	82,6	63	5	66	26
1978	45	-2,2	0,1	41	91,1	65	6	57	22
1979	54	+20,0	0,1	48	88,9	61	9	60	32
1980	38	-29,6	0,1	34	89,5	48	10	54	30
1981	58	+52,6	0,1	52	89,7	69	18	88	44
1982	93	+60,3	0,2	80	86,0	115	9	140	65
1983	57	-38,7	0,1	55	96,5	88	24		
1984	72	+26,3	0,1	54	75,0	78	14	101	48
1985	59	-18,1	0,1	54	91,5	87	9	79	48
1986	96	+62,7	0,2	69	71,9	83	14	147	76
1987	62	-35,4	0,1	54	87,1	75	11	95	54
1988	68	+9,7	0,1	54	79,4	69	12	104	48
1989	69	+1,5	0,1	58	84,1	75	21	98	50

1990	62	-10,1	0,0	52	83,9	60	9	98	53
1991	60	-3,2	0,0	55	91,7	65	(16)	(80)	(39)
1992	95	+58,3	0,0	86	90,5	122	(31)	(133)	(67)
1993	87	-8,4	0,0	79	90,8	127	(54)	(121)	(59)
1994	82	-5,7	0,0	73	89,0	150	71	106	49
1995	128	+56,1	0,0	122	95,3	169	59	197	83
1996	115	-10,2	0,0	93	80,9	199	101	459	253
1997	93	-19,1	0,0	81	87,1	116	54	127	76

C. Bewertung

Setzt man die Geiseldelikte in Relation zu der Gesamtzahl der in Deutschland pro Jahr verübten Straftaten, etwa 6,5 Millionen, so ist festzustellen, daß sie zahlenmäßig nicht weiter ins Gewicht fallen.[2] Käme es allein auf die tatsächliche Anzahl der Delikte an, könnte man darauf verzichten, sie gesondert auszuweisen.[3] Die Bedeutung der Normen wäre dann als sehr gering einzuschätzen.

II. Die Relevanz aufgrund anderer Kriterien

Die Häufigkeit eines Deliktes beziehungsweise die der Anwendung einer Vorschrift ist gerade im Strafrecht nicht das einzige Kriterium, das die Relevanz einer Norm ausmacht, denn das Strafrecht dient nicht nur der Sanktionierung, sondern auch der Vermeidung sozialschädlicher Eingriffe in schützenswerte Güter.[4] Da jedoch insgesamt empirische Aussagen über seine präventive Wirkung schwierig und kaum beweiskräftig feststellbar sind,[5] läßt sich auch die Anzahl der tatsächlich verhinderten Geiseldelikte nicht angeben. Eine Aussage über die Präventionswirkung ist insoweit nur anhand von Indizien möglich. So wird angenommen, daß mit einem hohen Strafmaß zugleich eine große Präventionswirkung verbunden ist.[6] Die Geiseldelikte wurden mit einer Mindeststrafe von 5 Jahren Freiheitsentzug belegt und weisen damit eine

---

[2] *Hansen*, GA 74, 353; *Prinz*, Der Kriminalist 95, 469 (470).

[3] *Prinz*, Der Kriminalist 95, 469 (470).

[4] BVerfGE 46, 254; BGH NJW 79, 1666 (1668); *Jescheck/Weigend* § 8 II.3.; *Lenckner/Stree*, Schönke/Schröder Vorbem. §§ 38 ff Rdn. 1 ff.; *Tröndle* § 46 Rdn. 3.

[5] *Jescheck/Weigend* AT § 8 II.3.a); *Roxin* Strafrecht I § 3 Rdn. 30 m.w.N.; *Bock*, JuS 94, 89 (96/98f.).

[6] BGH, NJW 79, 1666 (1668); NStZ 95, 77; *Lenckner/Stree*, Schönke/Schröder Vorbem §§ 38 ff. Rdn. 3; *Lackner* § 46 Rdn. 29; Kritisch: *Roxin* Strafrecht I § 3 Rdn. 25, 32.

sehr harte Sanktion auf. Dies spricht dafür, daß der Gesetzgeber die §§ 239 a/b mit einer großen Präventionswirkung ausstatten wollte und mithin der Verhinderung von Geiseldelikten große Bedeutung zumaß. Allein mit der gesetzlichen Androhung einer hohen Strafe läßt sich allerdings nur dann die intendierte Wirkung erreichen, wenn die Täter auch tatsächlich verurteilt werden und dies entsprechend bekannt ist.[7] Die angesprochenen Delikte weisen mit durchschnittlich 74,9 % bei § 239 a und 88,7 % bei § 239 b eine sehr hohe Aufklärungsrate auf, die dank einer intensiven Berichterstattung auch weiten Teilen der Bevölkerung bekannt ist. Daher ist von einer hohen Präventionswirkung auszugehen, und die Geiseldelikte haben eine entsprechende Bedeutung.

Die Innenminister und damit die Exekutive schenken den §§ 239 a/b ebenfalls große Aufmerksamkeit, was sich daran zeigt, daß die Geiseldelikte seit 1973 in der Kriminalstatistik einzeln ausgewiesen werden. Darüber hinaus werden entsprechende Taten aufgrund ihrer großen Gefährlichkeit[8], anders als eine Freiheitsberaubung nach § 239, in einer gesonderten Statistik über Gewaltkriminalität berücksichtigt.

Die Strafverfolgungsbehörden erreichen bei den Geiseldelikten regelmäßig höhere Aufklärungsraten als bei anderen Straftaten. Indem keine Anhaltspunkte für besonders einfache Ermittlungen in diesem Bereich gegeben sind, spiegelt die Aufklärungsquote die hohe Aufklärungsintensität und damit die den Delikten beigemessene Bedeutung wieder.

Die Geiseldelikte zeichnen sich ferner dadurch aus, daß nahezu jedem verübten und bekannt gewordenen Delikt eine außergewöhnliche Erregung der Öffentlichkeit folgt,[9] vermittelt durch eine intensive Berichterstattung der Medien. Dabei führen die Geiseldelikte jeweils deshalb zu so großem Aufsehen, weil sie offensichtlich eine Brutalisierung der Kriminalität bedeuten.[10] Ist eine Tat einmal bekannt geworden, entwickelt sich in der Bevölkerung stets eine große Solidarität mit den Geiseln.[11] Handelt es sich um eine prominente Geisel, stellt sich das Mitgefühl als Fortsetzung und Steigerung des üblichen Interesses dar, handelt es sich um einen "Durchschnittsbürger", resultiert die Anteilnahme daraus, daß es auch einen selber hätte treffen können. Unerheblich ist insoweit, ob dieses Interesse, das eine Berichterstattung lukrativ wer-

---

[7] *Jescheck/Weigend* AT § 8 II.3.a); *Roxin* Strafrecht I, § 3 Rdn. 25 ff.; *Bock*, JuS 94, 89 (95); *Feuerbach/Mittermaier*, § 16.

[8] So auch *Prinz*, Der Kriminalist 95, 469 (470).

[9] *Middendorff*, Menschenraub, S. 7; *Hansen*, GA 74, 353 (354); *Sundermann*, NJW 88, 3192.

[10] *Middendorff*, Menschenraub, S. 7.

[11] *Middendorff*, Menschenraub, S. 58.

den läßt, von den Medien hervorgerufen oder nur bedient wird, führt das gesamte Phänomen doch dazu, daß die Geiseldelikte zu den Straftaten zählen, denen das größte öffentliche Interesse entgegengebracht wird. Hieraus resultiert ihre Bedeutung als eigenständige und zudem besonders verwerfliche Taten.

III. Ergebnis

Zur Relevanz der Geiseldelikte kann zusammenfassend festgestellt werden, daß ihre Bedeutung nicht in der zahlenmäßigen Häufigkeit sondern darin liegt, daß sie sich überwiegend als besonders gefährlich für die Geiseln darstellen und, sofern sie bekannt werden, stets ein großes Interesse der Medien und der Öffentlichkeit hervorrufen.

Dritter Abschnitt: Der Tatbestand des erpresserischen Menschenraubes, § 239 a, in Literatur und Rechtsprechung

I. Die Rechtsnatur der geltenden Vorschrift

Charakteristisch für einen erpresserischen Menschenraub war bis zur Gesetzesänderung von 1989 eine Verletzung der persönlichen Freiheit der Geisel, die zur Beeinträchtigung eines Dritten benutzt werden sollte. Vor der Änderung wurden daher sowohl Rechtsgüter der Geisel als auch solche des Dritten geschützt.

Durch die Neufassung scheint diese Dreiecksstruktur aufgehoben worden zu sein, da ein erpresserischer Menschenraub nun auch bei Beteiligung von nur zwei Personen möglich sein soll. Fraglich ist, ob sich damit der Schutzbereich geändert hat.

Die Änderung wurde damit begründet, daß es Fälle gibt, die zwar nur ein Zweipersonenverhältnis betreffen, aber gleichwohl genauso verwerflich sind, wie die bislang unter § 239 a subsumierten Fälle, so daß auch sie nach derselben Norm strafbar sein müßten.[1] Demnach sollte der bislang geltende Schutzbereich erhalten werden.

War aber vor der Änderung die Dreiecksstruktur unrechtsbegründend, und sollten nur Fälle einbezogen werden, in denen das verwirklichte Unrecht entsprechend groß ist, so müßte eine entsprechende Struktur auch im Zweipersonenverhältnis zu finden sein. Die Dreiecksstruktur dürfte dann nicht von der Anzahl der Personen, sondern nur von den beeinträchtigten Rechtsgütern abhängig sein.

War die Dreiecksstruktur hingegen nicht unrechtsbegründend, so fand der im Strafrahmen zum Ausdruck kommende Unrechtsgehalt seinen Grund allein im Wert der beeinträchtigten Rechtsgüter.

Im ersten Fall wäre die Dreiecksstruktur wie folgt zu definieren: Der Täter bringt ein Opfer in seine Gewalt, indem er sich Herrschaft über dessen Rechtsgüter Leben, Gesundheit und persönliche Freiheit verschafft. Sodann beeinträchtigt er die Rechtsgüter des Dritten, speziell die Handlungsfreiheit,

---

[1] Verwiesen wurde im Rahmen des § 239 b darauf, daß es keinen Unterschied machen könne, ob man die Frau eines Politikers entführe, um den Politiker zu etwas zu nötigen, oder ihn selbst. BR Drucks. 88/238, S. 19; BT Drucks. 11/2834, S. 9.

das Vermögen und eventuell die persönlichen Gefühle für die Geisel. Diese Dreiecksstruktur stellt nicht mehr unbedingt auf die Anzahl der Personen ab. Der Täter nimmt eine Geisel und erpreßt einen Menschen. Beim Zweipersonenverhältnis sind die Geisel und dieser Mensch nicht personenverschieden, sondern identisch. Die Dreiecksstruktur besteht nun darin, daß der Täter zunächst auf die Rechtsgüter Freiheit und Leben einwirkt, um mit diesen Druck auf die Rechtsgüter Handlungsfreiheit, Gefühl und Vermögen auszuüben. Diese Dreiecksstruktur könnte nach wie vor das verwerfliche Verhalten kennzeichnen und den hohen Strafrahmen erklären.

Im zweiten Fall wäre zu klären, welche Rechtsgüter der erpresserische Menschenraub nunmehr schützen soll. Dabei spricht für die Vermutung, daß die Dreiecksstruktur unrechtsbegründend ist, daß der Tatbestand seiner Formulierung nach ein ganz bestimmtes Verhalten unter Strafe stellt und nicht - wie beispielsweise die Freiheitsberaubung in Bezug auf die Fortbewegungsfreiheit - ein bestimmtes Rechtsgut möglichst universell schützen soll. Diese Fixierung auf ein bestimmtes Verhalten ergibt sich auch aus der Geschichte der Norm, denn der Gesetzgeber orientierte sich sowohl bei der Schaffung als auch bei den meisten Änderungen an bestimmten Einzeltaten und wollte mithin einen bestimmten Verbrechenstypus verhindern.[2]

Welche der beiden Thesen de lege lata richtig ist, wird sich aber erst nach Klärung des Schutzbereichs der Norm entscheiden lassen. Ob diese gesetzgeberische Entscheidung richtig war oder eine Neufassung erforderlich ist, ist dann Gegenstand des 9. Abschnitts.[3]

Jedenfalls ist die Strafbarkeit in einen Bereich verlagert, in dem erst einige der zu schützenden Rechtsgüter beeinträchtigt sind, eine Beeinträchtigung der anderen aber bevorsteht. Der Grund hierfür liegt darin, daß man einen möglichst umfangreichen Schutz für die Geisel erreichen wollte.

Indem die Norm in zwei Teile zerfällt, lassen sich auch die jeweils geschützten Rechtsgüter in zwei Bereiche unterteilen und die tatbestandlich vorgegebenen Strukturen erhalten: Es kann der Teil, in dem ein Opfer als Geisel fungiert, von dem Teil unterschieden werden, in dem ein Opfer erpreßt werden soll.

---

[2] Vergl. oben 1. Abschnitt IV.A., S. 26; 1. Abschnitt VI.A., S. 31.
[3] Vergl. unten 9. Abschnitt, S. 243.

A. Systematische Einordnung: Der Unrechtskern des § 239 a/ die geschützten Rechtsgüter

Der Tatbestand des erpresserischen Menschenraubes besteht aus zwei Alternativen, nämlich dem Entführen oder Sichbemächtigen nach Absatz 1 1. Halbsatz einerseits und dem Ausnutzen nach Absatz 1 2. Halbsatz andererseits. Beide Alternativen zerfallen ihrem Wortlaut nach in jeweils zwei Teile: Im ersten Teil besteht das Unrecht in der Entführung oder Bemächtigung eines Menschen durch einen anderen, was untechnisch dann als Geiselnahme bezeichnet werden kann, wenn damit beliebige Forderungen gegen Dritte durchgesetzt werden sollen.[4] Der zweite Teil besteht aus einer Erpressung, wobei als Opfer sowohl die Geisel als auch Dritte in Frage kommen. Dem Wortlaut nach können also im ersten und zweiten Teil dieselben oder verschiedene Personen beeinträchtigt werden.

Folgt man dem Tatbestandsaufbau, so lassen sich zwei Opfergruppen unterscheiden, deren Rechtsgüter durch die Tat betroffen und mithin durch § 239 a geschützt werden: die Geiseln und die Erpressungsadressaten. Eventuell kann das zu beeinträchtigende Vermögen sogar einem Dritten gehören, der dann auch zu den geschützten Personen zu rechnen ist.

Rechtsgüter der Allgemeinheit werden durch die Norm nicht geschützt.

1. Die Rechtsgüter des unmittelbaren Opfers (der Geisel)

a) Die persönliche Freiheit

Der § 239 a könnte die persönliche Freiheit der Geisel schützen. Dafür spricht, daß der erpresserische Menschenraub nicht, wie man anhand seiner Überschrift vermuten könnte, im Abschnitt "Raub und Erpressung", sondern im 18. Abschnitt bei den "Straftaten gegen die persönliche Freiheit" steht. In diesem Abschnitt werden Tatbestände zusammengefaßt, mit denen die persönliche Freiheit allein oder ganz überwiegend geschützt werden soll.[5]

Daraus läßt sich folgern, daß die persönliche Freiheit zum Schutzbereich des Tatbestandes des erpresserischen Menschenraubes zählt.[6] Nun handelt es sich bei diesem Rechtsgut um ein personenbezogenes, so daß die Freiheit einer jeden im Tatbestand genannten Person betroffen sein könnte, also die der Gei-

---

[4] Brockhaus Stichwort Geisel; Fischer-Lexikon Stichwort Geisel.

[5] *Eser*, Schönke/Schröder §§ 234 ff. Vorbem. Rdn. 1.

[6] So auch *Krey* BT 2 Rdn. 322; *Rengier* BT 2, § 24 Rdn. 1; *Heinrich*, NStZ 97, 365 (368); *Maurach*, JZ 62, 559; *Tiemann*, JuS 94, 138 (141).

sel und die des Erpressungsopfers. Ein zwingender Schluß, daß gerade die persönliche Freiheit der Geisel beeinträchtigt sein muß, läßt sich allein aus der Zugehörigkeit der Norm zum 18. Abschnitt nicht herleiten. Allerdings muß der Täter zur Tatbestandserfüllung die Geisel entführen oder sich ihrer bemächtigen, wobei er zwangsläufig ihre persönliche Freiheit verletzt,[7] so daß diese zum Schutzbereich des erpresserischen Menschenraubes gehört.

Auch aus der Geschichte der Norm ergibt sich diese Einschätzung: Die persönliche Freiheit der Geisel wurde, freilich mit sich wandelndem Inhalt, seit der Schaffung der Norm als zum Schutzbereich gehörig betrachtet.[8]

Indem aber alle Straftaten, die sich gegen das Individuum richten, die persönliche Freiheit in irgendeiner Weise verletzen,[9] ist mit dieser Rechtsgutsbestimmung noch nicht viel ausgesagt. Fraglich ist demnach, ob man den in § 239 a geschützten Bereich noch näher bestimmen kann.

aa) Inhalt der persönlichen Freiheit

Im Rahmen der Abschnittsüberschrift sind mit "Straftaten gegen die persönliche Freiheit" solche gemeint, die sich gegen die natürliche Fähigkeit der Selbstbestimmung und Selbstbeherrschung richten, die das Wesen der menschlichen Persönlichkeit ausmacht.[10] Auch soll die Freiheit der Person dann vorliegen, wenn ihr die freie Entfaltung ihrer Persönlichkeit möglich ist, was deutlich auf Art. 2 Absatz 1 GG Bezug nimmt.[11]

Ferner wird als verbindendes Schutzgut die Freiheit der Willensentschließung und der Willensbetätigung angeführt,[12] womit eine Differenzierungsmöglichkeit angesprochen ist, die die Delikte nach dem Ansatzpunkt der Beeinträchtigung unterscheidet. In dieser Richtung lassen sich die Delikte des 18. Abschnitts noch weiter in solche gegen die Willensentschließungsfähigkeit, die Willensentschließungsfreiheit, die Willensbetätigungsfreiheit und die körperliche Einwirkungsfreiheit unterteilen.[13]

Ein andere Differenzierungsmöglichkeit besteht darin, die Freiheitsdelikte nicht nach dem Ansatzpunkt der Beeinträchtigung, sondern nach der beein-

---

[7] *Backmann*, JuS 77, 444 (445).

[8] Vergl. oben 1. Abschnitt, Seiten 23 ff.

[9] *Arzt/Weber* LH 1 Rdn. 524; *Bloy*, ZStW 96, 703 (705).

[10] RGSt 48, 348; *Maurach/Schroeder/Maiwald* BT I § 12 Rdn. 9.

[11] *Bergmann*, Nötigung, S. 43 f.

[12] *Eser*, Schönke/Schröder Vorbem. §§ 234 ff. Rdn. 2 ff.; *Vogler*, LK vor § 234 Rdn. 2; *Wessels* BT 1, Rdn. 353; *Fezer*, JZ 74, 600 f.; *Bloy*, ZStW 96, 703 (704).

[13] *Maurach/Schroeder/Maiwald* BT I § 12 Rdn. 10.

trächtigten Dimension der persönlichen Freiheit zu charakterisieren. Es kann insoweit zwischen der "Freiheit der Fortbewegung", "Freiheit als Allgemeinzustand der Unabhängigkeit" und "Freiheit zum Handeln oder Unterlassen im Einzelfall" differenziert werden.[14]

bb) Einordnung des erpresserischen Menschenraubes

aaa) Delikt gegen die Willensentschließung oder Willensbetätigung

Fraglich ist, ob es sich bei § 239 a um eine Norm handelt, die die persönliche Freiheit auf der Ebene der Willensentschließung oder der Willensbetätigung schützt. Möglicherweise läßt sich dies aufgrund der Zugehörigkeit der Norm zum 18. Abschnitt entscheiden. Hier finden sich aber nicht nur Delikte, die auf einer Ebene ansetzen, sondern auch solche, wie beispielsweise die Nötigung,[15] deren Begehung sowohl durch Beeinträchtigung der Willensentschließung als auch der Willensbetätigung möglich ist. Daher läßt sich aufgrund der Zugehörigkeit der Norm zu diesem Abschnitt eine weitere Eingrenzung des Schutzbereichs des § 239 a hinsichtlich der Willensentschließungs- oder Willensbetätigungsfreiheit nicht vornehmen.

Eventuell läßt sich aber aus dem Standort innerhalb des Abschnitts eine Schlußfolgerung ziehen. Bei der unmittelbar vor den fraglichen Delikten stehenden Freiheitsberaubung wie auch bei der diesen direkt nachfolgenden Nötigung sind als Mittel der Beeinträchtigung Gewalt und Drohung möglich,[16] wobei die Gewalt in der Regel[17] die Willensbetätigung beeinflußt[18], wohingegen bei der Drohung ein Angriff auf die Willensentschließung vorliegt.[19] Indem der Gesetzgeber den erpresserischen Menschenraub zwischen zwei Normen schob, die auf beiden Ebenen die persönliche Freiheit schützen, liegt die Vermutung nahe, daß auch § 239 a dies tut.

Eventuell ergibt sich aus dem Wortlaut etwas anderes. Die Willensentschließungsfreiheit kann dadurch beeinträchtigt werden, daß jemand ihrer

[14] *Maurach/Schroeder/Maiwald* BT I § 12 Rdn. 9.

[15] BVerfGE 73, 237; 92, 13; RGSt 48, 346; *Eser*, Schönke/Schröder § 240 Rdn. 1; *Lackner/Kühl* § 240 Rdn. 1; *Tröndle* § 240 Rdn. 2; *Maurach/Schroeder/Maiwald* BT I § 12 Rdn. 10.

[16] Für § 240 ergibt sich dies aus dem Gesetzestext; für § 239 siehe statt aller: *Lackner/Kühl* § 239 Rdn. 2.

[17] Insbesondere bei vis compulsiva dürfte dagegen eine Beeinträchtigung der Willensentschließung vorliegen.

[18] *Eser*, Schönke/Schröder Vorbem. §§ 234 ff. Rdn. 13; *Lackner/Kühl* § 240 Rdn. 5.

[19] *Maurach/Schroeder/Maiwald* BT I § 12 Rdn. 10.

vollständig beraubt wird, etwa durch Hypnose oder Betäubung.[20] Dem Wortlaut nach muß der Täter sich der Geisel bemächtigen oder sie entführen. Diese Tathandlungen können aber nicht nur mittels Hypnose oder Betäubung vorgenommen werden und setzen auch im übrigen keine vollständige Ausschaltung der Willensentschließungsmöglichkeit voraus.

Eine Beeinträchtigung der Willensentschließung kann darin liegen, daß jemand durch deliktischen Zwang zu einem bestimmten Entschluß gebracht wird.[21] Ein Entschluß der Geisel kann aber nur vorliegen, wenn diese einen Entscheidungsspielraum hat, der hier weder hinsichtlich der Entstehung der Herrschaftsposition noch während der Aufrechterhaltung der Machtstellung hinsichtlich dieser Machtposition gegeben sein muß. Daher wird auch unter diesem Aspekt in die Willensentschließungsfreiheit der Geisel nicht unbedingt eingegriffen. Die Willensentschließungsfreiheit der Geisel kann also beeinträchtigt sein, muß es aber nicht. Rechtsgutsverletzungen, die zwar häufig oder gar regelmäßig, aber eben nicht notwendig bei einem Delikt auftreten, sind jedoch für die Frage nach dem Schutzobjekt irrelevant.[22] Eine Zuordnung zu diesem Bereich kann also nicht vorgenommen werden.

Entsprechendes gilt für die Willensbetätigungsfreiheit: Der Täter kann das Opfer fesseln, so daß es sich einen Willen, z.B. wegzulaufen, zwar bilden, diesen aber nicht ausführen kann; genauso kann er sich aber zur Bemächtigung der Hypnose oder der Betäubung der Geisel bedienen. In diesem Fall würde die Willensbetätigungsfreiheit nicht beeinträchtigt, da sich das Opfer keinen Willen bilden kann, den es ausführen könnte. Dementsprechend kann der erpresserische Menschenraub nicht als Delikt bezeichnet werden, dessen Charakteristikum es ist, sich gegen die Willensbetätigungsfreiheit zu richten.

Dies ergibt sich auch bei einem Vergleich mit § 234, der ebenfalls eine Bemächtigung voraussetzt; anders als dort werden die möglichen Bemächtigungsmittel in § 239 a nicht genannt. Demnach sind alle Mittel möglich, mit denen der Täter die tatbestandsmäßige Machtsituation erreichen kann, und es ergibt sich keine Einschränkung hinsichtlich des Ansatzpunktes des Nötigungsmittels, denn der Täter kann die erforderliche Machtposition sowohl mit Nötigungsmitteln erreichen, die die Willensentschließung beeinträchtigen als auch mit solchen, die in die Willensbetätigungsfreiheit eingreifen.

Hinsichtlich der persönlichen Freiheit der Geisel schützt § 239 a sowohl gegen Willensentschließungs- als auch gegen Willensbetätigungsbeeinträchti-

---

[20] *Eser*, Schönke/Schröder Vorbem. §§ 234 ff. Rdn. 3.
[21] *Eser*, Schönke/Schröder Vorbem. §§ 234 ff. Rdn. 3.
[22] *Langer*, Falsche Verdächtigung, S. 35; *Bergmann*, Nötigung, S. 40.

gungen und kann daher keiner der beiden Gruppen eindeutig zugerechnet werden.

bbb) Betroffene Dimension der persönlichen Freiheit

Hinsichtlich der Dimension läßt sich die persönliche Freiheit weiter unterteilen in die Freiheit als Fortbewegungsfreiheit, in die Freiheit zum Handeln und Unterlassen im Einzelfall und in die Freiheit als Allgemeinzustand der Unabhängigkeit.[23]

Die Fortbewegungsfreiheit markiert dabei den engsten Bereich. Sie ist immer dann betroffen, wenn der Täter es einem Menschen unmöglich macht, sich von einem Ort zu entfernen[24] oder den Aufenthaltsort zu ändern.[25]

In § 239, also unmittelbar vor § 239 a, wird die Fortbewegungsfreiheit geschützt,[26] weshalb die systematische Stellung dafür sprechen könnte, daß diese auch zum Schutzbereich des § 239 a zählt.

Dagegen wird jedoch eingewandt, daß dieses Rechtsgut durch § 239 umfassend genug geschützt werde, daher keines weiteren Schutzes bedürfe und deshalb gerade nicht zum Schutzbereich des § 239 a gehöre.[27] Dieser Einwand ist jedoch nicht stichhaltig, denn es ist keineswegs ungewöhnlich, daß mehrere Paragraphen dasselbe Rechtsgut schützen und sich nur hinsichtlich der weiteren Erfordernisse unterscheiden. So treten beispielsweise bei Qualifikationen regelmäßig noch Rechtsgüter hinzu, und bei einigen Privilegierungen ändert sich der Schutzbereich gar nicht.[28] Daß auch § 239 die Fortbewegungsfreiheit umfassend schützt, spricht nicht dagegen, daß auch § 239 a dies tun könnte.

Bei isolierter Betrachtung der Tathandlungen des § 239 a ist zunächst davon auszugehen, daß eine entführte Geisel auch in ihrer Fortbewegungsfreiheit eingeschränkt ist. "Entführen" bedeutet gerade, den Aufenthaltsort gegen den Willen der Geisel zu verändern und jede vom Willen des Opfers getragene Ortsveränderung zu verhindern.[29] Eine entsprechende Einschränkung der Fortbewegungsfreiheit darf auch beim Tatbestandsmerkmal "sich bemächtigen" angenommen werden, so daß bei Begehung eines erpresserischen Men-

---

[23] *Maurach/Schroeder/Maiwald* BT I § 12 Rdn. 9.

[24] *Wessels* BT 1, Rdn. 355; *Bloy*, ZStW 96, 703 (704).

[25] BGHSt 32, 188; *Horn*, SK § 239 Rdn. 2; *Park/Schwarz*, Jura 95, 294.

[26] BGHSt 14, 314; 32, 183; *Lackner/Kühl* § 239 Rdn. 1; *Tröndle* § 239 Rdn. 1; *Wessels* BT 1 Rdn. 355; *Bohnert*, JuS 77, 746 (747); *Park/Schwarz*, Jura 95, 294.

[27] *Renzikowski*, JZ 94, 492 (496).

[28] z.B.: § 213 zu § 212.

[29] *Lackner/Kühl* § 237 Rdn. 4.

schenraubes die Fortbewegungsfreiheit der Geisel regelmäßig betroffen ist.[30] Zur Charakterisierung reicht eine regelmäßige Betroffenheit aber nicht aus; vielmehr ist eine notwendige zu fordern.[31] Fraglich ist also, ob es bei der Tat immer zu einer Beeinträchtigung der Fortbewegungsfreiheit kommen muß.

Zwar wird der Täter durch die Vornahme der Tathandlungen in der Regel eine Herrschaftsstellung erreichen, die die Fortbewegungsfreiheit der Geisel beeinträchtigt,[32] aber es sind sowohl Fälle denkbar, in denen die Fortbewegungsfreiheit beeinträchtigt ist, der Täter eine der in § 239 a vorgesehenen Tathandlungen aber nicht vorgenommen hat, als auch solche, in denen der Täter eine Tathandlung ausgeführt hat, die Fortbewegungsfreiheit des Opfers aber nicht beeinträchtigt ist.

Ersteres liegt zum Beispiel dann vor, wenn der Täter die einzige, nur durch Schlüssel zu öffnende Tür eines Raumes zuwirft, ohne einen Schlüssel zu haben. Zwar ist nun die Fortbewegungsfreiheit des Opfers auf diesen Raum beschränkt, aber der Raum schützt es gleichzeitig gegen den Täter. Dieser hat nun keine unmittelbare Einwirkungsmöglichkeit mehr auf das Opfer, folglich keine Macht über dieses, so daß eine Bemächtigung nicht vorliegt. Eine Strafbarkeit aus § 239 a aufgrund dieser Tatbestandsalternative scheidet mithin aus.[33]

Der umgekehrte Fall liegt dann vor, wenn ein Kleinstkind Bemächtigungsopfer wird, welches die Fähigkeit zur Fortbewegung gar nicht besitzt und daher bezüglich der Fortbewegungsfreiheit nicht beeinträchtigt werden kann.[34] In solchen Fällen ist anerkannt, daß eine Strafbarkeit aus § 239, dessen Schutzgut die Fortbewegungsfreiheit ist,[35] ausscheidet.[36] Unter den Wortlaut des § 239 a würde sich ein solches Verhalten aber subsumieren lassen. Auch entspricht dies sowohl der Intention des Gesetzgebers, der besonders Kindesentführungen verhindern wollte,[37] als auch der historischen Entwicklung der Norm, die ursprünglich nur Kinder schützte,[38] sowie der Auslegung, die die

---

[30] So auch *Backmann*, JuS 77, 444 (445) für § 239 b; *Heinrich*, NStZ 97, 365 (368).

[31] *Bergmann*, Nötigung, S. 40; *Langer*, Falsche Verdächtigung, S. 35.

[32] *Horn*, SK § 239 a Rdn. 2; *Renzikowski*, JZ 94, 492 (496).

[33] Vergl. auch *Maurach/Schroeder/Maiwald* BT I § 15 Rdn. 3.

[34] *Maurach/Schroeder/Maiwald* BT I § 15 Rdn. 3; *Heinrich*, NStZ 97, 365 (368); *Renzikowski*, JZ 94, 492 (496); Park/Schwarz, Jura 95, 294 (296).

[35] BGHSt 14, 314, 32; 183 (189); *Eser*, Schönke/Schröder § 239 Rdn. 1; *Horn* SK § 239 Rdn. 2; *Lackner/Kühl* § 239 Rdn. 1; *Tröndle* § 239 Rdn. 1; *Park/Schwarz*, Jura 95, 294.

[36] *Eser*, Schönke/Schröder § 239 Rdn. 3; *Lackner/Kühl* § 239 Rdn. 1; *Tröndle* § 239 Rdn. 1; *Park/Schwarz*, Jura 95, 294 (296).

[37] Vergl. BT Drucks. VI/2722, 2.

[38] Vergl. oben 1. Abschnitt IV.B., S. 27.

Norm bislang erfahren hat.[39] Aus den genannten Gründen ist diese Tat nach § 239 a strafbar.

Daraus läßt sich folgern, daß der Anwendungsbereich des § 239 a hinsichtlich des Schutzgutes Fortbewegungsfreiheit einerseits enger und andererseits weiter ist, als der des § 239. Das Opfer wird zwar bei bestimmten Angriffen auf die Fortbewegungsfreiheit geschützt, nämlich solchen, die zu einer Machtstellung des Täters führen. Trotzdem muß es zu einer Verletzung der Fortbewegungsfreiheit nicht kommen, so daß man den erpresserischen Menschenraub nicht in gleicher Weise wie die Freiheitsberaubung als Verletzungsdelikt bezüglich der Fortbewegungsfreiheit charakterisieren kann.

Diese Einschätzung bestätigt auch ein Wortlautvergleich mit § 239, denn der Tatbestand der Freiheitsberaubung setzt nicht dieselben Tathandlungen voraus wie der des erpresserischen Menschenraubes. Die Formulierungen sind zwar ähnlich, doch stellt § 239 mit "einsperren" und "auf andere Weise der persönlichen Freiheit berauben" eindeutiger auf den Schutzbereich der Fortbewegungsfreiheit ab, als § 239 a das tut, bei dem die Beeinträchtigung der persönlichen Freiheit kein Tatbestandsmerkmal ist. Zurückzuführen ist dies auf die Änderung von 1971, die den Zweck hatte, auch kleine Kinder als taugliche Opfer in den Tatbestand einzubeziehen, obwohl diese keine Träger des Rechtsgutes der Fortbewegungsfreiheit sind.[40] Obwohl nach dieser Änderung die Fortbewegungsfreiheit von Teilen der Literatur weiter zum Schutzbereich gezählt wurde,[41] spricht gerade das gewandelte Rechtsgutsverständnis gegen eine solche Einschätzung. Wäre die Fortbewegungsfreiheit die entscheidend betroffene Dimension der persönlichen Freiheit, so hätte der Tatbestand nicht geändert werden müssen. Auch wären dann Kleinstkinder, die nicht Träger dieses Rechtsgutes sind, keine tauglichen Opfer. Daher ist der durch § 239 a geschützte Bereich der persönlichen Freiheit nicht die Fortbewegungsfreiheit.

Auch stellt der Tatbestand des erpresserischen Menschenraubes, anders als der der Freiheitsberaubung, weniger auf den Verlust der Freiheit auf der Opferseite ab, als vielmehr auf die Erlangung der Herrschaft auf der Täterseite.[42] Aus dieser Formulierung läßt sich schließen, daß bei § 239 a, im Gegensatz zu § 239, der Schutz der persönlichen Fortbewegungsfreiheit des Bemächtigungsopfers nicht im Vordergrund steht. Darüber hinaus besteht die Möglichkeit, daß dem erpresserischen Menschenraub ein anderer oder jedenfalls weiterer Schutzbereich zuzuordnen ist.

---

[39] BGHSt 26, 70; *Tröndle* § 239 a Rdn. 4; *Blei*, JA 75, 37.

[40] Vergl. oben 1. Abschnitt IV.B., S. 27.

[41] *Hansen*, GA 74, 352 (364), *Backmann*, JuS 77, 444 (445).

[42] *Maurach/Schroeder/Maiwald* BT I § 15 Rdn. 3.

Zusammenfassend ist festzustellen, daß die Fortbewegungsfreiheit bei Trägern dieses Rechtsgutes regelmäßig betroffen wird, diese aber nicht der Bereich der persönlichen Freiheit ist, den § 239 a als geschütztes Rechtsgut im Auge hat.

Möglicherweise schützt § 239 a einen etwas weiter gefaßten Bereich der persönlichen Freiheit, der als allgemeine Handlungsfreiheit im Einzelfall bezeichenbar ist. Hierunter versteht man die umfassende Freiheit der Willensentschließung und Willensbetätigung.[43] Die Handlungsfreiheit ist dann beeinträchtigt, wenn das Opfer zu einem bestimmten Verhalten gezwungen wird oder ein bestimmtes Verhalten unterlassen muß.

Diese Handlungsfreiheit erfaßt also allgemeinere Freiheitsverletzungen als die Fortbewegungsfreiheit, was insbesondere auch am Konkurrenzverhältnis zwischen § 240 und § 239 zum Ausdruck kommt: So ist anerkannt, daß § 239 das speziellere Delikt ist und § 240 verdrängt, wenn über die Beeinträchtigung der Fortbewegungsfreiheit hinaus keine weiteren Beeinträchtigungen vorliegen.[44] Das bedeutet aber auch, daß der Schutzbereich des § 239 der speziellere ist. Indem die allgemeine Handlungsfreiheit als das Schutzgut des § 240 anerkannt ist,[45] ist diese allgemeiner als die Fortbewegungsfreiheit.

Betrachtet man die Stellung des erpresserischen Menschenraubes im Gesetz, so läßt sich ein Hinweis auf den Schutzbereich der allgemeinen Handlungsfreiheit daraus entnehmen, daß diese auch unmittelbar nach dem erpresserischen Menschenraub (wenn man das mit § 239 a verwandte Delikt § 239 b außer acht läßt) in § 240 geschützt wird.[46]

Entsprechungen im Wortlaut der §§ 240 und 239 a gibt es zwar nicht, trotzdem wird die Geisel einzelne Entscheidungen nicht ohne Zwang treffen können, wenn sie entführt wird oder ein anderer sich ihrer bemächtigt. Dies ergibt sich in erster Linie aus dem üblichen Tatbild: Der Täter nimmt eine Geisel, damit er nach Belieben mit ihr verfahren und dadurch den nötigen Druck zur Erreichung eines Vermögensvorteils auf sie oder einen anderen ausüben kann. Hinsichtlich der Lage der Geisel läßt sich der erpresserische Menschenraub dabei als ein Delikt umschreiben, das dagegen schützt, in die Macht eines anderen zu geraten. Diese Herrschaftsstellung eines anderen wird stets so geartet sein, daß das Opfer wesentliche Teile seiner persönlichen Freiheit entbehren muß. So wird in der Regel nicht nur die Fortbewegungsfreiheit eingeschränkt sein, sondern auch die Möglichkeit, sich in gewohnter Weise zu verhalten.

---

[43] *Maurach/Schroeder/Maiwald* BT I § 13 Rdn. 6.

[44] BGHSt 30, 236; Tröndle § 239 Rdn. 13; *Maurach/Schroeder/Maiwald* BT I § 12 Rdn. 7; *Jakobs*, JR 82, 206.

[45] *Maurach/Schroeder/Maiwald* BT I § 12 Rdn. 9.

[46] *Maurach/Schroeder/Maiwald* BT I § 12 Rdn. 9.

Durch das Machtverhältnis zwischen Täter und Opfer wird die Willensentschließung beeinflußt und die Willensbetätigung eingeschränkt. Die allgemeine Handlungsfreiheit ist also betroffen.

Hier wird man nun einwenden müssen,[47] daß das Kleinstkind nicht nur die Möglichkeit entbehrt, sich fortzubewegen oder einen dahingehenden Willen zu bilden, sondern ihm darüber hinaus auch die Möglichkeit fehlt, sich in anderen Bereichen einen Willen zu bilden und diesen zu betätigen. Damit ist die Zuordnung der Handlungsfreiheit zum Schutzbereich des § 239 a derselben Kritik ausgesetzt wie die Zuordnung der Fortbewegungsfreiheit. Der Unterschied besteht nun darin, daß in der Regel für niemanden ein Bedürfnis besteht, ein Kleinstkind zu einem bestimmten Verhalten zu zwingen, so daß dieser Bereich in der einschlägigen Literatur keine Erwähnung findet. Die zur Fortbewegungsfreiheit vorgetragenen Argumente sind aber übertragbar. Ein Kleinstkind wird in der ihm möglichen Willensentschließung und Willensbetätigung in der Regel nicht anders eingeschränkt sein, als dies unter normalen Umständen, also bei seinen Eltern, auch der Fall wäre.

Dementsprechend ist der erpresserische Menschenraub hinsichtlich der Rechtsgüter der Geisel auch nicht den Delikten zum Schutz der Handlungsfreiheit im Einzelfall zuzuordnen. Das wird freilich dann anders sein, wenn Geisel und Erpressungsopfer personenidentisch sind.[48]

Der § 239 a könnte vor Eingriffen in die "Freiheit als Allgemeinzustand der Unabhängigkeit" schützen. Hinter dieser Umschreibung verbirgt sich gewissermaßen der Inbegriff der Persönlichkeitsrechte[49], nämlich der Zustand eines Menschen, in dem dieser seine natürliche Fähigkeit zur Selbstbestimmung körperlich ungehindert zur Geltung bringen kann.[50] Dabei wird der einzelne dagegen geschützt, einem System der Unfreiheit übergeben zu werden.[51] Eine solche Unfreiheit kann sich in verschiedenen Bereichen auswirken, so in der beruflichen, wirtschaftlichen, rechtlichen und sozialen Stellung. Das Opfer wird insoweit nicht in Beziehung auf ein bestimmtes Verhalten im Einzelfall geschützt, also eine bestimmte Handlung tun oder unterlassen zu können, sondern es wird geschützt, damit es überhaupt handeln, seine Position in seiner Umgebung festlegen und die Voraussetzungen für die Entfaltung seiner Persönlichkeit schaffen kann. Ein Eingriff in den "Allgemeinzustand der Unabhängigkeit" kann daher treffend auch als Eingriff in das Selbstbestimmungsrecht einer Person oder in deren Autonomie bezeichnet werden. Die Normen,

---

[47] *Renzikowski*, JZ 94, 492 (496).
[48] Vergl. unten 3. Abschnitt I.A.2.a.bb., S. 71.
[49] *Wessels* BT 1 Rdn. 354.
[50] RGSt 48, 348; Tröndle § 234 Rdn. 1.
[51] *Maurach/Schroeder/Maiwald* BT I § 12 Rdn. 3.

die diesen Schutzbereich enthalten sollen, also die §§ 234, 234 a und 241 a,[52] sind dadurch gekennzeichnet, daß der Täter das Rechtsgut dauerhaft beeinträchtigt.

Wie § 234, der den Allgemeinzustand der Unabhängigkeit schützt,[53] setzt auch § 239 a, zumindest in einer Alternative, die Bemächtigung als Tathandlung voraus, was für die Annahme des selben Schutzgutes spricht. Im Rahmen des § 234 ist aber weniger die Tathandlung als vielmehr die besondere Absicht hinsichtlich des weiteren Vorgehens, also das Opfer auszunutzen oder der Sklaverei etc. zuzuführen, für die Zuordnung dieses Rechtsgutes zum Schutzbereich maßgeblich,[54] so daß der Vergleich der Tathandlungen keinen Hinweis bietet.

Indem § 239 a davon ausgeht, daß der Täter nur solange Herrschaft über die Geisel ausübt, bis er den erstrebten Vermögensvorteil erlangt hat, setzt die Norm eine zeitlich begrenzte Tat voraus, weshalb die Grunddimension der persönlichen Freiheit, nämlich in einem freiheitlichen System zu leben, zumindest dauerhaft nicht betroffen sein wird.

Möglicherweise wird sie aber kurzzeitig betroffen mit der Folge, daß der erpresserische Menschenraub als Delikt gegen die Autonomie zu bezeichnen ist. Es ist aber zu bedenken, daß auch bei anderen Willensbeugungstatbeständen regelmäßig kurzzeitig in einer Weise auf das Opfer eingewirkt wird, daß diesem, will es dem Druck des Täters entgehen, nur noch die Möglichkeit bleibt, dessen Forderung zu erfüllen. Dabei wird es regelmäßig nicht nur eine Handlung vornehmen müssen (z.B. Geld herausgeben), sondern gleichzeitig viele andere zu unterlassen haben, die es angesichts der Lage gerne vorgenommen hätte (weglaufen, um Hilfe rufen, zuschlagen etc.). Es stellt sich die Frage, ob aufgrund dieser sehr kurzen aber dennoch umfassenden Beeinträchtigung nicht auch andere Willensbeugungstatbestände als Delikte gegen das Selbstbestimmungsrecht zu klassifizieren sind. Bejaht man dies, wären nahezu alle Willensbeugungstatbestände dieser Gruppe zuzurechnen und sinnvolle Abgrenzungen nicht mehr möglich, so daß eine derartige Beeinträchtigung zur Annahme des fraglichen Schutzbereiches nicht ausreichen kann. Soll nun aber gleichwohl der erpresserische Menschenraub als ein Delikt gegen die Autonomie charakterisiert werden, muß sich die Situation, in der sich die Geisel befindet, grundlegend von der unterscheiden, in der sich das Opfer eines "normalen" Willensbeugungsdeliktes befindet.

---

[52] *Maurach/Schroeder/Maiwald* BT I § 12 Rdn. 9.
[53] *Maurach/Schroeder/Maiwald* BT I § 12 Rdn. 2.
[54] *Tröndle* § 234 Rdn. 1.

Ansatzpunkt für eine solche Unterscheidung könnte zunächst der Nötigungsdruck sein, dem das Opfer ausgesetzt ist. Indem jedoch auch allgemeine Nötigungsdelikte die Drohung mit dem Tode als Mittel kennen[55] und sich der hierdurch hervorgerufenen, existentielle Nötigungsdruck nicht mehr steigern läßt, scheitert eine Abgrenzung anhand dieses Kriteriums.

Ansatzpunkt könnte ferner die Lage des Opfers sein. Für die Delikte, die eindeutig der fraglichen Kategorie zuzuordnen sind, also zum Beispiel der Menschenraub (§ 234), ist kennzeichnend, daß im Erfolgsfall, also dann, wenn der Täter auch seine Absicht verwirklicht hat, das Opfer dauerhaft seinem Lebensumfeld entzogen bleibt und auch auf Dauer weder frei noch autonom leben kann.

Für die anderen Delikte, die dieser Kategorie eindeutig nicht zuzuordnen sind, also zum Beispiel die Nötigung (§ 240), ist kennzeichnend, daß der Täter in die konkrete Lebenssituation des Opfers eingreift, diese entweder ausnutzt oder aber so verändert, daß ein rechtswidriger Druck für das Opfer entsteht. Dabei ist das gewohnte Umfeld, für welches das Opfer selbst verantwortlich ist, für dieses zumindest subjektiv ein Schutz. Die Bedrohung geht allein vom Täter beziehungsweise dessen Verhalten aus. Nicht das Umfeld, sondern (nur) der Täter ist die Bedrohung. Das ist zum Beispiel bei einem Bankräuber der Fall, der mit vorgehaltener Waffe den Kassierer zur Herausgabe des Geldes zwingt. Der Täter greift in die Lebenssituation ein, übt mit der Waffe Druck aus und beugt so den Willen des Kassierers. Dessen Lebenssituation und Umfeld werden dadurch selbst dann nicht geändert, wenn der Täter das Verhalten mit der Drohung mit dem Tode erzwingt. Zwar wird der Druck in solchen Fällen so stark sein, daß das Opfer ihm nachgeben muß und das Geld aushändigt, doch ändert sich dessen Lebenssituation nicht, wenn es der Forderung nachkommt. Nach kurzer Zeit wird, abgesehen vom Geldverlust, alles so sein, wie es vorher war. Weitergehende Freiheitsbeeinträchtigungen sind nicht einmal ein Nebenziel des Täters. Diesem kommt es allein darauf an, daß eine bestimmte Handlung vorgenommen wird, nach deren Vornahme er allenfalls noch seine Flucht sichern will. Im Erfolgsfall hat das Opfer sich zwar so verhalten, wie es das freiwillig nie getan hätte, doch war dies ein einmaliges Verhalten und damit kein Eingriff in den Allgemeinzustand der Unabhängigkeit. Weder Leben noch Umfeld waren bei konformem Verhalten in Gefahr.

Demgegenüber ist der erpresserische Menschenraub in der ersten Alternative dadurch gekennzeichnet, daß der Täter das Opfer entführt, also aus dem persönlichen Umfeld herausreißt. Der Täter schafft dabei ganz bewußt eine Lage, in der das Opfer jeglichem Schutz entzogen ist, mag dieser nur auf eigenen oder, wie im Falle eines Kleinkindes, auf fremden Kräften beruhen.

---

[55] So z.B. die §§ 255, 249.

Diese Herrschaft über das Opfer will er so lange aufrechterhalten, bis er den erstrebten Vermögensvorteil erreicht hat, was zumindest geraume Zeit dauern wird. Dabei bringt es die Entführung mit sich, daß während dieser Zeit an eine freie Selbstbestimmung der Geisel nicht zu denken ist, also die Autonomie verletzt wird. Im Gegensatz zu § 234 ist diese Beeinträchtigung nicht Endziel, aber Mittel zur Erreichung eines Ziels und damit Zwischenziel. Zuerst wird die Beeinträchtigung vorgenommen und dann die Forderung gestellt. Bei anderen Willensbeugungstatbeständen stellt der Täter seine Forderung und will diese möglichst schnell verwirklicht sehen. Statt einer Herrschaftslage im genannten Sinne will er bei diesen die Vornahme einer bestimmten Handlung erreichen und dabei in der Regel jede Verzögerung vermeiden. Dem Täter kommt es gerade darauf an, daß die Handlung möglichst schnell vorgenommen wird, weshalb eine Beeinträchtigung der Autonomie weder bezweckt noch erreicht wird.

Entsprechendes wird auch für die Bemächtigungsalternative gelten. Für diese ist erforderlich, daß der Täter eine Machtposition gegenüber dem Opfer anstrebt, die es diesem unmöglich macht, über sich selbst zu bestimmen. Weiter wird es zum Täterplan gehören müssen, diese Situation zur Erpressung auszunutzen, wobei das Opfer nach dem Täterwillen handeln muß, um die Möglichkeit der Selbstbestimmung zurückzuerlangen. Dabei muß es sich aus seiner Sicht in dem Zeitpunkt, in dem der Täter seine Forderung stellt, in einer Lebenssituation befinden, die ihm keine freie Willensbetätigung oder Selbstbestimmung erlaubt. Diese Lage wird in der Regel dadurch gekennzeichnet sein, daß sie schon längere Zeit andauert, oder jedenfalls Vorkehrungen für eine längere Dauer für den Fall getroffen sind, daß das Erpressungsopfer dem Täter nicht zu Willen ist, also beispielsweise die Geldforderung nicht erfüllt.

Es stellt sich nunmehr die Frage, ob auch die Autonomie eines Kleinstkind, beziehungsweise allgemeiner eines Willensunfähigen bei einem erpresserischen Menschenraub beeinträchtigt wird. Für § 234 ist insoweit anerkannt, daß der Schutz ohne Rücksicht auf die Willensfähigkeit bestehen soll.[56] Das läßt sich für Kinder im Rahmen dieser Norm damit begründen, daß sie irgendwann willensfähig werden und dann infolge der Dauerhaftigkeit der neuen Lebenssituation in ihrem Selbstbestimmungsrecht immer noch beeinträchtigt sind. Eine derartige Dauerhaftigkeit wird bei einem erpresserischen Menschenraub allerdings nicht erreicht, so daß sich dieses Argument im Rahmen des § 239 a nicht anführen läßt. Von einem Schutz der Autonomie des Willensunfähigen kann hier aber dann ausgegangen werden, wenn bei der Tat

---

[56] *Eser*, Schönke/Schröder § 234 Rdn. 3; *Lackner/Kühl* § 234 Rdn. 6; *Tröndle* § 234 Rdn. 7.

weniger Willensentscheidungen im Einzelfall, als vielmehr die Lebensumstände der jeweiligen Geiseln betroffen sind. Dabei ist zu beachten, daß Willensentschließung und Willensumsetzung die persönlichen Lebensumstände beeinflussen, und umgekehrt diese Einfluß auf die Willensentschließung haben. Bei einem Willensunfähigen ist es nun so, daß die notwendigen Entscheidungen durch einen Personensorgeberechtigten im Interesse des Willensunfähigen und nach Maßgabe des jeweiligen Defizits getroffen werden, wobei der Entscheidungsträger dessen Lebensumstände maßgeblich prägt. Bei einem erpresserischen Menschenraub trifft nach Vornahme der Tathandlung ein anderer diese Entscheidungen für den Willensunfähigen und zwar jemand, dem dessen Wohl in der Regel weit weniger am Herzen liegt als dem Personensorgeberechtigten. So ändern sich die Lebensumstände eines Kleinstkindes drastisch und nicht ohne negative Auswirkungen, wenn es von seiner Mutter getrennt wird. Dementsprechend sind die Lebensumstände und damit die Autonomie Willensfähiger und Willensunfähiger in gleicher Weise betroffen und die Autonomie, beziehungsweise Geborgenheit, wie Lampe es formuliert hat,[57] ist unabhängig von der Willensfähigkeit.

Daher schützt § 239 a die Autonomie der Geisel, wobei zur Abgrenzung von der allgemeinen Handlungsfreiheit vom Grundzustand der Autonomie gesprochen werden sollte.

cc) Ergebnis

Die Norm schützt die Geisel sowohl gegen Beeinträchtigungen der Willensentschließung als auch gegen solche der Willensausübung.[58]

Die persönliche Freiheit der Geisel wird in § 239 a nicht universell in allen ihren Teilbereichen geschützt. Es verhält sich vielmehr so, daß einzelne Teilbereiche durch das Delikt häufig tangiert sind, sich das Delikt aber durch diese Beeinträchtigungen nicht ausreichend charakterisieren läßt. Geschützt werden in § 239 a weniger die allgemeine Handlungsfreiheit oder die Fortbewegungsfreiheit, als vielmehr die persönlichen Lebensumstände, die das Verhalten einer Person maßgeblich und nachhaltig beeinflussen, so daß der Grundzustand der Autonomie zum Schutzbereich gehört.

---

[57] *Lampe*, JR 75, 423 (425); *Backmann*, JuS 77, 444 (446); *Rengier*, GA 85, 314 (318).
[58] Vergl. oben 3. Abschnitt I.A.1.a.bb.aaa., S. 51.

b) Die Unversehrtheit/psycho-physische Integrität

Möglicherweise schützt § 239 a die Geisel auch gegen Beeinträchtigungen der psycho-physischen Integrität, wie dies von einigen Autoren angenommen wird.[59]

Legt man die Überschriften der Abschnitte des Besonderen Teils des Strafgesetzbuches zugrunde, scheint es keinen Abschnitt zu geben, der alle Taten zusammenfaßt, die sich gegen die körperliche Unversehrtheit richten. Allein im 17. Abschnitt werden mit den Körperverletzungsdelikten Tatbestände zusammengefaßt, die sich in erster Linie gegen die körperliche Integrität richten.[60] Zu diesem Abschnitt gehört § 239 a nicht, weshalb die Stellung des Tatbestandes im StGB gegen die Einbeziehung des Schutzgutes der körperlichen Integrität in den Schutzbereich dieser Norm spricht.

Auch weist § 239 a einen gegenüber den Körperverletzungsdelikten deutlich erhöhten Strafrahmen auf, der nur annähernd von der schweren Körperverletzung im Fall der vorsätzlichen Verursachung der schweren Folge, § 226 Absatz 2, und der Körperverletzung mit Todesfolge, § 227, erreicht wird. Daher scheint der erpresserische Menschenraub kein Delikt zum Schutz der körperlichen Integrität zu sein.

Möglicherweise ergibt sich aus dem Wortlaut oder dem Tatbild, daß die psycho-physische Integrität der Geisel zum Schutzbereich gehört. Dabei kann man im Gesetz grundsätzlich zwei Kategorien unterscheiden: zunächst die Delikte, die eine Verletzung der körperlichen Integrität sanktionieren, und sodann diejenigen, welche Verhaltensweisen unter Strafe stellen, die nach Ansicht des Gesetzgebers zu einer Gefährdung der körperlichen Integrität eines Menschen führen.

Zu prüfen ist demnach, ob die Ausführung der Tathandlung stets zu einer Verletzung der körperlichen Integrität führt. Die in § 239 a vorausgesetzten Tathandlungen - Entführung oder Bemächtigung - können vorgenommen werden, ohne daß es zu einer Verletzung der Physis der Geisel kommt. So kann der Täter die Geisel beispielsweise mit einer Waffe zwingen, in einen Wagen zu steigen und mit ihm wegzufahren. Allerdings wird die Entführung oder Bemächtigung und insbesondere die Lage, in die der Täter das Opfer durch die Tathandlung bringt, nicht ohne Folgen für die Psyche des Opfers bleiben.

---

[59] BGH, GA 75, 53; *Lackner/Kühl* § 239 a Rdn. 1; *Tröndle* § 239 a Rdn. 4; *Krey* BT 2 Rdn. 322; *Heinrich*, NStZ 97, 365 (368); *Renzikowski*, JZ 94, 492 (496); *Tiemann*, JuS 94, 138 (141).

[60] h.M.: *Hirsch*, LK § 223 Rdn. 1 ff.; *Lackner/Kühl* § 223 Rdn. 1; *Maurach/Schroeder/Maiwald* BT I § 8 Rdn. 1 ff.

Fraglich ist nun, ob eine solche, ausschließlich seelische Beeinträchtigung die körperliche Integrität verletzen kann. Nach einer Ansicht bestehen zwischen Leib und Seele mannigfache, im Einzelfall schwer abgrenzbare Wechselwirkungen, so daß das Rechtsgut im Ansatz zwar physiologisch, im Verletzungsumfang aber auch psychologisch zu verstehen sei.[61]

Die herrschende Meinung vertritt demgegenüber ein somatologisches Rechtsgutsverständnis, so daß rein seelische Beeinträchtigungen zur Verletzung der körperlichen Integrität nicht ausreichen.[62]

Allenfalls nach der ersten Ansicht griffe der Täter bei einem erpresserischen Menschenraub zwingend in die körperliche Integrität ein, indem er einen Zustand herbeiführt, der nicht ohne psychische Belastungen für das Opfer bleiben kann. Jedoch wäre eine solche Beeinträchtigung weniger auf die Tathandlung als vielmehr auf die Beschränkung der persönlichen Freiheit zurückzuführen. Indem diese bereits zum Schutzbereich gehört und es zu einer Beeinträchtigung der psycho-physischen Integrität durch die Tathandlung über die Verletzung der persönlichen Freiheit hinaus nicht kommen muß, ist der erpresserische Menschenraub hinsichtlich der psycho-physischen Integrität kein Verletzungsdelikt. Auch die weiteren Tatelemente lassen nicht auf das Erfordernis einer Verletzung der Geisel schließen, so daß eine solche nicht notwendig ist. Weder aus dem Wortlaut noch aus dem Tatbild kann darauf geschlossen werden, daß § 239 a gegen eine Verletzung der körperlichen Integrität der Geisel schützt.

Möglicherweise ist aber § 239 a ein Körperverletzungsgefährdungsdelikt und soll die körperliche Integrität schon im Vorfeld schützen.[63] Eine Verletzung der Integrität würde dann gerade nicht zum Tatbestand gehören. Vielmehr müßte von dem tatbestandlich beschriebene Verhalten stets eine Gefahr oder ein Risiko für das Rechtsgut ausgehen. Auch ist erforderlich, daß sich die Einbeziehung dieses Rechtsgutes in den Schutzbereich noch auf andere Indizien stützen läßt.

Ein erpresserischer Menschenraub ist dadurch gekennzeichnet, daß sich das Opfer längere Zeit in der Hand des Täters befindet und diesem hilflos ausgeliefert ist.[64] Bereits bei der Herbeiführung dieser Lage, also der Entführung oder der Bemächtigung, besteht die Gefahr, daß das Opfer einen Schock oder

---

[61] *Eser*, Schönke/Schröder § 223 Rdn. 1.

[62] BGH NJW 83, 462; 96, 1068 (1069); OLG Hamm MDR 58, 993; OLG Köln VRS 75, 106; StV 85, 17; *Hirsch*, LK § 223 Rdn. 1 f.; *Lackner/Kühl* § 223 Rdn. 5; *Tröndle* § 223 Rdn. 6; *Arzt/Weber* LH 1 Rdn. 110; *Rengier* BT 2 § 13 Rdn. 10; *Wessels* BT 1 Rdn. 237.

[63] *Tröndle* § 239 a Rdn. 4; *Heinrich*, NStZ 97, 365 (368).

[64] BGHSt 40, 350 (359); *Heinrich*, NStZ 97, 365 (368).

sonstige Verletzungen erleidet.[65] Während der Bemächtigungssituation ist weiterhin eine latente Gefahr für die körperliche Integrität dadurch gegeben, daß das Opfer oder Dritte bemüht sein werden, diese Lage zu beenden und das Verletzungsrisiko bei einer solchen Befreiungsaktion sehr groß ist.[66] Auch ohne eine Befreiungsaktion besteht in vielen Fällen des erpresserischen Menschenraubes eine besondere Gefahr der Eskalation mit Risiken für die Gesundheit der Geisel, die sich dann noch steigert, wenn es den Ordnungskräften gelingt, den Täter in die Enge zu treiben.[67] So ergibt sich aus der Schutz- und Wehrlosigkeit des Opfers für den Täter während der Bemächtigung die Möglichkeit, den Nötigungsdruck zu erhöhen, indem er sein Opfer foltert, quält oder verstümmelt.[68] Ferner kann er seine Drohung in die Tat umsetzen.[69] Neben diesen Gefahren wird darauf verwiesen, daß für den Täter eines erpresserischen Menschenraubes die hohe Bereitschaft charakteristisch ist, zur Erlangung eines Vermögensvorteils Leib und Leben der Geisel aufs Spiel zu setzen.[70] Gelingt die Tat nicht, kann der Täter seine Wut und Enttäuschung an der Geisel auslassen.[71]

Zusammenfassend ist festzustellen, daß bei einem erpresserischen Menschenraub regelmäßig eine nicht unerhebliche Gefahr für die körperliche Integrität der Geisel vorliegt. Damit ist das Gefahrkriterium erfüllt. Nachzuweisen ist aber ferner, daß § 239 a gerade dem Schutz vor dieser Körperverletzungsgefahr dient.

Gegen diese Schutzrichtung spricht die Ausgestaltung der Strafmilderungsmöglichkeit nach Absatz 4. Für diese kommt es, wie die h.M.[72] zutreffend aus dem Wortlaut und der Entstehungsgeschichte[73] folgert, nicht auf den körperlichen Zustand des Opfers an. Es genügt, wenn das Opfer lebendig in seinen Lebenskreis zurückkehrt, was gegen eine Einbeziehung der körperlichen Integrität in den Schutzbereich des § 239 a spricht.

Vergleicht man das Strafmaß des § 239 a mit dem der Körperverletzungsdelikte, so muß man feststellen, daß es deutlich schärfer ist. Im Verhältnis von

---

[65] *Backmann*, JuS 77, 444 (446); *Heinrich*, NStZ 97, 365 (368); *Müller-Emmert/Maier*, MDR 72, 99.

[66] *Backmann*, JuS 77, 444 (446).

[67] *Backmann*, JuS 77, 444 (446); *Renzikowski*, JZ 94, 492 (496).

[68] *Backmann*, JuS 77, 444 (446); *Renzikowski*, JZ 94, 492 (496).

[69] *Renzikowski*, JZ 94, 492 (496).

[70] *Bohlinger*, JZ 72, 231; *Hansen*, GA 74, 353 (368).

[71] *Backmann*, JuS 77, 444 (445).

[72] *Eser*, Schönke/Schröder § 239 a Rdn. 38; *Horn*, SK § 239 a Rdn. 21; *Tröndle* § 239 a Rdn. 12.

[73] BT Drucks. VI/2722 S. 3.

Verletzungs- und Gefährdungsdelikten müßte es aber gerade umgekehrt sein. Selbst im Vergleich mit § 227, der nicht nur die körperliche Integrität schützt, sondern auch noch den Eintritt des Todes voraussetzt, besitzt § 239 a das schärfere Strafmaß. Demnach spricht das Strafmaß gegen eine Einordnung des § 239 a als Körperverletzungsgefährdungsdelikt.

Zwar kann davon ausgegangen werden, daß bei einem erpresserischen Menschenraub regelmäßig eine große Gefahr für die körperliche Integrität der Geisel besteht, jedoch sprechen mit der Ausgestaltung der tätigen Reue, dem Strafmaß und dem Vergleich mit Körperverletzungstatbeständen gewichtige Argumente dagegen, § 239 a als Gefährdungsdelikt hinsichtlich der körperlichen Integrität anzusehen.

Die psycho-physische Integrität der Geisel gehört daher nicht zum Schutzbereich des § 239 a.

c) Das Leben der Geisel

Möglicherweise ist das Leben der Geisel zum Schutzbereich des erpresserischen Menschenraubes zu zählen. Dies könnte sich zunächst aus der Systematik ergeben. Allerdings steht § 239 a nicht im Abschnitt "Straftaten gegen das Leben", was gegen die Annahme dieses Schutzgutes spricht. Andererseits finden sich auch außerhalb dieses Abschnitts zahlreiche Normen, die eine Verletzung oder Gefährdung des Lebens unter Strafe stellen, mithin das Rechtsgut Leben schützen wollen. Beispielhaft seien für die Verletzung die §§ 251, 306 c, 307 Absatz 3 n.F.[74], und für die Gefährdung die §§ 307 Absatz 1 und 2 n.F., 316 a, genannt.

Gemeinsam ist diesen Tatbeständen, daß sie zum einen den Tod eines Menschen oder zumindest die Gefährdung eines Menschenlebens fordern und zum anderen, eine sehr hohe Mindeststrafe haben.

Fraglich ist, ob von der Strafandrohung des § 239 a darauf geschlossen werden kann, daß das Rechtsgut Leben zum Schutzbereich gehört. Ordnet man alle Delikte ihrer Strafandrohung nach, so fällt auf, daß die höchsten Strafandrohungen ausnahmslos bei solchen Delikten zu finden sind, die das Leben eines Menschen schützen sollen.[75] Eine gewisse Ausnahme liegt zwar

---

[74] Neu gefaßt durch das 6. StrRG, BGBl I 160/1998.

[75] Nämlich bei den §§ 211, 220 a (lebenslang); den §§ 176 b, 178, 179 VI., 239 a III., 239 b II., 251, 306 c, 307 III. Nr. 1, 308 III., 309 IV., 316 a III., 316 c III. (nicht unter zehn Jahren); den §§ 176 a IV., 179 VI., 212, 307 III. Nr. 2: (nicht unter fünf Jahren); den §§ 221 III., 227, 235 V., 239 IV., 312 IV., 318 IV., 330 a II. (nicht unter 3 Jahren); im Fall des Todes mindestens eines Menschen und den §§ 306 b II., 307 I.,

bei den §§ 250 Absatz 2, 177 Absatz 4 vor (nicht unter fünf Jahren), doch wird bei diesen Delikten mit der h.L.[76] zu § 250 a.f.[77] entgegen der entsprechenden Rechtsprechung[78] davon auszugehen sein, daß diese Delikte den Charakter eines Lebensgefährdungsdeliktes haben. Das Leben gehört also zum Schutzbereich derjenigen Delikte, die einen dem § 239 a vergleichbaren Strafrahmen vorsehen, wobei andere Gemeinsamkeiten, die alle diese Delikte verbinden könnten, nicht ersichtlich sind. Dementsprechend scheint gerade der Schutz des Lebens der Grund für die hohe Strafandrohung zu sein. Davon ausgehend, daß es zu den tragenden Maximen des Strafgesetzbuches gehört, wesentlich gleiches gleich und wesentlich ungleiches ungleich zu behandeln, beziehungsweise zu bestrafen,[79] läßt sich die hohe Mindeststrafandrohung des § 239 a nur damit begründen, daß das Rechtsgut Leben auch zu dessen Schutzbereich gehört.

Demnach spricht die Systematik dafür, das Leben in den Schutzbereich des erpresserischen Menschenraubes einzubeziehen.

Anders als in anderen Normen wird der Tod eines Menschen oder die Gefährdung von Menschenleben im Tatbestand des § 239 a Absatz 1 nicht explizit gefordert, weshalb man eine Einbeziehung des Lebens in den Schutzbereich ablehnen könnte. Andererseits könnte es sich trotz dieses Defizits bei § 239 a um eine Norm zum Schutze des Lebens handeln, wenn bei Vornahme der tatbestandlichen Handlung regelmäßig auch eine Gefahr für das Leben der Geisel gegeben ist. Wie bereits dargelegt[80], besteht aufgrund der Lage, die der Täter zur Erfüllung des Tatbestandes schaffen muß, häufig eine Gefahr für die körperliche Integrität, die meistens so gravierend ist, daß sie nicht nur die Integrität, sondern sogar das Leben der Geisel bedroht. Zu den dort genannten Gefahrenmomenten kann noch ergänzt werden, daß die Geisel häufig die einzige Person ist, die den Täter identifizieren kann; ein Umstand, der für einen Täter Motiv genug sein kann, sich des Zeugen zu entledigen.[81]

---

309 II., 316 a I. (nicht unter fünf), im Fall der Gefährdung mindestens eines Menschenlebens.

[76] LG Hamburg, NJW 77, 1931; *Eser*, Schönke/Schröder § 250 Rdn. 15; *Herdegen*, LK § 250 Rdn. 120; *Lackner/Kühl* § 250 Rdn. 2; *Samson*, SK § 250 Rdn. 4; *Krey* BT 2 Rdn. 198 f.; *Maurach/Schroeder/Maiwald* BT I § 35 Rdn. 27; *Wessels*, BT 2 Rdn. 338; *Blei*, JA 74, 55 (57); *Geilen*, Jura 79, 389; *Haft*, JuS 88, 365; *Hauf*, GA 94, 319 (328); *Küper*, JuS 76, 647; *Schünemann*, JA 80, 355; *Seelmann*, JuS 86, 204.

[77] § 250 wurde durch das 6. StrRG vom 26.1.98 (BGBl I 1998/164 ff.) geändert.

[78] BGHSt 26, 167; BGH, NJW 72, 731; 89, 2549; 90, 2570.

[79] BVerfG, NJW 77, 1525 (1532).

[80] Vergl. oben 3. Abschnitt I.A.1.b., S. 62.

[81] *Backmann*, JuS 77, 444 (446).

Auch die Möglichkeit der tätigen Reue nach Absatz 4 bietet einen Anhaltspunkt für das geschützte Rechtsgut. Zur Erreichung der Strafmilderungsmöglichkeit wird von dem Täter nur verlangt, daß er auf die erstrebte Leistung verzichtet und das Opfer in den eigenen Lebenskreis zurückgelangen läßt. Aus dieser Formulierung wird von der h.M.[82] gefolgert, daß es ausschließlich darauf ankommt, daß die Geisel lebendig zurückkehrt und nicht darauf, daß sie auch unverletzt ist. Indem tätige Reue also nur bei Verletzung des Rechtsgutes Leben ausscheidet, gehört dieses zum Schutzbereich des § 239 a.

Demnach ergibt sich aus der Systematik und der Ausgestaltung der tätigen Reue, daß der erpresserische Menschenraub das Leben der Geisel schützen soll.

d) Ergebnis

Das Delikt des erpresserischen Menschenraubes schützt von den Rechtsgütern der Geisel die persönliche Freiheit, verstanden als Allgemeinzustand der Unabhängigkeit, und das Leben.

2. Die geschützten Rechtsgüter des zu Erpressenden

Möglicherweise werden auch Rechtsgüter desjenigen durch § 239 a geschützt, der nach der Vorstellung des Täters Erpressungsopfer werden soll.

Hier stellt sich das grundsätzliche Problem, daß der Tatbestand des erpresserischen Menschenraubes vollendet ist, bevor es zu einer Erpressung gekommen sein muß. Demnach scheint eine Beeinträchtigung des zu Erpressenden gar nicht notwendig und daher möglicherweise im Rahmen des § 239 a auch nicht unrechtsbegründend zu sein.[83] Fraglich ist also, ob mit dem Erfordernis der Erpressungsabsicht weitere Schutzgüter in den Tatbestand einbezogen werden.

Käme es auf eine Beeinträchtigung des zu Erpressenden im Rahmen des § 239 a nicht an, hätte man auf die Erpressungsabsicht bei der Schaffung des Tatbestandes verzichten können und wohl auch müssen. Die Existenz dieses

---

[82] *Eser*, Schönke/Schröder § 239 a Rdn. 38; *Horn*, SK § 239 a Rdn. 21; *Tröndle* § 239 a Rdn. 12.

[83] *Renzikowski*, JZ 94, 492 (496).

Tatbestandsmerkmals spricht damit für seine Wichtigkeit zur Charakterisierung des Unrechts.

Entscheidender ist aber, daß, bliebe es bei diesem Ergebnis, zum Schutzbereich des § 239 a allein das Leben und die persönliche Freiheit eines Menschen zählen würden. Das riefe aber Spannungen zwischen § 239 a einerseits und der Körperverletzung mit Todesfolge, § 227, andererseits hervor. Die Schaffung einer Lebensgefahr würde dann nämlich härter bestraft als die Schaffung der Gefahr und der Eintritt des Erfolges. Auch das Hinzutreten der Beeinträchtigung der persönlichen Freiheit vermag diese Spannungen nicht zu lösen, wie ein Blick auf die §§ 234 und 234 a zeigt. So warten diese Delikte nur mit einer Mindeststrafe von einem Jahr auf, wobei es eine Erhöhung für die Herbeiführung des Todes nicht gibt. Selbst eine tatmehrheitliche Verknüpfung dieser Deliktsgruppen würde den Strafrahmen des erpresserischen Menschenraubes nicht erreichen.

Auch der Vergleich zwischen § 239 a und § 239 b spricht dafür, dem jeweiligen subjektiven Bereich eine unrechtscharakterisierende Funktion beizumessen, denn nur dort sind Unterschiede zwischen den Normen feststellbar.

Gegen eine Einbeziehung von Rechtsgütern des "Erpressungsopfers" könnte sprechen, daß die Geisel im Tatbestand mit "Opfer" bezeichnet wird, das "Erpressungsopfer" hingegen nur als "Dritter". In der Tatbestandsfassung kann als Opfer sprachlogisch aber nur derjenige bezeichnet werden, der bereits beeinträchtigt wurde. Die Bezeichnung "Opfer" kann also nur bei zweiaktigen Delikten und nur bezüglich der Person gewählt werden, die im ersten Akt beeinträchtigt wurde. Im ersten Akt des § 239 a, der Entführung oder Bemächtigung, wird nur die Geisel beeinträchtigt, nicht aber der Dritte. Daher konnte der Dritte bei der Fassung des Tatbestandes nicht als Opfer bezeichnet werden. Gleichwohl könnte konkret der Dritte, wie auch die Geisel, Opfer des zweiten Aktes sein.

Aus den dargelegten Gründen kommt der Erpressungsabsicht unrechtsbegründender Charakter zu, und es werden auch Rechtsgüter des zu Erpressenden durch § 239 a geschützt.

a) Die persönliche Freiheit

Wie schon die persönliche Freiheit der Geisel könnte auch die des Erpressungsopfers zum Schutzbereich gehören. Auch hier läßt sich das Argument der Zugehörigkeit zum 18. Abschnitt des Strafgesetzbuches anführen, welches allerdings, nachdem bereits die persönliche Freiheit der Geisel betroffen ist, keinen zwingenden Schluß zuläßt.

Der eindeutige Verweis auf die Erpressung, zu deren Schutzbereich die persönliche Freiheit des Erpressungsopfers zählt,[84] spricht dafür, diese Schutzbereichsbestimmung zu übernehmen, mithin die persönliche Freiheit des Erpressungsopfers durch § 239 a als geschützt anzusehen.[85]

Klärungsbedürftig ist auch hier, ob die zu beeinträchtigende persönliche Freiheit noch weiter spezifiziert werden kann.

aa) Willensentschließungs- und Willensbetätigungsfreiheit

Zu den beeinträchtigten Rechtsgütern des Dritten könnte die Willensentschließungs- und Willensbetätigungsfreiheit gehören,[86] wie sie im Rahmen der Erpressung beeinträchtigt wird. Zweifelhaft ist jedoch, wie auch bei § 253, ob beide Teilbereiche zum Schutzbereich des § 239 a zählen, denn zumindest nach Ansicht einer starken Literaturmeinung[87] scheidet vis absoluta als Nötigungsmittel im Rahmen des § 253 aus, so daß die Willensbetätigungsfreiheit weder zum Schutzbereich des § 253[88] noch zu dem des § 239 a zählen würde.

Neben dieser Schwierigkeit unterscheidet sich § 239 a von § 253 noch dadurch, daß der erpresserische Menschenräuber die Sorge des Erpressungsopfers um das Wohl der Geisel ausnutzen muß. Demnach muß diese Sorge auch Erpressungsmittel sein. Nötigungsmittel, die sich nicht unter das Merkmal "Sorge" subsumieren lassen, scheiden nach dem Wortlaut aus. Es könnte also sein, daß die Nötigungsmittel des § 239 a gegenüber denen des § 253 beschränkter sind, woraus sich auch eine Beschränkung des geschützten Bereichs der persönlichen Freiheit ergeben könnte.

Soll die Willensbetätigungsfreiheit beeinträchtigt sein, muß der Täter die Umsetzung eines einmal gebildeten Willens durch das Erpressungsopfer unmöglich machen.[89] Erpressungsmittel müßte dann vis absoluta sein. Der Tatbestand sieht aber vor, daß die Sorge um das Wohl der Geisel das Erpressungsmittel sein soll. Diese Sorge stellt jedoch für sich gesehen noch keine vis absoluta dar. Zwar wird es, insbesondere im Zweipersonenverhältnis, häufig

---

[84] BGHSt 1, 20; 19, 342 (343); 41, 123 (125); NJW 87, 510; *Eser*, Schönke/Schröder § 253 Rdn. 1; *Lackner/Kühl* § 253 Rdn. 1; *Tröndle* § 253 Rdn. 2; *Rengier* BT 1 § 11 Rdn. 1; *Wessels* BT 2 Rdn. 665.

[85] So auch *Eser*, Schönke/Schröder § 239 a Rdn. 3; *Lackner/Kühl* § 239 a Rdn. 1; *Rengier* BT 2, § 24 Rdn. 1.

[86] *Maurach/Schroeder/Maiwald* BT I § 15 Rdn. 19; *Backmann*, JuS 77, 444 (445);

[87] *Eser*, Schönke/Schröder § 253 Rdn. 3; *Herdegen*, LK § 253 Rdn. 3, 9; *Tröndle* § 253 Rdn. 5.

[88] So auch BGHSt 41, 125; BGH, NJW 87, 510; *Tröndle* § 253 Rdn. 2.

[89] *Eser*, Schönke/Schröder Vorbem. §§ 234 ff. Rdn. 4.

so sein, daß der Täter diese Sorge mit Mitteln hervorruft, die als vis absoluta zu klassifizieren sind, doch soll nach der Tatbestandsfassung des § 239 a die Erpressung nicht auf einer solchen absoluten Gewalt, sondern auf der Sorge beruhen. Mit diesem Erfordernis bleibt dem Erpressungsopfer aber ein Entscheidungsspielraum, der eine Klassifizierung als vis absoluta verhindert. Vis absoluta scheidet mithin als beabsichtigtes Erpressungsmittel im Rahmen des § 239 a aus[90], und zwar unabhängig davon, welcher Standpunkt im Rahmen des § 253 zur Frage des Erfordernisses der Vermögensverfügung eingenommen wird.

Die Willensbetätigungsfreiheit des Erpressungsopfers wird folglich allenfalls dann beeinträchtigt, wenn Erpressungsopfer und Geisel personenidentisch sind. Die entsprechende Beschränkung dient dann aber nur der Herbeiführung und Aufrechterhaltung der besonderen Lage[91] und führt insoweit zu einer Beschränkung der Autonomie der Geisel. Hinsichtlich der Erpressungskomponente ist eine Beeinträchtigung der Willensbetätigungsfreiheit aufgrund der Tatbestandsfassung jedoch ausgeschlossen.

Im Beispiel bedeutet das: Der Täter fesselt und entführt sein Opfer, um es zu zwingen, eine Barauszahlung an ihn zu veranlassen: § 239 a wäre erfüllt. Würde der Täter hingegen sein Opfer fesseln und entführen, und ihm so einen Widerstand gegen eine Bargeldwegnahme unmöglich zu machen, wäre § 239 a nicht erfüllt, da die Fesseln und nicht die Sorge den Widerstand verhindern.

Die Willensbetätigungsfreiheit des Erpressungsopfers wird also selbst bei Umsetzung der Erpressungsabsicht nicht betroffen und gehört folglich nicht zum Schutzbereich.

Es könnte aber die Willensentschließungsfreiheit des Erpressungsopfers zum Schutzbereich gehören. Diese ist beeinträchtigt, wenn das Opfer insgesamt seiner Fähigkeit zur Willensentschließung beraubt oder durch deliktischen Zwang zu einem bestimmten Entschluß gebracht wird.[92] Im Rahmen der beabsichtigten Erpressung muß nach dem Wortlaut auf das Opfer mittels der Sorge um die Geisel Druck ausgeübt werden, um es so zu einem Verhalten zu bringen, das dann zu einem Vermögensvorteil führt. Dementsprechend setzt § 239 a zwar nicht voraus, daß die Fähigkeit zur Willensentschließung ausgeschaltet, aber immerhin, daß sie deliktischem Zwang ausgesetzt wird. Der Tatbestand ist daher nur erfüllt, wenn der Täter nach seiner Vorstellung von der Tat die persönliche Freiheit auf der Ebene der Willensentschließung angreift.

---

[90] So auch *Eser*, Schönke/Schröder § 239 a Rdn. 12; *Hansen*, GA 74, 353 (356).
[91] Vergl. oben 3. Abschnitt I.A.2.a.aa., S. 69.
[92] *Eser*, Schönke/Schröder Vorbem. §§ 234 ff. Rdn. 3.

Als Ergebnis bleibt festzuhalten, daß in § 239 a die persönliche Freiheit des Erpressungsopfers auf der Ebene der Willensentschließungsfreiheit geschützt wird.

bb) Betroffene Dimension der persönlichen Freiheit

Möglicherweise kann der geschützte Bereich der persönlichen Freiheit noch weiter unter dem Gesichtspunkt der beeinträchtigten Dimension spezifiziert werden. Dabei wird man wegen der eindeutigen Bezugnahme des Gesetzeswortlautes auf § 253 auch auf die Diskussion im Rahmen dieser Norm zurückgreifen können.

Der speziellste, abgrenzbare Bereich ist die Fortbewegungsfreiheit. Sie könnte dann zum Schutzbereich des § 239 a gehören, wenn sie zum Schutzbereich des § 253 gehören würde. § 253 ist allerdings ein Vermögensdelikt,[93] so daß nicht die Freiheit der Fortbewegung, sondern die Handlungsfreiheit im Bezug auf vermögensrelevante Entscheidungen geschützt wird. Zwar kann, je nach Fallgestaltung, in der Beeinträchtigung der Fortbewegung auch eine Beeinträchtigung des Vermögens liegen, jedoch wird das die Ausnahme sein. Andererseits wird das Opfer der Erpressung auch gegen Freiheitsbeschränkungen geschützt, die eine Vermögensbeeinträchtigung, aber keine Beeinträchtigung der Fortbewegungsfreiheit darstellen. Weder bei § 253, noch bei § 239 a läßt sich daher die beeinträchtigte Freiheit des Dritten als Fortbewegungsfreiheit charakterisieren.

Hinsichtlich der Dimension wird häufig angeführt, § 253 schütze die Dispositionsbefugnis des Einzelnen[94], die Freiheit der wirtschaftlichen Disposition[95] oder die persönliche Entscheidungsfreiheit.[96] Diese Schutzbereichscharakterisierung könnte man auf § 239 a übertragen.[97] Allerdings sind diese Umschreibungen dadurch gekennzeichnet, daß sie den geschützten Bereich nicht nur hinsichtlich der persönlichen Freiheit charakterisieren, sondern auch Aspekte des Vermögensschutzes integrieren. Dies führt zu einer so speziellen Charakterisierung des Schutzbereiches des § 253, daß sich dieser Deliktsgrup-

---

[93] *Lackner/Kühl* § 253 Rdn. 1; *Tröndle* § 253 Rdn. 2; *Maurach/Schroeder/Maiwald* BT 1 § 42 Rdn. 12.

[94] *Maurach/Schroeder/Maiwald* BT I § 42 Rdn. 12.

[95] *Eser*, Schönke/Schröder § 253 Rdn. 1.

[96] BGHSt 19, 342 (343); *Wessels* BT 2 Rdn. 665.

[97] So *Horn*, SK § 239 a Rdn. 2.

pe nur noch sehr wenige andere Delikte zuordnen ließen, so daß eine solche Bestimmung in systematischer Hinsicht wenig sinnvoll ist.

Richtiger ist es, davon ausgehend, daß § 253 eine Kombination aus Vermögen und persönlicher Freiheit schützt, den Bereich der geschützten persönlichen Freiheit ohne Aspekte des Vermögensschutzes zu begrenzen.

Bei klarer Trennung beider Bestandteile wird aus der "persönlichen Entscheidungsfreiheit" und der "Freiheit der wirtschaftlichen Disposition" eine "Handlungsfreiheit im Einzelfall". Ob sich auch die Dispositionsbefugnis entsprechend reduzieren läßt, erscheint fraglich, denn Befugnis umfaßt auch den Bereich, in dem zwar allein das Opfer handeln dürfte, diese Handlung aber nun der Täter vornimmt, was von dem konkreten Verhalten des Opfers unabhängig sein kann und mithin von der Handlungsfreiheit im Einzelfall nicht umfaßt wird. Unabhängig von der Diskussion im Rahmen des § 253 kann aber dieser Bereich bei § 239 a ausgeschlossen werden, da nach dem Wortlaut die Sorge des Opfers für die Erpressung ausgenutzt werden muß, und mithin ein vom Verhalten des Opfers unabhängiger Eingriff in die Dispositionsbefugnis nicht tatbestandsmäßig ist. Demnach ist die im Rahmen des § 239 a beeinträchtigte persönliche Freiheit als Handlungsfreiheit im Einzelfall zu charakterisieren.

Dies ergibt sich auch aus dem Tatbild: Der Täter will in der Regel ein einmaliges Verhalten erreichen, beispielsweise die Zahlung eines Lösegeldes. Demnach erscheint die Handlungsfreiheit im Einzelfall betroffen. Allgemein ausgedrückt möchte der Täter, daß sich das Opfer in einer bestimmten Weise verhält, wobei dieses Verhalten zu dem Vermögensvorteil führen soll. Zu einer umfassenderen Beeinträchtigung braucht es nicht zu kommen.

Hinsichtlich der beeinträchtigten Dimension wird das Erpressungsopfer durch § 239 a dagegen geschützt, im Einzelfall zu einem bestimmten Verhalten veranlaßt zu werden.

cc) Ergebnis

Im Rahmen der persönlichen Freiheit wird das Erpressungsopfer gegen Angriffe geschützt, die auf der Ebene der Willensentschließung ansetzen und die Handlungsfreiheit im Einzelfall beeinträchtigen.

b) Das Vermögen

Als weiteres Schutzgut kommt aufgrund der Bezugnahme auf § 253 das Vermögen des zu Erpressenden in Betracht, denn nach h.M. ist das Vermögen

Hauptschutzgut des § 253.[98] Allerdings muß im Rahmen des § 253 nicht unbedingt das Vermögen des Genötigten betroffen sein.[99] Indem der Schutz des Vermögens allein aus der vorausgesetzten Erpressungsabsicht folgt, liegt es nahe, auch im Rahmen des § 239 a anzunehmen, daß Erpreßter und Geschädigter personenverschieden sein können.[100] Andere Hinweise aus Wortlaut, Stellung oder Entwicklung der Norm ergeben sich nicht, so daß neben dem Vermögen des Erpreßten auch das Vermögen Dritter geschützt wird.

c) Die persönlichen Gefühle

Ein Teil der Verwerflichkeit des Deliktes soll nach einer Ansicht auch auf der Ausnutzung persönlicher Gefühle des Erpressungsopfers für die Geisel beruhen.[101] Folgt man der historischen Entwicklung, so läßt sich feststellen, daß sich die Kommentatoren mit der Umschreibung des Gemeinten stets äußerst schwer taten, aber doch wohl überwiegend der Meinung waren, daß so etwas wie eine soziale Bindung zwischen dem Dritten und der Geisel durch § 239 a geschützt werde.[102] Ursprünglich ordnete man diese soziale Bindung dem Schutzgut "Muntgewalt" zu und beschrieb den geschützten Bereich als das besondere Verhältnis der Eltern zu ihren Kindern.[103] Als jedoch der Tatbestand geändert wurde und auch Erwachsene taugliche Geiseln wurden, machte man die soziale Komponente an dem Merkmal "Sorge um das Wohl" fest und schloß solche Verhaltensweisen aus, in denen es dem Täter nicht auf die Ausnutzung der Sorge ankam.[104] Unklar blieb indes, ob in dieser Formulierung noch einmal der Charakter als Norm zum Schutz des Lebens unterstrichen werden sollte oder ob tatsächlich davon ausgegangen wurde, daß hier eine soziale Bindung, ein Gefühl des Erpreßten für die Geisel geschützt werden sollte.

Seit der letzten Änderung kann nun auch die Geisel selbst Erpressungsopfer werden, wobei das Merkmal der "Sorge" im Tatbestand erhalten geblieben ist. Angesichts der Aufhebung des Dreipersonenverhältnisses erscheint es frag-

---

[98] *Eser*, Schönke/Schröder § 253 Rdn. 1; *Lackner/Kühl* § 253 Rdn. 1; *Tröndle* § 253 Rdn. 3; *Rengier* BT 1 § 11 Rdn. 1; *Wessels* BT 2 Rdn. 665.

[99] *Tröndle* § 253 Rdn. 11.

[100] So auch *Maurach/Schroeder/Maiwald* BT I § 15 Rdn. 19; a.A.: *Eser*, Schönke/Schröder § 239 a Rdn. 3.

[101] *Eser*, Schönke/Schröder § 239 a Rdn. 15; Blei, JA 75, 19 (20).

[102] z.B. *Bohlinger*, JZ 72, 230 (231).

[103] Vergl. oben 1. Abschnitt IV.B., S. 27.

[104] *Blei*, JA 75, 19 (20).

lich, ob eine soziale Komponente, die nur zwischen zwei verschiedenen Personen bestehen kann, (noch) zum Schutzbereich zu zählen ist.

Vom Wortlaut her müßte man diese soziale Komponente an dem Merkmal "Sorge um das Wohl" festmachen. Dieses Merkmal bedeutet aber nicht notwendig ein Gefühl im Sinne einer persönlichen Beziehung zu dem Opfer, sondern nur, daß sich die Sorge darauf beziehen muß, daß dem Opfer etwas passieren könnte,[105] es also Schaden körperlicher, geistiger oder sittlicher Art nähme.[106] Aus dem Wortlaut kann daher ein Argument für das Schutzgut persönliche Beziehung nicht gewonnen werden.

Vergleicht man § 239 a mit § 239 b, so fällt auf, daß das Merkmal "Sorge um das Wohl" durch das Merkmal "Drohung mit dem Tod oder einer schweren Körperverletzung des Opfers oder mit dessen Freiheitsentziehung von über einer Woche Dauer" ersetzt wurde. Dabei sollten diese Tatbestandsmerkmale des § 239 b eine Verschärfung gegenüber der Sorge des § 239 a darstellen.[107] Dies fand seinen Grund darin, daß die Erpressungsabsicht gegenüber der Nötigungsabsicht grundsätzlich als schwerwiegender angesehen wurde.[108] Daher darf die Sorge, soll sie nicht zu einer weiteren Verengung des Tatbestandes führen, kein neues Schutzgut in den Tatbestand einbeziehen, das in dem vergleichbaren Tatbestandselement des § 239 b nicht vorhanden ist. Die Nötigungsmittel des § 239 b deuten darauf hin, daß es zu einer massiven Nötigung kommen muß, nicht aber darauf, daß ein persönliches Gefühl zwischen Geisel und Erpressungsopfer geschützt werden soll.

Begreift man ferner den erpresserischen Menschenraub als Delikt gegen das Leben,[109] so resultiert schon hieraus der sich im Strafmaß niederschlagende hohe Unwertgehalt, so daß es der Annahme eines weiteren unrechtsbegründenden Elements, wie hier eines persönlichen Gefühls, nicht mehr bedarf.

Auch stellt sich die Frage, ob nicht der Charakter des § 239 a bezüglich des Rechtsgutes Leben der Annahme widerspricht, § 239 a schütze auch die persönlichen Gefühle des Erpressungsopfers: Würde nämlich § 239 a die Gefühle des Erpressungsopfers schützen, so wären solche Sachverhalte nicht tatbestandsmäßig, in denen es dem Täter nicht darauf ankommt, ein spezielles Gefühl auszunutzen, sondern in denen er auf andere Motivationsstränge vertraut, also beispielsweise erwartet, daß der Staat, aus welchen Motiven auch immer, zahlen wird. Gründe dafür, der Geisel in einem solchen Fall den

---

[105] *Eser*, Schönke/Schröder § 239 a Rdn. 15; *Küper*, Jura 83, 206 (210).

[106] BGH, GA 75, 53; *Schäfer*, LK § 239 a Rdn. 14; *Maurach/Schroeder/Maiwald* BT I § 15 Rdn. 24.

[107] BT Drucks. VI/2722 S. 2.

[108] BT Drucks. VI/2722 S. 3 f.

[109] Vergl. oben 3. Abschnitt I.A.1.c., S. 65.

Schutz des § 239 a zu entziehen, gibt es jedoch nicht. Entsprechendes gilt für den Fall, in dem eine äußerst unbeliebte oder alleinstehende Person in einer Bank als Geisel genommen wird, und der Täter nun darauf vertraut, daß die Bank (nach einer längeren Geiselnahme) aufgrund der Gefahr für diese Person zahlen wird. Angesichts der Gleichwertigkeit menschlichen Lebens ist es nicht möglich, diesen Fall mit der Begründung aus dem Tatbestand auszuscheiden, es werde nicht das Gefühl einer Person betroffen. Dementsprechend widerspricht die Einbeziehung des Schutzgutes "persönliche Beziehung" dem Gedanken, das Leben der Geisel möglichst umfassend zu schützen.

Nach allem kann es auf persönliche Gefühle nicht ankommen,[110] sondern allein darauf, daß das Erpressungsopfer aufgrund einer Furcht vor Schädigungen handelt. In dem Merkmal der Sorge um das Wohl wird daher nicht ein Schutzgut des Erpressungsopfers in den Schutzbereich der Norm aufgenommen, sondern deren Charakter als Norm zum Schutz des Lebens unterstrichen, indem nur solche Lagen tatbestandsmäßig sind, in denen eine schwerwiegende Gefahr für die Geisel Anlaß zur Sorge um deren Leben gibt.

d) Ergebnis

Der Dritte wird vor Beeinträchtigungen seiner Handlungsfreiheit im Einzelfall geschützt; und zwar nur vor solchen, die sich gegen die Willensentschließung richten. Auch sein Vermögen gehört zum Schutzbereich.

3. Sonstige Schutzgüter

a) Das Vermögen

Oben wurde angenommen[111], daß nicht speziell das Vermögen desjenigen geschützt wird, dessen Handlungsfreiheit im Rahmen der Erpressung beeinträchtigt wird. Aus der Bezugnahme auf § 253 ergibt sich vielmehr, daß das Vermögen, unabhängig davon, wem es gehört, zum Schutzbereich des § 239 a zu zählen ist.

Gegen die Einbeziehung des Vermögens in den Schutzbereich des § 239 a könnte allerdings die Systematik sprechen, denn der Gesetzgeber hat das Vermögen im 20. Abschnitt sehr umfangreich geschützt. Der erpresserische Menschenraub steht aber nicht im 20., sondern im 18. Abschnitt, bei den

---

[110] So auch *Bohlinger* JZ 72, 230 (232).
[111] Vergl. oben 3. Abschnitt I.A.2.b., S. 72.

Straftaten gegen die persönliche Freiheit. In diesem Abschnitt wäre er nicht nur die einzige Straftat, die sich gegen das Vermögen richtet, sondern es erscheint auch ungewöhnlich, daß der Gesetzgeber hier, außerhalb des 20. Abschnitts, das Vermögen schon im Vorfeld schützen will. Indem aber § 239 a mehrere Rechtsgüter schützt und man die Norm nicht in alle Abschnitte integrieren kann, ist dies kein Argument, den Vermögensschutz auszuschließen. Diesem Argument wird allenfalls bei der Beurteilung der Wichtigkeit und des Verhältnisses der einzelnen geschützten Rechtsgüter zueinander Bedeutung zukommen.

Für eine Einbeziehung des Vermögens in den Schutzbereich des § 239 a könnte auch ein Vergleich mit § 239 b sprechen: Die beiden Normen unterscheiden sich nur im subjektiven Bereich, wo die Geiselnahme ein qualifiziertes Nötigungsmittel und statt der Erpressungsabsicht eine Nötigungsabsicht fordert. Da aber die Strafandrohung übereinstimmt, ergibt sich nach den Gesetzen der Logik, daß ein Teil der Verwerflichkeit der Geiselnahme in der beabsichtigten qualifizierten Drohung seinen Grund findet, wohingegen beim erpresserischen Menschenraub ein entsprechender Teil der Verwerflichkeit auf dem Streben nach einem Vermögensvorteil beruht.

Demnach gehört das Vermögen zu den durch § 239 a geschützten Rechtsgütern. Soweit die Literatur ebenfalls diese Meinung vertritt, wird eine unterschiedliche Akzentuierung vorgenommen: Von einer Richtung wird es als Hauptschutzgut betrachtet[112], von einer anderen aber nur als ein mitgeschütztes Gut.[113]

Hätte der Gesetzgeber mit § 239 a eine Norm schaffen wollen, bei welcher der Vermögensschutz im Vordergrund steht, so hätte er den erpresserischen Menschenraub in den 20. Abschnitt "Raub und Erpressung" eingliedern müssen.

Betrachtet man ferner § 249 und § 250 Absatz 2, so fällt auf, daß die grössere Gefahr für Leib und Leben das Mindeststrafmaß verfünffacht, woraus sich folgern läßt, daß dem Lebensschutz gegenüber dem Vermögensschutz die weitaus größere Bedeutung zukommt. Im Verhältnis zum Lebensschutz der Geisel wird daher auch im Rahmen des § 239 a das Vermögen nur mitgeschützt sein.

Dies ergibt sich auch bei einem Blick auf die anderen Delikte des 20. Abschnitts. Wäre das Vermögen Hauptschutzgut des § 239 a, so hätte der Gesetzgeber eine Vermögensbeeinträchtigung mit einer geringeren Strafan-

---

[112] *Eser*, Schönke/Schröder § 239 a Rdn. 3.

[113] *Lackner/Kühl* § 239 a Rdn. 1; *Schäfer*, LK § 239 a Rdn. 2; wohl auch: *Renzikowski*, JZ 94, 492 (496); *Bohlinger*, JZ 72, 230 (232).

drohung belegt als den Plan zu einer solchen Vermögensbeeinträchtigung. Dies würde aber der Ratio des § 30 widersprechen. Nach dieser Norm macht sich strafbar, wer vorbereitende Schritte für ein Verbrechen unternimmt - etwa sich verabredet hat -, und zwar unabhängig davon, ob er mit der Tatbestandsverwirklichung beginnt oder nicht. Allerdings ist hierfür die Strafe nicht höher, sondern vielmehr das "normale" Strafmaß nach § 49 zu mildern.

Zusammenfassend kann gesagt werden, daß das Vermögen zwar zum Schutzbereich gehört, aber im Rahmen des § 239 a ein unwichtiges Schutzgut ist.

b) Weitere Schutzgüter

Für die Einbeziehung weiterer Schutzgüter lassen sich keine Anhaltspunkte finden.

4. Ergebnis

Zum Schutzbereich des § 239 a gehört das Leben der Geisel sowie deren persönliche Freiheit, verstanden als Allgemeinzustand der Autonomie. Ferner wird die Willensentschließungsfreiheit des Erpressungsopfers im Bezug auf die Handlungsfreiheit im Einzelfall geschützt. Darüber hinaus ist auch das Vermögen zum Schutzbereich zu zählen.

Fraglich ist indes, welche Rechtsgüter im Vordergrund stehen. So nimmt eine Meinung an, das Schwergewicht der Norm liege auf der Erpressungskomponente, und die Rechtsgüter des zu Erpressenden würden in erster Linie geschützt.[114] Für die Gegenansicht, die innerhalb des gekennzeichneten Schutzbereichs die Rechtsgüter der Geisel als die wichtigeren ansieht,[115] spricht indes die hohe Strafandrohung mit mindestens fünf Jahren Freiheitsstrafe.[116] Diese läßt sich nur mit dem Schutz der Geisel und insbesondere deren Lebens rechtfertigen, denn für die einfache Erpressung, § 253, die in gleicher Weise die Rechtsgüter des Erpressungsopfers schützt wie der erpresseri-

---

[114] *Eser*, Schönke/Schröder § 239 a Rdn. 3; *Arzt/Weber* LH 1 Rdn. 234.
[115] *Tröndle* § 239 a Rdn. 4; *Renzikowski*, JZ 94, 492 (496).
[116] *Renzikowski*, JZ 94, 492 (496).

sche Menschenraub, ist lediglich ein Strafrahmen von Freiheitsstrafe bis zu fünf Jahren oder Geldstrafe vorgesehen.

Auch die Vorverlegung der Strafbarkeit rechtfertigt keine andere Annahme. Sie beruht nicht darauf, daß der Gesetzgeber das Vermögen schon vor seiner Beeinträchtigung schützen wollte, sondern darauf, daß die Rechtsgüter der Geisel schon in einem sehr frühen Zeitpunkt der gesamten vom Täter vorgestellten Tat verletzt werden.

Die Willensentschließungsfreiheit des Erpressungsopfers und das Vermögen sind gegenüber den Rechtsgütern der Geisel nur mitgeschützt.

B. Dogmatische Einordnung

Eine eindeutige systematische Zuordnung fällt aufgrund der Komplexität des Tatbestandes und der Vielzahl der geschützten Rechtsgüter schwer. Gleichwohl läßt sich der erpresserische Menschenraub beziehungsweise lassen sich einzelne seiner Tatbestandsvoraussetzungen den gängigen Deliktskategorien zuordnen.

1. Verletzungsdelikt

Hinsichtlich der persönlichen Freiheit der Geisel handelt es sich um ein Verletzungsdelikt, indem die Tathandlung darin besteht, daß der Täter bei § 239 a den Allgemeinzustand der Autonomie verletzen muß. Eine Verletzung der anderen Rechtsgüter wird nicht vorausgesetzt, so daß es sich in dieser Hinsicht nicht um ein Verletzungsdelikt, möglicherweise aber um ein Gefährdungsdelikt handeln kann.

2. Gefährdungsdelikt

Nach der Tatbestandsfassung ist zur Vollendung des § 239 a weder die Tötung eines Menschen noch die Umsetzung der Erpressungsabsicht erforderlich. Daher könnte es sich bezüglich der entsprechenden Rechtsgüter um ein Gefährdungsdelikt handeln.

a) Leben der Geisel

Zu prüfen ist, ob es sich bei § 239 a um ein Lebensgefährdungsdelikt handelt und welcher Art die Gefährdung sein muß.

aa) Gefährdungsdelikt

Für eine Einordnung als Gefährdungsdelikt[117] ist erforderlich, daß gemäß der Tatbestandsfassung eine naheliegende Möglichkeit der Schädigung des konkreten Rechtsgutes, im Fall des § 239 a also des Lebens, bestehen muß.[118] Entscheidend ist dabei die Herbeiführung einer tatsächlichen Gefahrenlage,[119] wobei das Vorliegen der Gefahr aufgrund einer nachträglichen Prognose anhand der objektiv verfügbaren Umstände der zeitlich-räumlichen Situation des Gutes mittels eines sachkundigen Urteils zu bestimmen ist.[120]

Bestraft wird in § 239 a, wer eine Geisel in seine Gewalt bringt und damit ein bestimmtes Ziel verfolgt. Davon, daß Menschenleben gefährdet werden müssen, spricht der Tatbestand nicht. Demnach scheint der Eintritt einer tatsächlichen Gefahr für die Annahme der Strafbarkeit nicht erforderlich und § 239 a mithin kein Gefährdungsdelikt zu sein.

Andererseits wurde auch bei anderen Delikten das Vorliegen einer Gefahr gefordert, ohne daß es ein entsprechendes Tatbestandsmerkmal gab. So forderte[121] der Tatbestand des § 221 ausdrücklich weder eine Leibes- noch eine Lebensgefahr und dennoch war[122] seine Rechtsnatur als (konkretes) Gefährdungsdelikt grundsätzlich anerkannt[123], wenn auch strittig war, ob eine Leibes-[124] oder Lebensgefahr[125] drohen mußte. Maßgeblich für diese Einschätzung waren die systematische Stellung und kriminalpolitische Bedenken ge-

---

[117] Überwiegend wird noch mit der ungenauen Unterscheidung zwischen "konkreten" und "abstrakten Gefährdungsdelikten" gearbeitet. Genauer erscheint demgegenüber die Unterscheidung zwischen "Gefährdungsdelikten" (= "konkreten" Gefährdungsdelikten) und "Risikodelikten" (= "abstrakten" Gefährdungsdelikten).

[118] RGSt 30, 179; *Cramer*, Schönke/Schröder Vorbem. §§ 306 ff. Rdn. 5; *Gallas*, FS Heinitz, S. 172 (178); *Hirsch*, FS Lee, 939 (942).

[119] *Hirsch*, FS Arthur Kaufmann, S. 545 (550); *Horn*, Gefährdungsdelikte, S. 11, Fn. 27.

[120] *Gallas*, FS Heinitz, S. 172 (178); *Hirsch*, FS Arthur Kaufmann, S. 545 (558); ders., FS Lee, S. 939 (942).

[121] Dies wurde durch das 6. StRG, BGBl I 1998/164 geändert.

[122] Bis zur Änderung durch das 6. StRG, BGBl I 1998/164.

[123] Vor der Änderung: BGHSt 25, 219; *Eser*, Schönke/Schröder § 221 Rdn. 1; *Horn*, SK § 221 Rdn. 1; *Jähnke*, LK § 221 Rdn. 4; *Tröndle* § 221 Rdn. 1; *Maurach/Schroeder/Maiwald* BT I § 4 Rdn. 4; *Ulsenheimer*, StV 86, 202; *Mitsch*, JuS 94, 559; *Küper*, JZ 95, 168 (175).

[124] So BGHSt 25, 219; *Horn*, SK § 221 Rdn. 3; *Jähnke*, LK § 221 Rdn. 4; *Lackner/Kühl* § 221 Rdn. 1; *Tröndle* § 221 Rdn. 1, 7; *Küper*, JZ 95, 175.

[125] *Eser*, Schönke/Schröder § 221 Rdn. 1, 8; *Krey* BT 1, Rdn. 136 a; *Maurach/Schroeder/Maiwald* BT I § 4 Rdn. 1; *Wessels* BT 1, Rdn. 187; *Mitsch*, JuS 94, 559; *Ulsenheimer*, StV 86, 202.

gen eine sonst naheliegende Ausdehnung.[126] Eine entsprechende Reduktion beim erpresserischen Menschenraub, also die Annahme, § 239 a sei trotz des fehlenden Tatbestandsmerkmals der Gefahr ein Gefährdungsdelikt, bedürfte ähnlich tragfähiger Gründe.[127] § 239 a hat mit fünf Jahren eine sehr hohe Mindeststrafandrohung, welche die des § 221 (mindestens 3 Monate) weit übersteigt, so daß eine möglichst restriktive Auslegung angeraten ist. Die restriktivste Auslegung würde mit der Interpretation des § 239 a als Gefährdungsdelikt vorgenommen. Ferner forderte § 221 mit dem Merkmal "Aussetzen" das Versetzen in eine "hilflose Lage"[128] oder das Verlassen in einer solchen und weist damit Tatbestandsvoraussetzungen auf, die in § 239 a gewisse Parallelen finden. So muß der Täter in § 239 a auch eine Lage schaffen oder diese ausnutzen. Diese Gründe sprechen für die Annahme eines Gefahrerfordernisses im Rahmen des § 239 a.

Systematisch steht § 239 a anders als § 221 nicht im Abschnitt "Straftaten gegen das Leben"; trotzdem reiht er sich aufgrund seiner hohen Mindeststrafandrohung in die Delikte ein, die zum Schutz von Menschenleben bestimmt sind. Ein Blick auf diese im Strafmaß vergleichbaren Tatbestände könnte nun aussagekräftig dafür sein, ob eine konkrete Gefahr vorliegen muß. Diese fordern teilweise mit dem Tode eines Menschen einen Verletzungserfolg (§§ 176 a Absatz 4, 176 b, 178, 179 Absatz 6, 211, 212, 220 a, 227, 251, 306 c, 307 Absatz 3, 308 Absatz 3, 309 Absatz 4, 316 a Absatz 3, 316 c Absatz 3), teilweise einen Gefahrerfolg (§§ 306 b Absatz 2 Nr. 1, 307 Absatz 1 und 2[129], 308[130]) und teilweise eine Gefährlichkeit (§§ 306 b Absatz 2 Nr. 3[131], § 309 Absatz 2[132], 316 a Absatz 1[133], 316 c Absatz 1[134]). Daher läßt sich aus der Systematik keine zwingende Schlußfolgerung ziehen.

---

[126] *Eser*, Schönke/Schröder § 221 Rdn. 1; *Maurach/Schroeder/Maiwald* BT I § 4 Rdn. 3.

[127] *Backmann*, JuS 77, 444 (447).

[128] RGSt 7, 111; 31, 167; 54, 274; *Eser*, Schönke/Schröder § 221 Rdn. 6; *Lackner/Kühl* § 221 Rdn. 2; *Tröndle* § 221 Rdn. 5.

[129] Die Norm trat durch das 6. StrRG, BGBl I 1998, 164, an die Stelle des § 310 b Absatz 1 und 2. Vor der Änderung: *Cramer*, Schönke/Schröder § 310 b Rdn. 4; *Lackner/Kühl* § 310 b Rdn. 1; *Tröndle* § 310 b Rdn. 1.

[130] Die Norm trat durch das 6. StrRG, BGBl I 1998, 164, an die Stelle des § 311. Vor der Änderung: *Cramer*, Schönke/Schröder § 311 Rdn. 1; *Lackner/Kühl* § 311 Rdn. 1; *Tröndle* § 311 Rdn. 2.

[131] Die Norm trat durch das 6. StrRG, BGBl I 1998, 164 an die Stelle des § 307 Nr. 3. Vor dieser Änderung: *Tröndle* Vor § 306 Rdn. 1; *Geppert*, Jura 89, 473 (477).

[132] Die Norm trat durch das 6. StrRG, BGBl I 1998, 164, an die Stelle des § 311 a Absatz 2. Vor dieser Änderung: *Lackner/Kühl* § 311 a Rdn. 1; *Tröndle* § 311 a Rdn. 1; (strittig, a.A.: *Cramer*, Schönke /Schröder § 311 a Rdn. 1).

Fraglich ist, ob aufgrund des gemeinsamen Erfordernisses des Vorliegens einer "Lage" in § 221 und in § 239 a eine Übertragung des Gefahrerfordernisses möglich ist. Dann müßte das Merkmal der "hilflose Lage" des § 221 das Erfordernis der tatsächlichen Lebensgefahr beinhalten. Nach einer Ansicht soll in dem Merkmal "verlassen in hilfloser Lage" sinngemäß die Gefahr enthalten sein, wobei die Gefahr im Gesetz mit der Wendung "hilflose Lage" bezeichnet werde.[135] Nach anderer Ansicht ergibt sich das Gefahrerfordernis nicht aus dem Wortlaut, sondern aus dem Charakter der Norm.[136] In der Tat kann dem Merkmal "hilflose Lage" allein allenfalls entnommen werden, daß der Schutz der Rechtsgüter Leib oder Leben intendiert ist, aber nicht, ob eine gefährdende oder nur riskante Handlung zur Erfüllung des Tatbestandes vorliegen muß. Dementsprechend läßt sich von der Parallelität der Tatbestandsmerkmale nicht auf das Erfordernis der Gefahr im Rahmen des § 239 a schließen.

Gegen das Erfordernis einer konkreten Gefahr spricht, daß ein Großteil der Gefahr für die Geisel oft davon abhängt, ob der Täter bereit ist, das Leben der Geisel zu schonen. Dadurch unterscheidet sich § 239 a aber von anderen Gefährdungsdelikten, bei denen das Vorliegen der Gefahr schon per definitionem von objektiven Kriterien abhängt und daher nicht vom weiteren Tatplan des Täters maßgeblich beeinflußt wird.[137] Abgesehen von dem systematischen Unterschied würde die Abhängigkeit des Gefahrkriteriums vom Willen des Täters häufig zu Beweisschwierigkeiten führen,[138] was kriminalpolitisch nicht sinnvoll ist.

Insgesamt fehlen im Rahmen des § 239 a, anders als bei § 221, also Argumente, welche die Annahme des Erfordernisses einer konkreten Gefahr tragen würden.

§ 239 a ist weder seiner Tatbestandsfassung nach ein (konkretes) Gefährdungsdelikt, noch läßt sich eine teleologische Reduktion zu einem solchen ausreichend begründen.

---

[133] BGH, NJW 71, 2034 (2035); (strittig, a.A.: *Maurach/Schroeder/Maiwald* BT I § 35 Rdn. 45: § 316 a ist gar kein Gefährdungsdelikt).

[134] *Cramer*, Schönke/Schröder § 316 c Rdn. 1; *Lackner/Kühl* § 316 c Rdn. 1; *Tröndle* § 316 c Rdn. 1.

[135] Vor der Änderung der Norm durch das 6. StrRG, BGBl I 1998, 164: *Küper*, JZ 95, 168.

[136] Vor der Änderung der Norm durch das 6. StrRG, BGBl I 1998, 164: *Eser*, Schönke/Schröder § 221 Rdn. 8.

[137] *Backmann*, JuS 77, 444 (447).

[138] *Bachmann*, JuS 77, 444 (447).

bb) Risikodelikt[139]

Bei § 239 a könnte es sich um ein Risiko- oder Gefährlichkeitsdelikt handeln. Risikodelikte, sind solche, bei denen die Tatbestandsmerkmale durch eine Handlung verwirklicht werden, die aus der ex ante-Sicht eines in der Situation des Täters befindlichen objektiven Beobachters einen Schadenseintritt wahrscheinlich macht, zu dem es aber nicht kommen muß.[140] Der Gesetzgeber ging bei der Einführung und den Änderungen des § 239 a davon aus, daß es sich bei diesem um ein Lebensgefährdungsdelikt handelt.[141] Ferner wurde bereits dargelegt, daß das Leben aufgrund der hohen Strafandrohung zum Schutzbereich gehört.[142] Soll die Norm also das menschliche Leben schützen, so stellt sie eine Handlung unter Strafe die bezüglich dieses Rechtsgutes wenigstens gefährlich ist und es unterliegt keinem Zweifel, daß der erpresserische Menschenraub ein Risikodelikt bezüglich des Rechtsgutes Leben ist.

Bei den Risikodelikten ist weiter zwischen den konkreten und den abstrakten zu unterscheiden, wobei die erste Gruppe dadurch gekennzeichnet ist, daß der Schadenseintritt in concreto bei der ex ante-Betrachtung wahrscheinlich gewesen sein muß, wohingegen bei der zweiten Gruppe eine generelle, typische Gefährlichkeit genügt.[143]

Fraglich ist nun, welcher Kategorie der erpresserische Menschenraub zugeordnet werden kann. Ein einzelnes Tatbestandsmerkmal, aus dem sich folgern ließe, daß die Verwirklichung des Tatbestandes für das Leben der Geisel konkret riskant sein muß, gibt es in § 239 a nicht. Allerdings könnte sich aus dem Zusammenspiel aller Tatbestandsmerkmale der Charakter als konkretes Risikodelikt ergeben, wenn nämlich die Erfüllung des Tatbestandes nicht möglich ist, ohne daß der Täter zugleich auch eine konkret lebensgefährliche Handlung vornimmt. Zu prüfen ist daher, ob es einen Fall gibt, der zwar, da er die Tatbestandsmerkmale des § 239 a erfüllt, typischerweise gefährlich ist, bei dem aber schon aufgrund des Tatplanes und der tatsächlichen Gegebenheiten bei einer

---

[139] Ungenau, überwiegend als abstraktes Gefährdungsdelikt bezeichnet. Möglich erscheint dagegen auch die Bezeichnung als Gefährlichkeitsdelikt.

[140] *Gallas*, FS Heinitz, S. 178; *Hirsch*, FS Arthur Kaufmann, S. 545, (558 f.); *Hirsch*, FS Lee, S. 939 (945); *Spendel*, FS Stock, S. 104 ff.; *Welzel*, Fahrlässigkeit, S. 23.

[141] BT-Protokolle über die 49. - 51. Sitzung, S. 1552.

[142] Vergl. oben 3. Abschnitt I.A.1.c., S. 65.

[143] *Lackner*, Vor § 13 Rdn. 32; *Jescheck/Weigend* AT § 26 II.2. Fn. 42; *Hirsch*, FS Arthur Kaufmann, S. 545 (558); ders., Strafrechtsentwicklungen, S. 11 (19 f.); ders., FS Lee, S. 939 (946); mit zweifelhaften Argumenten ablehnend: *Kratzsch*, JuS 94, 372 (376).

ex-ante-Betrachtung festgestellt werden kann, daß eine konkrete Gefahr für das Leben in diesem speziellen Fall ausgeschlossen war.

Ein Täter, der das Leben seiner Geisel nicht gefährden will, müßte seine Tat so planen, daß eine solche Gefährdung unmöglich ist. Er müßte alle Gegebenheiten und Eventualitäten berücksichtigen und alle Gefahrenquellen ausschließen.

Er selber scheidet als potentielle Gefahrenquelle aus, denn er will das Leben der Geisel gerade schützen. Fraglich ist aber, ob sich die Geisel, etwa durch einen riskanten Fluchtversuch, nicht selbst gefährden kann. In diesem Zusammenhang wies Backmann auf die Fälle hin, in denen die Geisel und der Täter einverständlich zusammenwirken.[144] Allerdings liegt in einem solchen Fall auch ein tatbestandsausschließendes Einverständnis vor, so daß eine Strafbarkeit nach § 239 a ausscheidet.[145] Als völlig ungefährlich stufte er ferner die Fälle ein, in denen der Täter im Sinne der Geisel handelt.[146] Diese Umstände hindern die Geisel aber nur dann an einer riskanten Flucht, wenn sie um die Motivation des Täters weiß und sie billigt. Ist das der Fall, liegt aber wieder ein tatbestandsausschließendes Einverständnis und damit schon gar kein Fall des § 239 a vor.

Eine Selbstgefährdung ist allerdings dann ausgeschlossen, wenn der Handlungsspielraum des Opfers für eine solche zu gering ist. Dies kann von vornherein der Fall sein, so etwa bei einem Kleinstkind, dem es an der Möglichkeit mangelt, sich einen Willen zu bilden und diesen umzusetzen. Fraglich ist, ob dadurch schon alle möglichen Gefahren ausgeschlossen sind. Zu bedenken ist hier, daß zum Tatbestand auch die Erpressungsabsicht und zum erfolgreichen erpresserischen Menschenraub die erfolgreiche Erpressung gehört. Hat die Geisel aber keine Möglichkeit, sich einen Willen zu bilden, so scheidet sie auch als Erpressungsopfer aus, weshalb der Erfolg der Tat von einem Dritten abhängt. Wie sich dieser Dritte verhält - ob er zahlt, wann er zahlt und ob und welche Gegenmaßnahmen er einleitet - kann der Täter nur vermuten, und sich deswegen nur sehr bedingt darauf vorbereiten. Gefahren, die von dem Verhalten des Dritten, namentlich von entsprechenden Gegenmaßnahmen, ausgehen, kann der Täter daher auch nicht endgültig ausschließen. Hinzu kommt, daß die Umsetzung der Tat eine gewisse Zeit beansprucht, die es dem Täter unmöglich macht, alle Eventualitäten zu bedenken und auch den Zufall auszuschließen. Dementsprechend ist auch in einem solchen Fall von einer konkreten Gefährlichkeit der Handlung auszugehen.

---

[144] *Bachmann*, JuS 77, 444 (448).
[145] Vergl. hierzu unten 3. Abschnitt II.A.2.d., S. 99.
[146] *Backmann*, JuS 77, 444 (448).

Möglicherweise könnte der Täter aber die Lage eines willensfähigen Opfers so gestalten, daß jegliche Selbstgefährdung ausgeschlossen ist und nun das Opfer selbst erpressen. Er könnte die Tat in relativ kurzer Zeit ausführen und so das Risiko unliebsamer Zufälle verringern, so daß die Tat möglicherweise lediglich abstrakt gefährlich ist. Ein Risiko für die Geisel ist aber nicht erst dann vorhanden, wenn es sich in der Hand des Täters befindet, sondern schon dann, wenn es in diese gelangt. Der Täter müßte eine solche Lage herbeiführen können, ohne daß es zur Gefahr für das Leben kommen kann. Um eine Gegenwehr des Opfers und damit einen Gefahrenherd auszuschließen, wird der Täter besonders schnell und entschlossen handeln müssen, wobei mit einem solchen Vorgehen neue Risiken verbunden sind. Daher ist auch in diesem Fall ein völlig risikoloses Vorgehen nicht möglich, so daß jede Tat konkret gefährlich ist.

Es wurde dargelegt, daß kein Fall denkbar ist, in dem die Erfüllung des Tatbestandes des erpresserischen Menschenraubes nicht zugleich konkret riskant für das Leben der Geisel ist.

cc) Ergebnis

Aus den dargelegten Gründen ist der erpresserische Menschenraub ein konkretes Risikodelikt.

b) Rechtsgüter des Erpressungsopfers und sonstige Rechtsgüter

Hinsichtlich der Rechtsgüter des Erpressungsopfers ist festzustellen, daß sie nach dem Vorsatz des Täters nicht nur gefährdet, sondern sogar verletzt werden sollen. Inwieweit eine objektive Gefährdung eingetreten sein muß, läßt sich anhand dieses allein subjektiven Kriteriums nicht beantworten, denn die Gefahr ist ein objektiver Zustand.[147] Mithin handelt es sich bei § 239 a diesbezüglich weder um ein Verletzungs- noch um ein Gefährdungsdelikt. Entsprechendes gilt für das Vermögen.

3. Delikt mit überschießender Innentendenz

Delikte mit überschießender Innentendenz oder Absichtsdelikte[148] sind solche, bei denen die Motiv- und Willensrichtung des Täters im objektiven Tat-

---

[147] *Hirsch*, FS Lee, S. 939 (942).
[148] *Jescheck/Weigend* AT § 30 II.1.

bestand keine reale Widerspiegelung findet.[149] Der Tatbestand des § 239 a setzt bei den Alternativen "entführen" und "sich bemächtigen" seinem Wortlaut nach voraus, daß der Täter mit der Absicht handelt, die Sorge zu einer Erpressung auszunutzen. Mithin muß der Täter neben der Verwirklichung des objektiven Tatbestands noch die Vornahme einer Erpressung wollen. Daher ist § 239 a bei diesen beiden Varianten ein Delikt mit überschießender Innentendenz.[150]

Ferner wird bei diesen Delikten zwischen kupierten Erfolgsdelikten und unvollkommen zweiaktigen Delikten unterschieden.[151] Ein kupiertes Erfolgsdelikt liegt vor, wenn die Tatbestandshandlung durch das Anstreben eines über den objektiven Tatbestand hinausgehenden äußeren Erfolgs ergänzt wird, der nach der Tat von selbst, also ohne Zutun des Täters eintreten soll.[152] Dagegen liegt ein unvollkommen zweiaktiges Delikt vor, wenn der Tatbestand voraussetzt, daß der Täter den über den objektiven Tatbestand hinausgehenden Erfolg nach Erfüllung des objektiven Tatbestandes durch eigenes Handeln selbst herbeiführen will.[153] Indem die Erpressung nicht ohne weitere Handlungen der Täters denkbar ist, trifft letzteres auch beim erpresserischen Menschenraub zu,[154] so daß der erpresserische Menschenraub ein unvollkommen zweiaktiges Delikt ist.

4. Dauerdelikt

Bei dem erpresserischen Menschenraub könnte es sich um ein Dauerdelikt handeln. Voraussetzung hierfür ist, daß der Täter einen widerrechtlichen Zustand willentlich aufrechterhält.[155] Tathandlung des § 239 a ist die Entführung oder Bemächtigung. Danach ist das Delikt vollendet, jedoch muß der Täter den widerrechtlichen Zustand zur Durchführung der beabsichtigten Erpressung aufrechterhalten und die geschützten Rechtsgüter, insbesondere die per-

---

[149] *Jakobs* AT 6. Abschnitt Rdn. 92 f.; *Maurach/Zipf* AT I § 20 Rdn. 39.

[150] So auch *Maurach*, FS Heinitz, S. 403 (405); *Tenckhoff/Baumann*, JuS 94, 836 (837).

[151] *Jescheck/Weigend* § 30 II.1.

[152] *Jescheck/Weigend* § 30 II.1.a).

[153] *Jakobs* AT 6. Abschnitt Rdn. 93; *Jescheck/Weigend* § 30 II.1.b).

[154] So auch BGH GS, NJW 95, 471 für § 239 b; *Heinrich* in NStZ 97, 365 (368); *Lesch* JA 95, 449; a.A.: *Tenckhoff/Baumann*, JuS 94, 836 (837).

[155] BGHSt 36, 255 (257); NJW 96, 3424; *Lackner* Vor § 52 Rdn. 11; *Stree*, Schönke/Schröder Vorbem. §§ 52 ff. Rdn. 81; *Jakobs* AT 6. Abschnitt Rdn. 80; *Jescheck/Weigend* § 26 II.1.a); *Otto* AT § 4 Rdn. 16; *Roxin* Strafrecht I § 10 Rdn. 105; *Wessels* AT Rdn. 32.

sönliche Freiheit der Geisel, weiterhin beeinträchtigen. Daher ist § 239 a ein Dauerdelikt.[156]

5. Ergebnis

Der erpresserische Menschenraub ist ein Verletzungsdelikt bezüglich der persönlichen Freiheit der Geisel und ein konkretes Risikodelikt hinsichtlich deren Lebens. Ferner läßt sich der erpresserische Menschenraub als unvollkommen zweiaktiges Delikt sowie als Dauerdelikt charakterisieren.

II. Der Tatbestand der ersten Begehungsform

Der Tatbestand des erpresserischen Menschenraubes spaltet sich in zwei Begehungsformen auf, die durch ein "oder" verknüpft sind: "entführen" und "sich bemächtigen" einerseits und "ausnutzen" andererseits.[157] Da die Erfordernisse dieser Tatvarianten im objektiven wie im subjektiven Tatbestandsbereich voneinander abweichen, sollen sie nacheinander erläutert werden. Verwirrend kann in diesem Zusammenhang die Bezeichnung "Alternative" sein,[158] denn die erste Begehungsform kann durch "entführen" und "sich bemächtigen" begangen werden, besteht also ihrerseits aus zwei Tathandlungsalternativen. Dementsprechend ist von zwei Begehungsformen zu sprechen, wobei die erste aus zwei Tathandlungsalternativen besteht.

A. Objektiver Tatbestand

1. Tatopfer: Ein Mensch

a) Jeder lebende Mensch

Dem Wortlaut nach kann jeder "Mensch" zum Tatopfer werden. Eine Beschränkung aufgrund anderer Tatbestandsmerkmale gibt es nicht. Anders als im Rahmen des § 239 können auch solche Personen Opfer werden, die sich einen Willen hinsichtlich ihrer Fortbewegung nicht bilden können.[159] Diese

---

[156] So auch *Eser*, Schönke/Schröder § 239 a Rdn. 29; *Tröndle* § 239 a Rdn. 9.

[157] *Eser*, Schönke/Schröder § 239 a Rdn. 4.

[158] So die Bezeichnung von *Eser*, Schönke/Schröder § 239 a Rdn. 4; *Lackner/Kühl* § 239 a Rdn. 3, 7; *Tröndle* § 239 a Rdn. 5, 7.

[159] So auch BGHSt 26, 70; *Eser*, Schönke/Schröder § 239 a Rdn. 8; *Lackner/Kühl* § 239 a Rdn. 2; *Tröndle* § 239 a Rdn. 4; *Bohnert*, JuS 77, 746 (747).

grammatikalische Auslegung wird durch historische und teleologische Argumente gestützt. Denn bei Schaffung der Norm waren nur Kinder taugliche Opfer, und diesen sollte durch die Änderungen der Schutz des § 239 a nicht entzogen werden.[160] Auch ist das geschützte Rechtsgut nicht die Fortbewegungsfreiheit, sondern der Grundzustand der Autonomie und deren Träger sind auch die Personen, die sich einen eigenständigen Willen gar nicht oder nur sehr eingeschränkt bilden können.[161]

Taugliches Tatobjekt ist also jeder lebende Mensch.

b) Tote Geisel

Hinsichtlich der Frage, ob auch ein Toter taugliche Geisel sein kann, ist zu differenzieren: Keinesfalls taugliches Opfer ist eine Leiche, die der Täter mitnimmt, ohne sie zuvor getötet zu haben, um die unwissenden Angehörigen zu erpressen, denn hier bemächtigt sich der Täter nicht eines Menschen, sondern eben nur einer Leiche.

Fraglich ist aber, ob ein erpresserischer Menschenraub gegeben ist, wenn der Täter die Geisel beim Entführungs- oder Bemächtigungsversuch tötet. Eine Meinung nimmt hier erpresserischen Menschenraub mit der Begründung an, daß es keinen schwereren Grad der Erlangung physischer Gewalt über das Opfer gäbe als dessen Tötung.[162] Die Gegenansicht kommt zu einer Strafbarkeit wegen eines Versuchs, wobei Vollendung vorliege, wenn das Opfer wenigstens zeitweilig unter der Herrschaft des Täters gelebt hat.[163]

Gegen die erste Auffassung ergeben sich Bedenken. So stellt sich schon die Frage, ob eine solche Auslegung vom Wortsinn gedeckt ist, denn töten und entführen oder sich bemächtigen ist etwas qualitativ anderes. Auch kann kein Stufenverhältnis wie bei Tötung und Verletzung angenommen werden,[164] denn nur dort kann argumentiert werden, daß derjenige, der getötet wird, zwangsläufig das Stadium der Verletzung durchlaufe, wenn auch nur für wenige Augenblicke.

Ferner wird bei einer sofortigen Tötung die persönliche Freiheit des Opfers im dargelegten Sinne[165] nicht verletzt. Die sofortige Tötung beeinträchtigt

---

[160] Vergl. zur Entwicklung 1. Abschnitt IV. bis VIII., S. 26 ff.
[161] Vergl. oben 3. Abschnitt I.A.1.a., S. 49.
[162] *Maurach*, FS Heinitz, S. 403 (407).
[163] *Maurach/Schroeder/Maiwald* BT I § 15 Rdn. 3.
[164] BGHSt 16, 122; 21, 265; 22, 248; *Hirsch*, LK vor §§ 223 ff. Rdn. 14 ff.; *Lackner/Kühl* § 212 Rdn. 7; *Tröndle* § 211 Rdn. 16; *Wessels* BT 1 Rdn. 1.
[165] Vergl. oben 3. Abschnitt I.A.1.a., S. 49.

vielmehr allein das Leben und nicht auch die Freiheit. Zum Schutz des Lebens dienen aber in erster Linie die Normen des 16. Abschnitts. Es entspricht daher dem Unrechtsgehalt der Tat, jemanden, der sein Opfer tötet, um sodann einen anderen zu erpressen, wegen Mordes in Verbindung mit der Erpressung und nicht wegen des erpresserischen Menschenraubes zu bestrafen.

Zuletzt ergibt sich auch aus dem dritten Absatz des § 239 a, daß das Gesetz von einer lebenden Geisel ausgeht, da es für den Fall, daß sie durch die Tat stirbt, die Erfolgsqualifikation eingeführt hat. Daher ist der zweiten Ansicht zu folgen, so daß in der Tötung keine Bemächtigung oder Entführung liegt.

Wollte der Täter sich der Geisel bemächtigen und stirbt sie bei der Durch-führung der Tathandlung (Entführung oder Bemächtigung), so liegt nicht Vollendung sondern Versuch vor.[166] Eine Bestrafung wegen erfolgsqualifi-ziertem vollendeten Delikt kommt insofern nur in Betracht, wenn die Geisel erst nach der Bemächtigung oder Entführung, also nach Erreichen der hilflo-sen Lage stirbt.

2. Tathandlung

Um einen erpresserischen Menschenraub zu begehen, stehen dem Täter in dieser ersten Alternative zwei Möglichkeiten zur Wahl, die im Wortlaut des Gesetzestextes durch ein "oder" verknüpft sind: "entführen" oder "sich be-mächtigen".

a) Verhältnis von Entführung und Bemächtigung

Klärungsbedürftig ist zunächst das Verhältnis der Alternativen zueinander. Grundsätzlich werden durch ein "oder" gleichartige, aber verschiedene Tat-modalitäten miteinander verbunden. Im Rahmen des § 239 a scheint das aller-dings anders zu sein, da sich nach allen Meinungen[167] die Anwendungsberei-che überschneiden. Eine Abgrenzung im Sinne eines "Entweder-Oder" soll nicht möglich sein.

---

[166] Zur Frage, ob hier ein erfolgsqualifizierter Versuch vorliegt, vergl. unten 3. Ab-schnitt VI.A.3.b.bb.eee., S. 146.

[167] Vergl. zu den einzelnen Meinungen sogleich unten 3. Abschnitt II.A.2.a.aa., S. 89.

aa) Stufenverhältnis

So nimmt eine Meinung an,[168] daß die Entführung gewissermaßen die Vorstufe der Bemächtigung ist und diese intendiert sein muß. Die Fälle, in denen von dem Beginn eines "sich Bemächtigens" nicht gesprochen werden kann, sollen dabei nicht tatbestandsmäßig sein.[169] Dies hat zur Folge, daß ein erpresserischer Menschenraub schon vollendet sein kann, wenn der Täter sich mit einem Kind in einem öffentlichen Verkehrsmittel entfernt, um sich dessen zu bemächtigen und die Eltern zu erpressen.[170] Zur Begründung wird dabei nur angeführt, daß die Begriffe miteinander koordiniert werden müßten; warum dies aber in dieser Weise geschehen soll, wird nicht dargelegt. Würde man den Wortlaut der Norm und damit die Gleichstellung durch das "oder" ernst nehmen, so müßten beide Handlungen in etwa gleiche Auswirkungen auf die geschützten Rechtsgüter haben. Bei einem Stufenverhältnis ist dies allerdings nicht der Fall, denn bei der Bemächtigung ist der Eingriff schwerer als bei der Entführung, die gewissermaßen einen Versuch der Bemächtigung darstellen soll.

bb) Überschneidung

Nach anderer Ansicht überschneiden sich beide Begriffe weitgehend, wobei für eine Bemächtigung keine Ortsveränderung erforderlich ist.[171] Die Entführung wäre danach ein Beispiel einer Bemächtigung. Nach dieser Ansicht wäre der Begriff "entführen" eigentlich überflüssig und würde allenfalls der Anschaulichkeit dienen. Für dieses Verhältnis spricht ein Vergleich mit § 239, denn auch hier wird ein Beispiel ("einsperren") genannt, wobei auch alle anderen Handlungen mit demselben Ergebnis ("auf andere Weise des Gebrauchs der persönlichen Freiheit beraubt") tatbestandsmäßig sein sollen. Zwar ist dem Begriff "bemächtigen" weniger seine universelle Bedeutung anzusehen als dem Merkmal "des Gebrauchs der persönlichen Freiheit berauben", doch ergibt sich die Richtigkeit des Arguments bei historischer Betrachtung. Ursprünglich stellte auch § 239 a auf das Berauben der persönlichen Freiheit ab. Die Änderung wurde durchgeführt, damit auch Willensentschließungsunfähige als taugliche Opfer in Betracht kommen.[172] Demnach sollte die Universalität der zweiten Tathandlungsalternative nicht verändert werden, und die sy-

[168] *Eser*, Schönke/Schröder § 239 a Rdn. 6.
[169] *Eser*, Schönke/Schröder § 239 a Rdn. 6.
[170] *Eser*, Schönke/Schröder § 239 a Rdn. 6.
[171] *Horn*, SK § 239 a Rdn. 4; *Lackner/Kühl* § 239 a Rdn. 3; *Tröndle* § 239 a Rdn. 5.
[172] Vergl. oben 1. Abschnitt IV.B., S. 27 und VI.C., S. 32.

stematische Vergleichbarkeit zwischen beiden Tatbeständen ist gegeben. Aus diesem Vergleich ergibt sich, daß "entführen" nur ein Beispiel für "sich bemächtigen" ist.

Gegen diese Ansicht kann eingewandt werden, daß durch das Wort "oder" regelmäßig verschiedene Handlungen miteinander verknüpft werden, dies bei dem hier vorgeschlagenen Verhältnis aber nicht der Fall ist, da sich die Tathandlungen überschneiden. Die beiden Tathandlungen "entführen" und "sich bemächtigen" werden allerdings durch die Verknüpfung mit dem Wort "oder" in ihrer Bedeutung für die Verwirklichung des Tatbestands gleichgesetzt. Nach der Gesetzesfassung soll der Täter also das gleiche Unrecht verwirklichen, unabhängig davon, ob er sich des Opfers bemächtigt oder es entführt. Daher muß die Entführung dieselbe Eingriffsintensität erreichen wie die Bemächtigung und umgekehrt. Dies wird durch das hier vorgeschlagene Verhältnis erreicht, und zwar dann, wenn unter die Tathandlungsalternative "sich bemächtigen" nur Fälle subsumiert werden, in denen das Opfer nicht entführt wurde. Der Tatbestand wäre dann so auszulegen, als wenn da stünde: "Wer einen anderen entführt oder sich auf andere Art und Weise seiner bemächtigt...".[173] So ist einerseits gewährleistet, daß beide Begehungsweisen denselben Handlungserfolg haben, denn "entführen" ist gewissermaßen eine Teilmenge von "sich bemächtigen", und andererseits kann so dem vorgetragenen Einwand begegnet werden. Diese Interpretation stellt auch keine Erweiterung des Anwendungsbereichs dar und verstößt daher nicht gegen das Analogieverbot.

Gegen diese Meinung könnte ferner sprechen, daß die Tatbestandsfassung "Wer einen anderen entführt oder sich seiner auf andere Weise bemächtigt" bei den Gesetzgebungsberatungen zwar erwogen, aber dann doch vermieden wurde.[174] Dies wurde mit der Erwägung begründet, die Entführung wäre dann ein Fall des Oberbegriffs Bemächtigung und hierdurch eingeengt.[175] Hierauf gründet eine Meinung die Ansicht, daß eine Verknüpfung der beiden Tathandlungen nicht möglich ist und diese vielmehr selbständig nebeneinander stehen.[176]

Zuzugeben ist diesem Einwand, daß nach dem Willen des Gesetzgebers unter Entführung auch die Fälle subsumierbar sein sollen, in denen das Opfer nicht mit Gewalt daran gehindert wird, sich aus dem Einwirkungsbereich des

---

[173] Ebenso *Horn*, SK § 239 a Rdn. 4.
[174] Protokolle des Sonderausschuß 49.-51 Sitzung, S. 1562 (1571); *Schäfer*, LK § 239 a Rdn. 9.
[175] *Schäfer*, LK § 239 a Rdn. 9.
[176] *Schäfer*, LK § 239 a Rdn. 9.

Täters zu entfernen.[177] Betrachtet man nun die Entführung gewissermaßen als Beispiel der Bemächtigung, so ist in diesen Fällen eine Strafbarkeit wegen vollendeter Entführung tatsächlich solange ausgeschlossen, wie sich das Opfer noch nicht in der Gewalt des Täters befindet. Andererseits beinhaltet diese Ansicht die Schwäche, daß im Fall der Entführung der Vollendungszeitpunkt relativ unbestimmt ist. Es wäre insoweit zu klären, welche Strecke zurückzulegen ist, damit von einer Entführung gesprochen werden kann. Nach der hier vertretenen Ansicht macht sich ein solcher Täter, der eine Ortsveränderung nur mit List vornimmt, um dadurch das Opfer in seine Macht zu bekommen, solange nur wegen versuchten Deliktes strafbar, wie er noch keine Herrschaft über sein Opfer begründet hat.[178] Damit kann der Zeitpunkt der Vollendung genau festgestellt werden. Überdies steht die hier vertretene Auffassung auch im Einklang mit der Systematik, aus der sich, insbesondere aus einem Vergleich mit der alten Fassung des § 237[179], ergibt, daß alle denkbaren Mittel zur Durchführung einer Entführung möglich sind, also nicht nur List, Drohung und Gewalt. Ausschlaggebend ist allein, daß die Tathandlung darin mündet, daß der Täter Macht über sein Opfer erlangt. Entsprechendes ergibt sich für die Bemächtigung aufgrund eines Vergleichs mit § 234. Allerdings ist die Tat eben nicht mit dem Beginn der Entführung oder Bemächtigung, sondern erst mit deren Abschluß, nämlich der Erreichung der Herrschaftsstellung, vollendet.

Dem Bestreben des Gesetzgebers, in einem möglichst frühen Zeitpunkt die Vollendung anzunehmen, also schon bevor der Täter Macht über sein Opfer erlangt, kommt bei der nunmehr geltenden Fassung aufgrund des sehr viel schärferen Strafrahmens eine geringere Bedeutung zu, denn dem Täter droht bei Versuch trotz der Milderung nach § 49 Absatz 1 immer noch eine Mindeststrafe von 2 Jahren. Verspricht also der Täter dem Kind, mit ihm auf den Rummelplatz zu gehen, und folgt das Kind, diesem Versprechen Glauben schenkend, dem Täter in die Straßenbahn, so ist die Tat erst dann vollendet, wenn das Kind dem Täter hilflos ausgeliefert ist, und der Täter Gewalt über das Kind hat.

Eine konsequente Anwendung der Gegenansicht würde dagegen dazu führen, daß der eigentlich einheitliche Lebensvorgang der Entführung künstlich in verschiedene Entführungsabschnitte zerlegt wird, die allein von der zurückgelegten Entfernung und nicht von der Herrschaftsstellung des Täters abhängig sind. Ein solch einseitiges Abstellen auf die Ortsveränderung führt dann dazu, daß eine Entführung zu einer ambivalenten Handlung und der erpresse-

---

[177] Protokolle des Sonderausschuß 49 - 51 Sitzung, S. 1562 (1571 f.).

[178] Ebenso *Horn*, SK § 239 a Rdn. 4.

[179] Durch das 33. StrÄndG, BGBl I, 97/1607, aufgehoben.

rische Menschenraub zu einem unechten Unternehmensdelikt wird.[180] Die hierin liegende Gleichstellung von Verletzung der persönlichen Freiheit und Versuch derselben ist angesichts des vorgesehenen Strafmaßes von mindestens 5 Jahren Freiheitsstrafe nicht mehr durch das Schuldprinzip gedeckt.

Zum vollendeten erpresserischen Menschenraub gehört neben der Ortsveränderung daher auch das Vorliegen der Machtposition, so daß eine Vollendung nicht schon dann gegeben sein kann, wenn der Täter diese Herrschaftsstellung noch gar nicht erreicht hat. In dem Beispielsfall mag daher die Kindesentziehung (§ 235) vollendet sein, nicht aber der erpresserische Menschenraub, der sich noch im Versuchsstadium befindet. Wenn der Täter also, wie regelmäßig bei der Entführung, etwas länger braucht, um ein (Zwischen-)Ziel zu erreichen, dann kann er auch erst später, nämlich nach vollendeter Entführung, wegen vollendeter Tat bestraft werden.

Gegen dieses Ergebnis spricht nicht die dogmatische Einordnung des erpresserischen Menschenraubes als Dauerdelikt.[181] Entsprechend der Freiheitsberaubung (§ 239), bei der die Dauerwirkung beginnt, wenn das Opfer eingesperrt oder der Freiheit beraubt ist, entfaltet der erpresserische Menschenraub nicht mit dem Beginn der Entführung seine Dauerwirkung, sondern erst mit der Erreichung der Herrschaftsposition.

cc) Ergebnis

Die Auslegung, nach der sich die Begriffe nur durch das Erfordernis der Ortsveränderung unterscheiden, "entführen" mithin ein Beispiel für "sich bemächtigen" ist, erscheint sinnvoller, denn die Tathandlung ist jeweils mit dem Erreichen der Herrschaftsstellung vollendet. Diese Meinung ist damit zu folgen.

b) Entführen

aa) Ortsveränderung

Aus der grammatikalischen Auslegung des Wortes "entführen" ergibt sich, daß ein Ortswechsel erforderlich ist, also der Täter das Opfer vom bisherigen

---

[180] Zum strittigen Begriff des unechten Unternehmensdelikts vergl.: *Eser*, Schönke/Schröder § 11 Rdn. 52; *Rudolphi*, SK § 11 Rdn. 27; *Tröndle*, LK § 11 Rdn. 78 f.; jeweils mit weiteren Nachweisen.
[181] Vergl. oben 3. Abschnitt I.B.4., S. 85.

Aufenthaltsort an einen anderen Ort bringen muß.[182] Fälle, die von diesem grammatikalischen Wortsinn nicht mehr gedeckt sind, können nur unter die Bemächtigungsalternative subsumiert werden. Für eine Entführung ist daher nicht ausreichend, wenn der Täter die Eltern von einem Kind weglockt oder einen Straftäter daran hindert, vom Tatort zu fliehen. Die Ortsveränderung ist konstitutiv für die Annahme einer Entführung.

bb) Begründung eines Gewaltverhältnisses

Der Begriff des Entführens ist seiner Bedeutung nach nicht allein durch die Ortsveränderung der Geisel gekennzeichnet. Der Ortswechsel muß zusätzlich vom Täter veranlaßt sein.[183]

Fraglich ist, ob mit der bisherigen Definition die Elemente einer Entführung hinreichend beschrieben sind und eine Entführung eine vom Täter veranlaßte Ortsveränderung einer Person ist.[184] Hiergegen lassen sich grammatikalische und teleologische Argumente ins Felde führen. So definiert diese Ansicht nicht "entführen", sondern allenfalls ein "wegführen". Ferner kommt es nach dieser Definition aufgrund der Handlung noch nicht zu einer Einschränkung der persönlichen Freiheit. Daher ist sie abzulehnen.

Nach der Gegenauffassung muß der Täter den Aufenthaltsort des Opfers für eine gewisse Dauer und mit dem Zweck verändern, das Opfer so in seine Gewalt zu bringen, daß es seinem ungehemmten Einfluß preisgegeben ist.[185] Die Richtigkeit dieser Ansicht ergibt sich aus der Einbeziehung der erforderlichen Absicht. Die Entführung muß Grundlage dafür sein, daß sich jemand um das Wohl der Geisel sorgt. Der Täter muß also eine Lage schaffen, die er für seine Erpressung ausnutzen kann. In § 237 a.F.[186], der gleichfalls eine Entführung vorsah, wird die der Entführung folgende Situation als hilflose Lage des Opfers beschrieben. Eine solche hilflose Lage wäre auch zur Erregung der Sorge um das Wohl der Geisel geeignet. Ferner würde die Schaffung einer solchen eine Verletzung des Rechtsgutes der persönlichen Freiheit, verstanden als Allgemeinzustand der Unabhängigkeit, bedeuten, denn durch die Hilflosigkeit ist

---

[182] So auch BGH, MDR/D 74, 724; *Eser*, Schönke/Schröder § 239 a Rdn. 6; *Horn*, SK § 239 a Rdn. 4; *Lackner/Kühl* § 236 Rdn. 3; *Tröndle* § 237 Rdn. 2; *Küpper* BT 1 § 3 Rdn. 25; *Rengier* BT 2 § 24 Rdn. 2; *Bohlinger*, JZ 72, 230.

[183] *Backmann/Müller-Dietz*, JuS 75, 38 (40).

[184] So *Bohlinger*, JZ 72, 230.

[185] So auch BGHSt 22, 178; 24, 90; 29, 237 (zu § 237); *Lackner/Kühl* § 237 Rdn. 4; *Tröndle* § 237 Rdn. 2; *Maurach/Schroeder/Maiwald* BT I § 18 Rdn. 48; *Rengier* BT 2 § 24 Rdn. 2; *Geilen*, JZ 74, 540 (541).

[186] Die Norm wurde durch das 33. StrÄndG abgeschafft.

das Opfer daran gehindert, frei über sich selbst zu bestimmen, was für dieses Merkmal spricht. Zuletzt nimmt der Täter nicht schon mit der Ortsveränderung, sondern erst mit dem Erreichen einer hilflosen Lage eine der Bemächtigung vergleichbare Tathandlung vor. Dies ist aber aufgrund des Schuldprinzips erforderlich, denn andernfalls bestünde die Gefahr, daß Täter, obwohl sie ganz unterschiedliche Tathandlungen vorgenommen haben, denen ein ganz unterschiedlicher Unrechtsgehalt zukommt, aus derselben Norm zu bestrafen wären. Die Schaffung einer hilflosen Lage ist also notwendiger Bestandteil der Entführung im Sinne des § 239 a.

Eine hilflose Lage ist dabei in der Regel dann entstanden, wenn das Opfer in der konkreten Situation außerstande ist, sich aus eigener Kraft dem Einfluß des Täters zu entziehen, und auch die Hilfe Dritter nicht sicher ist.[187] Bedeutung kommt dabei allein der objektiven Lage zu und nicht dem Umstand, ob sich das Opfer subjektiv in einer hilflosen Lage wähnt.[188]

Zwischen der Ortsveränderung und der Schaffung der hilflosen Lage muß ein innerer Zusammenhang derart bestehen, daß die hilflose Lage wesentlich auf der Ortsveränderung beruht. Das ergibt sich sowohl aus der grammatikalischen Auslegung als auch aus der Systematik, denn nur so kann jeder Tatbestandsalternative ein eigenständiger Anwendungsbereich eingeräumt werden. Eine Entführung liegt dann nicht vor, wenn der Täter das Opfer schon vorher in seiner Gewalt hatte und sich dieses Gewaltverhältnis aufgrund der Ortsveränderung nicht wesentlich verstärkt.[189] Hier kommt allenfalls eine der beiden anderen Tatmodalitäten, also "sich bemächtigen" (wenn die erforderliche Absicht vor der Bemächtigung vorlag), oder "ausnutzen" (wenn die Erpressungsabsicht bei Bemächtigung noch nicht vorlag) in Betracht.

cc) Entfernung

Probleme können bei der Bestimmung der für eine Entführung erforderlichen Entfernung auftreten. Der Hauptbestandteil des Tatbestandselements "entführen" liegt, wie sich aus der Heranziehung der Bemächtigungsalternative ergibt, nicht in der Ortsveränderung, sondern vielmehr im Entstehen eines Gewaltverhältnisses zugunsten des Täters.[190] Für ein solches ist nicht jede Herabsetzung der Widerstands- und Verteidigungsmöglichkeiten ausreichend,

---

[187] *Otto*, JR 89, 340 (341).

[188] *Otto*, JR 89, 340 (341).

[189] BGH, GA 66, 310; 68, 246; *Eser*, Schönke/Schröder § 237 Rdn. 8; *Lackner/Kühl* § 237 Rdn. 4; *Geilen*, JZ 74, 540 (541).

[190] *Horn*, SK § 239 a Rdn. 4; *Lackner/Kühl* § 237 Rdn. 4.

sondern nur ein Verhältnis, welches das Opfer dem ungehemmten Einfluß des Täters aussetzt.[191] Daher reicht nur diejenige Ortsveränderung aus, durch die der Täter einen solchen Einfluß erlangt.[192] Dabei wird es kaum möglich sein, exakte Kriterien für die jeweils notwendige Aufenthaltsveränderung zu finden, die auf jeden Ort unter allen Umständen Anwendung finden können.[193] Entscheidend sind jedenfalls weniger Entfernung und Dauer als vielmehr das Übergewicht des Täters,[194] was nach dem Einzelfall zu beurteilen ist.[195] Die zurückgelegte Entfernung kann also sehr kurz sein: Schon der Wechsel des Aufenthaltsortes innerhalb einer Ortschaft[196] oder das Verbringen ins Nebenhaus kann ausreichen.[197]

Strittig ist, ob auch der Zimmerwechsel in einem Haus ausreichen kann. Nach einer Ansicht soll dies grundsätzlich nicht genügen.[198] Die Ortsveränderung wird wohl als zu gering erachtet, als daß aus ihr die geforderte Herrschaftsposition erwachsen könnte. Dem läßt sich jedoch entgegenhalten, daß die Entfernung zwischen zwei Gebäuden mitunter viel geringer ist, als die Distanz in einem großen Gebäude. Auch erscheint es nicht ausgeschlossen, daß der Täter aufgrund eines Zimmerwechsels Macht über das Opfer gewinnt. Andererseits wird man in solchen Fällen auf den Begriff der Bemächtigung abstellen können. Es ist daher zu unterscheiden, worauf die Macht des Täters beruht; beruht sie in erster Linie auf der Ortsveränderung, so liegt eine Entführung vor (auch bei noch so geringer Entfernung). Ist die Ortsveränderung für die Machtstellung aber ganz unerheblich, so wird keine Entführung vorliegen. Es ist dann zu prüfen, ob eine Bemächtigung gegeben ist. Eine Entscheidung kann jedenfalls nicht allein auf der Feststellung beruhen, daß ein Zimmer, das Haus, die Stadt oder sogar das Land gewechselt wurde. Sie muß vielmehr nach den Gegebenheiten des jeweiligen Falles getroffen werden.

---

[191] BGH, NJW 69, 1774; *Tröndle* § 237 Rdn. 2.

[192] BGH, NJW 67, 1765 (zu § 236); *Horn*, SK § 239 a Rdn. 4; *Lackner/Kühl* § 237 Rdn. 4.

[193] *Otto*, JR 89, 340 (341).

[194] BGH, NJW 67, 1765; *Lackner/Kühl* § 237 Rdn. 4; *Miebach*, NStZ 93, 223 (226).

[195] *Otto*, JR 89, 340 (341).

[196] RGSt 29, 404; BGH, NJW 66, 1523; *Eser*, Schönke/Schröder § 237 Rdn. 9; *Tröndle* § 237 Rdn. 2.

[197] BGH, GA 67, 54; *Tröndle* § 237 Rdn. 2.

[198] RGSt 19, 159; *Tröndle* § 237 Rdn. 2; *Vogler*, LK § 237 Rdn. 5.

c) Sich bemächtigen

aa) Ortsveränderung

Für eine Bemächtigung im Sinne der Norm ist eine Ortsveränderung nicht erforderlich.[199] In ihr liegt vielmehr das entscheidende Abgrenzungskriterium zur Entführung. Beruht die Macht des Täters entscheidend auf der räumlichen Entfernung des Opfers von dem gewohnten Lebenskreis und der Unmöglichkeit der Rückkehr, so liegt eine Entführung vor. Hat der Täter den Aufenthaltsort des Opfers nicht oder nur so unwesentlich verändert, daß seine Macht entscheidend auf anderen Faktoren beruht, so ist eine Bemächtigung gegeben.

bb) Begründung eines Gewaltverhältnisses

"Sich bemächtigen" bedeutet dem Wortlaut nach, Macht über einen anderen erlangen.[200] Dementsprechend setzt "sich bemächtigen" voraus, daß der Täter physische Gewalt über das Opfer erlangt.[201] Diese ist in etwa vergleichbar mit dem Gewahrsam an Sachen,[202] also gewissermaßen als Verfügungsgewalt über den Körper eines Menschen definierbar.[203]

Ferner soll eine Bemächtigung dann vorliegen, wenn der Täter den Zustand der Geborgenheit, den das Opfer vorher aufgrund eigener Kräfte oder des Schutzes anderer hatte, zugunsten seiner eigenen Herrschaftsmacht vermindert,[204] indem er durch die Erlangung der Gewalt anderweitige Schutzmöglichkeiten der Geisel ausschließt.[205] Diese Definition berücksichtigt zwar weniger den Wortlaut, bezieht aber das geschützte Rechtsgut besser in die Tathandlung mit ein. Nach einer weiteren Ansicht bedeutet "sich bemächtigen"

---

[199] BGH, NStZ 96, 277, StV 97, 302; LG Mainz, MDR 84, 687; *Eser*, Schönke/Schröder § 239 a Rdn. 7; *Horn*, SK § 239 a Rdn. 4; *Lackner/Kühl* § 239 a Rdn. 3; *Schäfer*, LK § 239 a Rdn. 7; *Tröndle* § 239 a Rdn. 5; *Vogler*, LK § 234 Rdn. 3; *Rengier* BT 2 Rdn. 3.

[200] *Rengier*, GA 85, 314 (316).

[201] BGHSt 26, 70; NStZ 96, 277; *Eser*, Schönke/Schröder § 239 a Rdn. 7; *Horn*, SK § 239 a Rdn. 4; *Lackner/Kühl* § 239 a Rdn. 3; *Schäfer*, LK § 239 a Rdn. 7; *Tröndle* § 234 Rdn. 2; *Maurach/Schroeder/Maiwald* BT I § 15 Rdn. 3; *Backmann/Müller-Dietz*, JuS 75, 38 (40); *Britz*, JuS 97, 146 (148); *Küper*, Jura 83, 206; (210); *Schultz/Richter*, JuS 85, 198 (799).

[202] *Eser*, Schönke/Schröder § 239 a Rdn. 7.

[203] *Lackner/Kühl* § 239 a Rdn. 3; *Rengier* BT 2 § 24 Rdn. 3; ders., GA 85 314 (316).

[204] *Eser*, Schönke/Schröder § 239 a Rdn. 7; *Lampe*, JR 75, 425.

[205] *Renzikowski*, JZ 94, 492 (494).

die Begründung oder Intensivierung physischer Gewalt über das Opfer, wobei Folge dieser neubegründeten oder intensivierten Herrschaft über den Körper eines anderen eine Minderung der Geborgenheit des Opfers, sei es derjenigen aufgrund von eigenen Kräften, sei es derjenigen aufgrund der schützenden Kräfte der sozialen Gemeinschaft, sein muß.[206]

Fraglich ist, ob es sich tatsächlich um verschiedene Definitionen handelt, die auch zu unterschiedlichen Ergebnissen führen können, oder ob nicht in Wahrheit derselbe Sachverhalt unterschiedlich umschrieben, aber stets dasselbe Ergebnis erzielt wird. Grundsätzlich erscheint es ausgeschlossen, daß ein Täter einen Menschen wie eine Sache in seiner Gewalt hat, während sich dieser dabei geborgen fühlt. Andererseits wird derjenige, der den Schutz eines anderen zu seinen Gunsten vermindert hat, diesen auch physisch in seiner Gewalt haben. Auch wenn die eine Ansicht eher auf die Möglichkeiten des Täters und die andere auf die Gefahren für das Opfer abstellt, ist es dennoch so, daß, wenn ein Verhalten die erste Definition erfüllt, es auch die zweite erfüllen wird und umgekehrt.

Auch im Fall eines Säuglings, an dem sich der Streit entzündet hat,[207] gilt nichts anderes. Hier hat der Vater sich nach der ersten Definition des Kindes bemächtigt, indem er eine von seinem Sorgerecht qualitativ unterschiedliche physische Macht begründet hat. Nach der zweiten Definition erfüllte er das Merkmal, indem er den eigenen Zugriff auf das Kind intensivierte und zugleich die soziale Geborgenheit des Kindes zugunsten seiner eigenen Herrschaftsmacht verminderte.[208] Beide Definitionen kommen demnach auch hier zu demselben Ergebnis und sind daher gleichwertig.

Wie der Täter eine entsprechende Lage schaffen kann, ist dem Tatbestand weiter nicht zu entnehmen. Jedenfalls muß die Lage vergleichbar sein mit der, in der sich das Opfer nach einer Entführung befindet.

Ob das Opfer die Lage wirklich erkennt, ist unerheblich, da andernfalls kleine Kinder keine tauglichen Opfer eines erpresserischen Menschenraubes wären.[209]

Wie bereits dargelegt, liegt keine Bemächtigung vor, wenn der Täter sein Opfer tötet.[210]

---

[206] *Krey* BT 2 Rdn. 334; *Küper* BT S. 229 f.

[207] BGH, JR 75, 423.

[208] Vergl. zu den Besonderheiten bei Kindern unten 3. Abschnitt II.A.2.d.cc., S. 103.

[209] *Eser*, Schönke/Schröder § 239 a Rdn. 7; *Tröndle* § 239 a Rdn. 5.

[210] Vergl. oben 3. Abschnitt II.A.1.b., S. 87.

cc) Begehung durch Unterlassen

Eine Begehung durch Unterlassen in Garantenstellung soll nach einer Ansicht möglich sein.[211] Der Täter müßte dann physische Macht über einen anderen haben und es pflichtwidrig unterlassen, diese Machtstellung aufzugeben. Insoweit ist nicht nur fraglich, aus welcher Rechtsquelle die Pflicht zur Aufgabe der Herrschaftsposition erwachsen soll, sondern insbesondere, ob ein Täter durch Unterlassen, also ohne eigenes aktives Handeln eine solche Position erreichen kann. Man könnte hier an die elterlichen "Macht"befugnisse denken, denn Eltern haben ihren Kindern gegenüber eine Pflicht zum Beistand, die um so größer ist, je hilfsbedürftiger das jeweilige Kind ist. Soweit man diese Stellung der Eltern gegenüber dem Kind überhaupt als Herrschaftsstellung bezeichnen will,[212] ist die Gleichstellung mit der Lage nach einer Bemächtigung abzulehnen, denn die elterliche Stellung ist in § 1618 a BGB normiert und damit gesetzlich gewollt, wohingegen die Erlangung der für § 239 a notwendigen Machtposition durch diese Norm gerade verhindert werden soll. Entsprechendes gilt auch für alle anderen gesetzlichen "Macht"positionen. Eine Bemächtigung durch Unterlassen aufgrund gesetzlicher Regelungen ist demnach nicht möglich.

Ferner könnte ein pflichtwidriges Unterlassen desjenigen vorliegen, in dessen Gewahrsam sich das ahnungslose Opfer begibt oder befindet.[213] So könnte sich etwa ein Bergführer erst in ausweglosem Terrain dazu entschließt die aufgrund der Beschaffenheit des Geländes entstandene Hilflosigkeit des bergsteigerisch unerfahrenen Opfers aufrecht zu erhalten. Allerdings war der Bergführer hier an der Entstehung der Situation maßgeblich und aktiv beteiligt, so daß hier keine Bemächtigung durch Unterlassen, sondern eine ohne die notwendige Absicht vorliegt. Die Strafbarkeit des Täters richtet sich bei einer solchen Konstellation aber nicht nach der Bemächtigungsalternative, sondern ausschließlich nach der Ausnutzungsalternative, da diese andernfalls überflüssig wäre.[214]

Nun könnte es aber sein, daß der Täter einen verunglückten Bergsteiger findet, der aufgrund des Unglücks seinem Einfluß hilflos ausgeliefert ist. Al-

---

[211] *Lackner/Kühl* § 239 a Rdn. 3.

[212] *Lampe* JR 75, 424.

[213] Ansatz von Horn in SK § 234 Rdn. 5.

[214] Vergl. zu dieser Alternative unten 3. Abschnitt II.A.2.d.cc., S. 103 und 3. Abschnitt III.A.2., S. 129.

lein diese Hilflosigkeit gegenüber dem Täter bedeutet indes noch nicht, daß eine Bemächtigungssituation vorliegt, denn der Täter muß diese Macht auch annehmen.[215] Es ist also eine aktive Handlung zu fordern, die den Erfolg des Bemächtigens herbeiführt oder fortdauern läßt und mit der sich die allgemein hilflose Lage des Opfers nun dem Täter zurechnen läßt.[216] Die Strafbarkeit eines solchen Verhaltens richtet sich dabei nur dann nach der Bemächtigungsalternative, wenn der Täter bei der Bemächtigungshandlung in Erpressungsabsicht handelte. Faßt der Täter diese Absicht erst später, so bemißt sich die Strafbarkeit nach den Voraussetzungen der Ausnutzungsalternative.

Zusammenfassend kann festgestellt werden, daß eine Bemächtigung durch Unterlassen nicht möglich ist.[217]

dd) Abgrenzung zur Freiheitsberaubung im Sinne des § 239

Zum Verhältnis von Freiheitsberaubung im Sinne von § 239 und Bemächtigung kann festgestellt werden, daß sich die Begriffe weitgehend überschneiden, aber nicht synonym verwendet werden können.[218] Die Bemächtigung ist enger als die Freiheitsberaubung, da diese eine physische Herrschaft nicht verlangt.[219] Andererseits ist nicht jede Bemächtigung eine Freiheitsberaubung, da Kleinkinder aus historischen und teleologischen Gründen taugliche Opfer des erpresserischen Menschenraubes sein müssen,[220] aber keine tauglichen Opfer der Freiheitsberaubung sind.[221]

d) Einverständnis der Geisel

Fraglich ist, ob der Tatbestand auch dann erfüllt ist, wenn die Geisel in irgendeiner Weise mit dem Verhalten des Täters einverstanden ist. Es ist insoweit zu klären, ob ein solches Einverständnis tatbestandsausschließend wirkt. Hierbei lassen sich verschiedene Fallgestaltungen unterscheiden.

---

[215] *Horn* SK § 234 Rdn. 5.

[216] So auch *Horn* SK § 234 Rdn. 3 ff.; *Vogler* LK § 234 Rdn. 5.

[217] So auch *Horn* SK § 239 a Rdn. 12.

[218] BGH, StV 97, 302; *Eser*, Schönke/Schröder § 239 a Rdn. 7; *Tröndle* § 239 a Rdn. 5; *Maurach/Schroeder/Maiwald* BT I § 15 Rdn. 3; *Bohnert*, JuS 77, 746 (747).

[219] *Eser*, Schönke/Schröder § 239 a Rdn. 7; *Maurach/Schroeder/Maiwald* BT I § 15 Rdn. 3.

[220] *Eser*, Schönke/Schröder § 239 a Rdn. 7; *Lackner/Kühl* § 239 a Rdn. 3; *Schäfer*, LK § 239 a Rdn. 8; *Tröndle* § 239 a Rdn. 5.

[221] *Eser*, Schönke/Schröder § 239 Rdn. 3; *Krey* BT 1 Rdn. 132.

aa) Mit dem Täter kollaborierende Geisel

So ist zunächst fraglich, ob § 239 a auch dann erfüllt sein kann, wenn die Geisel mit dem Täter zusammenarbeitet. Es geht dabei um die Frage, ob ein Einverständnis der Geisel mit der gesamten Tat tatbestandsausschließend wirkt.

Aufgrund einer grammatikalischen Auslegung ist davon auszugehen, daß eine Entführung stets eine Handlung ist, die nur gegen den Willen der Geisel ausgeführt werden kann. Auch "sich bemächtigen" scheint begrifflich ein Verhalten gegen den Willen der Geisel zu sein. So nimmt eine Meinung nur dann eine Begründung physischer Herrschaft an, wenn kein Einverständnis vorliegt oder diesem Einverständnis irgendwelche Mängel anhaften.[222]

Zweifel an der Richtigkeit dieser Auslegung ergeben sich aber aus dem Umstand, daß das Gesetz mit den §§ 236 a.F.[223] und 237 a.F.[224] bis zum 1.7.1997 die Entführung mit und gegen den Willen der Entführten kannte und daher den Begriff des Entführens hinsichtlich des Willens des Opfers als neutral ansah.

Hierauf gründete sich auch die Meinung, daß im Rahmen des § 239 a, entsprechend dem § 236 a.F., eine Entführung mit dem Willen der Geisel möglich sein soll.[225] Dieses Argument ist aber keineswegs zwingend, denn mit derselben Berechtigung konnte auf § 237 a.F. verwiesen und angenommen werden, eine Entführung müsse gegen den Willen des Opfers erfolgen.[226] Eine Bezugnahme auf § 237 a.F. erschien auch richtiger, denn § 236 a.F. schützte das Erziehungs- und Aufsichtsrecht der Eltern,[227] § 237 a.F. dagegen die freie geschlechtliche Selbstbestimmung[228] und die persönliche Freiheit des Opfers[229], weshalb sich der Schutzbereich teilweise mit dem des § 239 a überschnitt.[230]

---

[222] *Horn*, SK § 239 a Rdn. 5; *Lackner/Kühl* § 239 a Rdn. 3; *Rengier* BT 2 § 24 Rdn. 2 ff.; Backmann, JuS 77, 444 (449); *Tiemann*, JuS 94, 138 (141).

[223] Abgeschafft durch das 6. StrRG vom 26.1.98, BGBl I 98/164.

[224] Abgeschafft durch das 33. StrÄndG vom 1.7.97, BGBl I 97/1607.

[225] *Bohlinger*, JZ 72, 230.

[226] BGH, StV 97, 303 (304); *Eser*, Schönke/Schröder § 239 a Rdn. 6; *Lackner/Kühl* § 239 a Rdn. 3; *Tröndle* § 239 a Rdn. 5; *Lampe*, JR 75, 424 (425).

[227] Bay ObLG, NJW 61, 1033; *Eser*, Schönke/Schröder § 236 Rdn. 1; *Lackner/Kühl* § 236 Rdn. 1; *Tröndle* § 236 Rdn. 1; *Bohnert*, ZStW 100, 511.

[228] Bay ObLG, NJW 61, 1033; *Lackner/Kühl* § 237 Rdn. 1; *Tröndle* § 237 Rdn. 1.

[229] *Eser*, Schönke/Schröder § 237 Rdn. 1 f., bzw. § 239 a Rdn. 6; *Tröndle* § 237 Rdn. 1.

[230] Vergl. oben 3. Abschnitt I.A.1.a., S. 49.

Außerdem stehen sich nach der Änderung nicht mehr die Begriffspaare "Entführung mit dem Willen" und "Entführung gegen den Willen" gegenüber, sondern nur noch "Entführung mit dem Willen" und "Entführung", so daß Entführung mit dem Willen eine Ausnahme zur "normalen" Entführung sein kann. Demnach muß der Begriff der "Entführung" nach der nunmehr geltenden Gesetzesfassung nicht neutral sein. Zweifel an der vorgenommen Auslegung der Wortbedeutung sind daher nicht angebracht.

Gegen die Annahme, daß ein Einverständnis der Geisel tatbestandsausschließend wirkt, wird weiter eingewandt, daß § 239 a auch dem Dritten als Schutz seiner allgemeinen Handlungsfreiheit und des Vermögens dienen soll[231] und daher selbst dann erfüllt sein muß, wenn es sich um eine vorgetäuschte Geiselnahme handelt.[232]

Diese Ansicht verkennt aber den Schwerpunkt des Schutzbereiches. Nicht die allgemeine Handlungsfreiheit des Dritten oder das Vermögen sind die Hauptschutzgüter der Norm, sondern das Leben und die persönliche Freiheit der Geisel.[233] Allgemeine Handlungsfreiheit und Vermögen stehen bei den durch § 239 a geschützten Rechtsgütern nur in der zweiten Reihe,[234] was sich auch daraus ergibt, daß zu ihrem Schutz andere Normen, wie z.B. die §§ 240 und 253, ausreichen. Wird das Leben und die persönliche Freiheit der Geisel nicht beeinträchtigt, so muß eine Strafbarkeit aus § 239 a ausscheiden, denn der hohe Unwertgehalt, der sich im hohen Strafmaß niederschlägt, ergibt sich gerade aus der Bedrohung dieser Rechtsgüter.[235] Sinn und Zweck der Norm sowie die Systematik sprechen also dafür, eine Entführung oder eine Bemächtigung nur anzunehmen, wenn sie gegen den Willen des Opfers erfolgt.

Daher sind die Fälle nicht tatbestandsmäßig, in denen Rechtsgüter der Geisel nicht beeinträchtigt werden, weil Geisel und Täter zusammenwirken.[236] Ein Einverständnis der Geisel mit der gesamten Tat wirkt tatbestandsausschließend.

---

[231] BGH, JR 75, 423 (424).

[232] Offengelassen vom BGH, JR 75, 423 (424); *Tröndle* § 239 a Rdn. 5; *Lampe*, JR 75, 424 (425).

[233] Vergl. oben 3. Abschnitt I.A., S. 49.

[234] Vergl. oben 3. Abschnitt I.A.2., S. 67.

[235] Vergl. oben 3. Abschnitt I.A., S. 49.

[236] So *Schäfer*, LK § 239 a Rdn. 5.

bb) Ersatzgeisel

Fraglich ist, ob dann von einem erpresserischen Menschenraub ausgegangen werden kann, wenn die Geisel sich "freiwillig", etwa im Austausch gegen eine andere Geisel, in die Hand des Täters gegeben hat. Hierzu wird vertreten, daß die Geisel durch diese "Freiwilligkeit" nicht die Opferqualität einbüßt, denn der illegale Zustand der Beherrschung eines Menschen könne nicht durch eine solche "Freiwilligkeit" der Geisel beseitigt werden.[237]

Zu prüfen ist nun, ob sich hier nicht Widersprüche zu der oben vertretenen Auffassung ergeben, nach der nur eine Tathandlung gegen den Willen des Opfers tatbestandsmäßig ist.[238] Bei einer vorgetäuschten Geiselnahme ist die Geisel sowohl mit der Herstellung der Beherrschungssituation als auch mit deren Andauern einverstanden. Daher ist eigentlich auch der Begriff der Beherrschung verfehlt.[239] Die Rechtsgüter Leben und persönliche Freiheit der "Geisel" werden in diesem Fall nicht beeinträchtigt.

Bei den Ersatzgeiselfällen stellt sich die Lage anders dar. Hier tauscht sich die "Ersatz"geisel gegen eine andere Geisel aus. Einverstanden ist sie dabei allenfalls damit, Geisel zu werden, nicht aber damit, Geisel zu sein. Im übrigen stellt sich die Frage, ob diesem "Einverständnis" überhaupt Bedeutung zukommt, da es in der Regel nicht frei von Willensmängeln erteilt sein wird.[240] Welche Willensmängel ein tatbestandsausschließendes Einverständnis verhindern, läßt sich nicht für alle Tatbestände gleich beantworten,[241] und ist daher für § 239 a allein zu entscheiden. Dabei kann aufgrund des teilidentischen objektiven Tatbestandes auf die Kommentierung und Judikatur zu § 237 a.F. zurückgegriffen werden, bei dem ein auf Irrtum beruhendes Einverständnis als beachtlich angesehen wurde, also zum Ausschluß des Tatbestandes führte, ein dagegen durch Nötigungsdruck oder Täuschung herbeigeführtes Einverständnis als unbeachtlich erachtet worden ist.[242] Bei den Ersatzgeiselfällen im Rahmen des § 239 a wird das Einverständnis aufgrund der Notlage der ursprünglichen Geisel erteilt, ist damit durch Nötigungsdruck auf die bereitstehende Ersatzgeisel erzwungen und somit unbeachtlich. Aus diesem Vergleich mit § 237 a.F. ergibt sich daher die Unbeachtlichkeit des "Einverständnisses".

---

[237] *Eser*, Schönke/Schröder § 239 a Rdn. 8 f.

[238] Vergl. oben 3. Abschnitt II.A.2.d.aa, S. 100.

[239] So auch *Backmann*, JuS 77, 444 (449).

[240] *Backmann*, JuS 77, 444 (449).

[241] *Lenckner*, Schönke/Schröder Vorbem. §§ 32 ff. Rdn. 32; *Hirsch*, LK Vor § 32 Rdn. 100; *Jescheck/Weigend* AT § 34 I.2.a); *Roxin* AT § 13 Rdn. 30.

[242] BGHSt 32, 267; *Eser*, Schönke/Schröder § 237 Rdn. 16; *Lenckner*, Schönke/Schröder Vorbem §§ 32 ff. Rdn. 32.

Insgesamt ist in den Ersatzgeiselfällen das "Einverständnis" unbeachtlich, und es ergibt sich kein Widerspruch zur obigen Auffassung. Der Umstand, daß es sich bei der Geisel "nur" um eine Ersatzgeisel handelt, hindert daher die Anwendung des § 239 a nicht.[243]

cc) Kind als Geisel

Eine weitere problematische Fallgruppe ist die, in der ein Erziehungsberechtigter das eigene Kind zur Geisel nimmt. Namentlich stellt sich nun die Frage, wann vom Vorliegen der Tathandlung auszugehen ist und wann ein tatbestandsausschließendes Einverständnis vorliegt.

aaa) Vornahme der Tathandlung

Zunächst ist festzuhalten, daß das elterliche Erziehungsrecht noch keine physische Herrschaft gegenüber dem Kind vermittelt.[244] Ferner sind Eltern, wie sich aus dem gegenüber der ursprünglichen Fassung geänderten Wortlaut des § 239 a ergibt,[245] taugliche Täter eines erpresserischen Menschenraubes ihrer eigenen Kinder.[246]

Es ist jedoch problematisch und klärungsbedürftig, wann ein Elternteil sein Kind "entführt" oder sich seines Kindes "bemächtigt" hat. Es ist hierbei die Ausübung des Erziehungsrechtes von der Tathandlung des erpresserischen Menschenraubes abzugrenzen.

In einer Entscheidung hat der BGH angenommen, der Vater habe sich seines Kindes bemächtigt, indem er es hochhob, an sich drückte und mit dem Messer bedrohte.[247] Begründet hat er dies damit, daß diese Handlung nicht Ausdruck seiner Vaterfunktion, sondern Mißbrauch seiner Zugriffsmöglichkeit sei.[248]

---

[243] So auch *Eser*, Schönke/Schröder § 239 a Rdn. 8 f.; *Lackner/Kühl* § 239 a Rdn. 3; *Rengier* BT 2 § 24 Rdn. 4; *Backmann*, JuS 77, 444 (449).

[244] Vergl. oben 3. Abschnitt II.A.2.c.cc., S. 98.

[245] Vergl. oben 1. Abschnitt VI., S. 31.

[246] So auch BGH, GA 75, 53; JR 75, 423 (424); *Eser*, Schönke/Schröder § 239 a Rdn. 8; *Lackner/Kühl*, § 239 a Rdn. 2; *Schäfer*, LK § 239 a Rdn. 3; *Tröndle* § 239 a Rdn. 4; *Müller-Emmert/Maier*, MDR 72, 97.

[247] BGH, JR 75, 423 (424).

[248] BGH, GA 75, 53; JR 75, 423 (424); *Tröndle* § 239 a Rdn. 5.

Dies hat Widerspruch hervorgerufen, denn "sich bemächtigen" bedeute grundsätzlich, sich physische Herrschaft zu verschaffen, und nicht, diese zu mißbrauchen.[249] Mißbrauchen sei mißbräuchliches Ausnutzen einer bestehenden Herrschaftsmacht und als solches nur unter die Alternative des Ausnutzens subsumierbar, mit der Folge, daß eine Subsumtion unter die Bemächtigungsalternative verfehlt ist. Die Ausnutzungsalternative setzt aber voraus, daß sich der Täter die Herrschaft durch eine Handlung im Sinne der ersten Alternative verschafft hat. Vorliegend hat sich der Vater diese Macht nicht verschafft, sondern sie wurde ihm per Gesetz eingeräumt. Eine Auslegung, die unter dem Sichbemächtigen auch den Machtmißbrauch begreift, sei daher contra legem.[250] Trotzdem sei das vom BGH erzielte Ergebnis richtig. "Bemächtigen" sei als Verminderung der Geborgenheit zugunsten der eigenen Herrschaftsmacht zu definieren.[251] Dieses Merkmal sei nun dadurch verwirklicht, daß der Täter das Kind aufhebt und an sich drückt.[252] Dem muß aber widersprochen werden, denn genau diese Tathandlung wird jede stillende Mutter vornehmen, ohne daß man von einer Verminderung der Geborgenheit sprechen könnte. Die Lösung muß vielmehr darin liegen, daß solche Handlungen, die eine Ausübung des Erziehungsrechtes darstellen, nicht unter "sich bemächtigen" subsumiert werden, da sie kein Machtverhältnis begründen, sondern nur ein bestehendes, nämlich das Sorgerecht, konkretisieren. Demgegenüber konkretisieren Handlungen, die über das Erziehungsrecht offensichtlich hinausgehen und nach Worten des BGH einen Mißbrauch darstellen[253], das zwischen Eltern und Kindern bestehende Machtverhältnis nicht, sondern schaffen ein eigenes, das weit weniger das Wohl der Kinder bezweckt. Indem der Vater sein Kind mit dem Messer bedroht, konkretisiert er kein bestehendes Verhältnis, sondern schafft sich ein neues, physisches Machtverhältnis.[254] Ähnlich wird formuliert, daß die Bemächtigung nicht die völlige Neubegründung der physischen Gewalt verlangt, sondern eine Intensivierung einer bereits bestehenden Herrschaftsgewalt ausreicht, wenn sie die Geborgenheit des Opfers nicht unerheblich vermindert.[255]

Diese Abgrenzung elterlicher Gewalt von darüber hinausgehender Gewalt wird im Einzelfall schwierig sein. Ausschlaggebendes Kriterium ist insofern allein das Wohl des Kindes, und es ist danach zu fragen, ob sich die Lebensumstände durch die Tat so verändert haben, daß die persönliche Freiheit, im

---

[249] *Krey* BT 2 Rdn. 334; *Lampe*, JR 75, 424.

[250] *Krey* BT 2 Rdn. 334; *Lampe*, JR 75, 424.

[251] *Lampe*, JR 75, 424 (425).

[252] *Lampe*, JR 75, 424 (425).

[253] BGH, JR 75, 423 (424).

[254] So auch *Backmann*, JuS 77, 444 (449).

[255] *Krey* BT 2 Rdn. 334.

Sinne von Aufrechterhaltung der sicheren und geborgenen Lebensumstände des Kindes, beeinträchtigt ist. Auf den Nötigungsdruck gegenüber Dritten kommt es, entgegen der Auffassung des BGH[256], schon aufgrund des Schutzzwecks der Norm[257] nicht an. Zum Schutz Dritter sind in erster Linie andere Vorschriften berufen.[258] Läßt sich aufgrund dieser Betrachtung eine Verletzung der persönlichen Freiheit des Kindes nicht feststellen, so muß die Strafbarkeit aus § 239 a ausscheiden.

Unproblematisch sind unter diesem Aspekt jedenfalls die Fälle, in denen das nicht erziehungsberechtigte Elternteil Macht über das Kind begründet, denn hier liegt auf jeden Fall eine Bemächtigung vor.

bbb) Tatbestandsausschließendes Einverständnis

Hat man in diesem Sinne eine Bemächtigung oder Entführung festgestellt, so stellt sich die Frage, ob ein tatbestandsausschließendes Einverständnis vorliegt.

Unproblematisch ist der Fall, in dem ein Kind die notwendige Einsichtsfähigkeit besitzt. Ist es in der Lage, die Tragweite seiner Entscheidung zu erkennen, so kommt es allein darauf an, ob es mit dem Eingriff einverstanden ist oder nicht.[259] Ist das Kind nicht einverstanden, so ändert auch das Einverständnis der Eltern oder eines anderen Dritten nichts an der Tatbestandsmäßigkeit der Handlung. Die Erfüllung des Tatbestandes ist dagegen wie bei der "kollaborierenden Geisel"[260] ausgeschlossen, wenn das Kind mit dem Verhalten des Täters einverstanden ist. Ob das Kind die notwendige Einsichtsfähigkeit besitzt, richtet sich nach der Reife des Kindes; feste Altersgrenzen lassen sich nicht angeben.[261]

Fraglich ist, ob ein tatbestandsausschließendes Einverständnis vorliegen kann, wenn die Geisel die notwendige Einsichtsfähigkeit nicht besitzt und daher ein wirksames Einverständnis der Geisel selber ausscheidet. Auch in einem solchen Fall ist ein erpresserischer Menschenraub möglich, denn der Umstand, daß das Kind die Lage, in der es sich befindet, nicht erkannt hat,

---

[256] BGH, JR 75, 423 (424).

[257] Vergl. hierzu oben 3. Abschnitt I.A., S. 49.

[258] z.B.: §§ 240, 253.

[259] BGHSt 23, 1; *Lenckner*, Schönke/Schröder Vorbem. §§ 32 ff. Rdn. 42; *Hirsch*, LK Vor § 32 Rdn. 101; *Jescheck/Weigend* AT § 34 I.2.a); *Kern*, NJW 94, 753 (755).

[260] Vergl. oben 3. Abschnitt II.A.2.d.aa., S. 100.

[261] BVerfG 10, 309; BGHSt 12, 379 (382); *Eser*, Schönke/Schröder § 223 Rdn. 38; *Hirsch*, LK § 226 a Rdn. 16; *Lackner* Vor § 32 Rdn. 16; *Kern*, NJW 94, 753 (755).

hindert nicht die Tatbestandsmäßigkeit einer Entführung oder Bemächtigung.[262] Möglicherweise könnte aber das Einverständnis eines Dritten mit dem erpresserischen Menschenraub des Kindes das fehlende Einverständnis dieser Geisel ersetzen und zum Ausschluß der Tatbestandsmäßigkeit führen.

Das wird in den Fällen abgelehnt, in denen der Erziehungsberechtigte sein eigenes Kind als Geisel nimmt.[263] Für diese Ansicht sprechen folgende Gründe: Der Gesetzgeber hat 1971 das Tatbestandsmerkmal "ein fremdes Kind" durch das Merkmal "einen anderen" ersetzt.[264] Ein Ziel dieser Änderung war, daß auch die eigenen Kinder taugliche Opfer sein können.[265] In diesem Zusammenhang wurde ausdrücklich auf die Möglichkeit von Unterhaltsstreitigkeiten verwiesen.[266] Die Annahme, das Einverständnis eines Elternteils wirke tatbestandsausschließend, steht daher im Widerspruch zum Willen des Gesetzgebers. Das zweite Argument ergibt sich aus dem geschützten Rechtsgut. So gehört die persönliche Freiheit, als Allgemeinzustand der Autonomie, zum Schutzbereich.[267] Bei der Geiselnahme eines Kleinkindes werden zwar die Entscheidungen für das Kind vor und nach der Tathandlung unter Umständen von derselben Person, nämlich dem Elternteil getroffen, so daß die Beeinträchtigung der Lebensumstände des Kindes zweifelhaft ist. Indes wird nun nicht mehr im Interesse des Kindes entschieden, so daß das Kind des Schutzes gegen seine Eltern bedarf. Auch aus diesem Grund kann das Einverständnis des Kindes jedenfalls dann nicht durch das der Eltern ersetzt werden, wenn diese - weil sie selber Täter sind - nicht im Sinne des Kindes entscheiden.

Fraglich ist, ob damit zugleich festgestellt ist, daß bei Fehlen der Einsichtsfähigkeit ein tatbestandsausschließendes Einverständnis mit einem erpresserischen Menschenraub ausgeschlossen ist, oder ob es möglicherweise Fälle gibt, in denen ein Dritter zur Erteilung des Einverständnisses befugt ist. Ein eventuell vergleichbares Problem stellt sich im Zusammenhang mit Heilbehandlungen bei den Körperverletzungsdelikten. Hier soll eine Strafbarkeit beispielsweise bei wesentlichen Substanzveränderungen wegen eines zu Heilzwecken indizierten und de lege artis durchgeführten Eingriffs bei Vorliegen eines Einverständnisses[268], nach anderer Ansicht einer Einwilligung[269] ausge-

---

[262] BGH, GA 75, 53.

[263] BGH, JR 75, 423 (424); *Eser*, Schönke/Schröder § 239 a Rdn. 9; *Lackner/Kühl* § 239 a Rdn. 3.

[264] Vergl. oben 1. Abschnitt VI., S. 31.

[265] Vergl. oben 1. Abschnitt VI., S. 31.

[266] BT Drucks. VI/2722 S. 2.

[267] Vergl. oben 3. Abschnitt I.A.1.a., S. 49.

[268] So die h.L.: *Eser*, Schönke/Schröder § 223 Rdn. 33 ff.

[269] So die Rspr.: BGHSt 11, 111; 12, 379; 16, 303; NJW 56, 1106.

schlossen sein. Trotz dogmatischer Unterschiede gehen beide Ansichten diesbezüglich im wesentlichen von gleichen Wirksamkeitsvoraussetzungen aus:[270] Fehlt einem Minderjährigen in solchen Fällen die erforderliche Entscheidungsfähigkeit, so sei das Einverständnis des gesetzlichen Vertreters[271], für den Fall der Weigerung, das des durch ein Vormundschaftsgericht zu bestellenden Pflegers[272] einzuholen und, falls erteilt, zum Strafbarkeitsausschluß ausreichend. Allerdings sind diese Möglichkeiten der Ersetzung des Einverständnisses stets durch das Sorgerecht begrenzt[273] und müssen daher dem Kindeswohl dienen. Anders als ein Eingriff in die körperliche Unversehrtheit zum Zwecke einer Heilbehandlung ist ein erpresserischer Menschenraub zum Wohl des Kindes jedoch nicht denkbar. Aus diesem Grund fehlt es nicht nur an einer Vergleichbarkeit der Problemlage beim erpresserischen Menschenraub einer- und den Körperverletzungsdelikten andererseits, sondern zugleich auch an dem Bedürfnis für eine tatbestandsausschließende Wirkung der Einwilligung eines Dritten im Rahmen des § 239 a. Daher ist jedes Einverständnis für eine andere Person, der es an der erforderlichen Einsichtsfähigkeit mangelt, beim erpresserischen Menschenraub mißbräuchlich und kann nicht zu einem Tatbestandsausschluß führen.

Handelt es sich bei der Geisel um ein Kleinkind oder eine andere Person ohne Einsichtsfähigkeit, so ist ein tatbestandsausschließendes Einverständnis nicht möglich.

3. Tatmittel

Anders als in den §§ 234 und 237 a.F. werden die Mittel, mit denen die Entführung oder die Bemächtigung vorgenommen werden kann, in § 239 a nicht genannt. Daher wird formuliert, daß neben den dort aufgeführten Mitteln im Rahmen des § 239 a alle diejenigen in Betracht kommen, die zumindest in den Augen des Täters geeignet erscheinen, bei dem Erpressungsopfer Sorge um das Wohl der Geisel zu erregen.[274] Nach der Fassung des Tatbestandes soll aber nicht das Mittel der Bemächtigung für die Sorge ausschlaggebend sein, sondern die Tathandlung oder die aus dieser resultierende Lage. Daher

---

[270] *Eser*, Schönke/Schröder § 223 Rdn. 38; *Hirsch*, LK § 226 a Rdn. 14.

[271] *Eser*, Schönke/Schröder § 223 Rdn. 38; *Jescheck/Weigend* AT § 34 IV.4.

[272] Celle, MDR 94, 487; *Eser*, Schönke/Schröder § 223 Rdn. 38; *Hirsch*, LK Vor § 32, Rdn. 117, § 226 a Rdn. 17.

[273] *Hirsch*, LK Vor § 32 Rdn. 117.

[274] *Schäfer*, LK § 239 a Rdn. 8.

ist jedes Mittel tauglich, das zur Herstellung dieser Bemächtigungslage führen kann.[275]

Insoweit soll auch das "In-Schach-halten" des Opfers mit einer - echten oder unechten - Waffe ausreichend sein.[276]

4. Fehlende Gefahr für das Leben

Fraglich ist, ob ein erpresserischer Menschenraub auch dann vorliegt, wenn es zu einer konkreten Gefahr für das Leben der Geisel nicht gekommen ist. So folgert eine Ansicht aus dem Umstand, daß das Leben der Geisel zum Schutzbereich der Norm gehört, daß in Fällen fehlender konkreter Lebensgefahr der Tatbestand nicht erfüllt ist.[277]

Dieser Ansicht ist zunächst entgegenzuhalten, daß es sich bei § 239 a aufgrund der insoweit eindeutigen Tatbestandsfassung um ein konkretes Risikodelikt handelt[278] und auch tragfähige Gründe für eine teleologische Reduktion nicht vorhanden sind.[279]

Trotz grundsätzlicher Anerkennung dieser dogmatischen Einordnung[280] wird jedoch unter Berufung auf das Schuldprinzip ein zusätzliches Kriterium gefordert, das zur Restriktion des Tatbestandes führen würde. Zusätzlich zur Erfüllung des Tatbestandes sei erforderlich, daß nicht ausgeschlossen werden kann, daß der Täter seine Drohung (teilweise) realisiert hätte oder eine erhebliche sonstige Gefährdung für das Leben oder die Gesundheit des Opfers geschaffen hat.[281] Dabei werden für ein solches Kriterium dieselben Argumente vorgetragen wie allgemein für die Restriktion der abstrakten Gefährdungsdelikte[282]: Sinn und Zweck solcher Regelungen sei letztlich die (auf der empirisch-statistischen Regelgefährlichkeit bestimmter Handlungen beruhende) Annahme einer auch im Einzelfall gefährlichen und damit den wirklichen Un-

---

[275] So auch *Horn*, SK § 239 a Rdn. 5; *Tröndle* § 239 a Rdn. 5.

[276] BGH, NStZ 86, 166; *Eser*, Schönke/Schröder § 239 a Rdn. 7; *Horn*, SK § 239 a Rdn. 4; *Britz*, JuS 97, 146 (148); *Küper*, Jura 83, 206 (210); *Rengier*, GA 85, 314 (320); *Schultz/Richter*, JuS 85, 798 (799).

[277] *Backmann* JuS 77, 444 (449).

[278] Vergl. oben 3. Abschnitt I.B.2.a., S. 78.

[279] Vergl. oben 3. Abschnitt I.B.2.a.aa., S. 79.

[280] *Backmann* JuS 77, 444 (447).

[281] *Backmann* JuS 77, 444 (449).

[282] *Cramer*, Schönke/Schröder Vorbem. §§ 306 ff. Rdn. 3a; *Cramer*, Vollrauschtatbestand, S. 50 ff.; *Herzog*, Daseinsvorsorge, S. 50 ff.; *Kaufmann*, JZ 63, 432; *Schünemann*, JA 75, 797 f.; *Hassemer*, ZRP 92, 381 f.

rechtsgehalt des Tatbestands ausfüllenden Tathandlung.[283] Bringe der Täter ein Menschenleben gar nicht in Gefahr, verwirkliche er nicht die Schuld, die nach dem Willen des Gesetzgebers die Strafe nach sich ziehen solle und dürfe deswegen nach der entsprechenden Norm auch nicht bestraft werden.[284] Dementsprechend sollen bei abstrakten Gefährdungsdelikten, zu denen dann auch der § 239 a gezählt wird, solche formell tatbestandsmäßigen Konstellationen aus dem Bereich der Strafbarkeit ausscheiden, denen die im Gesetz vorausgesetzte Gefährlichkeit fehlt, weil sie wegen der Besonderheit des Einzelfalls nach menschlichem Erfahrungswissen mit Sicherheit nicht zu dem schädlichen Erfolg führen können, dessen Vermeidung dem Gesetzgeber als ratio legis bei der Schaffung des Tatbestandes vorschwebte.[285]

Die Gegenansicht lehnt dieses zusätzliche Gefährlichkeitserfordernis ab, denn der Staat habe ein generalpräventives Interesse an einem wirksamen Rechtsgüterschutz. Dieser lasse sich aber in einigen Fällen nur mit der Schaffung von abstrakten Gefährdungsdelikten erreichen.[286] Dabei könne[287] und dürfe[288] die Gesetzgebung nicht jeden Einzelfall regeln und würde durch Generalisierungen, wie bei anderen Normen auch, Gefahr laufen, dem Einzelfall nicht gerecht zu werden. Dieser Nachteil würde indes bewußt in Kauf genommen, um dem Bedürfnis nach persönlicher Rechtssicherheit zu genügen, das auch in Art. 103 Absatz 2 GG verankert ist.[289] Die gesetzgeberische Entscheidung zur Schaffung von abstrakten Gefährdungsdelikten sei daher nicht verfassungswidrig, und für die Einfügung eines tatbestandlich nicht vorhandenen Erfordernisses bestehe insoweit kein Bedürfnis.[290]

Indem weder die eine noch die andere Ansicht zu überzeugenden Lösungen kommt,[291] zudem die Begrifflichkeiten bei näherer Betrachtung mit dem Ge-

---

[283] *Backmann*, JuS 77, 444 (447).

[284] *Cramer*, Schönke/Schröder Vorbem. §§ 306 ff. Rdn. 3a; *Backmann*, JuS 77, 444 (447 f.).

[285] *Cramer*, Schönke/Schröder Vorbem. §§ 306 ff. Rdn. 3a; *Backmann*, JuS 77, 444 (447).

[286] *Kratzsch*, Verhaltenssteuerung, S. 107 ff., 274 ff., 286 ff., 424 ff.; *Weber*, Gefährdungs- und Unternehmensdelikte, S. 32; *Bohnert*, JuS 84, 182 (185); zweifelnd: *Martin*, Umweltbeeinträchtigungen, S. 80.

[287] Verwiesen wird auf die Vielgestaltigkeit des Lebens, BVerfGE 11, 237; *Tröndle* § 1 Rdn. 5.

[288] Verbot des Einzelfallgesetzes Art. 19 I. 1 GG; *Degenhart* Staatsrecht I Rdn. 232.

[289] *Bohnert*, JuS 84, 182 (185).

[290] *Bohnert*, JuS 84, 182 (185).

[291] Vergl. zum Meinungsstand insbesondere: *Cramer*, Schönke/Schröder Vorbem. § 306 ff. Rdn. 3 ff.; *Martin*, Umweltbeeinträchtigungen, S. 48 ff; *Schünemann* in JA 75; 113 ff.

meinten nicht übereinstimmen,[292] ist der dritten Ansicht zur Dogmatik der "Gefährdungs"delikte zu folgen. Danach sind die bislang als "abstrakte Gefährdungsdelikte" bezeichneten Tatbestände in Wahrheit "konkrete" "Gefährlichkeits-" oder "Risikodelikte", deren Strafgrund nicht in der Schaffung einer abstrakten Gefahr liegt, sondern in der Vornahme einer riskanten Handlung.[293] Die Schuld des Täters ist also darin zu sehen, daß er eine Handlung vornimmt, von der er weiß, daß diese zu einer konkreten Gefahr und einer Verletzung führen kann, ohne daß er weiteren Einfluß auf dieses Risiko hat. Allein diese Ansicht ermöglicht es, zugleich die einzelnen Deliktsgruppen treffend voneinander abzugrenzen und den Strafgrund der Risikodelikte auch unter angemessener Berücksichtigung des Schuldprinzips aufzuzeigen. Für den erpresserischen Menschenraub bedeutet das, daß es keinen Fall der formellen Erfüllung des Tatbestandes des § 239 a gibt, der zugleich einen bloßen Ungehorsam gegen die Norm darstellt, denn stets ist ein konkretes Risiko in Form der Möglichkeit des Erfolgseintritts bei einer ex ante Betrachtung einer an der Stelle des Handelnden gedachten Maßstabsperson gegeben.[294] Die Schuld des Täter liegt also nicht in der Schaffung der Gefahr für das Rechtsgut, sondern in der Vornahme einer Handlung zu deren Wirkungen der Tod der Geisel gehören kann, wobei der Eintritt dieses Erfolges nicht vom Täter, sondern vom Zufall abhängt.

Ein Verstoß gegen das Schuldprinzip liegt aus den genannten Gründen nicht vor und für ein zusätzliche Merkmal, nach dem erforderlich ist, daß nicht ausgeschlossen werden kann, daß der Täter eine Gefahr geschaffen hat, besteht weder Bedarf noch Raum.

Der objektive Tatbestand des § 239 a ist auch dann erfüllt, wenn das Leben der Geisel zu keinem Zeitpunkt tatsächlich in Gefahr war.

B. Subjektiver Tatbestand

Der subjektive Tatbestand setzt sich beim erpresserischen Menschenraub aus zwei Elementen zusammen, nämlich dem Vorsatz bezüglich des objektiven Tatbestandes und der Erpressungsabsicht.

---

[292] *Hirsch*, FS Arthur Kaufmann, S. 545 (547 ff.).
[293] So auch *Hirsch*, FS Lee, S. 939 (950 ff.).
[294] Vergl. oben 3. Abschnitt I.B.2.a.bb., S. 82.

1. Vorsatz

Zunächst ist Vorsatz bezüglich der objektiven Elemente des Tatbestandes erforderlich.[295] Der Täter muß insbesondere wissen, daß er gegen den Willen der Geisel handelt.[296] Glaubt er an ein Einverständnis des Opfers mit der Tathandlung, also mit der Entführung oder der Bemächtigung, so entfällt der Vorsatz. Liegt dagegen ein Einverständnis vor, von dem der Täter nichts weiß, kommt (untauglicher) Versuch in Betracht.[297]

2. Erpressungsabsicht

Nach dem Wortlaut muß der Täter sein Opfer entführen oder sich dessen bemächtigen, um die Sorge zu einer Erpressung (§ 253) auszunutzen. Die Wendung "um zu" bedeutet dabei dasselbe wie das Tatbestandsmerkmal "Absicht".[298] Der Begriff der "Absicht" wird im Gesetz aber noch[299] nicht einheitlich zur Beschreibung des dolus directus ersten Grades und damit zur Ausschließung des dolus directus zweiten Grades und des dolus eventualis gebraucht, sondern mitunter auch zur Beschreibung des Gesamtbereichs des dolus directus verwendet und dient somit nur dem Ausschluß des dolus eventualis.[300] Aus der Verwendung dieses Merkmals läßt sich daher nur folgern, daß der Täter mit dolus directus ersten oder zweiten Grades bezüglich der Erpressung handeln muß, wobei eine weitere Eingrenzung vom Wortlaut her nicht möglich ist.[301]

In der Regel ist es so, daß zielgerichtetes Handeln, also dolus directus ersten Grades erforderlich ist, wenn der Täter eine für sich günstigere Position erstrebt, während bei Schädigungen beide Formen des dolus directus ausreichen.[302] Beim erpresserischen Menschenraub ist das Ziel der Tat eine Erpressung. Insoweit ist nicht die Schädigung des Opfers, sondern der erhoffte Vorteil das für den Täter motivierende Element. Dementsprechend läßt sich aus der Formulierung "um zu" schließen, daß der Täter mit dolus directus ersten

---

[295] *Horn*, SK § 239 a Rdn. 5; *Tröndle* § 239 a Rdn. 6.

[296] *Eser*, Schönke/Schröder § 239 a Rdn. 25.

[297] *Horn*, SK § 239 a Rdn. 5.

[298] BGHSt 4, 108; *Cramer*, Schönke/Schröder § 15 Rdn. 70; *Tröndle* § 15 Rdn. 6.

[299] Bei neueren Tatbeständen (z.B. § 258) dient die "Absicht" ausschließlich zur Beschreibung des dolus directus ersten Grades.

[300] BGHSt 9, 142; 13, 219; *Cramer*, Schönke/Schröder § 15 Rdn. 70; *Tröndle* § 15 Rdn. 6; *Wessels* AT Rdn. 212.

[301] So auch *Cramer*, Schönke/Schröder § 15 Rdn. 70.

[302] *Cramer*, Schönke/Schröder § 239 a Rdn. 70.

Grades handeln muß. Er muß also die Tathandlung des objektiven Tatbestands gerade deswegen vornehmen, um darauf eine Erpressung aufbauen zu können.

Dies ergibt sich auch aus dem regelmäßigen Tatbild: Der Täter bemächtigt sich einer Geisel, weil er eine Erpressung anstrebt und weil er weiß, daß er mit seinem Verhalten eine Erpressung begeht.

Der Täter muß daher die Erpressung mit dolus directus ersten Grades, also mit zielgerichtetem Willen anstreben.[303] Dabei ist dieser zielgerichtete Wille so zu verstehen, daß der Täter alle Bestandteile einer Erpressung im Sinne des § 253 in die Tat umsetzten will.[304] Nicht erforderlich ist indes, daß er sich schon jede Einzelheit überlegt hat.[305]

Der Täter muß sich also gerade deswegen des Opfers bemächtigen oder es entführen, damit er eine Erpressung begehen kann.

a) Erpressungsopfer

Fraglich ist, wer als Erpressungsopfer in Frage kommt und wie konkret die Vorstellung des Täters über die Person des Erpreßten sein muß.

Erpreßter kann nach dem eindeutigen Wortlaut des § 239 a in der Vorstellung des Täters sowohl das Entführungsopfer selbst als auch ein beliebiger Dritter sein.[306] Als Dritter kommt dabei jede beliebige Person in Betracht, von der der Täter annimmt, sie werde aus Sorge um das Wohl der Geisel leisten. Damit werden nicht nur Angehörige und Freunde, sondern beispielsweise auch der Staat, die Kirchen, die Allgemeinheit oder irgendeine Stelle mit humanitärem Verantwortungsbewußtsein in den Opferkreis einbezogen.[307] Aus dem Wortlaut ergibt sich nicht, daß die Leistung aus dem Vermögen des Leistenden kommen muß. Erfüllt ist der Tatbestand daher auch, wenn das Lösegeld aus dem Vermögen der Geisel bezahlt wird.[308]

---

[303] So auch *Eser*, Schönke/Schröder § 239 a Rdn. 10; *Horn*, SK § 239 a Rdn. 7; *Lackner/Kühl* § 239 a Rdn. 4; *Tröndle* § 239 a Rdn. 6; *Rengier* BT 2 § 24 Rdn. 5.

[304] *Eser*, Schönke/Schröder § 239 a Rdn. 11; *Horn*, SK § 239 a Rdn. 8.

[305] *Lackner/Kühl* § 239 a Rdn. 3; *Backmann/Müller-Dietz*, JuS 75, 38 (41).

[306] *Eser*, Schönke/Schröder § 239 a Rdn. 13; *Horn*, SK § 239 a Rdn. 9; *Lackner/Kühl* § 239 a Rdn. 4; *Tröndle* § 239 a Rdn. 6; *Hansen*, GA 74, 353 (356); *Heinrich*, NStZ 97, 365 (366); *Küper*, Jura 83, 206 (210).

[307] *Eser*, Schönke/Schröder § 239 a Rdn. 13; Horn, SK § 239 a Rdn. 9; *Lackner/Kühl* § 239 a Rdn. 4; *Schäfer*, LK § 239 a Rdn. 13; *Tröndle* § 239 a Rdn. 6.

[308] *Eser*, Schönke/Schröder § 239 a Rdn. 13.

Auch muß sich der Täter keine genaue Vorstellung über die zu nötigende Person machen. Stets reicht der Wille, bei irgendeinem Dritten Sorge um das Wohl des Opfers zu erregen und einen Vermögensvorteil zu erreichen.[309]

b) Nötigungsmittel

Als Nötigungsmittel werden in § 253 grundsätzlich Gewalt und Drohung mit einem empfindlichen Übel genannt. Kombiniert mit den Erfordernissen des § 239 a heißt das, daß als Nötigungsmittel nur die Gewalt oder die Drohung mit einem empfindlichen Übel in Frage kommen, die auf der Lage der Geisel und der daraus resultierenden Sorge um das Wohl beruhen. Es muß also ein gewisser Zusammenhang zwischen Tathandlung und Erpressungsabsicht bestehen.

aa) Funktionaler und zeitlicher Zusammenhang

Fraglich ist demnach, wie dieser erforderliche Zusammenhang aussieht. Aus dem Charakter des erpresserischen Menschenraubes als einem unvollkommen zweiaktigem Delikt[310] wird die Forderung hergeleitet, daß zwischen dem ersten, objektiv verwirklichten und dem zweiten, in die Vorstellung des Täters verlagerten Teilakt ein funktionaler und zeitlicher Zusammenhang bestehen muß.[311] Das Erfordernis der zeitlichen Konnexität ergibt sich auch aus dem Tatbestandsmerkmal "ausnutzen", denn eine Lage kann nur solange ausgenutzt werden, wie sie besteht. Fällt die Lage weg, bevor das Erpressungsziel erreicht wurde, fehlt dem Täter das Druckmittel, und der erstrebte Erfolg wird aus seiner Sicht ungewiß. Zwischen der geschaffenen Lage und der beabsichtigten Erpressung muß also ein zeitlicher Zusammenhang derart bestehen, daß der Täter das Opfer oder einen Dritten während der Dauer der Zwangslage erpressen will.[312] Sieht der Tatplan vor, daß die Leistung, die der Täter erpressen will, erst zu einem Zeitpunkt erbracht werden soll, in dem die Bemächti-

---

[309] *Schäfer*, LK § 239 a Rdn. 13; *Tröndle* § 239 a Rdn. 6; *Hansen*, GA 74; 363; *Blei*, JA 75; 19 (21); a.A.: *Müller-Emmert/Maier*, MDR 72, 97; *Horn*, StV 87, 484.

[310] Vergl. oben 3. Abschnitt I.B.3., S. 84.

[311] BGH GS St, NJW 95, 471; BGH, StV 97, 302; 97, 303; JR 98, 125 (126); *Horn*, SK § 239 a Rdn. 7; *Lackner/Kühl* § 239 a Rdn. 4a.

[312] BGHSt 40, 350 (355), NStZ 96, 277; *Horn*, SK § 239 a Rdn. 7.

gungslage schon beendet ist, so fehlt es an der Absicht des Ausnutzens.[313]
Diese zeitliche Konnexität soll nach einer Ansicht auch ausreichen.[314]

Nach richtiger Auffassung ist jedoch auch ein funktionaler Zusammenhang
erforderlich. Dies ergibt sich aus dem Merkmal "ausnutzen" und der inneren
Logik des Tatbestandes. Denn der Täter muß als "Gegenleistung" etwas anbieten, um den Erfolg zu erreichen. Bei einer "normalen" Erpressung bietet
der Täter in der Regel an, weitere Beeinträchtigungen zu unterlassen oder eine
Drohung nicht auszuführen. Liegt aber eine Lage vor, die der Täter ausnutzt,
so liegt der Anreiz für das Opfer nicht nur im vorübergehenden Unterlassen
von Beeinträchtigungen, sondern darin, daß der Täter sein Herrschaft über die
Geisel endgültig aufgibt, indem er diese frei läßt und so die Lage beendet.
Zwischen der Lage und der Erpressung muß also ein Zusammenhang derart
bestehen, daß das Opfer gerade leisten soll, damit der Täter die Lage beendet.[315]

bb) Gewalt

Fraglich ist, welche Rolle das Nötigungsmittel Gewalt im Rahmen des
§ 239 a spielt. Indem eines der in § 253 genannten Erpressungsmittel die Gewalt ist, wird es in dem Tatbestand des § 239 a einbezogen. Gewalt ist der
physisch vermittelte Zwang zur Überwindung eines geleisteten oder erwarteten
Widerstandes.[316] Trotz des Meinungsstreits um die Auslegung[317] des Gewalt-
begriffs herrscht weitgehend darüber Einigkeit, daß Gewalt jedenfalls gegenwärtige Übelszufügung ist.[318] Ein solches Nötigungsmittel ist aber im Rahmen
des § 239 a problematisch, denn der Täter muß hier mit dem Willen handeln,
die Sorge um das Wohl des Opfers auszunutzen. Sorge bezieht sich dabei aber
nur auf Zukünftiges, was eine gegenwärtige Übelszufügung, also Gewalt, ausschließt.[319] Die Nötigungsmittel sind somit gegenüber § 253 begrenzt.[320]

---

[313] BGH, NStZ 96, 277; *Horn*, SK § 239 a Rdn. 7.

[314] *Renzikowski*, JR 98, 126.

[315] So auch BGH, NStZ 96, 277.

[316] RGSt 46, 404; 64, 115; 69, 330; BVerfGE 73, 243; BGH, NJW 95, 2643; *Eser*,
Schönke/Schröder Vorbem. §§ 234 ff. Rdn. 6; *Horn*, SK §§ 240 Rdn. 9 ff.; *Lack-
ner/Kühl* § 240 Rdn. 5 ff.; *Schäfer*, LK § 240 Rdn. 5 ff.; *Tröndle* § 240 Rdn. 5 ff.; *Küp-
per*, BT 1 § 3 Rdn. 44; *Maurach/Schroeder/Maiwald* BT I § 13 Rdn. 11 ff.; *Rengier*
BT 2 § 23 Rdn. 23; *Amelung*, NJW 95, 2584 ff.; a.A.: BVerfGE 92, 1 ff.; *Schroeder*,
NJW 96, 2627 ff.

[317] Vergl. hierzu die in der vorhergehenden Fußnote Genannten.

[318] RGSt 64, 116; BGHSt 23, 126 (127 f.); *Eser*, Schönke/Schröder § 239 a Rdn. 12;
Küpper, BT 1 § 3 Rdn. 49; *Rengier* BT 2 § 23 Rdn. 41.

[319] *Eser*, Schönke/Schröder § 239 a Rdn. 12.

cc) Drohung mit einem empfindlichen Übel

Als weiteres Erpressungsmittel ergibt sich für den erpresserischen Menschenraub aus der Bezugnahme auf die Erpressung die Drohung mit einem empfindlichen Übel. Dabei ist der Tatbestand nur dann erfüllt, wenn die entsprechende Drohung das Wohl der Geisel betrifft.[321] Andernfalls würde die Erpressung nicht an die Lage anknüpfen und es würde an dem erforderlichen funktionalen Zusammenhang[322] fehlen.

Das Merkmal der Drohung taucht auch noch in anderen Straftatbeständen auf[323], und es spricht nichts dagegen, es entsprechend auszulegen.[324] Unter Drohung ist daher das Inaussichtstellen eines Übels zu verstehen, auf dessen Eintritt der Täter Einfluß hat oder zu haben vorgibt.[325] Der Eintritt des Übels soll dabei davon abhängen, ob der Bedrohte nach dem Willen des Täters agiert oder nicht.[326] Gleichgültig ist, ob sich die Drohung verwirklichen läßt; es reicht aus, wenn der Täter weiß oder billigend damit rechnet, daß die Drohung dazu geeignet ist, in dem Dritten Furcht vor ihrer Verwirklichung hervorzurufen.[327] Schon eine solche Furcht kann das Erpressungsopfer zu dem verlangten Verhalten motivieren und die Willensentschließungsfreiheit beeinträchtigen.[328] Ob er die Drohung auch in die Tat umsetzen würde, ist für die Erfüllung dieses Merkmals ohne Bedeutung.[329]

Eine ausdrückliche Äußerung der Drohung ist nicht erforderlich.[330] Die Drohung kann auch konkludent erfolgen.

Gemäß § 253 reicht die Androhung eines Übels zur Erfüllung des Tatbestandes nur aus, wenn es empfindlich ist.[331] Im Rahmen der §§ 240, 253 dient

---

[320] So auch *Eser*, Schönke/Schröder § 239 a Rdn. 12.

[321] BGH, JR 87, 339; *Eser*, Schönke/Schröder § 239 a Rdn. 14; *Horn*, SK § 239 a Rdn. 9; *Hansen*, GA 74, 253 (367).

[322] Vergl. oben 3. Abschnitt II.B.2.b.aa., S. 113.

[323] z.B. §§ 108, 177, 178, 234, 237, 240, 249, 252.

[324] BGH, NJW 76, 976 (=BGHSt 26/309).

[325] BGHSt 16, 386; 31, 201; *Eser*, Schönke/Schröder Vorbem. §§ 234 ff. Rdn. 31; *Tröndle* § 240 Rdn. 15; *Küpper* BT 1 § Rdn. 47; *Rengier* BT 2 § 23 Rdn. 39; *Wessels* BT 1 Rdn. 387.

[326] *Eser*, Schönke/Schröder Vorbem §§ 234 ff. Rdn. 30; *Lackner/Kühl* § 240 Rdn. 12.

[327] BGH, NJW 76, 976 (= St 26/309); *Lackner/Kühl* § 240 Rdn. 12; *Tröndle* § 240 Rdn. 15; *Küpper* BT 1 § 23 Rdn. 48; *Rengier* BT 2 § 23 Rdn. 39; *Wessels* BT 1 Rdn. 389; *Blei*, JA 76, 118; *Backmann*, JuS 77, 444.

[328] BGH, NJW 76, 976; *Blei*, JA 76, 118.

[329] BGH, NJW 76, 976; *Eser*, Schönke/Schröder Vorbem. §§ 234 ff. Rdn. 33; *Tröndle* § 240 Rdn. 15.

[330] BGH, NJW 76, 976; 84, 1632; *Tröndle* § 240 Rdn. 15; *Wessels* BT 1 Rdn. 388.

dieses Merkmal dazu, Überreaktionen besonders ängstlicher Zeitgenossen auszugrenzen,[332] und es sind nur solche Übel als empfindlich anzusehen, bei deren Androhung von dem Bedrohten nicht erwartet werden kann, daß er der
Drohung in besonnener Selbstbehauptung standhält.[333] Diesem Erfordernis
wird beim erpresserischen Menschenraub deswegen keine Bedeutung zukommen, weil sich die Geisel in der Hand des Täters befinden muß, und damit für
sie eine fortwährende Lebensgefahr besteht. Diese tatbestandlich vorausgesetzte Situation bedroht das Wohl der Geisel derart, daß von dem Erpressungsopfer nicht erwartet werden kann, daß es dem hierdurch hervorgerufenen
Nötigungsdruck standhält. Daher sind bereits aufgrund der tatbestandlich
vorausgesetzten Situation die Fälle nicht unter § 239 a subsumierbar, die beim
Erpressungstatbestand erst durch das Merkmal des empfindlichen Übels ausgeschlossen werden sollen.[334] Daher liegt stets ein empfindliches Übel darin,
daß sich die Geisel in der Hand des Täters befindet, und das Merkmal bedarf
keiner positiven Prüfung.

dd) Sorge um das Wohl des Entführten

Dem Wortlaut nach muß der Täter die Sorge um das Wohl der Geisel zu
einer Erpressung ausnutzen.

Fraglich ist jedoch, was unter dem Begriff "Sorge um das Wohl" zu verstehen ist, denn ein solches Merkmal gibt es in anderen Tatbeständen nicht, so
daß auf die Auslegung im Rahmen anderer Tatbestände nicht zurückgegriffen
werden kann. Betrachtet man die Lage der Geisel und die allgemeine Bedeutung des Wortes "Wohl", so wird es darauf ankommen, daß sich das Erpressungsopfer Sorge um das Wohlergehen, also um das Befinden des Opfers
macht.

Eine Meinung stellt darauf ab, daß nur ein leibliches Wohl gemeint und ein
bloßes Vermögensinteresse ausgeschlossen sein soll.[335] Es muß sich danach
um die Sorge handeln, die Geisel könnte bei Fortbestehen der Lage körperliche oder seelische Unbill erleiden.[336] Dies soll sich daraus ergeben, daß die
hohe Strafandrohung zum Teil auf der Verwerflichkeit beruht, persönliche

---

[331] *Eser*, Schönke/Schröder § 239 a Rdn. 16.

[332] *Eser*, Schönke/Schröder § 240 Rdn. 9; *Arzt*, JZ 84, 429.

[333] BGHSt 31, 201; 32, 165 (174); NStZ 92, 278; *Eser*, Schönke/Schröder § 240
Rdn. 9; *Lackner/Kühl* § 240 Rdn. 13; *Schäfer*, LK § 240 Rdn. 52; *Tröndle* § 240
Rdn. 17; *Wessels* BT 1 Rdn. 396.

[334] *Eser*, Schönke/Schröder § 239 a Rdn. 16.

[335] *Eser*, Schönke/Schröder § 239 a Rdn. 14 f.

[336] BGHSt 25, 35; BGH, StV 97, 303; *Lackner/Kühl* § 239 a Rdn. 5.

Gefühle des Opfers für die Geisel ausnutzen zu wollen.[337] Nicht ausreichend sei es daher, wenn der Täter plane, daß das Erpressungsopfer mit Rücksicht auf diplomatische Beziehungen oder nach einer Kosten-Nutzen-Rechnung handeln soll, ihm dabei das Schicksal der Geisel aber egal ist.[338]

Nach einer anderen Meinung[339] kommt diesem Merkmal keine unrechtsbeschreibende oder verhaltensausgrenzende Funktion zu, was damit begründet wird, daß derjenige, der die Sorge um das persönliche Wohl ausnutzt, auch nicht verwerflicher handelt, als derjenige, der sich den Druck der öffentlichen Meinung und politische Rücksichtnahmen zu Nutze macht.[340] Daher müsse es ausreichen, wenn der Täter neben anderen Motivationen auch die Sorge um das Wohl des Opfers ausnutzen wolle, da andernfalls eine willkürliche Differenzierung vorgenommen würde.[341] Interpretiere man das fragliche Merkmal aber auf diese Art, so hätte der Täter notwendigerweise eine entsprechende Absicht, da er andernfalls das Erpressungsopfer nicht zu dem erstrebten Verhalten motivieren könne. Damit verliere jedoch die Sorge jede tatbestandsbegrenzende Funktion und das Merkmal sei mithin überflüssig.[342]

Nach der dritten Ansicht soll zwar nicht explizit dem Wohl eine tatbestandsbegrenzende Funktion zukommen, jedoch soll § 239 a nur dann Anwendung finden, wenn der Täter mit einer Gefahr für Leib und Leben der Geisel drohen will.[343] Begründen läßt sich diese Auffassung mit dem Schutzgut "Leben der Geisel". Indes spricht gegen eine solche Auslegung schon der Wortlaut und der Vergleich mit § 239 b, aus dem deutlich wird, daß der Gesetzgeber auf eine entsprechende Beschränkung bei § 239 a ganz bewußt verzichtet hat. Auch wurde dem Umstand, daß es sich bei dem § 239 a um ein konkretes Risikodelikt bezüglich des Lebens handelt, bereits[344] Rechnung getragen. Daher ist diese Beschränkung abzulehnen.

Es stellt sich aber die Frage, ob dem Merkmal "Sorge um das Wohl" überhaupt eine tatbestandsbegrenzende Funktion zukommt und wie diese sich auswirken soll. Für eine beschränkende Funktion spricht natürlich zunächst die Aufnahme dieses Elementes in den Tatbestand. Hätte es keine unrechtsbeschreibende und damit begrenzende Funktion, wäre es schlicht überflüssig. Die Gegenmeinung weist jedoch darauf hin, daß nach einhelliger Auffas-

---

[337] *Eser*, Schönke/Schröder § 239 a Rdn. 15.

[338] So auch *Eser*, Schönke/Schröder § 239 a Rdn. 15; *Schäfer*, LK § 239 a Rdn. 14.

[339] *Hansen*, GA 74, 353 (356 f.); *Backmann/Müller-Dietz*, JuS 75, 38 (41).

[340] *Hansen*, GA 74, 353 (356).

[341] *Hansen*, GA 74, 353 (357).

[342] *Hansen*, GA 74, 353 (357/366 f.).

[343] *Hansen*, GA 74, 353 (369); *Schmitt*, Jura 85, 269.

[344] Vergl. oben 3. Abschnitt I.A.2.c., S. 73.

sung[345] auch der Staat taugliches Erpressungsopfer sein soll, der in eine psychische Zwangslage aufgrund der Angst um das Wohl der Geisel nicht kommen könne,[346] was zu einem gewissen Widerspruch führt. Auch wurde festgestellt, daß persönliche Gefühle des Erpressungsopfers nicht zum Schutzbereich zählen,[347] und sich deshalb die Verwerflichkeit einer intendierten Ausnutzung dieser Gefühle nicht im Strafrahmen niederschlägt. Dementsprechend muß dem Merkmal der Sorge zwar eine beschränkende Funktion zukommen, gleichwohl kann es nicht dahingehend ausgelegt werden, daß § 239 a lediglich dann anwendbar ist, wenn das Erpressungsopfer aus Angst um das leibliche Wohl der Geisel oder motiviert durch andere emotionale Beweggründe handelt.

Nach dem Willen des Gesetzgebers soll das Erfordernis der Sorge um das Wohl zusammen mit der Erpressungsabsicht diejenigen Fälle ausschließen, die mit den Strafvorschriften der Nötigung und der Freiheitsberaubung ausreichend geahndet werden können[348], dabei zugleich aber weiter sein, als das Merkmal Drohung mit dem Tod oder einer Verletzung der Geisel wäre.[349] Das Merkmal der "Sorge um das Wohl" stellt damit eine Erweiterung gegenüber dem Merkmal "Drohung mit dem Tod oder mit einer schweren Körperverletzung oder einer Freiheitsentziehung von über einer Woche Dauer" des § 239 b dar. Im Umkehrschluß heißt das, daß jede beabsichtigte Drohung mit dem Tod das Merkmal "Sorge um das Wohl" erfüllen muß. Wird nun ein Industrieller durch die Entführung eines wichtigen Mitarbeiters erpreßt, und rechnet dieser sich aus, daß ihn der Verlust des Mitarbeiters mehr kosten würde als die geforderte Summe, so würde dies nach der ersten Meinung das fragliche Merkmal nicht erfüllen. Anlaß für diese Berechnung ist aber die Drohung mit dem Tod des Mitarbeiters, die nach dem Willen des Gesetzgebers gerade von dem Merkmal "Sorge um das Wohl" umfaßt wird. Dementsprechend ist die Aussage, daß rein egoistische Motive nicht ausreichen,[350] zu pauschal, und es ist vielmehr danach zu fragen, ob nicht die Drohung mit einer Körperverletzung oder dem Tod der Geisel den Anlaß zu weiteren Überlegungen des Erpressungsopfers gibt.

Liegt der Fall aber so, daß der Erpresser damit drohen will, den Mitarbeiter nur in einer bestimmten Zeit, in der die Mitarbeit gerade dieses Angestellten für das Erpressungsopfer ungemein wichtig ist, an der Arbeit zu hindern, ihn

---

[345] *Eser*, Schönke/Schröder § 239 a Rdn. 13; *Tröndle* § 239 a Rdn. 6.

[346] *Hansen*, GA 74, 353 (366).

[347] Vergl. oben 3. Abschnitt I.A.2.c., S. 73.

[348] BT Drucks. VI/2722 S. 2.

[349] BT Drucks. VI/2722 S. 2.

[350] *Eser*, Schönke/Schröder § 239 a Rdn. 15.

danach aber unversehrt zurückkehren zu lassen, so stellt sich in der Tat die Frage, ob eine Strafbarkeit an dem Erfordernis der "Sorge um das Wohl" scheitert, denn hier ist nur die Abwägung zwischen dem Interesse an der Tätigkeit und dem geforderten Geld für die Entscheidung maßgeblich. Das Opfer hingegen soll unabhängig von der Entscheidung unversehrt bleiben.

Unter welchen Voraussetzungen ein solcher Fall unter § 239 a zu subsumieren ist, läßt sich eventuell aufgrund der geschützten Rechtsgüter beantworten. Geschützt wird die persönliche Freiheit und das Leben der Geisel sowie das Vermögen und die Handlungsfreiheit des Erpressungsopfers.[351] Im gerade angesprochenen Fall wäre indes das Leben der Geisel gar nicht in Gefahr. Auch die persönliche Freiheit als Grundzustand der Autonomie scheint nicht betroffen, soll doch die Unversehrtheit des Opfers nicht angetastet werden. Beeinträchtigte Rechtsgüter sind daher nur die Fortbewegungsfreiheit der Geisel sowie die Entscheidungsfreiheit und das Vermögen des Erpressungsopfers. Es erscheint demnach angemessen, den Täter nicht wegen erpresserischen Menschenraubes, sondern nur wegen Erpressung und Freiheitsberaubung zu bestrafen.

Nach richtiger Auffassung ist daher dem Tatbestandsmerkmal "Sorge um das Wohl" eine begrenzende Funktion zuzuordnen. Der Täter muß beabsichtigen, mit einem Übel für die Person der Geisel zu drohen.[352] Will er "nur" mit der Aufrechterhaltung der Herrschaftsstellung drohen, so wird dies zwar in der Regel aufgrund der mit dieser Lage verbundenen Beeinträchtigungen und Gefährdungen der Geisel ausreichen. Ist jedoch im Einzelfall eine wenigstens konkludente Drohung mit weiteren Beeinträchtigungen des persönlichen Wohls der Geisel ausgeschlossen, so ist auch das Merkmal der Sorge nicht erfüllt. Nicht ausreichend ist es, wenn der Täter den Dritten nur aufgrund anderer, vom persönlichen Wohl der Geisel unabhängiger Rücksichten zu motivieren hofft.[353]

Droht der Täter mit einem solchen Übel für das Wohl der Geisel, ist es unerheblich, wie er sich die Reaktion des Opfers vorstellt, ob er also annimmt, daß das Opfer aufgrund einer Rechtspflicht oder eines tatsächlichen Verantwortlichkeitsgefühls handelt.[354]

---

[351] Vergl. oben 3. Abschnitt I.A., S. 49 ff.
[352] Vergl. *Horn*, SK § 239 a Rdn. 9; *Backmann/Müller-Dietz*, JuS 75, 38 (41).
[353] So auch *Backmann/Müller-Dietz*, JuS 75, 38 (41).
[354] So auch *Eser*, Schönke/Schröder § 239 a Rdn. 14.

c) Verhalten

Weiter ist erforderlich, daß der Erpresser das Opfer zu einem Tun, Handeln oder Unterlassen nötigt. Dementsprechend muß der Täter ein Verhalten des Erpressungsopfers anstreben, welches zu einer Vermögensverfügung und diese zu einem Vermögensschaden[355], nach Meinung eines Teils der Literatur und der Rechtsprechung[356] nur zu einem Vermögensschaden im Opfervermögen, führt. Dabei ist es nicht erforderlich, daß der Täter sich genaue Vorstellungen darüber macht, wie er in Besitz des Vermögensvorteils gelangen will. Wichtig ist, daß er durch sein Druckmittel ein Verhalten erreicht, welches einen Vermögensvorteil für ihn zur Folge hat.

d) Kausalität zwischen Sorge um das Wohl der Geisel und Verhalten

Nach der Vorstellung des Täters muß das erstrebte Verhalten des Erpressungsopfers auf der Sorge um das Wohl der Geisel beruhen. Damit ist zunächst klargestellt, daß zwischen Genötigtem und Handelndem Personenidentität erforderlich ist. Ob die Motivation dieses Opfers letztlich auf einer Rechtspflicht oder einem tatsächlichen Verantwortlichkeitsgefühl beruht,[357] ist gleichgültig, solange sie nach der Vorstellung des Täters ihren Grund in der Sorge um das Wohl der Geisel findet.

Es ist erforderlich, daß der Genötigte das Wohl der Geisel dadurch gefährdet sieht, daß sich das Opfer in der Gewalt des Täters befindet.[358] Eine unmittelbare Gefährdung ist weder in der Vorstellung des Genötigten erforderlich, noch muß der Täter sie androhen.[359] Als Gefährdung reicht vielmehr die Herrschaftsstellung mit den damit verbundenen Risiken aus.

Solange die Sorge um das Wohl des Entführten der ausschlaggebende Grund für das Verhalten des Genötigten ist, ist unerheblich welche weiteren Motive der Genötigte verfolgt. Besteht also zunächst die Sorge um das Wohl,

---

[355] So *Eser*, Schönke/Schröder § 253 Rdn. 1, 8; *Lackner/Kühl* § 253 Rdn. 3; *Tröndle* § 253 Rdn. 11; *Blei* BT § 64 I.2.d.; *Krey* BT 2 Rdn. 304; *Maurach/Schroeder/Maiwald* BT II § 42 Rdn. 6; *Schmidhäuser* II, S. 129 f.; *Wessels* BT 2 Rdn. 669; *Biletzki*, Jura 95, 635 (639); *Geppert/Kubitza*, Jura 85, 276; *Krack*, JuS 96, 493; *Küper*, NJW 78, 956; *Otto*, JZ 84, 143; *Rengier*, JuS 81, 654; *Schröder*, SJZ 50, 101; *Tenckhoff*, JR 74, 489.

[356] BGHSt 14, 287; *Herdegen*, LK § 253 Rdn. 6 ff.; *Arzt/Weber* LH 3 Rdn. 123 f.; *Geilen*, Jura 80, 51; *Schünemann*, JA 80, 486 f.; *Seelmann*, JuS 82, 914.

[357] *Eser*, Schönke/Schröder § 239 a Rdn. 14.

[358] *Eser*, Schönke/Schröder § 239 a Rdn. 14.

[359] BT Drucks. VI/2722 S. 2; *Eser*, Schönke/Schröder § 239 a Rdn. 14; *Horn*, SK § 239 a Rdn. 10.

und hat das Erpressungsopfer aufgrund dieser Sorge nun Mitleid, fürchtet den Verlust eines Freundes oder hat Angst um die diplomatischen Beziehungen, ist die erforderliche kausale Beziehung zwischen Sorge und Verhalten dennoch gegeben. So wird im Fall der Entführung eines ausländischen Botschafters der Staat insbesondere mit Rücksicht auf die diplomatischen Beziehungen handeln.[360] Entscheidend ist, daß diese weitere Motivation auf der befürchteten Beeinträchtigung des Opfers beruht. So befürchtet der Staat nur deswegen Konsequenzen, weil das Leben und die Gesundheit des Botschafters in Gefahr ist, und nicht etwa deshalb, weil wegen der entführungsbedingten Abwesenheit des Botschafters zugleich ein Kommunikationspartner fehlt.

Fehlvorstellungen des Täters über das Motiv oder die Reaktion des Opfers sind, da die Absicht genügt, unbeachtlich.[361]

e) Vermögensverfügung

Im Rahmen des § 253 besteht bekanntlich Streit darüber, ob in den Tatbestand das Merkmal der Vermögensverfügung hineinzulesen ist oder ob es auf ein solches Merkmal nicht ankommt.[362] Nimmt man dieses Merkmal mit der herrschenden Lehre[363] an, so besteht ein Exklusivitätsverhältnis zwischen Erpressung und Raub[364], und der erpresserische Menschenräuber dürfte nicht mit Raubabsicht handeln. Lehnt man dieses Merkmal mit der Rechtsprechung[365] und einem Teil der Literatur[366] ab, so ist der Raub ein Spezialfall der Erpressung, und auch wer mit Raubabsicht den objektiven Tatbestand des § 239 a erfüllt, könnte ein erpresserischer Menschenräuber sein.[367] Nach anderer Ansicht[368] grenzt jedoch auch der BGH zwischen § 249 und § 255 durchaus "eindeutig" nach dem äußeren Erscheinungsbild ab, so daß bei Raubabsicht unter

---

[360] *Eser*, Schönke/Schröder § 239 a Rdn. 15.

[361] *Horn*, SK § 239 a Rdn. 9.

[362] Zusammenfassend: *Biletzki*, Jura 95, 635 ff.; *Krack*, JuS 96. 493 (494 f.).

[363] *Eser*, Schönke/Schröder § 253 Rdn. 1, 8; *Lackner/Kühl* § 253 Rdn. 3; *Tröndle* § 253 Rdn. 11; *Blei* BT § 64 I.2.d.; *Krey* BT 2 Rdn. 304; *Maurach/Schroeder/Maiwald* BT II § 42 Rdn. 6; *Schmidhäuser* II, S. 129 f.; *Wessels* BT 2 Rdn. 669; *Biletzki*, Jura 95, 635 (639); *Geppert/Kubitza*, Jura 85, 276; *Krack*, JuS 96, 493; *Küper*, NJW 78, 956; *Otto*, JZ 84, 143; *Rengier*, JuS 81, 654; *Schröder*, SJZ 50, 101; *Tenckhoff*, JR 74, 489.

[364] *Krey* BT 2 Rdn. 384 ff.; *Rengier*, JuS 81, 654 f.

[365] BGHSt 7, 252 (255); 14, 287; 25, 224 (228).

[366] *Herdegen*, LK § 253 Rdn. 6 ff.; *Arzt/Weber* LH 3 Rdn. 123 f.; *Geilen*, Jura 80, 43 (50 ff.); *Schünemann*, JA 80, 486 f.; *Seelmann*, JuS 82, 914.

[367] *Eser*, Schönke/Schröder § 239 a Rdn. 11.

[368] *Rengier* BT 2 § 24 Rdn. 8.

dem Aspekt der "Duldung der Wegnahme" allein § 239 b Anwendung finden dürfte. Diese Ansicht verkennt jedoch, daß nach Meinung des BGH der Raub gegenüber der Erpressung das speziellere Delikt ist,[369] mithin jeder Raub eine Erpressung beinhaltet und daher die Raubabsicht die Erpressungsabsicht umfaßt.[370] Wenn der BGH nach dem äußeren Erscheinungsbild zwischen Raub oder Erpressung unterscheidet, so liegt in Wahrheit eine Differenzierung zwischen Erpressung und Raub einer- und nur Erpressung andererseits vor. Dementsprechend ist, folgt man dem BGH, § 239 a auch anwendbar, wenn der Täter in Raubabsicht handelt. Demnach hat der Streit um das Merkmal der Vermögensverfügung auch im Rahmen des § 239 a Relevanz[371] und sei daher im folgenden kurz dargestellt.

aa) Ansicht der Literatur

Nach der herrschenden Ansicht im Schrifttum[372] ist die Erpressung, wie der Betrug, ein Selbstschädigungsdelikt, bei dem der Täter nur unter Mitwirkung des Opfers an dessen Vermögen gelangt. Das ungeschriebene Tatbestandsmerkmal der Vermögensverfügung soll dabei voraussetzen, daß der Genötigte glaubt, trotz des ihm angedrohten Nötigungsmittels noch einen eigenen Einfluß auf die Vermögensverschiebung zu haben.[373] Glaubt das Opfer wegen der Intensität des Nötigungsmittels, den Vermögensabfluß ohnehin nicht verhindern zu können, so scheidet eine Vermögensverfügung und damit Erpressung aus.[374] Der Täter ist darüber hinaus auch dann wegen Raubes und nicht wegen Erpressung zu bestrafen, wenn er auch unabhängig vom Opferverhalten Zugriff auf die erstrebte Beute hat.[375]

---

[369] RGSt 4, 429 (432); BGHSt 14, 386 (390); *Herdegen*, LK § 255 Rdn. 3.

[370] *Herdegen*, LK § 255 Rdn. 3.

[371] Die Relevanz ist jedoch gering, da der Täter in der Regel mit qualifizierten Nötigungsmitteln vorgehen will und dann nach § 239 b strafbar ist.

[372] *Eser*, Schönke/Schröder § 253 Rdn. 1, 8; *Lackner/Kühl* § 253 Rdn. 3; *Tröndle* § 253 Rdn. 11; *Blei* BT § 64 I.2.d.; *Krey* BT 2 Rdn. 304; *Maurach/Schroeder/Maiwald* BT II § 42 Rdn. 6; *Schmidhäuser* II, S. 129 f.; *Wessels* BT 2 Rdn. 669; *Biletzki*, Jura 95, 635 (639); *Geppert/Kubitza*, Jura 85, 276; *Krack*, JuS 96, 493; *Küper*, NJW 78, 956; *Otto*, JZ 84, 143; *Rengier*, JuS 81, 654; *Schröder*, SJZ 50, 101; *Tenckhoff*, JR 74, 489.

[373] *Eser*, Schönke/Schröder § 253 Rdn. 8; *Krey* BT 2 Rdn. 300; *Biletzki*, Jura 95, 635 (636 f.).

[374] *Eser*, Schönke/Schröder § 253 Rdn. 3; *Tröndle* § 253 Rdn. 5; *Biletzki*, Jura 95, 635 (637); *Küper*, NJW 78, 956.

[375] *Krack*, JuS 96, 493 (494).

Kennzeichnend für eine Vermögensverfügung ist ein willentliches, nicht unbedingt freiwilliges Verhalten, wobei der Verfügende unmittelbar auf das Vermögen einwirkt und dort einen Schaden herbeiführt.[376] Nach einer abweichenden Ansicht reicht es aus, wenn der Genötigte an der Vermögensverschiebung in einer Weise mitwirkt, die nach seiner Vorstellung für die Herbeiführung eines Schadens unerläßlich ist.[377]

Gegen das Erfordernis der Vermögensverfügung spricht, daß es bei konsequenter Anwendung zu einem logischen Bruch kommt:[378] Maßt sich der Täter mit vis absoluta den Gebrauch einer Sache an, so scheitert eine Strafbarkeit aus § 249 an der fehlenden Zueignungsabsicht, eine Strafbarkeit aus § 253 daran, daß das Opfer keine Wahl hat und daher keine Vermögensverfügung vorliegt. Erreicht der Täter dasselbe Ziel, nämlich den unbefugten Gebrauch einer Sache, mit vis compulsiva, also geringerer Gewaltintensität, so hat das Opfer eine Wahl, eine Vermögensverfügung liegt vor, und der Täter ist nach § 253 zu bestrafen. Die Literatur erklärt dieses Phänomen damit, daß Gebrauchsanmaßung eben nur dann strafbar ist, wenn das Opfer zur bewußten Selbstschädigung eingesetzt wird.[379] Diese Argumentation kann allerdings nicht überzeugen, da sie nicht erklärt, warum sich der, jedenfalls regelmäßig, brutalere Täter nicht aus § 253 strafbar macht und sich damit besser steht.

Für § 239 a würde diese Ansicht bedeuten, daß das vom Täter erstrebte Verhalten des erpreßten Opfers eine Vermögensverfügung darstellen muß.

bb) Ansicht der Rechtsprechung

Nach Ansicht der Rechtsprechung[380] und einem Teil der Literatur[381] ist § 253 das Grunddelikt zu § 249. Raub und Erpressung schließen sich nicht aus, sondern jeder Raub ist zugleich eine Erpressung. Zu diesem Ergebnis kommen die Vertreter dieser Ansicht, weil sie das ungeschriebene Tatbestandsmerkmal der Vermögensverfügung nicht anerkennen und folgerichtig jedes Handeln, Dulden oder Unterlassen als abgenötigtes Verhalten ausreichen

---

[376] *Eser*, Schönke/Schröder § 253 Rdn. 8; *Tröndle* § 253 Rdn. 11; *Küper*, NJW 78, 956; *Rengier*, JuS 81, 654.

[377] *Lackner/Kühl* § 253 Rdn. 3; *Tenckhoff*, JR 74, 486 (491); *Küper*, NJW 78, 956;

[378] *Biletzki*, Jura 95, 635 (637f.); *Geppert/Kubitza*, Jura 85, 276 (278); *Schünemann* JA 80, 488.

[379] *Eser*, Schönke/Schröder § 253 Rdn. 3; *Tröndle* § 253 Rdn. 4, 11.

[380] BGHSt 7, 252; 14, 386; 25, 224.

[381] *Herdegen*, LK § 253 Rdn. 5; *Geilen*, Jura 80, 43; *Schünemann*, JA 80, 486;

lassen.[382] Die Erpressung wird so ein konturenloser Grundtatbestand und umfaßt alle mit Nötigungsmitteln auf fremdes Vermögen im weiteren Sinne begangenen Angriffe.[383] Jede in Bereicherungsabsicht vorgenommene Beschädigung fremden Vermögens durch Nötigung ist Erpressung.

Raub wird nach dieser Ansicht gegenüber der Erpressung durch die Merkmale "Wegnahme" und "Zueignungsabsicht" qualifiziert.[384] Ob eine Wegnahme vorliegt, ist dabei anhand des äußeren Erscheinungsbildes zu beurteilen[385]: Nimmt der Täter die Sache, so ist Raub gegeben, gibt das Opfer die Sache dem Täter, so scheidet Wegnahme und damit Raub aus. In diesem Fall ist der Täter aber wegen Erpressung strafbar. Scheitert der Raub an der fehlenden Fremdheit der Sache oder an der fehlenden Zueignungsabsicht, so ist ebenfalls der Tatbestand der Erpressung erfüllt.

Erpressung kann nach dieser Ansicht auch bei vis absoluta vorliegen.[386] Ferner ist nicht erforderlich, daß das Verhalten unmittelbar zum Schaden führt.[387]

Begründet wird diese Ansicht damit, daß drohende Strafbarkeitslücken nur auf diese Weise zu schließen seien; beispielsweise könne ein Pfandschuldner, der die immer noch ihm gehörende Sache mit vis absoluta dem Pfandgläubiger wegnimmt, andernfalls nicht angemessen bestraft werden, da § 289 die durch die angewendete Gewalt verwirklichte Schuld nicht berücksichtigt.[388] Gleich gefährlich zu beurteilende Verhaltensweisen müßten auch die gleiche Strafe nach sich ziehen. Dagegen wird eingewandt, daß hierdurch eine Möglichkeit der Strafschärfung geschaffen wird, die das Gesetz an dieser Stelle, insbesondere bei Wegnahme ohne Zueignungsabsicht im Bereich des § 248 b und des § 289 und bei der Jagdwilderei, § 292, gerade nicht vorsieht.[389] Das System der Wertstufenbildung innerhalb des Strafrahmens der einzelnen Vermögensdelikte könnte dadurch ebenso weitgehend unterlaufen werden[390] wie die ge-

---

[382] RGSt 25, 435 (436, 439); BGHSt 14, 386 (390); 25, 224 (228); 32, 88 (89, 91); *Herdegen*, LK § 253 Rdn. 11; *Geilen*, Jura 80, 46 (51); *Schünemann* JA 80, 486 (488).

[383] *Lackner/Kühl* § 253 Rdn. 3.

[384] BGHSt 7, 252; 14, 386 (390); 25, 224 (228); NJW 67, 60 (61); NStZ 81, 301.

[385] BGHSt 7, 252 (254); NJW 67, 60 (61); NStZ 81, 301.

[386] BGHSt 14, 386; 25, 224; *Arzt/Weber* LH 3 Rdn. 362; *Blei* BT § 64 II; *Geilen*, Jura 80, 50.

[387] BGHSt 14, 386.

[388] *Schünemann*, JA 80, 486 (488).

[389] *Krey* BT 2 Rdn. 304; *Krack*, JuS 96, 493 (497).

[390] *Wessels* BT 2 Rdn. 671.

setzlich gewollte Privilegierung desjenigen, der ohne Zueignungsabsicht handelt.[391]

Gegen diese Auffassung spricht ferner, daß der Tatbestand des Raubes gegenüber dem der räuberischen Erpressung überflüssig wäre, da der Fall, daß jemand zu den Mitteln des Raubes greift, um eine völlig wertlose Sache oder ein Liebhaberstück unter voller Werterstattung an sich zu bringen, in der Praxis nicht vorkommen dürfte.[392] Auch widerspricht diese Auslegung der Systematik, denn in der Überschrift des 20. Abschnitts werden Raub und Erpressung als gleichwertig nebeneinander gestellt,[393] was sie bei dieser Auslegung nicht sind.

Für den erpresserischen Menschenraub scheint diese Meinung eine doppelte Erweiterung gegenüber der ersten Ansicht zu bedeuten: So sind zunächst auch die Fälle unter § 239 a zu subsumieren, in denen der Täter sich einer Geisel bemächtigt oder sie entführt, um in Zueignungsabsicht fremde bewegliche Sachen wegnehmen zu können. Ferner ist auch bei Vorliegen von vis absoluta eine Erpressung möglich. Indes führt der zweite Unterschied nicht zu einer Erweiterung des Anwendungsbereichs des § 239 a, da bei diesem die Gewalt als gegenwärtige Übelszufügung grundsätzlich ausscheidet.[394]

cc) Ergebnis

Unterschiede zwischen beiden Meinungen tauchen also dann auf, wenn der Täter den objektiven Tatbestand des erpresserischen Menschenraubes in der Absicht erfüllt, eine fremde, bewegliche Sache in Zueignungsabsicht wegzunehmen. Hinzuweisen ist an dieser Stelle noch auf den Umstand, daß die Vertreter der herrschenden Lehre bei intendierter Drohung mit dem Tod, einer schweren Körperverletzung oder einer Freiheitsentziehung von über einer Woche Dauer zur Erreichung einer Wegnahme jedenfalls § 239 b annehmen müssen, wenn sie § 239 a am Fehlen der erforderlichen Erpressungsabsicht scheitern lassen.

Aufgrund der augenblicklichen Gesetzeslage kann indes weder die eine noch die andere Meinung vollends überzeugen. Trotzdem erscheint die herr-

---

[391] *Eser*, Schönke/Schröder § 253 Rdn. 8a; *Biletzki*, Jura 95, 635 (637); *Geppert/Kubitza*, Jura 85, 276 (278).

[392] *Eser*, Schönke/Schröder § 253 Rdn. 8a; *Lackner/Kühl* § 253 Rdn. 3; *Krey* BT 2 Rdn. 305; *Wessels* BT 2 Rdn. 671; *Schünemann*, JA 80, 486 (488); *Tenckhoff*, JR 74, 489 (490).

[393] Darauf weist *Eser*, Schönke/Schröder § 253 Rdn. 8a hin.

[394] Vergl. oben 3. Abschnitt II.B.2.b.bb., S. 114.

schende Ansicht im Schrifttum vorzugswürdig, denn zum einen kann sie die besseren dogmatischen Gründe vorweisen und zum anderen ist das Schließen von Strafbarkeitslücken nicht Aufgabe der Rechtsprechung, sondern des Gesetzgebers. Schlösse sich die Rechtsprechung der herrschenden Lehre an, würde sie damit, ihr Argument der Strafbarkeitslücke als richtig unterstellt, Handlungsbedarf beim Gesetzgeber auslösen, was zu einer Beendigung des unbefriedigenden Zustandes führen könnte.

Der Täter muß also ein Verhalten des Erpressungsopfers beabsichtigen, das eine Vermögensverfügung darstellt. Dabei ist das Merkmal Vermögensverfügung dann erfüllt, wenn das Opfer sich in einer Weise verhalten soll, die nach dessen Ansicht zur Herbeiführung des Schadens unerläßlich ist.[395]

f) Vermögensschaden

Diese Verfügung muß nach dem Willen des Täters bei dem Opfervermögen zu einem Vermögensschaden führen. Ein solcher liegt vor, wenn der wirtschaftliche Gesamtwert des Vermögens durch die Verfügung gemindert wurde.[396] Ob dies der Fall ist, ist im Rahmen einer Gesamtsaldierung des Vermögens vor dem Herstellen der Bemächtigungslage und nach der Verfügung zu ermitteln.

Aus dem Schutzbereich ergibt sich, daß nicht notwendig das Vermögen des Verfügenden betroffen zu sein braucht.[397] Es reicht, wenn der Schaden bei dem Vermögen eines Dritten oder Vierten eintritt.[398]

g) Absicht rechtswidriger Bereicherung

aa) Vermögensvorteil

Der Täter muß in der Absicht tätig werden, sich oder einen Dritten zu Unrecht zu bereichern, was sich aus der Verweisung auf § 253 ergibt. Er muß also mit dolus directus ersten Grades einen Vermögensvorteil erstreben.[399] Es

---

[395] *Lackner/Kühl* § 253 Rdn. 3; *Küper*, NJW 78, 956.

[396] BGHSt 4, 260; 16, 220; 32, 88; 34, 394, StV 89, 149; *Lackner/Kühl* § 253 Rdn. 4, § 263 Rdn. 36.

[397] Vergl. oben 3. Abschnitt I.A.2.b., S. 73.

[398] *Lackner/Kühl* § 253 Rdn. 6; *Wessels* BT 2 Rdn. 673.

[399] RGSt 27, 219; BGHSt 16, 1 (4); 34, 329 (333); NStZ 96, 39; *Eser*, Schönke/Schröder § 253 Rdn. 16; *Lackner/Kühl* § 253 Rdn. 8, § 263 Rdn. 58; *Tröndle* § 253 Rdn. 14.

genügt danach nicht, wenn der Täter den Vermögensvorteil nur als eine als zwangsläufig erkannte Nebenfolge oder als notwendige Folge eines ausschließlich anderen Zwecken dienenden Verhaltens in Kauf nimmt.[400] Dies gilt auch im Rahmen des § 239 a, so daß der Täter gerade handeln muß, um den Vermögensvorteil zu bekommen.

Ein Vermögensvorteil liegt bei jeder günstigeren Gestaltung der Vermögenslage und jeder Erhöhung des Vermögenswertes vor.[401] Auch die Abwendung des drohenden Verlustes einer bereits erworbenen, aber durch die Gefahr des Verlustes im Wert geminderten Sache, kann einen Vermögensvorteil darstellen.[402] Eine solche Fallgestaltung könnte insbesondere bei einem typischen Bankraub vorkommen, wenn nämlich der Täter mit der Beute die Bank verlassen will, hierbei aber feststellen muß, daß die Polizei das Gebäude bereits umstellt hat, und er nun Geiseln nimmt, um sich den Weg freizupressen.

bb) Stoffgleichheit

Zwischen Vermögensvorteil und Vermögensschaden muß Stoffgleichheit bestehen.[403] Der Täter muß den Vorteil unmittelbar aus dem Vermögen des Geschädigten in der Weise anstreben, daß der Vorteil die Kehrseite des Schadens ist.[404]

cc) Rechtswidrigkeit

Es muß sich um einen rechtswidrigen Vermögensvorteil handeln. Der Täter muß sich darüber im Klaren sein oder zumindest mit dolus eventualis akzeptieren, daß es sich bei dem erstrebten Vermögensvorteil um einen rechtswidrigen handelt.[405] Handelt der Täter in der Vorstellung (mindestens dolus eventualis), er habe einen Anspruch auf den erstrebten Vermögensvorteil oder hat er tatsächlich einen solchen, so scheidet eine Strafbarkeit aus § 239 a aus.[406]

---

[400] BGH, NJW 88, 2623; *Tröndle* § 253 Rdn. 14.
[401] RGSt 50, 279; *Cramer*, Schönke/Schröder § 263 Rdn. 167.
[402] RGSt 10, 76; 59, 41; 73, 286; *Cramer*, Schönke/Schröder § 263 Rdn. 167.
[403] *Cramer*, Schönke/Schröder § 263 Rdn. 168.
[404] RGSt 67, 201; BGHSt 6, 115; NJW 61, 685; *Cramer*, Schönke/Schröder § 263 Rdn. 168.
[405] BGHSt 32, 92; StV 91, 20; *Schäfer*, LK § 239 a Rdn. 15; *Tröndle* § 239 a Rdn. 6; § 253 Rdn. 14.
[406] *Eser*, Schönke/Schröder § 239 a Rdn. 11; *Horn*, SK § 239 a Rdn. 8; *Schäfer*, LK § 239 a Rdn. 15; *Tröndle* § 239 a Rdn. 6; *Schmitt*, Jura 85, 270.

Nun kommt allenfalls eine Strafbarkeit wegen Nötigung und Freiheitsberaubung oder bei Vorliegen der entsprechenden Absicht wegen Geiselnahme in Betracht. Nicht ausreichend für einen solchen Ausschluß ist allerdings, wenn ein Angehöriger einer radikalen (anarchischen) Gruppe meint, er habe einen "Anspruch", aber weiß, daß die Rechtsordnung diesen nicht anerkennt.[407]

h) Verwerflichkeit

Die in § 253 Absatz 2 geforderte Verwerflichkeit der Zweck-Mittel-Relation ist bei Erfüllung des objektiven Tatbestandes des § 239 a stets gegeben.[408] Die Rechtswidrigkeit wird daher durch die Erfüllung des Tatbestandes indiziert.

C. Vollendung

Wie alle anderen Delikte mit überschießender Innentendenz[409] setzt auch § 239 a nicht voraus, daß es tatsächlich zur Realisierung des verbrecherischen Willens kommt. Der Tatbestand ist vollendet, sobald der Täter das Opfer in Erpressungsabsicht entführt oder sich seiner bemächtigt hat.[410] Zu fordern ist dabei jeweils, daß es dem Täter gelungen ist, das Opfer in eine hilflose Lage zu bringen, in der es seiner Gewalt ausgeliefert ist. Eine versuchte oder vollendete Erpressung ist nicht erforderlich.[411]

Rechtlich bedeutungslos für die Vollendung ist insoweit, was der Täter nach der Entführung oder Bemächtigung mit der Geisel machen will.[412] Ob er sie nach erfolgter Erpressung freiläßt, tötet oder ganz auf die Erpressung verzichtet, hat keine Auswirkungen mehr auf die Anwendung des § 239 a Absatz 1. Das weitere Verhalten entscheidet jedoch darüber, ob es wegen des Todes der Geisel zu einer Strafschärfung nach Absatz 3 oder wegen tätiger Reue zu einer Strafmilderung nach Absatz 4 kommt. Auch bei Bestimmung des Strafmaßes im Rahmen der Strafzumessung ist es von Bedeutung.

---

[407] *Schäfer*, LK § 239 a Rdn. 15; *Tröndle* § 239 a Rdn. 6.

[408] *Eser*, Schönke/Schröder § 239 a Rdn. 11; *Horn*, SK § 239 a Rdn. 8; *Schäfer*, LK § 239 a Rdn. 15; *Tröndle* § 239 a Rdn. 6; *Krey* BT 2 Rdn. 327.

[409] *Jescheck/Weigend* AT § 30 II.1.; *Geppert*, Jura 89, 473 (476).

[410] BGHSt 16, 316 (=NJW 62, 164); 39, 334; *Eser*, Schönke/Schröder § 239 a Rdn. 17; *Lackner/Kühl* § 239 a Rdn. 6; *Schäfer*, LK § 239 a Rdn. 10; *Tröndle* § 239 a Rdn. 5, 10.

[411] *Eser*, Schönke/Schröder § 239 a Rdn. 17; *Lackner/Kühl* § 239 a Rdn. 6; *Horn*, SK § 239 a Rdn. 7; *Tröndle* § 239 a Rdn. 10; *Rengier* BT 2 § 24 Rdn. 7.

[412] *Lackner/Kühl* § 239 a Rdn. 6; *Schäfer*, LK § 239 a Rdn. 10; *Tröndle* § 239 a Rdn. 8.

III. Der Tatbestand der zweiten Begehungsform

Die zweite Begehungsform, der Ausnutzungstatbestand,[413] ist als eine Auffangmöglichkeit für die Fälle zu verstehen, in denen sich der Täter erst nach Erreichung der Herrschaftslage entscheidet, diese zu einer Erpressung auszunutzen.[414] Es liegt ein zweiaktiges Delikt vor. In einem ersten Schritt muß ohne die spezielle Absicht eine besondere Gewaltlage geschaffen werden, die dann in einem zweiten Schritt durch eine Nötigungshandlung ausgenutzt werden muß.[415]

A. Objektiver Tatbestand

1. Tatopfer

Zum tauglichen Tatobjekt gilt das bereits[416] Gesagte.

2. Tathandlung

Die Tathandlung dieser zweiten Alternative besteht dem Wortlaut nach im Ausnutzen der durch den Täter "durch eine solche Handlung geschaffenen Lage".

a) Solche Handlung

Unter dem Begriff "solche Handlung" sind die Tatvarianten der ersten Alternative zu verstehen, bei denen eine Erpressungsabsicht nicht vorgelegen hat.[417] So werden Fälle erfaßt, bei denen der Täter vorsätzlich die Herr-

---

[413] *Eser*, Schönke/Schröder § 239 a Rdn. 4.

[414] *Schäfer*, LK § 239 a Rdn. 16; *Tröndle* § 239 a Rdn. 7.

[415] *Eser*, Schönke/Schröder § 239 a Rdn. 18; *Maurach/Schroeder/Maiwald* BT I § 15 Rdn. 20.

[416] Vergl. oben 3. Abschnitt II.A.1., S. 86.

[417] *Eser*, Schönke/Schröder § 239 a Rdn. 19.

schaftslage aus anderen Gründen, etwa sexuellen Motiven, geschaffen hat und sich erst später entschließt, die Lage auch noch zu einer Erpressung auszunutzen.[418]

Ferner kommt diese Begehungsweise in Betracht, wenn sich der Täter des Opfers unabsichtlich bemächtigt, z.B. wenn er es versehentlich eingesperrt hat und nun diese Lage zur Erpressung ausnutzt.[419] Eine "solche Handlung" liegt dann im Unterlassen der Freilassung, da es hinsichtlich der Bemächtigung am notwendigen Vorsatz fehlt. Dieser ist erst in dem Zeitpunkt gegeben, in dem der Täter sein Versehen erkennt, ihm aus Ingerenz eine Garantenstellung erwächst, er aber trotzdem die Freilassung unterläßt und statt dessen die Lage ausnutzt.[420]

Wie bei der ersten Begehungsform wirkt ein Einverständnis der Geisel tatbestandsausschließend.[421]

b) Von ihm geschaffen

Strafbar macht sich nach dieser Variante nur derjenige, der eine Situation ausnutzt, die er selber geschaffen hat, oder die ihm auf eine andere Weise, zum Beispiel nach den Regeln der Mittäterschaft oder mittelbaren Täterschaft, zurechenbar ist.[422] Hat ein Dritter unabhängig von dem Täter die Lage geschaffen, oder nutzt der Täter einen Zufall aus (Sturz in eine Felsspalte), so reicht eine auf dieser Lage aufbauende Erpressung nach dem eindeutigen Wortlaut der Norm zur Erfüllung des Tatbestandes nicht aus.[423]

Spiegelt jemand nur vor, das Opfer entführt oder sich dessen bemächtigt zu haben, um auf diese Art und Weise an den Vermögensvorteil zu gelangen, so fehlt es entweder ganz an der vorausgesetzten Lage oder an der Herbeiführung durch diesen Täter. Eine Strafbarkeit wegen erpresserischen Menschenraubes scheidet in diesen Fällen aus.[424]

---

[418] BT Drucks. VI/2722 S. 2; *Eser*, Schönke/Schröder § 239 a Rdn. 20; *Lackner/Kühl* § 239 a Rdn. 7; *Schäfer*, LK § 239 a Rdn. 16; *Tröndle* § 239 a Rdn. 7.

[419] *Eser*, Schönke/Schröder § 239 a Rdn. 20.

[420] *Eser*, Schönke/Schröder § 239 a Rdn. 20; *Tröndle* § 239 a Rdn. 7.

[421] Vergl. oben 3. Abschnitt II.A.2.d., S. 99.

[422] *Eser*, Schönke/Schröder § 239 a Rdn. 21; *Schäfer*, LK § 239 a Rdn. 16; *Tröndle* § 239 a Rdn. 7.

[423] So auch *Eser*, Schönke/Schröder § 239 a Rdn. 21; *Tröndle* § 239 a Rdn. 7.

[424] So auch BGH, NJW 70, 1855; *Schäfer*, LK § 239 a Rdn. 16.

c) Solche Erpressung

Das Merkmal "solche Erpressung" stellt die Beziehung zum Merkmal "Sorge" der ersten Alternative her. Auch hier muß die "Sorge um das Wohl" das für das Opfer motivierende Druckmittel sein.[425]

d) Ausnutzen

Aus dem Merkmal "ausnutzen" ergibt sich, daß zur Erfüllung dieser Tatbestandsalternative der Entschluß, eine Erpressung zu begehen, nicht ausreicht. Die Erpressung muß wenigstens das Versuchsstadium erreicht haben.[426]

Fraglich ist, ob die Geisel in dem Zeitpunkt, in dem der Täter zur Erpressung ansetzt, noch leben muß. Ist dies nicht der Fall, so ist nach einer Ansicht § 239 a auch nicht mehr anwendbar, da es einerseits an der Realisierbarkeit der Drohung fehlt und andererseits die tatbestandlich vorausgesetzte Lage im Zeitpunkt des Erpressungsbeginns nicht mehr besteht.[427] Nach der Gegenmeinung[428] soll es nicht darauf ankommen, ob der Täter seine Drohung noch verwirklichen kann. So könne ein Täter, der seine Geisel sofort tötet und danach den Erpressungsentschluß faßt und ausführt, nicht anders bestraft werden, als der, der erst die Erpressung ausführt, um sodann die Geisel zu töten, denn in beiden Fällen wolle der Täter die Geisel von vornherein töten. Allerdings besteht deshalb ein Unterschied, weil sich im ersten Fall der Täter erst im Angesicht der Leiche überlegt, einen anderen zu erpressen, und so seinen Vorteil nicht mehr über das Leben der Geisel, sondern nur über das Vermögen und die Willensfreiheit des Erpressungsopfers stellt. Diese kriminelle Energie wird in den §§ 253, 255 ausreichend berücksichtigt. Im zweiten Fall stellt sich die Situation aber anders dar, denn der Täter hält das Leben der Geisel in der Hand und stellt nun seinen Vermögensvorteil über dieses. Hier hat er sich aus § 239 a strafbar gemacht. Im übrigen kann sich der Täter in beiden Fällen noch wegen eines Tötungsdelikte strafbar gemacht haben.

Demnach muß die Geisel zum Zeitpunkt der Entschlußfassung zur Erpressung noch leben.

---

[425] Vergl. zum Merkmal "Sorge" oben 3. Abschnitt II.B.2.b.dd., S. 116.

[426] *Eser*, Schönke/Schröder § 239 a Rdn. 23; *Schäfer*, LK § 239 a Rdn. 16; *Rengier* BT 2 § 24 Rdn. 20.

[427] *Eser*, Schönke/Schröder § 239 Rdn. 23; *Schäfer*, LK § 239 a Rdn. 16; *Blei*, JA 72, 58.

[428] *Maurach/Schroeder/Maiwald* BT I § 15 Rdn. 23.

B. Subjektiver Tatbestand

Der subjektive Tatbestand erfordert den Vorsatz bezüglich des objektiven Tatbestandes, wobei der Täter insbesondere wissen muß, daß er gegen den Willen des Opfers handelt.[429] Der Vorsatz muß dabei alle Elemente des objektiven Tatbestandes des § 239 a umfassen, also das Herbeiführen und Aufrechterhalten des Herrschaftsverhältnisses und die Erregung der Sorge. Ferner muß der Täter den Vorsatz haben, nach einem Verhalten zu streben, für das die Sorge kausal sein und das zu einer Vermögensverfügung führen (zumindest nach der herrschenden Lehre und der hier vertretenen Auffassung[430]), jedenfalls einen Vermögensschaden nach sich ziehen soll. Zuletzt ist die Absicht erforderlich, sich rechtswidrig zu bereichern.

C. Vollendung

Im Gegensatz zu der ersten Begehungsform[431] ist der erpresserische Menschenraub hier erst vollendet, wenn der Täter die von ihm geschaffene Lage zu einer Erpressung ausnutzt. Die bloße Absicht hierzu genügt nicht.[432] Fraglich ist jedoch, ob diese Alternative die Vollendung der Erpressung voraussetzt, es also zu einer Vermögensverschiebung gekommen sein muß,[433] oder ob der Versuch ausreicht.[434]

1. Wortlaut

Die Meinung, die eine Vollendung der Erpressung fordert, beruft sich auf den Wortlaut und führt aus, daß die Formulierung "zu einer Erpressung ausnutzt" zwingend bedeute, daß die Erpressung vollendet werden müsse, so daß die Einbeziehung einer nur ins Versuchsstadium gelangten Tat nicht Auslegung, sondern Analogie sei. Indem die Analogie hier zu Lasten des Täters

---

[429] *Eser*, Schönke/Schröder § 239 a Rdn. 25.

[430] Vergl. oben 3. Abschnitt II.B.2.e., S. 121.

[431] Vergl. zum Vollendungszeitpunkt oben 3. Abschnitt II.C., S. 128.

[432] *Eser*, Schönke/Schröder § 239 a Rdn. 23 f.; *Schäfer*, LK § 239 a Rdn. 16; *Tröndle* § 239 a Rdn. 7; *Rengier* BT 2 § 24 Rdn. 20.

[433] So *Maurach/Schroeder/Maiwald* BT I § 15 Rdn. 25.

[434] BGH StV 87, 483; *Eser*, Schönke/Schröder § 239 a Rdn. 24; *Horn*, SK § 239 a Rdn. 15; *Lackner/Kühl* § 239 a Rdn. 7; *Schäfer*, LK § 239 a Rdn. 16; *Tröndle* § 239 a Rdn. 10; *Rengier* BT 2 § 24 Rdn. 20; *Horn*, StV 87, 484; *Müller-Emmert/Maier*, MDR 72, 97 (98).

vorgenommen würde, verstoße sie gegen Artikel 103 Absatz 2 GG (Analogieverbot) und sei daher unzulässig.[435]

Die Gegenansicht[436] führt an, daß ein unerklärbares Gefälle zwischen beiden Alternativen vorliege, ließe man den Versuch zur Erpressung nicht ausreichen.[437] Zur Widerlegung des Wortlautargumentes führt sie aus,[438] daß die Lage schon dann ausgenutzt werde, wenn der Täter sie und die mit ihr verbundene Sorge als Nötigungsmittel einsetzt und so auf das Erpressungsopfer Druck ausübt, was zugleich den Versuch einer Erpressung darstellt. Insofern liege keine verbotene Analogie, sondern erlaubte Auslegung vor, wenn zur Vollendung der Ausnutzungsalternative nicht Vollendung, sondern nur Versuch der Erpressung gefordert würde.

2. Systematik

Möglicherweise läßt sich die eine oder andere Meinung durch systematische Argumente belegen.

a) Vergleichbarkeit der Tathandlungen

Zu dem Ergebnis, daß der Versuch der Erpressung zur Vollendung der Ausnutzungsalternative ausreicht, käme auch eine systematische Auslegung: Ist es für die ersten Begehungsweise lediglich erforderlich, daß eine Lage in Erpressungsabsicht geschaffen wird, muß es für die Ausnutzungsalternative ausreichen, daß eine Lage, die dem Täter zuzurechnen ist und mit deren Schaffung er kein rechtmäßiges Ziel verfolgt hat, zu einem Erpressungsversuch ausgenutzt wird. Auch die Einbeziehung des Schutzgutes führt zu keinem anderen Ergebnis. Geschützt werden soll das Leben und die persönliche Freiheit der Geisel, sowie die Willensentschließungsfreiheit des Nötigungsopfers. Diese Rechtsgüter sind aber schon bei einem Erpressungsversuch in Gefahr, so daß ein solcher zur Vollendung des § 239 a ausreichen muß.

---

[435] *Maurach/Schroeder/Maiwald* BT I § 15 Rdn. 25.

[436] BGH, StV 87, 483; *Eser*, Schönke/Schröder § 239 a Rdn. 24; *Horn*, SK § 239 a Rdn. 15; *Lackner/Kühl* § 239 a Rdn. 7; *Schäfer*, LK § 239 a Rdn. 16; *Tröndle* § 239 a Rdn. 7; *Horn*, StV 87, 484; *Müller-Emmert/Maier*, MDR 72, 97 (98).

[437] *Eser*, Schönke/Schröder § 239 a Rdn. 24; *Maurach*, FS Heinitz, S. 403 (408).

[438] *Eser*, Schönke/Schröder § 239 a Rdn. 24.

b) Anwendbarkeit des Absatzes 4

Zuletzt wäre der Anwendungsbereich der tätigen Reue, § 239 a Absatz 4, bei dieser Alternative sehr stark eingeschränkt, wenn eine Vollendung der Erpressung gefordert würde. Absatz 4 käme nämlich nur dann zur Anwendung, wenn der Täter die Beute bereits in Händen gehalten, sie dann aber wieder herausgegeben hat. Verzichtet er nämlich auf den Vermögensvorteil, ohne ihn erreicht zu haben, läge nach der Gegenansicht ohnehin nur ein Versuch vor, und die Strafe würde bereits gemäß § 23 Absatz 2 nach § 49 Absatz 1 gemildert. Auch dies spricht für den früheren Vollendungszeitpunkt.

3. Ergebnis

Für eine Vollendung der Ausnutzungsalternative reicht es demnach aus, wenn der Täter die Erpressung versucht hat.

IV. Die Teilnahme

Für die Teilnahme gelten die allgemeinen Regeln.[439] Die Bereicherungsabsicht ist in § 239 a, wie auch in § 253,[440] ein tatbezogenes Unrechtsmerkmal, so daß § 28 Absatz 2 für den Teilnehmer, der keine Bereicherungsabsicht hat, keine Anwendung findet.[441]

V. Der Versuch

Der Versuch ist strafbar, da es sich um ein Verbrechen handelt, § 23 Absatz 1 i.V.m. § 12 Absatz 1 i.V.m. der Mindeststrafandrohung.

VI. Die Erfolgsqualifikation des dritten Absatzes

Mit der Erfolgsqualifikation des dritten Absatzes reiht der Gesetzgeber den Tatbestand des erpresserischen Menschenraubes in eine Reihe von Delikten

---

[439] *Eser*, Schönke/Schröder § 239 a Rdn. 26; *Tröndle* § 239 a Rdn. 11.

[440] BGHSt 22, 375; *Cramer*, Schönke/Schröder § 28 Rdn. 20; *Lackner* § 28 Rdn. 6;

[441] BGHSt 8, 70 (72); 17, 215 (218); 23, 103 (105); 24, 106 (108), NJW 94, 272; *Eser*, Schönke/Schröder § 239 a Rdn. 26; *Cramer*, Schönke/Schröder § 28 Rdn. 20; *Tröndle* § 239 a Rdn. 11; *Wessels* AT Rdn. 558.

ein, die ein Bündel von Fragen aufwerfen, deren dogmatische Klärung trotz umfangreicher literarischer Bemühungen[442] noch nicht gelungen zu sein scheint.[443] Zu nennen ist hier in erster Linie die Frage, in welcher Weise die Verwirklichung des Grunddelikts mit der Herbeiführung der schweren Folge verbunden sein muß. Die Klärung dieser Frage würde aber eine eigene Abhandlung erfordern. Ziel der nachfolgenden Anmerkungen kann daher nur sein, auf die spezifischen Besonderheiten des erpresserischen Menschenraubes im Vergleich zu den anderen erfolgsqualifizierten Delikten hinzuweisen. Dies muß um so mehr gelten, als die neuere Judikatur[444] und Literatur[445] davon abrückt, die Zurechnungsanforderungen der erfolgsqualifizierten Delikte gleich zu beurteilen.

A. Objektive Voraussetzungen

Der objektive Tatbestand der Erfolgsqualifikation erfordert, daß der Täter den Tod der Geisel durch die Tat verursacht hat.

1. Der Tod der Geisel

Im Wortlaut wird der Begriff des Opfers aus dem ersten Absatz aufgegriffen, so daß das Delikt nur dann erfolgsqualifiziert sein kann, wenn die Geisel tot ist.[446] Nicht ausreichend ist es demgegenüber, wenn ein Dritter stirbt, etwa jemand, der sich dem Täter bei der Entführung in den Weg stellt oder der die Geisel befreien will.[447]

2. Die Tat

Die Erfolgsqualifikation liegt nur dann vor, wenn der Täter durch die Tat den Tod des Opfers verursacht hat. Tat im Sinne des dritten Absatzes ist

---

[442] Beispielsweise *Küpper*, Unmittelbarer Zusammenhang; *Lorenzen*, Rechtsnatur d. Erfolgsquali Delikte; *Rengier*, Erfolgsquali. Delikte; *Oehler*, ZStW 69, 503 ff.; *Hirsch*, GA 72, 65 ff.; *Wolter*, JuS 81, 168 ff.; *Ders.*, GA 84, 443 ff.; *Hirsch*, FS Oehler, S. 111 ff.; *Dornseifer*, GS Armin Kaufmann, S. 427 ff.; *Paeffgen*, JZ 89, 220 ff.

[443] Vergl. *Roxin*, Strafrecht, § 10 Rdn. 115; *Sowada*, Jura 94, 643.

[444] Seit BGHSt 33, 322.

[445] *Roxin* Strafrecht I § 10 Rdn. 114 f.; *Sowada*, Jura 94, 643 (650).

[446] So auch *Lackner/Kühl* § 239 a Rdn. 9; *Paeffgen*, NK § 18 Rdn. 26; *Tröndle* § 239 a Rdn. 9.

[447] So auch *Paeffgen*, NK § 18 Rdn. 77; *Tröndle* § 239 a Rdn. 9.

grundsätzlich jedes nach dem ersten Absatz tatbestandsmäßige Verhalten.[448] In zeitlicher Hinsicht kann eine Begrenzung dahingehend vorgenommen werden, daß die zum Tode führende Ursache zwischen Beginn und Beendigung des erpresserischen Menschenraubes gesetzt worden sein muß.[449] Ursachen, die vor Beginn der Tat gesetzt wurden, erfüllen daher ebensowenig die Voraussetzungen dieses Merkmals wie solche, die erst nach deren Beendigung lagen. Indem es sich beim erpresserischen Menschenraub um ein Dauerdelikt handelt,[450] reicht es - jedenfalls in zeitlicher Hinsicht - aus, wenn der Tod erst nach Vollendung aber vor Beendigung verursacht wird.[451]

3. Bedingungszusammenhang

Weitere Voraussetzung ist, daß der Täter den Tod durch die Tat verursacht hat, so daß ein Bedingungszusammenhang zwischen der Tat und dem Tod der Geisel bestehen muß.[452] Fraglich ist, welche Anforderungen an diesen Zusammenhang zu stellen sind.

a) Kausalität

Zunächst ist die Kausalität zwischen Tat und Tod nach der Äquivalenztheorie im Sinne einer conditio sine qua non erforderlich.[453] Kann der erpresserische Menschenraub hinweggedacht werden, ohne daß der Tod der Geisel zu diesem Zeitpunkt entfiele, so ist dieser nicht durch die Tat verursacht worden. Nicht erforderlich ist, daß der Tod durch die Hand des Täters herbeigeführt wird.[454]

Nach einer Ansicht soll die Erfüllung dieses Erfordernisses nicht nur notwendige, sondern sogar hinreichende Bedingung zur Annahme des im dritten Absatz vorausgesetzten Bedingungszusammenhangs sein.[455]

---

[448] *Eser*, Schönke/Schröder § 239 a Rdn. 29; *Tröndle* § 239 a Rdn. 9; *Maurach*, FS Heinitz, S. 403 (406).

[449] So auch *Eser*, Schönke/Schröder § 239 a Rdn. 29; *Tröndle* § 239 a Rdn. 9.

[450] Vergl. oben 3. Abschnitt I.B.4., S. 85.

[451] So auch *Eser*, Schönke/Schröder § 239 a Rdn. 29; *Tröndle* § 239 a Rdn. 9.

[452] *Eser*, Schönke/Schröder § 239 a Rdn. 30; *Tröndle* § 239 a Rdn. 9.

[453] BGHSt 19, 382 (387); NJW 86, 438; *Maurach/Schroeder/Maiwald* BT I, § 15 Rdn. 29; *Küpper*, NStZ 86, 116 (117); *Laubenthal*, Jura 89, 99 (102); *Löffeler*, JA 86, 286.

[454] *Eser*, Schönke/Schröder § 239 a Rdn. 30; *Lackner/Kühl* § 239 a Rdn. 9.

[455] BGHSt 19, 382 (387); *Maurach/Schroeder/Maiwald* BT I § 15 Rdn. 29.

Nach der Gegenansicht reicht eine solche, bloß ursächliche Verknüpfung zwischen Tat und Tod nicht aus.[456] Begründet wird diese Gegenansicht mit dem Verweis auf eine Strafrahmenexplosion.[457] Bei einem Vergleich zwischen dem Strafmaß des erfolgsqualifizierten Delikts und demjenigen bei Verwirklichung des Grunddeliktes in Tateinheit mit fahrlässiger Tötung, ergibt sich ein erheblicher Unterschied, nämlich nicht unter zehn Jahren gegenüber mindestens fünf Jahren. Eine solche Abweichung bedarf, insbesondere im Hinblick auf das Schuldprinzip, einer Rechtfertigung.[458] Diese könnte darin liegen, daß der Täter der Erfolgsqualifikation nicht nur fahrlässig, sondern leichtfertig handeln muß. Allerdings bleibt der Unterschied auch bei einem Vergleich des Strafrahmens der Erfolgsqualifikation mit dem des vorsätzlichen Totschlags nach § 212 in Tateinheit mit dem Grunddelikt bestehen. Da aber grundsätzlich die vorsätzliche Herbeiführung eines Erfolges schwerer wiegt als die fahrlässige,[459] und Leichtfertigkeit lediglich eine gesteigerte Form der Fahrlässigkeit ist,[460] dürfte die Erfolgsqualifikation nicht die höhere Mindeststrafe aufweisen, so daß das zusätzliche Merkmal der Leichtfertigkeit den Strafrahmenunterschied nicht zu rechtfertigen vermag.

Mit dem Merkmal "durch die Tat" kann daher nicht nur der Ursachenzusammenhang im Sinne der Äquivalenztheorie beschrieben sein. Es bedarf vielmehr einer engeren Verknüpfung zwischen Grunddelikt und Folge, die geeignet erscheint, die hohe Strafandrohung zu rechtfertigen.[461]

b) Merkmal der spezifischen Gefahr des Grunddeliktes

aa) Spezifische Gefahr der erfolgsqualifizierten Delikte

Ein solches Merkmal könnte sich aus dem Sinn und Zweck der Norm ergeben. Wie bei § 227[462, 463] so soll auch hier mit der Erfolgsqualifizierung der

---

[456] BGH, NStZ 86, 116; *Roxin* Strafrecht I § 10 Rdn. 114f.; *Krehl*, StV 86, 432; *Küpper*, NStZ 86, 116 (117); *Geppert*, Jura 89, 473 (474).

[457] *Roxin* Strafrecht I § 15 Rdn. 108 ff.; *Paeffgen*, JZ 89, 220 (221, 226; Fußnote 76); *Sowada*, Jura 94, 643 (644).

[458] *Krehl*, StV 86, 432; *Altenhain*, GA 96, 19 f.

[459] *Paeffgen*, JZ 89, 220 (221); *Sowada*, Jura 94, 643 (644).

[460] *Cramer*, Schönke/Schröder § 15 Rdn. 106; Jakobs Strafrecht AT 9.Abschn. Rdn. 31; *Roxin* Strafrecht I § 15 Rdn. 109; *Sowada*, Jura 94, 643 (644).

[461] So auch BGH, NJW 86, 438; *Eser*, Schönke/Schröder § 239 a Rdn. 30; *Wolter*, GA 84, 443; *Schultz/Richter*, JuS 85, 798 (799); *Krehl*, StV 86, 432; *Küpper*, NStZ 86, 116 (117); *Wolter*, JR 86, 464 (466); *Paeffgen*, JZ 89, 220 (222); *Sowada*, Jura 94, 643 (646).

[462] Durch das 6. StRG, BGBl I 1998/164, wurde § 226 zu § 227.

spezifischen Gefahr des Erfolgseintritts entgegengewirkt werden.[464] Daher bietet es sich an, vom Vorliegen einer Erfolgsqualifikation nur dann auszugehen, wenn sich in dem Erfolg die dem Grundtatbestand eigentümliche Gefahr verwirklicht hat.[465] Indes hat sich seit der ersten in diesem Sinne einschränkenden Entscheidung[466] die Frage gestellt, wie die spezifische Gefahr zu definieren ist. Dabei wurde zunächst versucht, für alle erfolgsqualifizierten Delikte, oder jedenfalls für einen nach bestimmten Kriterien festgelegten Teil, zu definieren, wann sich die spezifische Gefahr verwirklicht hat.[467] Diese Versuche haben sich aber in der Folgezeit als unscharf und sogar als widersprüchlich erwiesen.[468]

Auch alternativ vorgeschlagene Möglichkeiten und dogmatische Erklärungsansätze führten nicht zu einer überzeugenden Klärung.[469]

Eine Lösung zeichnet sich dahingehend ab, daß nicht mehr der Versuch unternommen wird,[470] ein einheitliches Kriterium für alle erfolgsqualifizierten Delikte zu finden, sondern die Formel von der Verwirklichung der spezifischen Gefahr als Grundlage zu benutzen, und sodann die dem einzelnen Grundtatbestand jeweils immanente Gefahr zu definieren, um so die Frage des erforderlichen Zusammenhangs zu klären.[471]

---

[463] BGH, NJW 71 152 (153); *Oehler*, ZStW 69, 503 (513).

[464] BT Drucks. VI/2722, S. 2 f.

[465] BGHSt 31, 96 (98 f.); 32, 25 (28); 33, 322 (333); 38, 295 (298); NStZ 92, 333 (334); 92, 335; *Rengier* BT 2 § 24 Rdn. 27; *Roxin* Strafrecht I, § 10 Rdn. 114; *Geppert*, Jura 89, 473 (474); *Hirsch*, FS Köln, S. 399 (423); *Löffeler*, JA 86, 286.

[466] Roetzel-Fall: BGH, NJW 71, 152.

[467] BGHSt 31, 96 (Hochsitzfall).

[468] *Lackner* § 18 Rdn. 8; *Schroeder*, LK § 18 Rdn. 19; *Geilen*, FS Welzel, S. 655 ff.; *Geppert*, Jura 89, 473 (474); *Paeffgen*, JZ 89, 220 (222); *Puppe*, NStZ 83, 22; *Sowada*, Jura 94, 643 (645).

[469] Zum Vorschlag *Rengiers*, Erfolgsquali. Delikte, siehe *Paeffgen*, JZ 89, 220 (222 f.); *Sowada*, Jura 94, 643 (645 f.); zu *Schröder*, JR 71, 206 (208) siehe *Küpper*, Unmittelbarer Zusammenhang, S. 74 f.; *Sowada*, Jura 94, 646; sowie allgemein: *Cramer*, Schönke/Schröder § 18 Rdn. 4; *Roxin* Strafrecht I § 15 Rdn. 114.

[470] Wie die Rechtsprechung bis zur Entscheidung BGHSt 33, 322.

[471] BGHSt 38, 295 (298); *Cramer*, Schönke/Schröder § 18 Rdn. 4; *Lackner* § 18 Rdn. 4; *Rengier* BT 2 § 24 Rdn. 27; *Roxin*, Strafrecht I, § 15 Rdn. 115; *Wolter*, GA 84, 443 (448); Ders., JR 86, 464 (466 f.); *Geppert*, Jura 89, 473 (474); *Sowada*, Jura 94, 643 (650).

bb) Spezifische Gefahr des erpresserischen Menschenraubs

Zu prüfen ist, worin die spezifische Gefahr des erpresserischen Menschenraubes liegt. § 239 a ist ein Geiseldelikt, daß dadurch gekennzeichnet wird, daß der Täter das Opfer in seine Macht bringt. Für die Zeit der Geiselhaft ist es ihm einerseits hilflos ausgeliefert und andererseits auf ihn angewiesen. Zwar ist die Tat mit der Schaffung der Zwangslage vollendet, nicht aber beendet[472] und dauert zumindest solange an, wie sich das Opfer in dieser Zwangslage befindet.[473] Indem in dieser Zwangslage gewissermaßen der Erfolg der Tat liegt, sie jedenfalls den Charakter der Tat als Geiseldelikt bestimmt, sind die Gefahren, die aus dieser Lage resultieren, grundsätzlich die spezifische Gefahr des erpresserischen Menschenraubes. Allerdings ist die Gefangenschaft selber, anders als beispielsweise eine Körperverletzung für die Geisel nicht lebensgefährlich.[474] Die Normierung einer Erfolgsqualifikation ist daher nur dann sinnvoll, wenn man die Gefahren als deliktsspezifisch ausreichen läßt, die mittelbar aus der Zwangslage hervorgehen und mit dieser typischerweise verbunden sind.[475] Fraglich ist in diesem Zusammenhang also, bei welchen Fallgestaltungen der Tod tatsächlich aus der Herrschaftslage resultiert und bei welchen die Umstände derart gewöhnlich sind, daß von einer Verursachung gerade durch die Geiselnahme nicht mehr ausgegangen werden kann.

aaa) Die Herrschaftslage

Durch die Gefangenschaft ist der Geisel die Möglichkeit genommen, sich selber mit den lebensnotwendigen Dingen zu versorgen. Entsprechende Mängel können dabei ohne weiteres zu lebensbedrohlichen Situationen führen.[476] Ferner kann die Methode, mit der der Geiselnehmer die Tat ausführt und seine Herrschaft sicherstellt, für das Leben der Geisel gefährlich sein. Daher realisiert sich immer dann die spezifische Gefahr eines erpresserischen Menschenraubes, wenn das Opfer aufgrund besonders gefährlicher Methoden bei der Festsetzung oder aufgrund mangelnder Versorgung während der Geiselhaft stirbt.[477] Beispielhaft seien die Fälle genannt, in denen die Geisel erfriert, verhungert, verdurstet oder erstickt.

---

[472] *Wolter*, JR 86, 464 (468).

[473] *Eser*, Schönke/Schröder § 239 a Rdn. 30.

[474] *Roxin*, Strafrecht I, § 10 Rdn. 117.

[475] So auch *Roxin*, Strafrecht I, § 10 Rdn. 117.

[476] *Widmann*, MDR 67, 972 (973).

[477] So auch *Eser*, Schönke/Schröder § 239 a Rdn. 30; *Schäfer*, LK § 239 a Rdn. 18; *Roxin* Strafrecht I, § 10 Rdn. 117.

bbb) Die Behandlung während der Herrschaftslage

Eventuell liegt auch eine spezifische Gefahr des erpresserischen Menschenraubes in dem Umstand, daß die Geisel dem Täter während der Tat ausgeliefert ist. Es geht insoweit um die Frage, ob auch solche Fallgestaltungen unter § 239 a Absatz 3 subsumierbar sind, bei denen die zum Tode führende Ursache zwar während, aber nur gelegentlich der Geiselnahme gesetzt wird. Ein solcher Fall läge beispielsweise dann vor, wenn der Täter die weibliche Geisel vergewaltigt und diese aufgrund der bei der Vergewaltigung erlittenen Verletzungen stirbt. Einerseits hat die Herrschaftsposition dem Täter den Zugriff auf gerade diese Frau zumindest erleichtert, wenn nicht sogar ermöglicht, so daß sich hier eine Gefahr der Hilflosigkeit der Lage realisiert haben könnte. Andererseits hat der Täter hier eine grundsätzlich von einem Geiseldelikt unabhängige strafbare Handlung vorgenommen, was dafür sprechen könnte, daß sich das Risiko der Vergewaltigung und nicht das des erpresserischen Menschenraubes realisiert hat.

Eine Lösung des Problems könnte sich aus einem Vergleich mit der Erfolgsqualifikation der Freiheitsberaubung ergeben. Auch bei der Freiheitsberaubung handelt es sich um ein Dauerdelikt[478], bei dem sich das Opfer dem Täter nicht entziehen kann, so daß die Situation vergleichbar ist. Im Rahmen des § 239 ist unstreitig, daß die geschilderte Fallgestaltung die Voraussetzungen der Erfolgsqualifikation erfüllen würde.[479] Bei einem Vergleich des Wortlautes der beiden Qualifizierungstatbestände fällt aber auf, daß im dritten Absatz des § 239 a die Tat Ursache des Todes sein muß, wohingegen im viertem Absatz des § 239 weiter differenziert wird und als Ursache des Todes die Tat oder die während der Tat begangene Handlung gefordert wird. Fraglich ist demnach, ob im Rahmen des § 239 a ein Tod, der durch eine dem Opfer während der Bemächtigungslage widerfahrene Behandlung ausgelöst wurde, auch durch die Tat verursacht wurde. Dies wird von einer Ansicht abgelehnt, nach der unter "Tat" nur die Vornahme der Tatbestandshandlung zu verstehen sei.[480] Dementsprechend wäre die Erfolgsqualifizierung in dem Beispielsfall abzulehnen. Die Gegenansicht nimmt an, daß auch die Behandlung während der Bemächtigungslage zur Tat gehört.[481] Sie wird damit begründet, daß es sich bei § 239 a um ein Dauerdelikt handelt, zu dem auch dessen Modalitäten

---

[478] BGHSt 20, 228; 36, 257; *Eser*, Schönke/Schröder § 239 Rdn. 17; *Lackner/Kühl* § 239 Rdn. 8; *Tröndle* § 239 Rdn. 2.

[479] BGHSt 28, 18; *Eser*, Schönke/Schröder § 239 Rdn. 13; *Schäfer*, LK § 239 Rdn. 39.

[480] *Schultz/Richter*, JuS 85, 798 (799).

[481] *Tröndle* § 239 a Rdn. 9.

gehören, so daß die Behandlung ein Bestandteil der Tat sei.[482] Die andere Wortwahl des § 239 Absatz 4 stände dem nicht entgegen.[483] Bei dieser Ansicht stellt sich allerdings die Frage, ob sie nicht die Grenzen der Auslegung überschreitet und, da zu Lasten des Täters, verbotene Analogie darstellt. So ergibt sich aus der Differenzierung in § 239 Absatz 4, daß unter "Tat" nur das Verhalten zur Schaffung und Aufrechterhaltung der Herrschaftslage verstanden werden kann, nicht aber jedes Verhalten, das durch die entstandene Herrschaftslage ermöglicht oder begünstigt wird. Dessen Strafbarkeit richtet sich nach der zweiten Alternative des § 239 Absatz 4. Also erfüllt bei § 239 a nur der durch die Zwangslage verursachte Tod die Voraussetzungen der Erfolgsqualifikation und nicht auch derjenige, der erst durch eine Tat anläßlich der Zwangslage verursacht wurde. Der Gegenansicht ist zwar zuzugeben, daß es keine überzeugende Erklärung für die unterschiedliche Ausgestaltung der Erfolgsqualifizierungen bei Freiheitsberaubung und erpresserischem Menschenraub gibt, jedoch lassen Wortlaut und Systematik eine andere als die hier vorgenommene Auslegung nicht zu. Eine auf teleologische Argumente gestützte Analogie ist aber, da sie zu Lasten des Täters gehen würde, verboten. Daher gehört nur die Behandlung der Geisel durch den Täter zur Tat, die der Aufrechterhaltung der hilflosen Lage dient. Verhaltensweisen, die nur durch die Lage ermöglicht werden, genügen dagegen zur Annahme des Merkmals "durch die Tat" nicht. Daher ist der ersten Ansicht zu folgen.

Eine tatbestandsspezifische Gefahr realisiert sich auch, wenn die Geisel aufgrund von Maßnahmen des Täters stirbt, die diesem zur Aufrechterhaltung der Herrschaftslage dienen. Bezweckt der Täter mit dem zum Tode führenden Verhalten ausschließlich eine weitere, andersartige Verletzung, so ist § 239 a Absatz 3 nicht erfüllt.

ccc) Das Eingreifen Dritter

Fraglich ist, ob die tatbestandsspezifische Gefahr vom Täter ausgehen muß, wie dies im Rahmen des § 227[484] wohl herrschende Meinung ist,[485] oder ob sie sich auch dann realisieren kann, wenn der Tod unmittelbar erst durch das Eingreifen Dritter verursacht wird. Gemeint sind an dieser Stelle in erster Linie die Fälle, in denen die Geisel und nicht der Geiselnehmer während eines Befreiungsversuches der Polizei durch diese getötet wird.

---

[482] *Tröndle* § 239 a Rdn. 9.

[483] *Tröndle* § 239 a Rdn. 9.

[484] § 226 wurde durch das 6. StrRG, BGBl I 1998/164, zu § 227.

[485] BGHSt 31, 96 (98) (in NJW 82, 2831); 32, 25; *Hirsch*, LK § 226 Rdn. 4; *Küpper*, NStZ 86, 116 (117).

Nach einer Ansicht realisiert sich auch in diesen Fällen stets die spezifische Gefahr der Tat, da bei einem anderen Standpunkt die Haftung des Täters allzusehr eingeschränkt werde.[486] Bei der Verwirklichung des Grundtatbestands des § 239 a begründe nicht nur das Verhalten des Täters die besondere Gefahr für das Opfer. Vielmehr sei die Lage, in die der Täter das Opfer versetzt hat, auch aus anderen Gründen besonders gefährlich. Das Kriterium der Unmittelbarkeit, das in Fällen der unmittelbaren Verursachung durch einen Dritten eine Zurechnung verhindert, liefere daher keine tauglichen Abgrenzungsmaßstäbe und könne für § 239 a, jedenfalls in dieser Pauschalität, nicht gelten.[487]

In der Tat ergibt sich regelmäßig eine ganz besonders erhöhte Gefahr für das Leben des Tatopfers dadurch, daß es sich in der Hand des Täters befindet.[488] Dieses nicht nur, weil ein Verhalten des Täters zum Tod führen könnte, sondern auch deshalb, weil die mit der Tat geschaffene Zwangslage das Opfer selbst oder Dritte, insbesondere die Polizei, dazu veranlaßt, risikobehaftete Gegenmaßnahmen zu treffen, um die unerträgliche Situation zu beenden.[489]

Der spezifische Zusammenhang wird bei § 239 a dadurch vermittelt, daß der tödliche Geschehensablauf durch die das tatbestandsspezifische Risiko begründende Zwangslage ausgelöst wurde, in die der Täter die Beteiligten versetzt hat,[490] denn durch die mit dem erpresserischen Menschenraub typischerweise verbundene Lage sind Handlungen, die zur Aufhebung der Lage dienen, gleichsam vorprogrammiert.[491] Ein Zusammenhang kann also nicht nur zwischen der Handlung des Täters und dem Tod, sondern auch zwischen der durch den Täter geschaffenen Lage und dem Tod bestehen.

Einzuschränken ist diese Meinung allerdings dahingehend, daß das Eingreifen Dritter als Teil des tatbestandsspezifischen Gefahrenzusammenhangs (Rechtswidrigkeitszusammenhangs[492]) erscheinen muß. Das wird nur dann der Fall sein, wenn das Eingreifen des Dritten in seinem Ob oder Wie von der Tatsache der Geiselnahme und den Möglichkeiten des Täters mitbestimmt

---

[486] *Eser*, Schönke/Schröder § 239 a Rdn. 30; *Lackner/Kühl* § 239 a Rdn. 9; *Paeffgen*, NK § 18 Rdn. 76; *Maurach/Schroeder/Maiwald* BT I § 15 Rdn. 29; *Rengier* BT 2 § 24 Rdn. 20; *Roxin*, Strafrecht I, § 10 Rdn. 117; *Wolter*, JR 86, 464 (466).

[487] BGH, NJW 86, 438 (439); *Schäfer*, LK § 239 a Rdn. 19.

[488] So auch BGH, NJW 86, 438 (439); *Schäfer*, LK § 239 a Rdn. 19.

[489] BGH, NJW 86, 438; *Rengier* BT 2 § 24 Rdn. 28; *Küpper*, NStZ 86, 116 (117); *Laubenthal*, Jura 89, 102; *Wolter*, JR 86, 464 (468).

[490] *Schäfer*, LK § 239 a Rdn. 19; *Küpper*, NStZ 86, 116 (117); *Laubenthal*, Jura 89, 99 (102).

[491] *Küpper* BT I § 3 Rdn. 28; *Roxin*, Strafrecht I, § 10 Rdn. 117; *Küpper*, NStZ 86, 116 (117); *Laubenthal*, Jura 89, 99 (102); *Sowada*, Jura 94, 643 (650).

[492] *Horn*, SK § 239 a Rdn. 28; *Schäfer*, LK § 239 a Rdn. 19.

wird.[493] Der Tod einer Geisel ist also dann nicht zurechenbar, wenn Dritte den Tod herbeiführen, die von der Geiselnahme keine Kenntnis hatten.[494] Zwar hat der Täter die Geiseln bewußt in eine gefährliche Situation gebracht und damit subjektiv und objektiv getan, was er zur Erfolgsqualifizierung tun konnte.[495] Jedoch rechtfertigt das in diesem Fall nicht die Annahme, der Täter habe die Reaktion des Dritten herbeigeführt,[496] denn die Provokation zur Gegenmaßnahme liegt in dem Umstand des Vorliegens einer Geiselnahme und damit erst dann vor, wenn der Dritte in Kenntnis und zur Beendigung dieses Zustandes handelt. Andernfalls kann die Geiselnahme zwar conditio sine qua non für den Tod, der Tod aber nicht Realisierung der spezifischen Gefahr sein. Diese verwirklicht sich nur, wenn der Dritte zur Bewältigung der tatbestandstypischen Zwangslage handelte.[497] Soweit dieses Kriterium als sachfremd angesehen wird,[498] ist dem entgegenzuhalten, daß es sich lediglich um eine notwendige, nicht aber um eine hinreichende Bedingung für die Annahme des Zurechnungszusammenhangs handelt.[499]

Fraglich ist nun, ob der Tod der Geisel dem Täter stets zuzurechnen ist, wenn der Dritte zur Bewältigung der tatbestandstypischen Zwangslage handelt oder, ob nicht vielmehr die Fälle dem Täter nicht mehr zugerechnet werden können, in denen der Dritte seinerseits leichtfertig oder vorsätzlich gehandelt hat. So nimmt eine Ansicht an, diese Fälle seien dem Täter nicht mehr zuzurechnen,[500] da der Tod dann dem Verantwortungsbereich des Dritten zuzuordnen sei.[501] Würde man die von Dritten verursachten Folgen, die irgendwie im Zusammenhang mit der Befreiung der Geisel stehen, dem Täter stets zurechnen, wäre jeder erpresserische Menschenraub mit der spezifischen Gefahr des Eintritts der qualifizierten Folge behaftet.[502] Dies ergäbe sich auch daraus, daß die weiteren Merkmale, jedenfalls nach Auslegung der herrschenden Meinung, zur Haftungsbegrenzung nicht taugen.[503] Das Ziel, nämlich die Begren-

---

[493] *Schäfer*, LK § 239 a Rdn. 19.

[494] So auch BGH, NJW 86, 439; *Küpper* BT 1 § 3 Rdn. 28; *Rengier* BT 2 § 24 Rdn. 28.

[495] *Eser*, Schönke/Schröder § 239 a Rdn. 30; *Lackner/Kühl* § 239 a Rdn. 9; *Fischer*, NStZ 86, 314; *Löffeler*, JA 86, 286 (288); *Wolter*, JR 86, 464 (468).

[496] So aber *Fischer*, NStZ 86, 314; *Wolter*, JR 86, 464 (469).

[497] BGH, NJW 86, 438 (439); *Schäfer*, LK § 239 a Rdn. 19; *Wessels* BT 1 Rdn. 451.

[498] *Krehl*, StV 86, 432 (433) zu § 239 b.

[499] Vergl. hierzu den folgenden Abschnitt.

[500] *Löffeler*, JA 86, 286 (287); *Rengier*, Jura 86, 144; *Wolter*, JR 86, 464 (467); a.A.: *Küpper*, Unmittelbarer Zusammenhang, S. 109.

[501] *Krehl*, StV 86, 432 (433); *Wolter*, JR 86, 464 (467).

[502] *Krehl*, StV 86, 432 (433) zu § 239 b.

[503] *Krehl*, StV 86, 432 (433) zu § 239 b.

zung des § 239 a Absatz 3 gegenüber dem einfachen erpresserischen Menschenraub, bei dem der Tod tateinheitlich und fahrlässig herbeigeführt wurde und der nur eine Strafbarkeit aus §§ 239 a, 222, 52 zur Folge hat, würde so nicht erreicht. Dem kann in der Schlußfolgerung, nicht allerdings in der Argumentation zugestimmt werden. Denn es darf nicht verkannt werden, daß es sich bei dem erpresserischen Menschenraub um ein konkretes Risikodelikt handelt.[504] Wegen der Verwirklichung des Grundtatbestandes wird der Täter also auch deswegen bestraft, weil er ein konkretes Risiko bezüglich des Lebens der Geisel schafft und dieses Risiko nicht kontrollieren kann. Eine Risikoquelle ist die Polizei, die stets versuchen wird, die Geiselnahme zu beenden und hierbei auch zum Mittel der Gewalt greifen kann.[505] Eines besonderen Verhaltens, das sich von dem normalen erpresserischen Menschenraub abhebt und das Eingreifen Dritter herausfordert,[506] bedarf es daher nicht.

Andererseits fehlt es an der objektiven Zurechenbarkeit dann, wenn der Erfolg außerhalb des Schutzbereichs der Norm liegt, weil sich nicht das vom Täter geschaffene, rechtlich mißbilligte Risiko, sondern ein anderes Risiko in dem Erfolg verwirklicht hat.[507] So liegt das Risiko des erpresserischen Menschenraubes nur darin, daß die Polizei im Rahmen ihrer Handlungsbefugnis eingreift, wozu gehört, daß sie das Leben der Geisel nicht durch eigene Leichtfertigkeit gefährdet. Dementsprechend können dem Täter solche Folgen nicht angelastet werden, die aufgrund von leichtfertigem oder sogar vorsätzlichem Verhalten Dritter bezogen auf den Tod der Geisel herbeigeführt werden. Diese Fälle werden vom Schutzbereich der Norm nicht umfaßt und gehören nicht zum Verantwortungsbereich des Täters, sondern des Dritten.

Spielt das Verhalten Dritter für den Eintritt des Todes eine Rolle, so ist der Tod nur dann dem Täter zurechenbar, wenn die Dritten von dem Umstand der Geiselnahme Kenntnis hatten und die Zurechenbarkeit nicht dadurch aufgehoben wird, daß die Dritten ihrerseits leichtfertig oder vorsätzlich gehandelt haben.

ddd) Das Verhalten des Opfers

Es stellt sich die Frage, inwieweit sich eine tatbestandsspezifische Gefahr dann realisiert, wenn erst ein Verhalten des Opfers unmittelbar zu dessen Tod

---

[504] Vergl. oben 3. Abschnitt I.B.2.a., S. 78.
[505] *Sundermann*, NJW 88, 3192 (3194).
[506] So *Krehl*, StV 86, 432 (433) zu § 239 b.
[507] *Lenckner*, Schönke/Schröder Vorbem § 13 Rdn. 95 f; *Rudolphi*, SK Vor § 1 Rdn. 64; *Jescheck/Weigend* AT § 28 IV.3.; *Maurach/Zipf* AT I § 18 Rdn. 46 ff.

führt. Im Rahmen der allgemeinen Zurechnungslehre entfällt für den Täter bei freiem und vollverantwortlichem Verhalten des Verletzten die Zurechnung, weil bei einem solchen der Erfolg zur Risikosphäre des Opfers gehört.[508] Möglicherweise ist eine freie Entscheidung des Opfers aufgrund der durch die Tat entstandenen hilflosen Lage aber nicht mehr möglich, so daß Entscheidungen des Opfers nicht dessen Risikosphäre, sondern der des Täters zuzuordnen sind. So wird die Geisel stets versuchen, sich der Zwangslage zu entziehen und dabei selbst vor einer riskanten Flucht nicht zurückschrecken.[509] Andererseits wird vorgetragen,[510] daß das zur Strafe führende und die besondere Gefährdung ausmachende Unrecht in der Freiheitsentziehung beziehungsweise in der Zwangslage liege, und sich das Opfer durch die Flucht gerade dieser Gefährdung entziehe. In dem Tod auf der Flucht realisiere sich daher nicht die Gefährlichkeit gerade dieser Tat, sondern diejenige der Abwehr beziehungsweise Aufhebung eines persönlichen Nachteils gegenüber einem strafrechtlich zu ahndenden Angriffs, wie er auch bei anderen Straftaten denkbar ist. Indem der Gesetzgeber aber bei den meisten Delikten auf die Normierung einer Erfolgsqualifikation verzichtet habe, könne die Flucht des Opfers auch nicht auf die besondere Gefahr gerade dieses Grunddeliktes zurückgeführt und daher dem Täter auch nicht zugerechnet werden. Indes ist dem Dauerdeliktscharakter der §§ 239, 239 a und 239 b, die jeweils eine Erfolgsqualifikation aufweisen, Rechnung zu tragen, denn es kommt dem Opfer bei seiner Flucht nicht nur darauf an, eine bereits eingetretene Verletzung ungeschehen zu machen, sondern auch, eine bevorstehende zu verhindern. Insoweit kann es keinen Unterschied machen, ob das Opfer nun in der Gefangenschaft oder auf der Flucht verhungert. Abweichend von anderen Delikten ist aufgrund der Zwangslage einerseits die Motivation zur Flucht bei den freiheitsentziehenden Dauerdelikten besonders hoch und andererseits für das Leben selten ungefährlich. Geht die Geisel nun ein besonderes Risiko ein, um der Herrschaftslage zu entkommen, so ist diese Entscheidung nicht Ausdruck ihres freien Willens, sondern nur wegen der tatbestandsspezifischen Lage getroffen worden. Die spezifische Gefahr des Tatbestandes realisiert sich daher auch dann, wenn das Opfer eine besonders riskante Flucht wagt, und das eingegangene Risiko zu ihrem Tod führt.[511] Stürzt also das Opfer aus einem Fenster in großer Höhe oder ertrinkt in dem das Versteck umgebenden Sumpf, so liegt der spezifische Zusammenhang vor. Wird dagegen die Geisel auf der Flucht

---

[508] *Jescheck/Weigend* AT § 28 IV. 4.

[509] *Horn*, SK § 239 a Rdn. 28; *Küpper*, Unmittelbarer Zusammenhang, S. 105; *Küpper*, NStZ 86, 116 (117); *Paeffgen*, JZ 89, 220 (227).

[510] *Widmann*, MDR 67, 972 (973) für § 239.

[511] So im Ergebnis auch BGHSt 19, 382 für § 239.

Opfer eines Verkehrsunfalls, so realisiert sich nur das allgemeine Lebensrisiko,[512] und eine Strafbarkeit aus § 239 a Absatz 3 scheidet aus.

Nach einer Ansicht realisiert sich auch bei einem Selbstmord der Geisel während der Gefangenschaft die tatbestandsspezifische Gefahr des erpresserischen Menschenraubes.[513] Begründen läßt sich dies mit der tatbestandlich vorausgesetzten Lage, aufgrund der die Geisel dem Täter hilflos ausgeliefert und von diesem abhängig ist, was stets zu einer starken psychischen Belastung führt. Diese wird um so größer sein, je länger die Geiselnahme dauert und je widriger die Umstände derselben sind. Es erscheint nicht ausgeschlossen, daß eine Geisel der Belastung einer solchen Situation nicht standhält und, um diese zu beenden, Selbstmord begeht. Ein solcher Selbstmord beruht dann ausschließlich auf der besonderen Situation, so daß auch hierin eine spezifische Gefahr des Deliktes liegt. Andererseits kann die Herrschaftslage auch nur Anlaß dafür sein, einen ohnehin gefaßten Selbstmordbeschluß in die Tat umzusetzen, mit der Folge, daß der Selbstmord gerade nicht auf Zwangslage beruht. Es ist also zu unterscheiden: Beruht der Selbstmord der Geisel entscheidend auf der hilflosen Lage, so hat sich auch die spezifische Gefahr des erpresserischen Menschenraubes realisiert. Demgegenüber fehlt es an diesem Merkmal, wenn das Opfer zwar während, aber eben nicht aufgrund der Herrschaftslage Selbstmord verübt.

eee) Die Vornahme der Tathandlung

Möglicherweise könnte die spezifische Gefahr für das Leben der Geisel bei einem erpresserischen Menschenraub in der Vornahme der Tathandlung liegen.[514] Diese Ansicht scheint durch den Wortlaut "durch die Tat", also durch die Vornahme der Tathandlung bestätigt zu werden. Zwingend ist diese Auslegung jedoch nicht, denn "durch die Tat", kann auch durch die Folgen der Tat heißen. So nimmt die Gegenansicht an, daß die spezifische Gefahr erst aus der hilflosen Lage der Geisel erwachse und mithin eine erfolgreiche Vornahme der Tathandlung voraussetze.[515] Aufgrund dieses Meinungsstreites kommt es dann zu unterschiedlichen Ergebnissen, wenn die Tathandlung mißlingt und der Tod der Geisel bei diesem Versuch der Entführung oder Bemächtigung eingetreten ist. In einem solchen Fall könnte mit der ersten Ansicht das Vorliegen der Erfolgsqualifikation angenommen werden, wogegen es

---

[512] *Wolter*, JR 86, 464 (468).
[513] *Lackner/Kühl* § 239 Rdn. 9; *Schäfer*, LK § 239 a Rdn. 18.
[514] *Schäfer*, LK § 239 a Rdn. 18; *Tröndle* § 239 a Rdn. 9; *Schultz/Richter*, JuS 85, 798 (799); *Wolter*, JR 86, 464 (468).
[515] So *Küpper*, Unmittelbarer Zusammenhang, S. 120 f.

mit der zweiten wegen des Fehlens der hilflose Lage und damit der spezifischen Gefahr abzulehnen ist.

Aus einem Versuch kann nur dann die spezifische Gefahr erwachsen, wenn dieser auch "Tat" im Sinne des ersten Absatzes ist. Indem der erpresserische Menschenraub gemäß § 12 Absatz 1 ein Verbrechen ist, ergibt sich die Strafbarkeit des Versuches aus § 23 Absatz 1, so daß dieser unter den Begriff der Tat des § 239 a Absatz 3 subsumierbar ist. Demnach reicht der Versuch grundsätzlich als Anknüpfungspunkt der Erfolgsqualifikation aus. Insofern wird auch denjenigen Autoren genüge getan,[516] die meinen, die Erfolgsqualifikation dürfe keinen strafbarkeitsbegründenden Charakter haben.[517]

Gegen die Annahme, schon von dem Versuch ginge die spezifische Gefahr aus, soll die systematische Stellung sprechen.[518] Aus dieser ergäbe sich die Notwendigkeit einer Angleichung an die Erfolgsqualifikation des § 239, und im Rahmen dieser Vorschrift folge aus Wortlaut und Sinn, daß die schwere Folge die Vollendung des Grunddeliktes voraussetze.[519] Durch das 6. Strafrechtsreformgesetz[520] wurde § 239 jedoch geändert: Die Formulierung "Ist der Tod des durch die Freiheit Beraubten durch die Freiheitsentziehung oder die ihm während derselben widerfahrene Behandlung verursacht worden,..." wurde durch folgende ersetzt: "Verursacht der Täter durch die Tat oder eine während der Tat begangene Handlung den Tod des Opfers,...". Dieser Wortlaut setzt nicht mehr voraus, daß das Opfer vor Erfolgseintritt der Freiheit beraubt wurde. Durch diese Änderung und die Einführung der Versuchsstrafbarkeit, § 239 Absatz 2 folgt daher nun aus Sinn und Wortlaut, daß die erste Alternative nicht nur die Todesverursachung aufgrund der erfolgten Freiheitsentziehung beinhalten soll, sondern auch diejenige, die schon aufgrund des Versuchs eintritt. Die zweite Alternative bleibt demgegenüber Fallgestaltungen vorbehalten, in denen der Täter aufgrund der Freiheitsentziehung eine neue Kausalkette in Gang setzt. Daher ist im Rahmen des § 239 davon auszugehen, daß die spezifische Gefahr schon bei einem Versuch vorhanden ist, so daß die systematische Stellung für eine entsprechende Auslegung des § 239 a Absatz 3 spricht.

Auch das Argument, die spezifische Gefahr entspringe gerade dem Umstand, daß das Opfer sich in einer hilflosen Zwangslage befindet, weshalb

---

[516] So auch *Maurach*, FS Heinitz, S. 403 (406).

[517] *Cramer*, Schönke/Schröder § 18 Rdn. 9; *Paeffgen*, NK § 18 Rdn. 112; *Schäfer*, LK § 239 Rdn. 36; *Schroeder*, LK § 18 Rdn. 38; *Kühl*, JuS 81, 193 (196); *Ulsenheimer*, GA 66, 269 ff.

[518] *Küpper*, Unmittelbarer Zusammenhang, S. 120.

[519] *Küpper*, Unmittelbarer Zusammenhang, S. 120.

[520] BGBl I 1998/164.

diese für die Anwendbarkeit der Erfolgsqualifikation erst einmal erreicht werden müsse,[521] ist nicht stichhaltig, denn auch die Herbeiführung der Lage ist nicht ungefährlich. So kann der Täter die Lage nur durch Anwendung von Zwangsmitteln erreichen, die in der Regel ein großes Verletzungsrisiko beinhalten. Auch wird sich das Opfer, sobald es die Gefahr erkennt, angesichts des erheblichen Eingriffs in die persönliche Freiheit zur Wehr setzen und so Reaktionen des Täters herausfordern, die die Gefahr für das Opfer noch erhöhen.

Schon bei der Vornahme der möglichen Tathandlungen, also dem Versuch des ersten Absatzes, liegt die für den dritten Absatz erforderliche spezifische Gefahr vor.[522] Allerdings stellt sich die Frage, inwieweit der Versuchscharakter Auswirkungen auf den Charakter der Erfolgsqualifikation hat.

Nach einer Ansicht ist auch der Versuch des ersten Absatzes "Tat" im Sinne des dritten Absatzes, so daß die Todesverursachung zur vollendeten Erfolgsqualifikation führen müsse.[523] Nach anderer Ansicht ist in diesen Fällen wegen Versuchs der erfolgsqualifizierten Tat[524] beziehungsweise wegen erfolgsqualifizierten Versuchs[525] zu bestrafen. Der ersten Ansicht ist entgegenzuhalten, daß die Qualifikation einen strafschärfenden Charakter hat[526] und daher die nach dem ersten Absatz verwirkte Strafe geschärft werden muß. Diesem Charakter widerspricht es aber, wenn wegen erfolgsqualifizierten vollendeten Delikts und nicht wegen des erfolgsqualifizierten Versuchs bestraft wird.[527] Auch würde dem Täter so die Strafmilderungsmöglichkeit des § 23 Absatz 2 vorenthalten.[528] Dementsprechend ist der zweiten Ansicht der Vorzug zu geben. Soweit einige Autoren[529] in solchen Fällen von einem Versuch der erfolgsqualifizierten Tat sprechen, handelt es sich um eine sprachliche

---

[521] *Küpper*, Unmittelbarer Zusammenhang, S.120 f.

[522] So auch Schäfer, LK § 239 a Rdn. 18; *Tröndle* § 239 a Rdn. 9; *Jäger*, NStZ 98, 161 (162); *Wolter*, GA 84, 443 (445).

[523] *Eser*, Schönke/Schröder § 239 a Rdn. 30; *Horn*, SK § 239 a Rdn. 27.

[524] *Tröndle* § 18 Rdn. 4; *Maurach/Schroeder/Maiwald* BT 1 § 15 Rdn. 29; *Maurach*, FS Heinitz, S. 403 (413).

[525] *Cramer*, Schönke/Schröder § 18 Rdn. 9; *Paeffgen*, NK § 18 Rdn. 109 f.; *Schroeder*, LK § 18 Rdn. 37 ff.; *Küpper*, Unmittelbarer Zusammenhang, S. 114; *Jäger*, NStZ 98, 161 (163).

[526] *Maurach/Zipf* AT I § 35 Rdn. 18 ff.; *Sowada*, Jura 95, 644 (651).

[527] *Sowada*, Jura 95, 644 (651).

[528] *Sowada*, Jura 95, 644 (651).

[529] *Tröndle* § 18 Rdn. 4; *Maurach/Schroeder/Maiwald* BT 1 § 15 Rdn. 29; *Maurach*, FS Heinitz, S. 403 (413).

Ungenauigkeit, die insbesondere deswegen vermieden werden sollte, weil dieser Begriff eigentlich einer anderen Fallkonstellation vorbehalten ist.[530]

Auch der Versuch des erpresserischen Menschenraubes nach § 239 a Absatz 1 ist "Tat" im Sinne des § 239 a Absatz 3, mit der Folge, daß der Täter wegen erfolgsqualifizierten Versuches bestraft wird.

Für die Frage nach der spezifischen Gefahr ist grundsätzlich unerheblich, welche der verschiedenen Alternativen der Täter versucht oder verwirklicht.[531] So entsteht die Gefahr unabhängig davon, ob der Täter das Opfer entführt oder sich desselben bemächtigt.[532] Fraglich ist jedoch, worin die Gefahr bei der Ausnutzungsalternative liegt, bei der die durch eine solche Handlung geschaffenen Lage ausgenutzt werden muß.[533] Insoweit wird angenommen, daß die Gefahr in der durch das Streben nach Gewinn diktierten Aufrechterhaltung des Unfreiheitsverhältnisses liegt.[534] Nicht das Ausnutzen der Lage begründe das Risiko, sondern die Aufrechterhaltung.[535] Hierfür spricht, daß allein das Ausnutzen der Lage zu einer (einfachen) Erpressung für die Annahme der hier erforderlichen spezifischen Gefahr nicht ausreicht, denn bei der einfachen Erpressung hat der Gesetzgeber keine Erfolgsqualifikation geschaffen, in der Vornahme einer solchen Tat mithin keine entsprechende Gefahr gesehen. Bei Berücksichtigung des regelmäßigen Tatbildes ist ferner festzustellen, daß die Gefahr für die Geisel weniger von der Erpressungshandlung als vielmehr von der Aufrechterhaltung der Lage ausgeht, denn zumindest bei der Drei-Personen-Konstellation findet die Abwicklung der Erpressung zwischen zwei anderen Personen statt, und die Geisel ist nicht beteiligt.

Allerdings ist der Tatbestand des § 239 a nur dann erfüllt, wenn die Erpressung das Versuchsstadium erreicht hat, denn allein das Aufrechterhalten der Lage erfüllt die Tatbestandsvoraussetzungen dieser Alternative des ersten Absatzes nicht.[536] Demnach ist Tathandlung im Sinne dieser Alternative die Aufrechterhaltung der Lage, sobald der Täter mit dem Erpressungsversuch begonnen hat,[537] so daß ab diesem Zeitpunkt wegen (vollendeten) erfolgsqualifizierten Deliktes bestraft werden kann. Vor Beginn der Erpressung kommt Versuch des erpresserischen Menschenraubes für den Zeitraum zwischen Entschlußfas-

---

[530] *Paeffgen*, NK § 18 Rdn. 109 f.; *Schroeder*, LK § 18 Rdn. 37; *Sowada*, Jura 95, 644 (650).

[531] *Maurach*, FS Heinitz, S. 403 (406).

[532] *Eser*, Schönke/Schröder § 239 a Rdn. 29; *Horn*, SK § 239 a Rdn. 27.

[533] *Horn*, SK § 239 a Rdn. 27; *Maurach*, FS Heinitz, S. 403 (405).

[534] *Maurach*, FS Heinitz, S. 403 (408).

[535] *Eser*, Schönke/Schröder § 239 a Rdn. 29.

[536] Vergl. oben 3. Abschnitt III.A.2.d., S. 131.

[537] So auch *Schäfer*, LK § 239 a Rdn. 20; *Tröndle* § 239 a Rdn. 9.

sung und Ansetzen zur Erpressung in Betracht. Kommt die Geisel infolge eines Verhaltens ums Leben, das als unmittelbares Ansetzen zur Tatbestandsverwirklichung zu qualifizieren ist, also etwa durch die aktive Aufrechterhaltung der hilflosen Lage, so verwirklicht sich die spezifische Gefahr dieser Alternative, und es liegt ein erfolgsqualifizierter Versuch vor.

cc) Ergebnis

Voraussetzung für die Annahme der Erfolgsqualifikation ist, daß ein Zusammenhang zwischen der Tat und dem Tod der Geisel in der Weise besteht, daß sich die spezifische Gefahr der Tat in dem Tod der Geisel niederschlägt. Die Erfolgsqualifikation liegt daher vor, wenn das Opfer infolge der Einwirkung bei der Herbeiführung der Zwangslage oder deren Aufrechterhaltung oder infolge eines für diesen Tatbestand typischen Befreiungs- oder Fluchtversuchs stirbt.

Grenzen der Zurechenbarkeit sind insbesondere erreicht, wenn der Tod der Geisel infolge von Leichtfertigkeit oder Vorsatz eines anderen dessen Verantwortungsbereich zuzurechnen ist.

B. Subjektive Voraussetzungen

1. Leichtfertigkeit

Im subjektiven Bereich muß dem Täter wenigstens Leichtfertigkeit zur Last fallen. Dabei ist unter Leichtfertigkeit ein gesteigertes Maß an Fahrlässigkeit zu verstehen, dergestalt, daß sich der Täter in besonders leichtsinniger und gleichgültiger Weise über die Möglichkeit der Todesfolge hinweggesetzt hat.[538] Dabei muß die Folge des Verhaltens erkennbar gewesen sein.[539] Ausgeschlossen werden an dieser Stelle Schäden, die aufgrund von Verkehrsunfällen (z.B. bei der Entführungshandlung), Kurzschlußhandlungen von Mittätern und unerkennbarer Körperfehler der Geisel entstehen.[540]

---

[538] BGHSt 33, 66 (67); 35, 257 (258); *Eser*, Schönke/Schröder § 239 a Rdn. 31; *Krey* BT 2 Rdn. 203; *Wessels* AT Rdn. 661; *Sowada*, Jura 95, 644; *Tenckhoff*, ZStW 88, 897 (898 ff.).

[539] *Schroeder*, LK 16 Rdn. 208 ff.; *Maurach/Schroeder/Maiwald* BT I § 15 Rdn. 29.

[540] BT Drucks. VI/2722 S. 2; *Maurach/Schroeder/Maiwald* BT I § 15 Rdn. 29.

2. Vorsatz

Fraglich ist, ob auch vorsätzliches Verhalten unter das Merkmal der Leichtfertigkeit zu subsumieren ist. Dagegen spricht nach Ansicht der Verfechter der Exklusivitätstheorie[541], daß Vorsatz grundsätzlich etwas anderes als Leichtfertigkeit ist.[542] Mit der letzten Änderung des § 239 a 1998[543] wurde jedoch ein "wenigstens" in den Tatbestand eingefügt, das deutlich macht, daß Fahrlässigkeit und Vorsatz nichts Gegensätzliches beschreiben, sondern vielmehr eine Steigerung, im Sinne eines normativen Stufenverhältnisses bilden und, daß auch die vorsätzliche Herbeiführung der Erfolgsqualifikation ausreicht. Indem sich damit auch der Gesetzgeber nach der Rechtsprechung[544] der Konkurrenzlösung[545] angeschlossen hat, ist dieser der Vorzug zu geben, so daß auch dann die Erfolgsqualifikation tatbestandlich erfüllt ist, wenn der Täter bezüglich des Todes der Geisel vorsätzlich handelt. Bei vorsätzlicher Herbeiführung der schweren Folge ist daher § 239 a Absatz 3 anwendbar.

C. Strafmaß

Als Strafe bestimmt der dritte Absatz lebenslange Freiheitsstrafe oder eine Freiheitsstrafe nicht unter 10 Jahren. Daß die lebenslange Freiheitsstrafe an erster Stelle genannt ist, ist dabei ohne Bedeutung.[546] Eine lebenslange Freiheitsstrafe kommt in Betracht, wenn dem Täter ein besonders hohes Maß an Leichtfertigkeit oder Grausamkeit zur Last fällt,[547] wenn mehrere Geiseln gestorben sind, oder die Tat aus anderen Gründen in die Nähe des Mordes rückt.

Nach einer Ansicht ist auch dann eine lebenslange Freiheitsstrafe zu verhängen, wenn das Opfer eine hervorragende und dadurch besonders exponierte Persönlichkeit war.[548] Dem wird jedoch entgegengehalten, daß ein Menschenleben immer gleich viel wert ist, weshalb es auf dieses Kriterium nicht ankommen kann.[549] Für die erste Meinung könnte dabei sprechen, daß expo-

---

[541] Bis BGH St 39, 100 h.M.; *Rengier* StV 92; 496.

[542] So noch BGH, JR 76, 73; *Lackner/Kühl* § 251 Rdn. 4.

[543] 6. StrRG, BGBl 1998 S. 164.

[544] BGHSt 39, 100, NStZ 88, 311.

[545] *Eser*, Schönke/Schröder § 239 a Rdn. 31; *Maurach/Schroeder/Maiwald* BT I § 15 Rdn. 29; *Wessels* BT 2 Rdn. 348; *Alwart*, NStZ 89, 225 f.; *Laubenthal*, JR 88, 335 f.; *Schünemann*, JA 80, 393 (296); nun auch: *Horn*, SK § 239 a Rdn. 26; *Rengier*, BT 2 § 24 Rdn. 26.

[546] *Tröndle* § 239 a Rdn. 9.

[547] *Eser*, Schönke/Schröder § 239 a Rdn. 32.

[548] *Schäfer*, LK § 239 a Rdn. 23; *Tröndle* § 239 a Rdn. 9.

[549] *Horn*, SK § 239 a Rdn. 31.

nierte Persönlichkeiten schon aufgrund ihrer finanziellen Leistungsfähigkeit häufiger Opfer eines erpresserischen Menschenraubes werden dürften, als der "kleine Mann"; indes dürften sie aber auch über die besseren Schutzmöglichkeit verfügen. Da dem Strafgesetzbuch eine Unterscheidung des Opfers nach Ansehen und Stellung fremd ist, ist der zweiten Meinung der Vorzug zu geben, und die Stellung des Opfers sollte nur einen geringen Einfluß auf die Strafzumessung haben.

VII. Der Rücktritt vom vollendeten Delikt (Tätige Reue)

Im vierten Absatz ist der Rücktritt vom vollendeten Delikt vorgesehen, so daß sich der Täter für den Fall der tätigen Reue Strafmilderung verdienen kann.

A. Abgrenzung zum Rücktritt nach § 24

Im Gegensatz zu einem Rücktritt nach § 24, der zwingend zu einer Straflosigkeit des Täters führt, führt die tätige Reue nach § 239 a Absatz 4 zu einer Strafmilderungsmöglichkeit. Diese weniger günstige Rechtsfolge resultiert aus dem Umstand, daß bei der tätigen Reue die Anforderungen an den Täter geringer sind. Mit dem Wort "kann" schreibt daher das Gesetz die Strafmilderung nicht zwingend vor, sondern stellt sie in das Ermessen des Gerichtes. Zur Eröffnung dieses gerichtlichen Ermessens reicht es aus, wenn der Täter das Opfer, mag es auch nicht mehr unversehrt sein,[550] in seinen Lebenskreis zurückgelangen läßt oder dessen Rückkehr ermöglicht und außerdem auf die erstrebte Leistung verzichtet.

B. Voraussetzungen

1. Zurückgelangen lassen

Unter "zurückgelangen lassen" ist nichts anderes zu verstehen, als die Geisel freizulassen und die Herrschaftsposition aufzugeben.[551] Aus dem Wortlaut folgt dabei, daß das Freilassen mit Zustimmung des Täters erfolgen muß.[552]

---

[550] Vergl.: BT Drucks. VI/2722 S. 3; *Eser*, Schönke/Schröder § 239 a Rdn. 38; *Horn*, SK § 239 a Rdn. 21; *Tröndle* § 239 a Rdn. 12.

[551] *Eser*, Schönke/Schröder § 239 a Rdn. 35.

[552] So auch *Horn*, SK § 239 a Rdn. 22; *Schäfer*, LK § 239 a Rdn. 26.

Ein aktives Handeln ist allerdings nicht erforderlich.[553] So genügt es, wenn der Täter der Geisel zu verstehen gibt, daß sie frei sei,[554] oder einem Fluchtversuch nicht entgegentritt, den er verhindern könnte.[555] Etwas anderes gilt nur dann, wenn es der Geisel, etwa aufgrund von Erschöpfung, unmöglich ist, ihren eigenen Lebenskreis zu erreichen. Dann kann sich der Täter nur durch ein positives Tun, mit dem er der Geisel die Rückkehr in ihren Lebensbereich ermöglicht, die Strafmilderungsmöglichkeit verdienen.[556]

Wo der Täter die Geisel frei läßt, ist irrelevant.[557] So ist es nicht erforderlich, daß der Täter das Opfer an einem bestimmten Ort, etwa in der Nähe des Entführungsortes, frei läßt. Es reicht aus, wenn die Stelle so beschaffen ist, daß das Opfer von seiner Freiheit Gebrauch machen, also beispielsweise die nächste Ortschaft zu Fuß erreichen kann, oder Verkehrsmittel vorhanden sind.[558] Indem nur "zurückgelangen lassen" erforderlich ist, ist es für die Milderungsmöglichkeit unerheblich, welche Nachteile dem Opfer noch zustoßen, bevor es seinen "Lebenskreis" erreicht.[559]

Auch die sonstigen näheren Umstände der Freilassung, wie etwa die Frage, ob das Versteck der Geisel entdeckt worden ist, spielen keine Rolle.[560]

2. Lebenskreis des Opfers

Nach dem Wortlaut muß das Opfer in seinen Lebenskreis zurückgelangen, wobei fraglich ist, wann diese Voraussetzung vorliegt. Lebt das Opfer im Zeitpunkt der Hauptverhandlung noch, so steht fest, daß es in seinen Lebenskreis zurückgefunden hat.[561] Unerheblich ist insoweit, welche Verletzungen es dabei davongetragen hat.[562] Lebt es allerdings nicht mehr, so ist festzustellen, ob es vor oder nach der Rückkehr in seinen Lebenskreis gestorben ist. Ist es vorher

---

[553] *Horn*, SK § 239 a Rdn. 22.

[554] *Eser*, Schönke/Schröder § 239 a Rdn. 35; *Horn*, SK § 239 a Rdn. 22.

[555] *Eser*, Schönke/Schröder § 239 a Rdn. 35; *Horn*, SK § 239 a Rdn. 22; *Schäfer*, LK § 239 a Rdn. 26.

[556] *Schäfer*, LK § 239 a Rdn. 26.

[557] *Eser*, Schönke/Schröder § 239 a Rdn. 35; *Horn*, SK § 239 a Rdn. 21. *Schäfer*, LK § 239 a Rdn. 26.

[558] *Eser*, Schönke/Schröder § 239 a Rdn. 35; *Lackner/Kühl* § 239 a Rdn. 10; *Schäfer*, LK § 239 a Rdn. 26.

[559] *Eser*, Schönke/Schröder § 239 a Rdn. 35.

[560] Vergl. hierzu unten 3. Abschnitt VII.B.4., S. 158.

[561] *Horn*, SK § 239 a Rdn. 21.

[562] BT Drucks. VI/2722 S. 3; *Eser*, Schönke/Schröder § 239 a Rdn. 38; *Horn*, SK § 239 a Rdn. 21; *Maurach/Schroeder/Maiwald* BT I § 15 Rdn. 30.

gestorben und hat es daher den eigenen Lebenskreis nicht mehr erreicht, so ist der vierte Absatz nicht anwendbar.[563] Hat es seinen Lebenskreis erreicht und stirbt danach, so ist Absatz 4 dann ausgeschlossen, wenn Absatz 3 eingreift. Ohne Probleme ist dagegen eine Strafmilderung wegen tätiger Reue möglich, wenn das Opfer nach der Rückkehr in den Lebenskreis stirbt, ohne daß die Ursache des Todes in der Tat liegt.

Fraglich ist, ob Absatz 4 anwendbar ist, wenn die Geisel nach Rückkehr in ihren Lebenskreis an den Folgen des erpresserischen Menschenraubes stirbt, ohne daß die Voraussetzungen der Absatz 3 vorliegen, etwa weil es an der Leichtfertigkeit fehlt. Hierzu schweigen die Kommentare, was seinen Grund wahrscheinlich darin findet, daß es sich um ein Scheinproblem handelt: Will man die Voraussetzungen des Absatzes 4 als erfüllt ansehen, so wird das Gericht mit Hinweis auf den Tod der Geisel von der Strafmilderungsmöglichkeit keinen Gebrauch machen.

Unter Lebenskreis des Opfers ist nicht nur dessen Wohn- oder gewöhnlicher Aufenthaltsort zu verstehen.[564] Es ist nur erforderlich, daß das Opfer in eine Umgebung gelangt, in der es wieder das Gefühl der sozialen Geborgenheit und Sicherheit hat.[565] Dies ergibt sich schon aus dem Schutzbereich der Norm.[566] Damit ist zugleich gesagt, daß sich eine generelle Aussage über die Qualität des Ortes, an den das Opfer gelangen muß, verbietet.[567] Die Aussage, fremdes, unwegsames Gebiet reiche nicht aus,[568] ist in dieser Ausschließlichkeit jedenfalls falsch und entspricht auch nicht der Intention des Gesetzgebers. Es kommt vielmehr allein auf die Geisel an, an welchen Ort, beziehungsweise in welche Umgebung sie zurückgelangen muß und ob sie die Distanz zurücklegt. Das Gefühl der sozialen Sicherheit wird in der Regel dann vorliegen, wenn die Geisel die Freiheit wiedererlangt hat, den Aufenthaltsort willkürlich zu wählen, und diese auch realisieren kann.[569] Das setzt neben der Möglichkeit zur Fortbewegung voraus, daß die Geisel den örtlich bestehenden Gefahren begegnen kann. Kinder und andere hilfsbedürftige Menschen müssen in der Lage sein, in die Obhut einer Aufsichtsperson zurückzugelangen,[570] oder

---

[563] *Horn*, SK § 239 a Rdn. 21.

[564] So aber für den Regelfall: *Tröndle* § 239 a Rdn. 12.

[565] *Eser*, Schönke/Schröder § 239 a Rdn. 36; *Lackner/Kühl* § 239 a Rdn. 10; *Schäfer*, LK § 239 a Rdn. 26.

[566] Vergl. oben 3. Abschnitt I.A.1.a., S. 49.

[567] *Eser*, Schönke/Schröder § 239 a Rdn. 36; *Schäfer*, LK § 239 a Rdn. 26.

[568] *Tröndle* § 239 a Rdn. 12; tendenziell auch *Küpper* BT § 3 Rdn. 30.

[569] *Lackner/Kühl* § 239 a Rdn. 10; *Schäfer*, LK § 239 a Rdn. 26; *Küpper* BT § 3 Rdn. 30.

[570] *Eser*, Schönke/Schröder § 239 a Rdn. 37; *Lackner/Kühl* § 239 a Rdn. 10; *Schäfer*, LK § 239 a Rdn. 26.

es muß sichergestellt sein, daß sich ein Dritter ihrer annimmt (z.B. die Polizei).[571]

Will man mit einer Ansicht[572] von einem Erfolgsrisiko hinsichtlich des tatsächlichen Zurückgelangens sprechen, so liegt dieses beim Täter. Eine andere Ansicht[573] hält eine solche Erwägung allerdings für praktisch bedeutungslos und verkennt, daß es auf diese Frage bei einer weiten Auslegung ankommt. Bei einer solchen reicht es nämlich aus, wenn der Täter sich ernsthaft bemüht, die Geisel zurückgelangen zu lassen, diese also beispielsweise auf den Weg bringt, und die Rückkehr daran scheitert, daß die Geisel auf dem Rückweg Opfer eines völlig unvorhersehbaren, tödlich endenden Raubüberfalls eines Dritten wird. Trägt der Täter nun das Erfolgsrisiko, so ist Absatz 4 unanwendbar, weil die Geisel den Lebenskreis eben nicht erreicht.[574] Entsprechendes gilt auch dann, wenn das Opfer auf dem Weg in den eigenen Lebenskreis tödlich verunglückt (z.B. weil es sich verirrt und im Sumpf ertrinkt, bevor es in seinen Lebenskreis zurückgelangen konnte). Das ernsthafte Bemühen zur Rückführung kann die Milderungsmöglichkeit dann nicht mehr öffnen.[575] Indem das Opfer ohne die Tat dieser, sich nunmehr realisierenden Gefahr, die außerhalb des eigenen Lebensbereichs auf das Opfer eingewirkt hat, nicht ausgesetzt gewesen wäre, ist diese dem Täter zuzurechnen, weshalb er das Erfolgsrisiko zu tragen hat und dafür sorgen muß, daß das Opfer seinen Lebenskreis erreicht.

Unerheblich ist nach dem Wortlaut und dem Sinn und Zweck der tätigen Reue, in welchem gesundheitlichen Zustand das Opfer ankommt.[576]

3. Verzicht auf die erstrebte Leistung

Das Zurückgelangenlassen muß unter Verzicht auf die erstrebte Leistung erfolgen. Erforderlich ist hierfür eine erkennbare Abkehr des Täters von der Erpressungsabsicht,[577] also der Absicht, sich oder einem Dritten einen Vermögensvorteil zukommen zu lassen.

---

[571] *Eser*, Schönke/Schröder § 239 a Rdn. 37.

[572] *Eser*, Schönke/Schröder § 239 a Rdn. 38.

[573] *Horn*, SK § 239 a Rdn. 21.

[574] *Eser*, Schönke/Schröder § 239 a Rdn. 38.

[575] So auch *Eser*, Schönke/Schröder § 239 a Rdn. 38.

[576] So auch *Eser*, Schönke/Schröder § 239 a Rdn. 38; *Horn*, SK § 239 a Rdn. 21; *Schäfer*, LK § 239 a Rdn. 27; *Maurach/Schroeder/Maiwald* BT I § 15 Rdn. 30.

[577] *Eser*, Schönke/Schröder § 239 a Rdn. 39; *Schäfer*, LK § 239 a Rdn. 28.

Hat der Täter die Leistung noch nicht erlangt, so ist nicht notwendig, daß er die Aufgabe der Erpressungsabsicht bekannt gibt.[578] Es reicht vielmehr der konkludente Verzicht, also das Unterlassen der Erneuerung der Forderung.[579]

Hat er die Leistung, wenn auch nur teilweise, erlangt, so muß er auf sie verzichten. Unstrittig ist dafür erforderlich, daß er sich der Beute mit dem Ziel entledigt, sie an den Erpreßten zurückgelangen zu lassen.[580] Dies ergibt sich aus § 253, nach dem auch bestraft wird, wer den Vorteil für einen Dritten erstrebt. Nicht ausreichend ist es daher, das Geld im Stich oder einem Dritten zukommen zu lassen, es sei denn, der Dritte soll als Mittler fungieren.[581]

Fraglich ist allerdings, ob das Erlangte auch tatsächlich beim Opfer ankommen muß. Dies ist nach einer Ansicht[582] erforderlich, weil andernfalls das Nichtzurückgebenkönnen strafrechtlich die gleiche Folge wie das Zurückgebenkönnen hätte, was wenigstens im Rahmen des § 239 b unvertretbare Spannungen zur Folge hätte.[583] Auch wäre bei einem Unvermögen des Täters zur Rückgabe die in dem Wort "Verzicht" tatbestandlich vorausgesetzte Wahlmöglichkeit nicht gegeben.[584]

Nach anderer Ansicht[585] soll es ausreichen, wenn sich der Täter der Beute mit dem Ziel entledigt, sie an den Erpreßten zurückgelangen zu lassen. Er muß dabei zwar auf das Erlangte verzichten, nicht notwendig ist nach dieser Auffassung aber, daß das Geld beim Erpressungsopfer wieder ankommt. Dies folge aus dem Wortlaut, denn nach Absatz 4 reiche der Verzicht aus. Ferner ergebe sich aus Satz 2, daß den Täter hinsichtlich der Rückführung kein Erfolgsrisiko treffen soll.[586] Sinn und Zweck der Strafmilderung wegen tätiger Reue sei ferner, nicht nur nach dem Willen des historischen Gesetzgebers,[587] der Schutz des Lebens der Geisel.[588] Hat der Täter einmal versucht, die Beute an den Erpreßten zurückzugeben und hat er infolge dieses Versuchs die Beute nicht mehr, so stelle schon dieser (mißlungene) Versuch einen deutlichen und deswegen honorierbaren Schritt zur Rückkehr in die Rechtsordnung dar. Daß

---

[578] LG Mainz, MDR 84, 687; *Eser*, Schönke/Schröder § 239 a Rdn. 39; *Schäfer*, LK § 239 a Rdn. 28; *Tröndle* § 239 a Rdn. 12.

[579] *Eser*, Schönke/Schröder § 239 a Rdn. 39; *Schäfer*, LK § 239 a Rdn. 28.

[580] *Eser*, Schönke/Schröder § 239 a Rdn. 39; *Horn*, SK § 239 a Rdn. 23.

[581] So auch *Horn*, SK § 239 a Rdn. 23.

[582] *Lackner/Kühl* § 239 a Rdn. 10; *Tröndle* § 239 a Rdn. 12.

[583] *Tröndle* § 239 a Rdn. 12.

[584] *Lackner/Kühl* § 239 a Rdn. 10.

[585] *Eser*, Schönke/Schröder § 239 a Rdn. 39; *Horn*, SK § 239 a Rdn. 23.

[586] *Eser*, Schönke/Schröder § 239 a Rdn. 40 ff.

[587] Vergl. zum Normzweck oben 3. Abschnitt I.A., S. 49 ff.

[588] Vergl. oben 1. Abschnitt VI.C., S. 32.

dieser Versuch mißglückte, dürfe auch wegen des notwendigen Schutzes des Lebens der Geisel die Strafmilderungsmöglichkeit nicht ausschließen. Vielmehr möge dieser Umstand im Rahmen der Strafzumessung Berücksichtigung finden. Diese Argumente überzeugen, so daß das ernsthafte Bemühen, die Beute dem Geschädigten wieder zukommen zu lassen, zur Erfüllung der Tatbestandsvoraussetzungen der tätigen Reue genügt.

Fraglich ist nun aber, was geschieht, wenn der Täter die Tat erst zu einem Zeitpunkt bereut, in dem er die Leistung oder ein Äquivalent nicht mehr zurückgeben (in Richtung des Geschädigten auf den Weg bringen) kann. Nach einer Ansicht soll tätige Reue ausgeschlossen sein,[589] wenn dieses Unvermögen nicht darauf zurückzuführen ist, daß er auf die Beute schon zugunsten des Opfers verzichtet hat.[590] Die Anwendung des vierten Absatzes soll danach nur möglich sein, wenn der Täter lediglich einen geringen Teil der Beute nicht zurückgeben kann.[591] Nach der Gegenansicht soll tätige Reue selbst dann nicht ausgeschlossen sein, wenn der Täter die Beute verloren oder ausgegeben hat, sie also nicht mehr zurückgeben kann.[592] Begründet wird dies mit der Überlegung, daß der Schutz des Opfers und nicht der des Vermögens im Vordergrund stehe. Dieser Ansicht kann aber nur für den Fall zugestimmt werden, daß der Täter die Beute verloren hat, denn hat er sie ausgegeben, so hat er den Vermögensvorteil genutzt und alles das erreicht, was er wollte. Wäre auch in diesem Fall Absatz 4 noch anwendbar, würde die generalpräventive Wirkung des hohen Strafrahmens entfallen, was mit dem Willen des Gesetzgebers nicht vereinbar ist. Im übrigen widerspräche dies auch dem Wortlaut, insbesondere dem Wort "Verzicht". Hat der Täter die Beute aber verloren, so ist der erstrebte Vorteil wieder entfallen. Der Täter hat die Geisel aber immer noch in seiner Hand und damit die Möglichkeit, den erstrebten Vorteil erneut zu erreichen. Diese Situation ist mit derjenigen vergleichbar, die vor Erreichen des ersten (verlorenen) Vermögensvorteils vorgelegen hat und daher entsprechend zu behandeln. Die tätige Reue ist daher möglich und Tatbestandsvoraussetzung lediglich das Zurückgelangenlassen der Geisel. Dieser Ansicht kann nicht entgegengehalten werden, daß der Schaden in dem ersten Opfervermögen möglicherweise trotz "tätiger Reue" noch vorhanden ist und dies nicht sanktioniert würde, denn einerseits bezweckt § 239 a in erster Linie den Schutz der Geisel und nicht den des Vermögens[593] und andererseits kann das

---

[589] *Horn*, SK § 239 a Rdn. 23; *Lackner/Kühl* § 239 a Rdn. 10; *Tröndle* § 239 a Rdn. 12; *Maurach/Schroeder/Maiwald* BT I § 15 Rdn. 30.

[590] *Lackner/Kühl* § 239 a Rdn. 10.

[591] *Lackner/Kühl* § 239 a Rdn. 10; *Schäfer*, LK § 239 a Rdn. 28; *Tröndle* § 239 a Rdn. 12, *Maurach/Schroeder/Maiwald* BT I § 25 Rdn. 30.

[592] *Müller-Emmert/Maier*, MDR 72, 97 (98 f.)

[593] Vergl. oben 3. Abschnitt I.A.1., S. 49.

Gericht die Strafe mildern, muß dies aber nicht, so daß eine angemessene Reaktion möglich ist. Ein tätige Reue ist daher auch dann noch möglich, wenn der Täter die Beute verloren hat.

4. Freiwilligkeit

Anders als beim Rücktritt nach § 24 Absatz 1 und bei anderen Fällen der tätigen Reue nach vollendeter Tat[594] verzichtete der Gesetzgeber bei § 239 a Absatz 4 bewußt[595] auf das Merkmal der Freiwilligkeit. Dies ergibt sich zum einen daraus, daß sich die 1971 Gesetz gewordene Fassung eng an den Wortlaut des § 116 Absatz 3 des österreichischen Entwurfs eines StGB anlehnt, im Gegensatz zu diesem aber auf das Merkmal der Freiwilligkeit verzichtet[596] und andererseits daraus, daß der Gesetzgeber in anderen modernen Vorschriften[597] zur tätigen Reue dieses Merkmal ausdrücklich aufgenommen hat.[598] Aus diesem bewußten Verzicht und der Systematik, nämlich dem Schweigen des Gesetzes an dieser Stelle im Gegensatz zur Notwendigkeit der Freiwilligkeit der tätigen Reue bei anderen Delikten,[599] ergibt sich, daß es auf die Freiwilligkeit nicht ankommt.[600] Dementsprechend muß der Täter das Opfer nicht aus autonomen Motiven freilassen. Dies ist kriminalpolitisch damit zu erklären, daß sich für den Täter auch in ausweglosen Situationen das Freilassen der Geisel noch lohnen und der Polizei ein Verhandlungsspielraum zum Schutz des Lebens der Geiseln verbleiben soll.[601] Die Unfreiwilligkeit wird aber bei der Strafzumessung eine Rolle spielen.[602]

---

[594] So bei den §§ 83 a, 87 Abs. 3, 149 Abs. 2, 3, 152 a Abs. 4, 264 Abs. 5; 306 e, 314 a, 320, 330 b.

[595] *Eser*, Schönke/Schröder § 239 a Rdn. 40; *Lackner/Kühl* § 239 a Rdn. 10; *Tröndle* § 239 a Rdn. 12; *Maurach/Schroeder/Maiwald* BT I § 15 Rdn. 30; *Bohlinger*, JZ 72, 230 (232).

[596] Vergl. *Bohlinger*, JZ 72, 230 (232).

[597] Vergl. §§ 83 a, 129 Abs. 4, 230.

[598] *Eser*, Schönke/Schröder § 24 Rdn. 117.

[599] So bei den §§ 83 a, 87 Abs. 3, 149 Abs. 2, 3, 152 a Abs. 4, 264 Abs. 5; 306 e, 314 a, 320, 330 b.

[600] So auch *Eser*, Schönke/Schröder § 239 a Rdn. 40; *Lackner/Kühl* § 239 a Rdn. 10; *Küpper* BT 1 § 3 Rdn. 30; *Maurach/Schroeder/Maiwald* BT I § 15 Rdn. 30; *Rengier* BT 2 § 24 Rdn. 30.

[601] *Eser*, Schönke/Schröder § 239 a Rdn. 40; *Bohlinger*, JZ 72; 230 (232).

[602] *Eser*, Schönke/Schröder § 239 a Rdn. 40; *Horn*, SK § 239 a Rdn. 22.

C. Ernsthaftes Bemühen

Im übrigen kann das Gericht nach § 239 a Absatz 4 Satz 2 die Strafe auch dann mildern, wenn der Täter sich ernsthaft bemüht hat, den Erfolg herbeizuführen, dieser aber aufgrund einer anderen Ursache ohne Zutun des Täters eingetreten ist. Mit Erfolg ist dabei die Rückkehr der Geisel in ihren Lebenskreis gemeint.[603] Zwar fordert Satz 2 nicht ausdrücklich den Verzicht auf die erstrebte Leistung, doch muß argumento a maiore ad minus auch hier ein Verzicht erfolgen.[604] Relevant wird das ernsthaft Bemühen beispielsweise dann, wenn der Täter die Beute mit dem Hinweis auf das Versteck der Geisel der Polizei zukommen läßt, nicht wissend, daß sich die Geisel bereits selber befreit hat.[605]

D. Wirkung der tätigen Reue

Rechtsfolge der tätigen Reue ist eine Milderungsmöglichkeit nach § 49 Absatz 1. Die Mindeststrafe mildert sich gemäß der Nr. 3 auf 2 Jahre. Eigentlich beschränkt sich diese Milderung auf die Strafbarkeit aus § 239 a. Dann liefe sie aber weitgehend leer, denn der Täter wäre aus anderen Normen, wie z.B. den §§ 253, 255 oder § 239, weiterhin voll strafbar. Das kriminalpolitische Ziel der tätigen Reue wäre so nicht zu erreichen.[606] Daher muß sich die Milderung auf den gesamten Tatkomplex beziehen, der regelmäßig mit einem erpresserischen Menschenraub in Zusammenhang steht.[607] Das verwirklichte Unrecht kann trotz dieser Ausdehnung der tätigen Reue angemessen berücksichtigt werden, da hier, anders als beim Rücktritt nach § 24, keine starre Rechtsfolge vorgesehen ist.

Aufgrund der tätigen Reue ist es, insbesondere bei Hinzutreten weiterer mildernder Umstände, möglich, einen minder schweren Fall gemäß Absatz 2 anzunehmen.[608]

Die Milderung kann durch das Gericht trotz des Vorliegens der tatbestandlichen Voraussetzungen abgelehnt werden, was aber besonders zu begründen

---

[603] *Eser*, Schönke/Schröder § 239 a Rdn. 41; *Küpper* BT 1 § 3 Rdn. 30; *Maurach/Schroeder/Maiwald* BT I § 15 Rdn. 30.

[604] So auch *Eser*, Schönke/Schröder § 239 a Rdn. 41; *Maurach/Schroeder/Maiwald* BT I § 15 Rdn. 30.

[605] *Schäfer*, LK § 239 a Rdn. 29.

[606] *Eser*, Schönke/Schröder § 239 a Rdn. 44.

[607] So auch *Eser*, Schönke/Schröder § 239 a Rdn. 44.

[608] BGH 14.5.93 2. StR 127/93; *Tröndle* § 239 a Rdn. 12.

wäre.[609] Gründe hierfür können sich beispielsweise aus Mißhandlungen der Geisel, dauerhaften Gesundheitsschäden, konkreter Todesgefahr oder ungewöhnlich langer Freiheitsentziehung ergeben.[610]

Dem Wortlaut nach bezieht sich § 239 a Absatz 4 nur auf den Täter. Eine Regelung für eventuelle andere Tatbeteiligte fehlt, so daß sich die Frage stellt, ob auch ein Teilnehmer in den Genuß der Strafmilderungsmöglichkeit kommen kann. Indem der Gesetzgeber mit § 24 Absatz 2 Voraussetzungen und Folgen des Rücktritts vom Versuch auch für andere Tatbeteiligte ausdrücklich geregelt hat, drängt sich die Vermutung auf, daß der Gesetzgeber diesen Fall bei § 239 a nicht regeln wollte und es eine Milderungsmöglichkeit wegen tätiger Reue für einen Teilnehmer nicht geben soll. Gründe für eine solche Regelung sind jedoch nicht ersichtlich. Vielmehr würde sie dem Sinn und Zweck der tätigen Reue diametral zuwiderlaufen, so daß daran zu denken ist, die Möglichkeit der tätigen Reue im Wege der Analogie auch dem Teilnehmer zu öffnen. Indem nur so ein möglichst umfassender Schutz der Geisel erreicht werden kann, diese Analogie ausschließlich zugunsten der Teilnehmer wirkt und daher nicht verboten ist, ist mit der h.M.[611] die Regelung für die Teilnehmer entsprechend anzuwenden. Die Strafmilderungsmöglichkeit des Absatzes 4 wirkt bei mehreren Beteiligten nur rein persönlich,[612] so daß es sich um einen persönlichen Strafmilderungsgrund handelt. Wer als Tatbeteiligter keinen Anteil an der Rückkehr der Geisel in ihren Lebenskreis hat, bleibt voll strafbar.[613]

---

[609] *Tröndle* § 49 Rdn. 4, § 239 a Rdn. 12.

[610] *Tröndle* § 239 a Rdn. 12.

[611] *Eser*, Schönke/Schröder § 239 a Rdn. 43; *Horn*, SK § 239 a Rdn. 25; *Schäfer*, LK § 239 a Rdn. 25.

[612] *Eser*, Schönke/Schröder § 239 a Rdn. 43.

[613] *Eser*, Schönke/Schröder § 239 a Rdn. 43.

Vierter Abschnitt: Der Tatbestand der Geiselnahme, § 239 b, in Literatur und Rechtsprechung

I. Der Unterschied zu § 239 a

Der Tatbestand der Geiselnahme entspricht in Formulierung und Aufbau im wesentlichen dem des erpresserischen Menschenraubes. Insoweit ist auch der Schutzbereich weitgehend identisch. Dem Wortlaut nach vollkommen identisch ist der objektive Tatbestand.

Ein Unterschied zwischen den beiden Normen besteht in der Motivation zur Erfüllung des objektiven Tatbestandes: § 239 a erfordert eine Erpressungsabsicht, § 239 b eine Nötigungsabsicht. Ferner unterscheidet sich die erforderliche Qualität der vom Täter intendierten Nötigungsmittel. Im Rahmen des § 239 b muß der Täter beabsichtigen, die Sorge des Nötigungsopfers ob der Entführung noch durch eine qualifizierte Drohung zu steigern.

Demnach liegen die Unterschiede allein im subjektiven Bereich, so daß hinsichtlich der objektiven Voraussetzungen auf die Ausführungen zu § 239 a [1] verwiesen werden kann.

II. Der Schutzbereich und die dogmatische Einordnung

Wie § 239 a soll auch § 239 b die persönliche Freiheit als Allgemeinzustand der Autonomie der Geisel schützen. Dies ergibt sich aus der Übereinstimmung im objektiven Tatbestand.

An die Stelle der Erpressungsabsicht ist eine Nötigungsabsicht getreten, so daß das Vermögen durch § 239 b nicht geschützt wird. Wie § 239 a[2] schützt § 239 b aber die allgemeine Handlungsfreiheit im Einzelfall auf der Ebene der Willensentschließung.[3] Hauptschutzgut ist auch hier die psycho-physische Integrität beziehungsweise das Leben der Geisel.[4] Insoweit handelt es sich um

---

[1] Vergl. oben 3. Abschnitt II.A., S. 86.

[2] Vergl. oben 3. Abschnitt I.A.2.a., S. 68.

[3] So auch *Schäfer*, LK § 239 b Rdn. 2.

[4] So auch *Eser*, Schönke/Schröder § 239 b Rdn. 1; *Lackner/Kühl* § 239 b Rdn. 1; *Schäfer*, LK § 239 b Rdn. 2; *Tröndle* § 239 b Rdn. 1.

ein Gefährdungsdelikt[5], genauer um ein konkretes Risikodelikt.[6] Fraglich ist aber, ob die Geiselnahme nicht nur ein konkretes Risiko, sondern sogar eine konkrete Gefahr für das Leben voraussetzt.

Nach einer Meinung handelt es sich bei § 239 b um ein konkretes Gefährdungsdelikt hinsichtlich der Geisel,[7] denn nur unter diesem Gesichtspunkt könne die hohe Strafandrohung gerechtfertigt werden. Dafür könnte auch sprechen, daß die beabsichtigte Drohung im Rahmen des § 239 b nach dem Willen des Gesetzgebers eine qualifizierte gegenüber der des § 239 a sein soll.[8] Fraglich ist aber, ob diese Qualifizierung auch das Merkmal der konkreten Gefährdung enthält. Dafür ist zunächst zu klären, hinsichtlich welchen Rechtsgutes diese Gefährdung vorliegen müßte. Indem es ausreicht, mit einer schweren Körperverletzung zu drohen, scheint die konkrete Gefährdung der körperlichen Integrität gefordert zu sein. Andererseits verweist § 239 b Absatz 2 auf § 239 a Absatz 4, der eine Milderungsmöglichkeit auch im Fall des Eintritts dieser Verletzung einräumt.[9] Zunächst die Anwendbarkeit der Norm an das Vorliegen einer konkreten Gefahr für die körperliche Integrität zu knüpfen, um sodann die Strafe zu mildern, obwohl sich diese Gefahr verwirklicht hat, erscheint aber widersinnig, so daß § 239 b kein konkretes Gefährdungsdelikt hinsichtlich der körperlichen Integrität ist.

Indes könnte es sich um ein konkretes Gefährdungsdelikt hinsichtlich des Lebens der Geisel handeln. Aus systematischen Gründen müßte sich dann das Merkmal der konkreten Gefahr aus den von § 239 a abweichenden Merkmalen ergeben, da § 239 a kein konkretes Lebensgefährdungsdelikt ist.[10] Beide Delikte unterscheiden sich aber nur im subjektiven Bereich, so daß das objektive Merkmal der konkreten Todesgefahr nicht zum Tatbestand des § 239 b gehört. Dem Wortlaut nach ist § 239 b kein konkretes Lebensgefährdungsdelikt.

Schon bei § 239 a wurde die Möglichkeit erwogen,[11] den Tatbestand durch Annahme eines solchen Kriteriums teleologisch zu reduzieren. Hinsichtlich dieser Möglichkeit könnte sich bei § 239 b aufgrund des geänderten subjektiven Tatbestandes eine andere Einschätzung als bei § 239 a ergeben. Anders als dieser fordert § 239 b mit der Nötigungsabsicht ein Ziel, das der Gesetzge-

---

[5] *Eser*, Schönke/Schröder § 239 b Rdn. 1; *Lackner/Kühl* § 239 b Rdn. 1; *Schäfer*, LK § 239 b Rdn. 2; *Tröndle* § 239 b Rdn. 1; wohl auch *Horn*, SK § 239 b Rdn. 2; *Maurach/Schroeder/Maiwald* BT I § 15 Rdn. 19.

[6] Vergl. oben 3. Abschnitt I.B.2., S. 78 ff.

[7] *Schäfer*, LK § 239 a Rdn. 2; *Tröndle* § 239 b Rdn. 1.

[8] BT Drucks. VI/2722 S. 3 f.

[9] Vergl. oben 3. Abschnitt VII. B., S. 157.

[10] Vergl. oben 3. Abschnitt I.B.2.a.aa., S. 70.

[11] Vergl. oben 3. Abschnitt I.B.2.a.aa., S. 70.

ber grundsätzlich als weniger verwerflich ansieht als die Erpressungsabsicht, wie sich aus dem Strafrahmenvergleich der §§ 253 und 240 ergibt. Trotzdem warten beide Tatbestände mit dem gleichen Strafrahmen auf, weshalb der § 239 b an anderer Stelle einen höheren Unrechtsgehalt aufweisen muß. So muß die beabsichtigte Drohung im Rahmen des § 239 b erhöhten Anforderungen genügen. Die Bereitschaft des Täters, das Leben der Geisel zu schonen, ist damit tendenziell geringer und das Risiko für das Leben der Geisel höher.

Andererseits fordert der Tatbestand nicht, daß der Täter mit dem Tod der Geisel drohen muß; vielmehr sollen nach der Gesetzesfassung auch die Drohungen mit einer schweren Körperverletzung oder einer langen Freiheitsberaubung zur Tatbestandserfüllung genügen. Auch wird im Rahmen des § 239 a häufig mit dem Tod der Geisel gedroht werden, so daß dieser Unterschied praktisch nur geringe Bedeutung hat. Gegen die Notwendigkeit einer teleologischen Reduktion spricht auch, daß der Verwerflichkeitsunterschied bei den §§ 240 und 253 gering ist, wie daraus zu ersehen ist, daß bei beiden Tatbeständen die Verwerflichkeit besonders nachzuweisen ist, und sich nur die Strafrahmenobergrenzen unterscheiden. Dementsprechend scheinen auch die Taten nach den §§ 239 a und 239 b in etwa gleich verwerflich zu sein, und das Bedürfnis für eine teleologische Reduktion nur einer dieser Normen ist gering. Zudem hätte der Gesetzgeber bei der Fassung des § 239 b auch das Merkmal der konkreten Lebensgefahr ausdrücklich aufnehmen können, zumal er erkannt hat, daß die Norm ihrer Tatbestandsfassung nach auch Sachverhalte umfaßt, bei denen das Nötigungsziel nicht verwerflich, ja sogar rechtmäßig sein kann.[12] Insoweit ist es hinsichtlich der Gewaltenteilung problematisch, einen vom Gesetzgeber erkannten, aber nicht behobenen Mangel im Rahmen einer teleologischen Reduktion beseitigen zu wollen. Dem Argument für die Reduktion, es könnten, ohne Statuierung des Erfordernisses einer konkreten Gefahr, auch völlig ungefährliche Sachverhalte unter § 239 b fallen[13], kommt im übrigen deshalb keine Bedeutung zu, weil der Täter durch die Vornahme der Tathandlung stets das Risiko einer Gefahr oder gar Verletzung schafft,[14] und daher von völliger Ungefährlichkeit nie ausgegangen werden kann.

Zusammenfassend muß festgestellt werden, daß für eine teleologische Reduktion bei § 239 b (wie auch bei § 239 a) weder Bedarf noch Raum besteht.[15] Das Merkmal der konkreten Gefahr ergibt sich auch nicht aus der Tatbestandsfassung, so daß § 239 b kein konkretes Gefährdungsdelikt ist. Mit der

---

[12] BT Drucks. VI/2722, S. 3.

[13] *Backmann*, JuS 77, 444 (448 f.).

[14] Vergl. oben 3. Abschnitt I.B.2.a.bb., S. 82.

[15] So auch *Lackner/Kühl* § 239 b Rdn. 1.

Gegenmeinung[16] ist aus denselben Gründen wie bei § 239 a[17] davon auszugehen, daß es sich bei § 239 b um ein konkretes Risikodelikt handelt.

III. Der Tatbestand

A. Objektiver Tatbestand

Aufgrund des gleichen Wortlautes, der Systematik und der Entstehungsgeschichte kann hinsichtlich der Auslegung der objektiven Tatbestandselemente auf die Ausführungen zu § 239 a[18] verwiesen werden.[19] Soweit es im Rahmen des § 239 a schon hinsichtlich der objektiven Merkmale auf die Erpressungsabsicht ankam, gilt im Rahmen des § 239 b entsprechendes hinsichtlich der Nötigungsabsicht. Für den Vollendungszeitpunkt gilt bei der Entführungs- und Bemächtigungsalternative, daß die Nötigung nicht einmal versucht sein muß.[20] Hinsichtlich der Alternative des Ausnutzens ist für die Vollendung der Geiselnahme zu fordern, daß die Nötigung das Versuchsstadium erreicht hat.[21]

B. Subjektiver Tatbestand

1. Vorsatz des § 239 b

Zur Erfüllung des subjektiven Tatbestandes ist, wie bei § 239 a,[22] Vorsatz hinsichtlich des objektiven Tatbestandes erforderlich.

2. Besondere Absicht

Darüber hinaus ist bei der Geiselnahme eine besondere Absicht erforderlich: Der Täter muß es anstreben, das Opfer oder einen Dritten zu einem Verhalten zu nötigen. Diese Absicht muß alle Tatbestandselemente des § 240 umfassen.[23] Auch im Rahmen des § 239 b wird die Meinung vertreten, daß die

---

[16] *Horn*, SK § 239 b Rdn. 2; *Maurach/Schroeder/Maiwald* BT I § 15 Rdn. 19.

[17] Vergl. oben 3. Abschnitt I.B.2.a., S. 78.

[18] Vergl. oben 3. Abschnitt II.A., S. 86.

[19] Ebenfalls für eine gleiche Auslegung: *Horn*, SK § 239 b Rdn. 3 f.; *Lackner/Kühl* § 239 b Rdn. 2; *Schäfer*, LK § 239 b Rdn. 3.

[20] *Horn*, SK § 239 b Rdn. 4; *Schäfer*, LK § 239 b Rdn. 4.

[21] *Horn*, SK § 239 b Rdn. 8; *Tröndle* § 239 b Rdn. 5.

[22] Vergl. oben 3. Abschnitt II.B.1., S. 111.

[23] *Schäfer*, LK § 239 b Rdn. 5.

Absicht einer sofortigen Tötung die Anwendung des § 239 b nicht hindert.[24]
Dem ist allerdings aus denselben Gründen zu widersprechen wie der entsprechenden Ansicht bei § 239 a. Es fehlt jeweils an einem tauglichen Opfer beziehungsweise an der Vornahme der Tathandlung.[25]

a) Nötigungsmittel

Im Gegensatz zu § 239 a muß der Täter hier den Einsatz qualifizierter Nötigungsmittel planen. Er muß mit dem Tod, einer schweren Körperverletzung im Sinne des § 226 oder mit einer Freiheitsentziehung von über einer Woche Dauer drohen wollen. Es reicht dabei aus, wenn der Täter mit einem Unterlassen droht, also beispielsweise mit dem Unterlassen einer gebotenen Lebensrettung oder Lebensmittelversorgung.[26] Eine Drohung mit anderen Übeln, etwa mit einer gefährlichen Körperverletzung nach § 224, reicht nicht aus.[27] Eine ausdrückliche Drohung ist nicht erforderlich. Vielmehr erfüllt auch eine (geplante) konkludente Drohung den Tatbestand, wenn sie über das Ausnutzen der Sorge hinausgeht.[28] Auch muß der Täter die Drohung nicht ernst meinen, sondern lediglich billigend damit rechnen, daß er Furcht vor der Verwirklichung beim Nötigungsopfer hervorruft.[29] Gewalt scheidet als Nötigungsmittel aus.[30]

Die Beschränkung auf die drei Nötigungsmittel, insbesondere auf § 226, wird in der Literatur als unbefriedigend empfunden, weil der in dieser Norm enthaltene Katalog den Bedürfnissen des § 239 b nicht gerecht werde.[31] Andererseits beruht diese Beschränkung auf der Sorge, daß die Konturen der Vorschrift ohne ein Beschränkung verschwimmen könnten, wobei eine andere angemessenere Abgrenzung nicht gefunden werden konnte.[32] Jedenfalls werden aus der Sicht der Geisel wenigstens ebenso gravierende Drohungen, wie z.B. Marterungen oder Vergewaltigungen, nicht mit abgedeckt. Will der Täter also mit diesen oder anderen, in der Norm nicht genannten Folgen drohen, scheidet

---

[24] BGHSt 16, 316; *Maurach/Schroeder/Maiwald* BT I § 15 Rdn. 23.

[25] Vergl. oben 3. Abschnitt II.A.1.b., S. 87.

[26] *Horn*, SK § 239 b Rdn. 4; *Schäfer*, LK § 239 b Rdn. 8.

[27] BGH, NJW 90, 57; *Eser*, Schönke/Schröder § 239 b Rdn. 3.

[28] *Schäfer*, LK § 239 b Rdn. 8; *Maurach/Schroeder/Maiwald* BT I § 15 Rdn. 23; *Blei*, JA 72, 58.

[29] *Schäfer*, LK § 239 b Rdn. 8; *Maurach/Schroeder/Maiwald* BT I § 15 Rdn. 23.

[30] Vergl. oben 3. Abschnitt II.B.2.b.bb., S. 114.

[31] *Eser*, Schönke/Schröder § 239 b Rdn. 4; *Horn*, SK § 239 b Rdn. 5.

[32] *Schäfer*, LK § 239 b Rdn. 7; *Tröndle* § 239 b Rdn. 3.

eine Bestrafung aus § 239 b wegen der insoweit eindeutigen Formulierung aus.[33]

Fraglich ist, inwieweit das Merkmal "Sorge" des § 239 a auch für § 239 b von Bedeutung ist. Zwar taucht die "Sorge um das Wohl" der Geisel in § 239 b nicht auf; sollen die Nötigungsmittel aber im Verhältnis zu § 239 a qualifiziert sein, so muß auch für § 239 b gelten, daß die Sorge um das Wohl der Geisel die Motivation für das Verhalten des Nötigungsopfers sein muß.[34] Nach anderer Ansicht hat das Merkmal der Sorge um das Wohl deshalb keine Aufnahme in den Wortlaut gefunden, weil angesichts der Drohung davon ausgegangen werden kann, daß jeder[35] oder jedenfalls ein ungleich größerer Adressatenkreis[36] sich Sorgen machen wird.

Jedenfalls muß die Motivation des Nötigungsopfers nach Vorstellung des Täters auf der Sorge um das Wohl des Opfers beruhen.

b) Nötigungsziel

Das Nötigungsziel wird mit "Handlung, Duldung oder Unterlassung" umschrieben. Damit reichen die möglichen Ziele von der Entlassung eines Ministers und der Freilassung von Gefangenen über die Gewährung freien Geleits und die Verlesung einer politischen Schrift im Rundfunk bis hin zu sexuellen Handlungen.[37] Selbst die Erlangung eines Vermögensvorteils wird vom Wortlaut umfaßt, weshalb das Verhältnis von § 239 a und b zu klären sein wird.[38]

Anders als bei § 239 a ist hier für die Strafbarkeit unerheblich, ob der Täter ein Recht auf die erstrebte Handlung hat.[39] Die (analoge) Anwendung des § 240 Absatz 2 verbietet sich, da das Mittel unabhängig vom Ziel als verwerflich anzusehen ist.[40] Der Umstand der Rechtmäßigkeit des Ziels kann allenfalls bei der Strafzumessung Berücksichtigung finden.

---

[33] BGH, NJW 90, 57; *Eser*, Schönke/Schröder § 239 b Rdn. 4; *Tröndle* § 239 b Rdn. 3; *Maurach/Schroeder/Maiwald* BT I § 15 Rdn. 23.

[34] *Eser*, Schönke/Schröder § 239 b Rdn. 5; *Maurach/Schroeder/Maiwald* BT I § 15 Rdn. 23.

[35] *Horn*, SK § 239 b Rdn. 5.

[36] *Schäfer*, LK § 239 b Rdn. 6.

[37] *Horn*, SK § 239 b Rdn. 6; *Tröndle* § 239 b Rdn. 4.

[38] Vergl. hierzu unten 5. Abschnitt, S. 169.

[39] *Schäfer*, LK § 239 b Rdn. 5; *Tröndle* § 239 a Rdn. 4.

[40] *Schäfer*, LK § 239 b Rdn. 5; *Tröndle* § 239 b Rdn. 4; *Krey* BT 2 Rdn. 330; *Bohlinger*, JZ 72, 230 (233).

Ferner ist unerheblich, wie bedeutsam die Handlung für das Nötigungsopfer oder die Allgemeinheit ist.[41] Entscheidend ist, welche Bedeutung der Täter der Handlung beimißt.[42] Dabei muß das angestrebte Verhalten nicht Endziel des Täters sein, sondern es reicht aus, wenn der Täter eine Handlung des Opfers erstrebt, die nach seiner Vorstellung eine eigenständig bedeutsame Vorstufe des gewollten Endziels darstellt.[43]

C. Tätige Reue

Auch hinsichtlich der Strafmilderungsmöglichkeit der tätigen Reue gemäß § 239 b Absatz 2 i.V.m. § 239 a Absatz 4 kann weitgehend auf die Ausführungen zu § 239 a verwiesen werden. Allerdings ist im Rahmen der Geiselnahme besonders danach zu fragen, ob der Täter auf die erstrebte Leistung verzichtet hat. Dafür ist erforderlich, daß er von seiner Forderung Abstand nimmt und die Geisel freiläßt oder aber die erbrachte Leistung zurückerstattet.[44] Das wird freilich in vielen Fällen nicht mehr möglich sein, so z.B. wenn auf Geheiß des Täters Gefangene entlassen, Schriften verlesen oder Hungernde gespeist wurden.[45] In diesen Fällen verdient sich der Täter nach einer Ansicht keine Strafmilderung dadurch, daß er die Geisel freiläßt.[46]

Nach anderer Ansicht soll eine völlige Herstellung des früheren Zustandes nicht verlangt werden.[47] So liege es auf der Hand, daß vom Täter nicht verlangt werden kann, einen Gefangenen, der aufgrund der Forderung des Täters freigelassen worden ist, zurückzubringen.[48] Trotzdem soll den Geiseln der Schutz der tätigen Reue nicht entzogen werden. Andererseits ist jedoch zu bedenken, daß die Freilassung der Geiseln nach erfolgreicher Nötigung zum normalen Tatbild gehört, weshalb eine Milderung wegen tätiger Reue nur dann möglich sein kann, wenn der Täter in irgendeiner Weise von seiner Tat Abstand genommen hat, also auf die Erfüllung eines erheblichen Teils seiner Forderungen verzichtet hat, von der Erfüllung (noch) nichts weiß, den Erfolg seiner Nötigung nicht nutzt[49] oder ihn rückgängig macht, also z.B. das Videoband mit der abgenötigten Erklärung herausgibt, ohne daß es gesendet wurde.

---

[41] *Renzikowski*, JR 98, 126.

[42] BGH, JR 98, 125 (126).

[43] BGH, JR 98, 125 (126); *Renzikowski*, JR 98, 126.

[44] Beispiele von *Horn*, SK § 239 b Rdn. 10.

[45] *Horn*, SK § 239 b Rdn. 10.

[46] *Horn*, SK § 239 b Rdn. 10; *Tröndle* § 239 b Rdn. 6.

[47] *Schäfer*, LK § 239 b Rdn. 9.

[48] *Schäfer*, LK § 239 b Rdn. 9.

[49] *Lackner/Kühl* § 239 b Rdn. 3.

Ob die Voraussetzungen der tätigen Reue erfüllt sind, ist nach den Umständen des Einzelfalls zu beurteilen, wobei jeweils zu beachten ist, daß der Schutz der Geisel im Vordergrund steht, und es sich nur um eine Milderungsmöglichkeit handelt.

Fünfter Abschnitt: Das Verhältnis der §§ 239 a/b untereinander

Indem sich der erpresserische Menschenraub von der Geiselnahme nur im subjektiven Bereich unterscheidet, stellt sich die Frage nach dem (Konkurrenz-)Verhältnis der beiden Normen.

Nach einer Ansicht stehen die § 239 a und § 239 b im selben Verhältnis zueinander, wie die Erpressung und die Nötigung,[1] so daß § 239 a Absatz 1 ein Spezialfall zu § 239 b ist.[2] Weiter wird formuliert, § 239 b sei nur anwendbar, wenn der Täter keinen Vermögensvorteil erstrebt, da in diesem Fall ausschließlich § 239 a greife und § 239 b nicht erfüllt sei.[3] Indes sind diese Aussagen widersprüchlich. Liegt eine Erpressung vor, so ist auch der Tatbestand der Nötigung erfüllt, jedoch wird der § 240 aufgrund von Spezialität verdrängt.[4] Also müßte im Fall des § 239 a auch § 239 b erfüllt sein und verdrängt werden. Indem aber die Geiselnahme die spezielleren Nötigungsmittel fordert und der erpresserische Menschenraub das speziellere Nötigungsziel, scheidet ein Fall von echter Spezialität aus. Es ist allenfalls möglich anzunehmen, daß der Täter aufgrund der Erpressungsabsicht schon so schwere Schuld auf sich geladen hat, daß dem Umstand, daß er zur Erfüllung dieser Absicht die qualifizierten Nötigungsmittel des § 239 b einsetzen will, keine Bedeutung mehr für den Schuldgehalt der Tat zukommt. Es läge dann aber nicht Spezialität, sondern ein anderer Fall der Gesetzeskonkurrenz vor und zwar der der Konsumtion.

Nach einer weiteren Ansicht ist § 239 b im Verhältnis zu § 239 a grundsätzlich subsidiär.[5] Dies ergebe sich zum einen daraus, daß die Erpressungsabsicht des § 239 a den Vorsatz der Nötigung enthält, und zum anderen daraus, daß die Nötigungsmittel des § 239 b auch in den meisten Fällen des § 239 a angewendet werden.[6] Dieser abweichende Standpunkt ergibt sich nicht aus

---

[1] *Horn*, SK § 239 b Rdn. 2.

[2] *Horn*, SK § 239 a Rdn. 19.

[3] *Horn*, SK § 239 b Rdn. 6.

[4] *Lackner/Kühl* § 240 Rdn. 27.

[5] *Eser*, Schönke/Schröder § 239 b Rdn. 20; *Lackner/Kühl* § 239 b Rdn. 4; *Schäfer*, LK § 239 b Rdn. 10; *Krey* BT 2 Rdn. 331; *Rengier* BT 2 § 24 Rdn. 31; *Schultz/Richter*, JuS 85, 798 (799).

[6] *Eser*, Schönke/Schröder § 239 b Rdn. 20; *Rengier* BT 2 § 24 Rdn. 31.

einer anderen Ansicht in der Sache, sondern daraus, daß die zitierten Autoren die Fallgruppe Konsumtion nicht anerkennen und die entsprechenden Fälle als solche der Subsidiarität oder Spezialität behandeln.[7] Es besteht also nur eine Meinungsverschiedenheit hinsichtlich der Dogmatik der Gesetzeskonkurrenz und nicht hinsichtlich des Verhältnisses von § 239 a zu § 239 b. Einer Erörterung dieser Meinungsverschiedenheit bedarf es hier daher nicht.

§ 239 b wird also durch § 239 a aufgrund von Gesetzeskonkurrenz verdrängt, wenn das Ziel des Verhaltens allein im Streben nach einem Vermögensvorteil liegt.[8]

Anders ist das Verhältnis aber dann, wenn der Täter mehrere Ziele verfolgt. Wird die Tathandlung sowohl zu Erpressungs-, als auch zu Nötigungszwecken vorgenommen, ist Tateinheit anzunehmen.[9] Das gilt auch, wenn sich der Täter nach erfolgter Erpressung einen Fluchtbegleiter als Ersatzgeisel stellen läßt.[10]

---

[7] *Stree*, Schönke/Schröder Vorbem. §§ 52 Rdn. 102 ff., insbesondere Rdn. 131.

[8] So auch BGHSt 25, 386; 26, 24 (28 f.); *Tröndle* § 239 a Rdn. 13; *Krey* BT 2 Rdn. 331; *Schultz/Richter*, JuS 85, 798 (799).

[9] BGHSt 25, 386; 26, 24, NStZ 93, 39; *Eser*, Schönke/Schröder § 239 b Rdn. 20; *Lackner/Kühl* § 239 b Rdn. 4; *Schäfer*, LK § 239 b Rdn. 10; *Krey* BT 2 Rdn. 331; *Schultz/Richter*, JuS 85, 798 (799).

[10] *Eser*, Schönke/Schröder § 239 b Rdn. 20.

Sechster Abschnitt: Das Verhältnis der §§ 239 a/b zu anderen Normen

I. Das Problem

Seit der Reform 1989[1] sind erpresserischer Menschenraub und Geiselnahme auch im Zweipersonenverhältnis möglich.[2] War es vor der Änderung nötig, daß zumindest die Absicht bestand, neben der Geisel noch eine dritte Person oder Institution zu beeinträchtigen, ist nun auch die Geisel selbst taugliches Opfer der Erpressung beziehungsweise der Nötigung. Hierdurch wurde die typische Dreiecksstruktur verwässert, nach einer anderen Ansicht sogar aufgehoben.[3] Die sich aus dem Wortlaut für die Anwendbarkeit der Norm ergebenden Grenzen sind, bleibt man bei den bisherigen Definitionen, nun so weit, daß Sachverhalte, die bislang (nur) nach den §§ 253 und 255 strafbar waren, nun auch nach § 239 a strafbar wurden und entsprechend Sachverhalte, die bislang (nur) nach den §§ 177 a.F., 178 a.F.[4] strafbar waren, nun auch nach § 239 b strafbar wurden.[5] Die Änderungen im Sexualstrafrecht in den Jahren 1997[6] und 1998[7] lösten die Problem nicht, sondern verschoben sie auf das Verhältnis von § 177 n.F. zu § 239 b.

Die Änderung 1989 führte, obwohl sie zuvor vereinzelt gefordert worden war,[8] zu einer erheblichen Unsicherheit hinsichtlich der Anwendung der §§ 239 a/b, wie sich in Literatur und Rechtsprechung zeigte, und zu dem Bemühen, die als zu weit erachteten Tatbestände sinnvoll zu beschränken. Trotz

---

[1] Vergl. oben 1. Abschnitt VII., S. 37.

[2] *Kunert/Bernsmann*, NStZ 89, 449 (450); *Heinrich*, NStZ 97, 365 (366).

[3] *Eser*, Schönke/Schröder § 239 a Rdn. 2; *Krey* BT 2 Rdn. 322, 330; *Maurach/Schroeder/Maiwald* BT I § 15 Rdn. 26; *Fahl*, NJ 96, 70; *Kunert/Bernsmann*, NStZ 89, 449 (450).

[4] Die Normen wurden durch das 33. StrÄndG, BGBl I 1997/1607, und das 6. StrRG, BGBl I 1998/164, geändert.

[5] So auch *Tröndle* § 239 a Rdn. 6 a.

[6] 33. StrÄndG BGBl I 1997/1607.

[7] 6. StrRG BGBl I 1998/164.

[8] z.B. von *Hansen*, GA 74, 353 ff.

einer Entscheidung des Großen Senats für Strafsachen[9] scheint diese Unsicherheit anzudauern.[10]

Als besonders problematisch werden die Zweipersonenverhältnisse angesehen und bei diesen in erster Linie die Bemächtigungsalternative.[11] In diesem Zusammenhang besteht auf verschiedenen Ebenen Streit. Zunächst stellt sich die Frage, ob die tatbestandliche Fassung aufgrund der Grenzen, die der Wortlaut vorgibt, zu weit ist, und deswegen Einschränkungsbedarf besteht.[12] Indem sich die überwiegende Meinung[13] für eine weitere Einschränkung ausspricht, besteht ferner Streit darüber, wie diese Einschränkung vorzunehmen ist.[14]

II. Der Einschränkungsbedarf

Klärungsbedürftig ist, ob typische Fälle der Vergewaltigung, sexuellen Nötigung, Erpressung oder räuberischen Erpressung, die vor der Änderung der §§ 239 a/b im Jahr 1989 wegen des erforderlichen Dreipersonenverhältnisses nur nach den §§ 177 a.F., 178 a.F., 253 oder 255 strafbar waren, nun auch nach den §§ 239 a/b strafbar sein sollen. Dagegen und somit für eine Einschränkung des Anwendungsbereichs der §§ 239 a/b werden folgende Argumente angeführt:

A. Historisches Argument für eine Einschränkung

Aus der Entstehungsgeschichte des § 239 a ergeben sich keine Argumente dafür, daß das Erfordernis der Dreieckskonstellation durch die Gesetzesänderung weggefallen ist, damit Fälle nach § 239 a strafbar sind, die bislang nur den Normen §§ 253 und 255 unterfielen. Für § 239 a ist vielmehr davon auszugehen, daß er dem § 239 b nur aus systematischen Gründen angeglichen worden ist, um den parallelen Wortlaut zu erhalten.[15]

---

[9] BGH GS St 40, 350.

[10] *Eser*, Schönke/Schröder § 239 a Rdn. 13 a; *Müller-Dietz*, JuS 96, 110 (116).

[11] h.M.; a.A. so weit ersichtlich nur *Graul*, Zustand, S. 345 ff.

[12] Angezweifelt von *Graul*, Zustand, 345 (365).

[13] Vergl. unten 6. Abschnitt II., S. 172.

[14] Vergl. unten 6. Abschnitt III., S. 180.

[15] BR Drucks. 222/89 S. 1; BT Drucks. 11/4359 S. 17; *Hassemer*, StV 89, 77 (78); *Kunert/Bernsmann*, NStZ 89, 449 (450).

Eventuelle Kollisionen mit bereits vorhandenen Normen, also im Bereich des § 239 a mit den §§ 253, 255 und im Bereich des § 239 b mit den §§ 177 a.F., 178 a.F., sind, soweit ersichtlich, im Gesetzgebungsverfahren nicht erörtert worden. Eine vom Gesetzgeber in diesem Bereich beabsichtigte Ausdehnung des Anwendungsbereichs in dem Sinne, daß "klassische" (räuberische) Erpressungen nun (auch) als erpresserischer Menschenraub oder "klassische" Vergewaltigungen oder sexuelle Nötigungen nun (auch) als Geiselnahme bestraft werden sollen, liegt nicht vor. Ferner wurden diese Konkurrenzprobleme vor der Entscheidung des BGH vom 17.11.92, der ersten, in der er sich um eine Restriktion der §§ 239 a/b bemühte, in der Literatur nicht vertieft erörtert, so daß sich die Vermutung aufdrängt, daß sie schlicht übersehen wurden.[16]

Andererseits wird vertreten, daß der Wortlaut keinesfalls versehentlich zu weit geraten sei und daher auch nicht eingeschränkt werden kann.[17] Zur Begründung wird angeführt, daß der Gesetzgeber bei Verfolgung des Ziels der Einbeziehung von Zweipersonenverhältnissen keine andere grundgesetzkonforme Regelung hätte treffen können.[18] Dabei wird vorausgesetzt, daß die Tathandlungen bei § 239 b und § 177 n.F.[19] identisch sind, und eine Einschränkung nur beim Merkmal des Nötigungsziels hätte erfolgen können.[20] Der Unterschied zwischen § 239 b und § 177 n.F.[21] besteht aber nicht nur beim Strafmaß und beim Nötigungsziel, sondern auch bei der Formulierung der Tathandlung. So verlangt § 239 b eine Entführung oder eine Bemächtigung vor beziehungsweise zur Nötigung, wohingegen bei § 177 n.F.[22] eine Nötigung mit dem jeweiligen Erfolg ausreicht. Die Tatbestände setzen also unterschiedliche Tathandlungen voraus. Vergleicht man nun die Delikte, so fällt auf, daß sich aus dem Strafmaß eine höhere Verwerflichkeit der Geiselnahme ergibt, wohingegen das speziellere und in der Regel verwerflichere Handlungsziel der Vergewaltigung beziehungsweise sexuellen Nötigung eine größere Verwerflichkeit dieser Delikte nahelegt. Dieser Widerspruch läßt sich nur dann auflösen, wenn § 239 b von der verwerflicheren Tathandlung ausgeht. Wo aber diese besondere Verwerflichkeit der Tathandlung bei § 239 b liegt, die das Gefälle im Strafmaß zu § 177 n.F.[23] begründet, hätte durch den Gesetzgeber

---

[16] So auch die Vermutung des BGH, NStZ 93, 237 (238); *Rengier* BT 2 § 24 Rdn. 11; *Wessels* BT 1 Rdn. 452; *Hauf*, NStZ 95, 184 (185); *Heinrich*, NStZ 97, 365 (367);

[17] *Graul*, Zustand, S. 345 (364).

[18] *Graul*, Zustand, S. 345 (364).

[19] bzw. §§ 177, 178 a.F.

[20] *Graul*, Zustand, S. 345 (364).

[21] bzw. § 178 a.F.

[22] bzw. §§ 177, 178 a.F.

[23] bzw. §§ 177, 178 a.F.

im Zweipersonenverhältnis sehr wohl grundgesetzkonform deutlicher formuliert werden können. Ein Regelungsbedarf in dieser Richtung wurde aber wohl nicht gesehen.

Daraus folgt, daß eine Ausweitung im fraglichen Bereich keinesfalls beabsichtigt war, sondern der Wortlaut vielmehr versehentlich jedenfalls dann zu weit geraten ist, wenn man die "klassischen" Fälle der Erpressung und der sexuellen Nötigung nun als Fälle der §§ 239 a/b ansieht. Die Eigenständigkeit dieser Willensbeugungstatbestände bezüglich ihres Anwendungsbereichs sollte durch die Erweiterung der §§ 239 a/b nicht angetastet werden.

Dies ergibt sich auch bei einer Betrachtung der Einschätzung des Gesetzgebers hinsichtlich der häuslichen Gewalt. Daß der Gesetzgeber ohne eine entsprechende Diskussion diesen sehr strittigen Bereich mit der Änderung 1989 anders regeln wollte und sexuelle Kriminalität in der Ehe in den Tatbestand des § 239 b einbeziehen wollte, ist zweifelhaft[24]: Vergewaltigung in der Ehe war bis 1997 aufgrund des Merkmals "außerehelich"[25] nicht nach § 177, sondern nur nach § 240 strafbar. Ohne Restriktion des Tatbestandes des § 239 b wäre die Mindeststrafe für dasselbe Verhalten zwar aufgrund einer Gesetzesänderung, aber ohne daß ein dahingehender Wille des Gesetzgebers aus den Beratungen erkennbar wäre, von Geldstrafe auf eine Freiheitsstrafe von fünf Jahren angestiegen, was für eine Beschränkung der Geiseldelikte spricht. Diese Einschätzung wird auch nicht durch das Argument erschüttert, dies sei im Fall des Politikers, der zu einer Erklärung genötigt werden soll, auch so,[26] denn insoweit war sich der Gesetzgeber der Änderung bewußt und wollte sie.[27] Angesichts der Tatsache, daß eine tatbestandliche Einbeziehung der sexuellen Gewalt in der Ehe in die §§ 177 a.F., 178 a.F., etwa durch Streichung des Merkmals "außerehelich" rechtspolitisch äußerst strittig war[28], kann ein auf Einbeziehung einer solchen Tat in den § 239 b zielender Wille des Gesetzgebers ausgeschlossen werden.[29]

Die §§ 239 a/b sind also dahingehend zu begrenzen, daß nicht jedes Verhalten, das den Erfolg der §§ 253, 255, 177 oder 178 herbeiführt, zugleich eine Tathandlung im Sinne der §§ 239 a/b darstellt und die §§ 239 a/b entsprechend zu begrenzen sind.

---

[24] BGH, NStZ 93, 237 (238).

[25] Geändert durch das 33. StrÄndG vom 1.7.97, BGBl I 97/1607.

[26] *Renzikowski*, JZ 94, 492 (498).

[27] BR Drucks. 238/88 S. 2, 19.

[28] *Tröndle* § 177 Rdn. 1d; *Helmken*, ZRP 80, 171; 85, 170; 93, 459; *Horn*, ZRP 85, 265; *Zuck*, MDR 87, 15; *Incesu*, StV 88, 496; *Mitsch*, JA 89, 484.

[29] BGH, NStZ 93, 237 (238).

B. Teleologisches Argument für eine Einschränkung

Fragt man nach dem Sinn und Zweck der Vorschriften im System des Strafgesetzbuchs, so liegt es nahe, zunächst danach zu fragen, welchen neuen Sinn der Gesetzgeber den Normen mit der Erweiterung geben wollte. Dabei erscheint die Fokussierung auf die Begründung der Änderung der §§ 239 a/b 1989 insbesondere deswegen angeraten, weil erst nach dieser Änderung das Problem erkannt worden ist.

Betrachtet man diese Gesetzesänderung, die politischen Zusammenhänge und den der Änderung vorangegangenen Entscheidungsprozeß, so kommt man zu dem Ergebnis, daß die Änderung das Ziel verfolgte, politisch motivierte, terroristische Gewaltkriminalität besser in den Griff zu bekommen, als dies mit den bislang vorhandenen Normen möglich war.[30] Es sollten in diesem Bereich Fälle in den Tatbestand des § 239 b einbezogen werden, die sich von der bisherigen Geiselnahme nur dadurch unterschieden, daß nicht von einem Dritten, sondern von der Geisel etwas verlangt wurde.[31] Allein solche Fälle, denen die gleiche Verwerflichkeit innewohnt wie der bisherigen Dreieckskonstellation, sollten in den Schutzbereich einbezogen werden.[32] Eine Verschärfung im Bereich der Erpressung und der Sexualdelikte wurde nicht bezweckt. Das vorausgesetzt, erscheint es sinnvoll, die Normen so zu begrenzen, daß im Zweipersonenverhältnis alle Sachverhalte ausgeschlossen sind, denen keine terroristische Motivation zu Grunde liegt, beziehungsweise die nicht den gleichen Unrechtsgehalt aufweisen wie die Fälle im Dreiecksverhältnis.

Andererseits wurde aufgezeigt, daß das Problem der Abgrenzung zwischen den §§ 239 a und 253 schon vor der Änderung bestand.[33] Denn auch bei der alten Dreiecksstruktur stellt sich, etwa im Fall eines "typischen" Bankraubes, die Frage der Abgrenzung, da § 253 nicht voraussetzt, daß Genötigter und Erpreßter dieselbe Person sind.[34] Ob es auch im Verhältnis des § 239 b zu den §§ 177, 178 a.F. Abgrenzungsprobleme im Dreipersonenverhältnis gab und nun im Verhältnis zu § 177 n.F. noch gibt, bedarf keiner Erörterung, da es die strukturelle Gleichheit der §§ 239 a/b erforderlich macht, eine einheitliche Lösung zu finden. Das Verhältnis zwischen den Normen ist daher auch im Dreipersonenverhältnis zu klären. Fraglich ist also, ob und in welcher Weise sich das jeweilige Ziel und der jeweilige Zweck der angesprochenen Normen,

---

[30] Vergl. oben 1. Abschnitt VII., S. 37.

[31] BT Drucks. 11/2834 S. 9 f.

[32] BT Drucks. 11/2834 S. 9.

[33] *Renzikowski*, JZ 94, 492 (497); *Graul*, Zustand, S. 345 (352).

[34] BGH, NStZ 86, 166; 87, 222 (223); *Graul*, Zustand, S. 345 (352 ff.); *Rengier*, GA 85, 314 ff.; *Renzikowski*, JZ 94, 492 (497).

abgesehen von der Bekämpfung terroristisch motivierter Gewaltkriminalität, unterscheiden.

Im Rahmen der §§ 239 a/b soll verhindert werden, daß es zu einer lang andauernden, lebensbedrohlichen und den Grundzustand der persönlichen Freiheit beeinträchtigenden Situation für die Geisel kommt, und dadurch ein hoher Nötigungsdruck für das Nötigungsopfer entsteht.[35] Um alle Möglichkeiten zur Unterbindung auszuschöpfen, wurde die Vollendung vorverlagert und die Tat mit einem hohen Strafmaß versehen. Die beiden Normen sind dabei nicht nur als Dauerdelikte[36], sondern auch als unvollkommen zweiaktige Delikte ausgestaltet.[37] Bei ihnen kommt es zur Verwirkung der Strafbarkeit weniger auf die Erreichung des Endziels des Täters an, als vielmehr auf die Vornahme einer bestimmten Handlung, nämlich der Entführung oder Bemächtigung, durch die der Täter sein Endziel zwar nicht erreichen kann, mit der er aber die geschützten Rechtsgüter der Geisel verletzt.

Der Unrechtskern bei den §§ 177 n.F., 253, 255 liegt in einem anderen Bereich. Hier soll weniger die Entstehung einer lebensbedrohlichen Situation oder die Verletzung des Grundzustands der persönlichen Freiheit verhindert werden, als vielmehr die Beeinträchtigung der weiteren Schutzgüter, nämlich des Vermögens[38] beziehungsweise der sexuellen Selbstbestimmung.[39] Dies ergibt sich schon aus systematischen Erwägungen, nämlich der Zuordnung der Delikte zu den verschiedenen Abschnitten des Strafgesetzbuchs. Neben die Beeinträchtigung der übergeordneten Schutzgüter tritt eine meist kurze Beeinträchtigung der Willensentschließungs- und Willensbetätigungsfreiheit.[40] Insoweit sind diese Normen weder Dauer- noch unvollkommen zweiaktige Delikte, sondern einaktige Erfolgsdelikte, die erst dann vollendet sind, wenn der Erfolg eingetreten ist.

Die so charakterisierten Schutzbereiche der Deliktsgruppen lassen zwar Überschneidungen insbesondere dann zu, wenn die verwerflichen Ziele der §§ 253, 255 und 177 n.F. mit den besonders verwerflichen Mitteln der §§ 239 a/b erreicht werden. Im Verhältnis des § 239 a zu den §§ 253 und 255 ist diese Überschneidung bereits im Wortlaut des § 239 a niedergelegt. Doch die Ansatzpunkte der Schutzbereiche sind grundsätzlich verschieden. Die

---

[35] Vergl. oben 3. Abschnitt I.A.1.a., S. 49.

[36] Vergl. oben 3. Abschnitt I.B.4., S. 85.

[37] Vergl. oben 3. Abschnitt I.B.3., S. 84.

[38] BGHSt 41, 125; *Eser*, Schönke/Schröder § 253 Rdn. 1; *Tröndle* § 253 Rdn. 2.

[39] *Lenckner*, Schönke/Schröder § 177 Rdn. 1; *Tröndle* § 177 Rdn. 1a.

[40] Zu §§ 253/255: BGHSt 1, 20; *Eser*, Schönke/Schröder § 253 Rdn. 1; *Maurach/Schroeder/Maiwald* BT I § 42 Rdn. 12; zu § 177: *Lenckner*, Schönke/Schröder § 177 Rdn. 1; *Maurach/Schroeder/Maiwald* BT I § 17 Rdn. 14 f.

Delikte erpresserischer Menschenraub und Geiselnahme wollen gegen besonders verwerfliche Nötigungsmittel und besonders großen Nötigungsdruck schützen; die Delikte sexuelle Nötigung - mit dem Spezialfall der Vergewaltigung -, Erpressung und räuberische Erpressung bezwecken dagegen die Verhinderung des Eintritts des Nötigungserfolges. Der Regelfall der §§ 177 n.F., 253 und 255 sieht dabei, wie sich insbesondere aus dem Strafmaß ergibt, einen sehr viel geringeren Nötigungsdruck und ein weniger verwerfliches Nötigungsmittel vor als der Regelfall der §§ 239 a/b. Es muß also ein taugliches Abgrenzungskriterium geben, das es ermöglicht, die aufgrund ihrer Intensität und Dauer besonders verwerflichen Sachverhalte von denjenigen zu unterscheiden, die in erster Linie nicht wegen des besonders schweren Nötigungsdrucks, sondern wegen des Eintritts der weiteren Rechtsgutsbeeinträchtigung verwerflich sind. Eine solche Abgrenzung läßt sich nur dadurch erreichen, daß der Anwendungsbereich der Geiseldelikte entsprechend eingeschränkt wird.

Eine Einschränkung des Anwendungsbereichs der §§ 239 a/b ist daher aufgrund des Sinns und Zwecks der Normen geboten.

C. Systematisches Argument für eine Einschränkung

1. Überschneidung mit Kernbestandteilen des Strafrechts

Auch systematisch ergeben sich Probleme, wenn man die §§ 239 a/b auf Fälle anwendet, in denen der Nötigungserfolg im unmittelbaren Gewaltzusammenhang des Sichbemächtigens eintritt. Dies würde dazu führen, daß ein großer Teil der "typischen" Erpressungen zugleich als erpresserischer Menschenraub und der weit überwiegende Teil der "typischen" Vergewaltigungen gleichzeitig als Geiselnahme zu beurteilen sind, denn nach allgemeiner Meinung[41] bemächtigt sich der Täter des Opfers, indem er es durch körperliche Kraft oder durch Bedrohung mit einer Waffe in seine Gewalt bringt.[42]

Strafrechtliche Sachverhalte, welche seit jeher zum Kernbestand des Strafrechts gehören, würden damit in die zweite Reihe gerückt.[43] Die tateinheitliche Verurteilung wegen Vergewaltigung oder Erpressung würde damit nur noch der Klarstellung des Umstandes dienen, daß das Ziel des Vorbereitungsdeliktes Geiselnahme oder erpresserischer Menschenraub auch tatsächlich erreicht worden ist.[44] Der im Strafrahmen zum Ausdruck kommende Un-

---

[41] *Eser*, Schönke/Schröder § 239 a Rdn. 7; *Schäfer*, LK § 239 a Rdn. 7; *Graul*, Zustand, S. 345 (347).

[42] BGH, NStZ 93, 237 (238).

[43] BGH, NStZ 93, 237 (238); *Rengier* BT 2 § 24 Rdn. 11.

[44] BGH, NStZ 93, 237 (238).

rechtskern würde damit in den kriminologisch typischen Fällen der Vergewaltigung und der schweren räuberischen Erpressung auf die Vorbereitungshandlungen verschoben, welche nach der Zielsetzung des Täters jene Delikte erst ermöglichen sollen.[45]

Im Ergebnis würde sich also das tatbestandliche Unrecht von einer speziellen auf eine andersartige Norm verlagern, die nach dieser Auslegung allgemeiner ist, und deren außergewöhnlich hohe Mindeststrafe auf eine ganz andere Gruppe von Straftaten zielt.[46]

Der Schutz der sexuellen Selbstbestimmung und des Vermögens würde dann in erster Linie nicht mehr den Normen des entsprechenden Abschnitts obliegen, sondern Normen aus dem Abschnitt "Taten gegen die persönliche Freiheit". Das ist aber ein systematisch unsinniges Ergebnis, das es zu verhindern gilt. Auch daher besteht also Abgrenzungs- beziehungsweise Eingrenzungsbedarf.

2. Höhere Mindeststrafandrohung für ein Vorbereitungsdelikt

Auch in der hohen Mindeststrafandrohung liegt eine systematische Ungereimtheit, und zwar dann, wenn man die §§ 239 a/b, wie es der Wortlaut nahe zu legen scheint, als Vorbereitungsdelikte betrachtet. Sie wären mit einer deutlich höheren Mindeststrafe belegt als die nach dem Willen des Täters nachfolgende Haupttat: §§ 239 a/b fünf Jahre, § 253 Geldstrafe, § 177 Absatz 1 n.F.[47] ein Jahr, § 177 Absatz 2 n.F.[48] zwei Jahre. Im Rahmen des § 239 a wirkt sich der hohe Strafrahmen zwar dann nicht aus, wenn die Erpressung als Fall des § 250 Absatz 2 klassifiziert werden kann, denn dann sind die Strafrahmen identisch.[49] Diese Eingriffsintensität muß die Haupttat, also die Erpressung, aber nicht erreichen, um nach § 239 a strafbar zu sein.

Im Rahmen des § 239 b liegt eine Diskrepanz der Strafrahmen nur dann vor, wenn der Täter seinem Opfer mit dem Tod, einer schweren Körperverletzung oder Freiheitsentziehung von über einer Woche Dauer droht. Mithin müßte diese qualifizierte Drohung die Strafschärfung rechtfertigen. Dabei ist feststellen, daß im Bereich der Sexualdelikte der Täter eine Waffe oder ein anderes gefährliches Werkzeug verwenden, das Opfer bei der Tat schwer mißhandeln oder durch die Tat in die Gefahr des Todes bringen muß, damit der-

---

[45] BGH, NStZ 93, 237 (238).
[46] So auch *Bohlander*, NStZ 93, 439.
[47] bzw. § 178 a.F.
[48] bzw. § 177 a.F.
[49] *Graul*, Zustand, S. 345 (355).

selbe Strafrahmen eröffnet ist (§ 177 Absatz 4 n.F.[50]). Insoweit hat der Gesetzgeber zwar die Diskrepanzen hinsichtlich des Strafmaßes verringert, denn früher[51] reichte erst der leichtfertig durch das Delikt verursachte Tod, um diesen Strafrahmen bei den Sexualdelikten zu rechtfertigen, jedoch reicht im Rahmen des § 239 b immer noch eine geringere Eingriffsintensität hinsichtlich der körperlichen Unversehrtheit, nämlich die Drohung mit dem Tod für die Anwendung dieses Strafrahmens. Solche systematischen Widersprüche sind zu vermeiden.

Dementsprechend verbietet es sich, in den §§ 239 a/b Vorbereitungsdelikte zu § 177 n.F. und den §§ 253 und 255 zu sehen. Die Abgrenzung zwischen den Normengruppen muß anderer Art sein.

3. Verschiebung der Versuchs- und Rücktrittsgrenzen

Darüber hinaus würde es ohne eine Beschränkung der Anwendungsbereiche der §§ 239 a/b zu einer Verschiebung der Versuchs- und Rücktrittsgrenzen kommen,[52] denn der Versuch der Vergewaltigung würde mit der Bemächtigung schon eine Vollendung der Geiselnahme darstellen, von der der Täter nicht mehr strafbefreiend zurücktreten könnte. Der Täter könnte sich nun allenfalls eine Milderungsmöglichkeit durch tätige Reue verdienen. Der mit dem Rechtsinstitut des Rücktritts intendierte Schutz der Opfer käme nicht mehr zum Tragen, was insbesondere im Bereich der Sexualdelikte ein großes Manko wäre. Auch deshalb sollten die "normalen" Vergewaltigungen nur unter § 177 n.F. fallen und der Anwendungsbereich des § 239 b entsprechend begrenzt werden. Gleiches gilt im Verhältnis des § 239 a zu den §§ 253 und 255.

D. Stellungnahme und Ergebnis

Die Argumente für eine Eingrenzung erscheinen schlüssig. Überzeugend sind insbesondere die systematischen Bedenken gegen eine weite Tatbestandsauslegung der §§ 239 a/b. Im Schuldspruch käme dem eigentlichen Unrecht bei einer Vergewaltigung oder einer räuberischen Erpressung nur noch sekundärer Charakter zu. Dies kann nicht richtig sein. Auch muß dem Umstand Rechnung getragen werden, daß sich mit Geiselnahme und erpresserischem Menschenraub ein ganz anderes Tatbild verbindet als mit Vergewaltigung und

---

[50] bzw. §§ 177 Absatz 3 a.F., § 178 Absatz 3 a.F.
[51] Bis zum 6. StrRG, BGBl I 1998/164.
[52] So auch *Rengier* BT 2 § 24 Rdn. 11.

Erpressung. Daher sind erpresserischer Menschenraub und Geiselnahme in gleicher Weise restriktiv auszulegen oder, sollte sich dies als nicht ausreichend erweisen, teleologisch zu reduzieren.[53]

III. Die bereits vorgeschlagenen Lösungen zur Einschränkung

A. Das Außenwirkungskriterium des ersten Strafsenats[54]

Der erste Senat des BGH setzte voraus, daß die §§ 239 a/b ihrem eindeutigen Wortlaut nach auf die problematischen Sachverhalte Anwendung finden könnten. Aufgrund historischer, teleologischer und systematischer Erwägungen betrachtete er den Wortlaut aber als zu weit gezogen und wollte ihn beschränken. Kernargument war, daß § 253 nicht seines Anwendungsbereiches beraubt werden dürfe und daher § 239 a teleologisch zu reduzieren sei. § 239 a sei dann tatbestandlich ausgeschlossen, obwohl dem Wortlaut nach erfüllt, wenn das abgepreßte Verhalten für den Täter keine "Außenwirkung" außerhalb des unmittelbar tatbezogenen Gewaltverhältnisses der Entführung beziehungsweise Bemächtigung haben soll.[55] Allein die §§ 253 und 255 (also nicht § 239 a) sollten einschlägig sein, wenn sich der Täter des Opfers allein zu dem Zweck bemächtigt, es anschließend zu erpressen und dabei die Absicht innerhalb des genannten Gewaltverhältnisses verwirklicht.[56] Diese Begrenzung bezeichnet der BGH als einschränkende Auslegung.[57]

Allerdings ist die Grenze der Auslegung dort überschritten, wo der mögliche Wortsinn unterschritten ist,[58] wenn also ein Fall, der vom Wortsinn der Vorschrift noch gedeckt ist, nicht darunter subsumiert wird.[59] Daß die Fälle, die der Senat ausschließen will, noch vom Wortlaut gedeckt sind, nimmt er selber an, so daß die Bezeichnung "Auslegung" widersprüchlich ist. Die für den vorliegenden Sachverhalt gebrauchte Wortschöpfung "teleologische

---

[53] So auch *Heinrich*, NStZ 97, 365 (368).

[54] BGH, NStZ 93, 237; NJW 94, 332.

[55] BGHSt 39, 40; *Geerds*, JR 93, 424 (425); *Jung*, JuS 93, 778; *Tenckhoff/Baumann*, JuS 94, 839; ablehnend: *Bohlander*, NStZ 93, 439.

[56] BGH, NStZ 93, 237 (239).

[57] BGH, NStZ 93, 237 (238).

[58] BVerfGE 47, 109 (120f.); *Larenz*, Methodenlehre, S. 322.

[59] BGH, NJW 96, 2663 (2665); *Gribbohm*, LK § 1 Rdn. 87; *Lackner/Kühl* § 1 Rdn. 5; *Tenckhoff/Baumann*, JuS 94, 836 (838).

Auslegung"[60] ist nicht geeignet, zu einer größeren terminologischen Klarheit beizutragen. Richtiger ist die Bezeichnung teleologische Reduktion.[61]

Eine solche ist aber nur zulässig, wenn eine einschränkende Auslegung nicht möglich ist, wovon der Senat ausgeht, und eine sogenannte verdeckte Lücke vorliegt, der Wortlaut also eine Anwendbarkeit nahelegt, die mit dem Regelungszweck des Gesetzes nicht vereinbar ist.[62] Diese Lücke kann nach subjektiv-historischer oder objektiv-teleologischer Auslegung ermittelt werden, wobei der erste Senat hier die subjektiv-historische Methode anwendet. So schließt er aus den im Gesetzgebungsverfahren angesprochenen Beispielen auf den Willen des Gesetzgebers und folgert, daß dieser den Tatbestand gar nicht so weit fassen wollte, wie er sich jetzt darstellt.

Zwar ist die Folgerung von den Beispielen auf das Außenwirkungskriterium keineswegs zwingend,[63] eine alleinige Anwendung der subjektiv-historischen Methode darüber hinaus problematisch,[64] doch könnte dieses Kriterium durch Anwendung der teleologisch-objektiven Methode bestätigt werden.[65] Folgt man dieser und vergleicht § 178 a.F.[66] mit § 239 b, so kommt es unter der Voraussetzung, daß beide Normen das Tatbestandsmerkmal "sich bemächtigen" beinhalten, aufgrund der höheren Strafandrohung des § 239 b zu einem systematischen Bruch.[67] Dieser wurde vom Gesetzgeber nicht gesehen, ist mithin verdeckt, und es werden Fälle erfaßt, die nicht erfaßt werden sollten. Demnach liegt eine verdeckte Lücke vor und eine teleologische Reduktion wäre zulässig.

Die Lösung des ersten Strafsenats ist nach anfänglicher Zustimmung[68] abgelehnt worden, da sie keine ausreichende Stütze im Gesetz fände, zu unbestimmt und damit nicht praktikabel sei.[69] Auch sei das Kriterium der Außenwirkung nicht geeignet, die angesprochenen Wertungswidersprüche zu

---

[60] *Geerds*, JR 93, 424.

[61] Vergl. *Renzikowski*, JZ 94, 492 (493); *Tenckhoff/Baumann*, JuS 94, 836 (838).

[62] *Jescheck/Weigend* AT § 17 IV.5.; *Larenz*, Methodenlehre, S. 377, 391; *Krey*, ZStW 101, 838 (842 f.); *Tenckhoff/Baumann*, JuS 94, 836 (838).

[63] Wie *Tenckhoff/Baumann*, JuS 94, 836 (838) nachwiesen.

[64] BVerfGE 1, 301 (312); 34, 288 f.; *Eser*, Schönke/Schröder § 1 Rdn. 44; *Jakobs* 4. Abschnitt Rdn. 17 ff.; *Maurach/Zipf* AT I § 9 Rdn. 22; *Welzel*, Strafrecht, 11. Aufl., § 5 II.2.

[65] *Tenckhoff/Baumann*, JuS 94, 836 (839).

[66] bzw. § 177 Absatz 1 n.F.

[67] *Tenckhoff/Baumann*, JuS 94, 836 (839).

[68] *Geerds*, JR 93, 424 (425); *Jung*, JuS 93, 778; *Keller*, JR 94, 429; *Amelung/Cirener/Gründer*, JuS 95, 48 (49).

[69] BGHSt 40, 350; *Eser*, Schönke/Schröder § 239 a Rdn. 13 a; *Bohlander*, NStZ 93, 439 (440); *Hauf*, NStZ 95, 184 (185); *Heinrich*, NStZ 97, 365 (369).

beseitigen.[70] Der Kritik ist entgegenzuhalten, daß es in der Natur der Sache liegt, wenn ein Kriterium, mittels dessen eine teleologische Reduktion vorgenommen wird, keine Stütze im Gesetz findet. Darüber hinaus ist das Argument der Unbestimmtheit ein schwaches, denn unbestimmte Rechtsbegriffe werden auch an anderer Stelle akzeptiert und möglicherweise ließe sich das Außenwirkungskriterium weiter präzisieren.[71] Der Kritik ist aber gleichwohl zu folgen, da die vorgeschlagene Lösung, wie sich bei den folgenden Entscheidungen zeigte, nicht zu sachgerechten Ergebnissen führt. Ferner ist durchaus zweifelhaft und eine Frage der Auslegung, ob die §§ 178 a.F., 177 a.F.[72], 253 und 255 einerseits und die §§ 239 a/b andererseits das gleiche Merkmal der Bemächtigung beinhalten und zur Erfüllung des Tatbestandes des § 239 b ein einaktiges Geschehen ausreichend ist,[73] denn das Tatbestandsmerkmal "sich bemächtigen" wird nur in den §§ 239 a/b ausdrücklich genannt.

Zudem darf nur dann eine teleologische Reduktion erfolgen, wenn im Wege der Rechtsfortbildung secundum legem die erforderliche Beschränkung des Tatbestandes nicht erreicht werden kann. Dies ist nach der hier vertretenen Meinung aber nicht der Fall.[74] So weist schon die Annahme, daß die §§ 177 a.F., 178 a.F., 253 und 255 das Merkmal des "sich Bemächtigens" enthalten, darauf hin, daß gerade in der unterschiedlichen begrifflichen Fassung der Tathandlungen die Möglichkeit einer differenzierenden Auslegung und damit ein Ansatzpunkt für eine sinnvolle Abgrenzung der Tatbestände liegen könnte.

Demnach ist diese Ansicht abzulehnen.

B. Die Konkurrenzlösung von Geerds[75], Fahl[76] und dem LG Stuttgart[77]

Geerds stellt fest, wie vor ihm der erste Strafsenat des BGH, daß es zu einer Überschneidung der Anwendungsbereiche der §§ 177, 178 a.F. und der §§ 253, 255 einer- und der §§ 239 a/b andererseits kommt. Dabei konstatiert er, daß in den entsprechenden Fällen die Straftatbestände Geiselnahme und erpresserischer Menschenraub formell anwendbar sind, dies aber nicht richtig

---

[70] *Heinrich*, NStZ 97, 365 (369); *Renzikowski*, JZ 94, 492.

[71] *Amelung/Cirener/Gründer*, JuS 95, 48 (49).

[72] bzw. § 177 n.F.

[73] Vergl. unten 6. Abschnitt IV.B.2., S. 196. bzw. *Renzikowski*, JZ 94, 492 (493).

[74] Vergl. unten 6. Abschnitt IV., S. 192.

[75] *Geerds*, JR 93, 424 (425).

[76] *Fahl*, NJ 96, 70; ders., Jura 96, 456 ff.; ders., JA 97, 746; nach der Entscheidung des GS.

[77] Ergibt sich aus der Entscheidung des BGH, NJW 93, 1145.

sein kann. Den Weg des ersten Senates hält er für möglich, sieht aber eine Konkurrenzlösung als gleichwertig an. So sollen die §§ 177, 178 a.f. gegenüber dem § 239 b den Unrechtsgehalt genauer und sachgerechter erfassen, wie dies auch im Verhältnis dieser Normen zu den §§ 239, 240 anerkannt ist. Deshalb soll ein Verhältnis der Spezialität bestehen und § 239 b verdrängt werden. Entsprechendes würde für die Erpressung im Verhältnis zum erpresserischen Menschenraub gelten.

Fraglich ist, ob Geerds tatsächlich dasselbe unter Spezialität versteht wie die herrschende Meinung, oder ob er nicht vielmehr einen anderen Fall der Gesetzeskonkurrenz meint, also Konsumtion oder Subsidiarität.

Spezialität liegt mit der herrschenden Meinung dann vor, wenn mehrere Strafgesetze denselben Sachverhalt erfassen und sich ihre Voraussetzungen nur dadurch unterscheiden, daß das eine Gesetz eines oder mehrere der Begriffsmerkmale enger begrenzt oder spezieller ausgestaltet als das andere.[78] Das eine Gesetz beinhaltet also das andere komplett und es treten weitere Merkmale hinzu. Betrachtet man das Verhältnis zwischen Vergewaltigung und Geiselnahme, so erfordert die Vergewaltigung ein spezielleres Nötigungsziel, als die Geiselnahme. Die Geiselnahme ist aber hinsichtlich der zu schaffenden Tatsituation spezieller, erfordert sie doch abweichend von der Vergewaltigung eine Entführung oder Bemächtigung. Daher geht weder die Geiselnahme in der Vergewaltigung noch die Vergewaltigung in der Geiselnahme auf. Ein Verhältnis der Spezialität besteht demnach nicht. Im übrigen ist es nur schwer nachvollziehbar, wie in der Beeinträchtigung des sexuellen Selbstbestimmungsrechtes der Frau ein Privilegierungsgrund gegenüber allen anderen Nötigungszielen gesehen werden kann.[79]

Denkbar wäre in diesem Zusammenhang noch eine andere Form der Gesetzeskonkurrenz, die Konsumtion. Erkennt man diese Form der Gesetzeskonkurrenz an[80], so ist sie dann gegeben, wenn das konsumierende Gesetz, ohne daß ein Fall der Spezialität vorliegt, seinem Wesen und Sinn nach ein anderes, seinem Wortlaut nach ebenfalls anwendbares Gesetz so umfaßt, daß dieses Gesetz in dem ersten aufgeht.[81] Demnach müßte eine Vergewaltigung typischer-

---

[78] RGSt 14; 386; 60, 122; *Stree*, Schönke/Schröder Vorbem. §§ 52 ff. Rdn. 110; *Jakobs* AT 31. Abschnitt Rdn. 12; *Wessels* AT Rdn. 788; *Geerds*, Konkurrenz, S. 193;

[79] *Graul* bezeichnet eine solche Einschätzung sogar als absurd (Zustand, S. 345 (361)).

[80] Von einigen Autoren wird diese Figur nicht anerkannt; stattdessen werden die beiden anderen Gruppen der Gesetzeskonkurrenz (Spezialität und Subsidiarität) weiter ausgedehnt. So zum Beispiel *Stree*, Schönke/Schröder Vorbem. §§ 52 ff. Rdn. 131.

[81] *Vogler*, LK vor § 52 Rdn. 132; *Tröndle* Vor § 52 Rdn. 20; *Wessels* AT Rdn. 791; *Fahl*, NJ 96, 70; *Seier*, Jura 83, 225 (230).

weise eine Geiselnahme beinhalten. Der Vergewaltiger müßte also sein Opfer regelmäßig und typischerweise entführen oder sich seiner bemächtigen.

Unterstellt man dies,[82] würde zwar einerseits die Geiselnahme im Schuldspruch nicht mehr auftauchen, andererseits dürfte die Strafe aber die Mindeststrafandrohung des konsumierten Deliktes nicht unterschreiten.[83] Die Mindeststrafandrohung von fünf Jahren des § 239 b bliebe also erhalten. Die klassischen Delikte würden zwar nicht in die zweite Reihe gerückt, doch hätte man immer noch den hohen Strafrahmen des § 239 b. Eine Ausnahme ist nur dann möglich, wenn das verdrängende Gesetz eine mildere lex specialis ist.[84] Verglichen mit anderen Eingriffen in die Entscheidungsfreiheit, wird man aber den Eingriff in das sexuelle Selbstbestimmungsrecht der Frau schwerlich als privilegierenden Umstand ansehen können, weshalb diese Möglichkeit ausscheidet.

Nun könnte es aber auch so sein, daß das konsumierte Gesetz insgesamt verdrängt wird, mit der Folge, daß auch seine Mindeststrafandrohung nicht mehr relevant ist. So deklariert eine Meinung die "Sperrwirkung" des verdrängten Gesetzes als "Etikettenschwindel", wenn nachher doch die Regelungen der Idealkonkurrenz (§ 52 Absatz 2 Satz 2) direkte oder analoge Anwendung finden.[85] Auch würde an anderer Stelle die Sperrwirkung des verdrängten Gesetzes entfallen, weshalb das Postulat der "Sperrwirkung" des verdrängten Gesetzes in dieser Pauschalität sicher unrichtig sei.[86] In der Tat gibt es im Rahmen der Gesetzeskonkurrenz Fälle, in denen der Strafrahmen des verdrängten Deliktes keine Rolle spielt; allerdings betrifft das nur die "echten" Privilegierungen, die allesamt Fälle von Spezialität sind. Für eine Ausdehnung dieser Annahme auf die anderen Fälle der Gesetzeskonkurrenz schien es bislang kein Bedürfnis zu geben. Auch mutet es sonderbar an, daß hier das schwere Delikt von dem leichteren konsumiert wird. Soweit Fahl darauf abstellt, daran dürfe man sich nicht stören und auf das Verhältnis der §§ 248 b und 242 verweist,[87] geht dieses Beispiel fehl, denn die Mindeststrafe ist bei beiden Delikten gleich. Auch handelt es sich in der Regel bei dem Benzindiebstahl um den Diebstahl einer geringwertigen Sache nach § 248 a, so daß es sich bei beiden Delikten um Antragsdelikte handelt, ihre Verwerflichkeit mithin gleich beurteilt wird. Demnach wäre für das Verhältnis der §§ 177 n.F.

---

[82] Angenommen von *Fahl*, NJ 96, 70 (71), sowie wohl von *Geerds*.

[83] So die h.M.: BGHSt 1, 152; 10, 312; *Lackner* Vor § 52 Rdn. 29; *Tröndle* Vor § 52 Rdn. 23; *Graul*, Zustand, S 345 (360); *Holtz*, MDR 81, 99.

[84] *Tröndle* Vor § 52 Rdn. 23.

[85] *Fahl*, NJ 96, 70 (71); Ders., Jura 96, 456 (460); *Puppe*, GA 82, 161.

[86] *Fahl*, NJ 96, 70 (71).

[87] *Fahl*, NJ 96, 70 (71); Ders., Jura 96, 456 (460).

und 239 b zu begründen, warum ein Delikt, für das der Gesetzgeber eine Mindeststrafe von fünf Jahren vorsieht, in bestimmten Fällen in einem anderen Delikt aufgehen kann, für das der Gesetzgeber nur eine Mindeststrafe von einem Jahr vorgesehen hat. Dies erscheint aber nicht möglich.

Nur der Vollständigkeit halber sei hier noch auf die Probleme im Bereich des Rücktritts verwiesen, die sich aus der frühen Vollendung der Geiselnahme ergeben, denn die Rücktrittsmöglichkeit des § 24 Absatz 1 von der Vergewaltigung würde nicht zugleich einen Rücktritt von der Geiselnahme bedeuten, die zu diesem Zeitpunkt in der Regel schon vollendet ist und mit der tätigen Reue nur noch die Möglichkeit einer Strafmilderung hat. Um diesen Widerspruch aufzulösen, müßte man wiederum eine absolute Sperrwirkung annehmen, wie sie ansonsten nur bei Privilegierungen angenommen wird.[88]

Im Ergebnis ist daher die Konkurrenzlösung abzulehnen.[89]

C. Das Kriterium der Opfersicht des fünften Strafsenats[90]

Der fünfte Strafsenat schloß sich der Meinung des ersten Senats insoweit an, als dieser die Ansicht vertrat, der § 239 b sei in Fällen des Zweipersonenverhältnisses restriktiv auszulegen.[91] Das vom ersten Senat entwickelte Kriterium der Außenwirkung zur Umsetzung der erforderlichen Restriktion lehnt er aber als ungeeignet ab. So könnten Fälle, bei denen das Handlungsunrecht der Nötigungshandlung in einer unmittelbaren, für das Opfer erkennbaren Todesdrohung mit folterähnlichen Mittel und der dadurch hervorgerufenen Todesangst liege, auch mit dem erhöhten Strafrahmen des § 240 Absatz 1 Alternative 2 nicht stets angemessen geahndet werden. Der Strafrahmen des § 239 b biete da eine sachgerechtere Möglichkeit, weshalb das Kriterium der Außenwirkung, das diese Fälle ausschließt, ungeeignet sei.[92]

Statt dessen wird vorgeschlagen, hinsichtlich der Restriktion nicht am abgenötigten Verhalten, sondern an der Zwangslage anzuknüpfen. Damit die Zwangslage des Zweipersonenverhältnisses der im Dreiecksverhältnis gleichstehe, müsse folgendes hinzukommen: Die Drohung mit den aufgezählten Folgen müsse im Zweipersonenverhältnis so konkret sein, daß diese Folgen in

---

[88] So auch *Tenckhoff/Baumann*, JuS 94, 836 (839).
[89] So auch *Graul*, Zustand, S. 345 (361); *Tenckhoff/Baumann*, JuS 94, 836 (839).
[90] BGH, NJW 94, 2163.
[91] BGH, NJW 94, 2163.
[92] BGH, NJW 94, 2163.

den Vorgang der Entführung oder Bemächtigung eingebettet seien und aus Sicht des Opfers als unmittelbar bevorstehend empfunden werden.[93]

Indem sich aber nachträglich in der Regel nicht rekonstruieren lasse, ob der Tod oder die schwere Körperverletzung (objektiv und aus der Sicht des Opfers) unmittelbar bevorgestanden haben, wird an diesem Ansatz seine mangelnde Praktikabilität kritisiert.[94] Darüber hinaus ist die subjektive Einschätzung der Lage durch die Geisel für den Grad ihrer realen Gefährdung unerheblich, so daß es auf diese nicht ankommen kann.[95] Auswirkungen hat sie allenfalls auf die Erfolgsaussichten der nachfolgenden Nötigung, deren Vollendung aber für die Erfüllung des Tatbestandes nicht erforderlich ist.[96] Eine Differenzierung nach der Nähe der angedrohten Folgen sei dem § 239 b darüber hinaus fremd.[97]

Zwar kann die Entstehung der Herrschaftslage von der subjektiven Einschätzung des Opfers und insbesondere davon, ob es sich in Todesgefahr wähnt, abhängen, jedoch würde dieses Kriterium im Dreipersonenverhältnis kaum zu tragfähigen Entscheidungen führen. Daher ist der Kritik zu folgen und das vorgeschlagene Kriterium abzulehnen.

D. Die Lösung des Großen Senats in Strafsachen[98]

1. Ablehnung der bislang vorgeschlagenen Lösungen

a) Begrenzung des Nötigungsziels

Zu § 239 b erklärt der Große Senat in Strafsachen, daß eine Anwendung auf Fälle der sexuellen Nötigung oder der Vergewaltigung nicht von vornherein ausgeschlossen sei.[99] Eine Begrenzung des abzunötigenden Verhaltens auf Fälle, die nicht anderweitig gesetzlich geregelt sind, sei aufgrund des insoweit eindeutigen Wortlauts nicht möglich.[100] Die gewählte Formulierung umfasse vielmehr auch die Absicht, zur Duldung des Beischlafs oder anderer sexueller Handlungen zu nötigen. Eine Lösung, die diesen Bereich ausklammern wolle,

---

[93] BGH, NJW 94, 2163.
[94] BGH GS St, JR 95, 346 (348); *Renzikowski*, JR 95, 346 (349).
[95] BGH, NStZ 94, 284; *Heinrich*, NStZ 97, 365 (366).
[96] *Renzikowski*, JR 95, 346 (349).
[97] BGH im NStZ 94, 284.
[98] BGH GS St, 40, 359 ff. = NJW 95, 471 ff.; seitdem ständige Rechtsprechung: BGH, StV 96, 266; NStZ-RR 96, 141 f.; JR 98, 125.
[99] BGH GS St, NJW 95, 471.
[100] BGH GS St, NJW 95, 471 (472).

könne den vorgetragenen Bedenken nicht begegnen, da ihr die erforderliche Stütze im Gesetzestext fehle.[101]

b) Außenwirkungskriterium

Auch das Kriterium der Außenwirkung wird abgelehnt, da es nicht mit der gebotenen Bestimmtheit zu umschreiben sei.[102] Es finde ferner in Wortlaut und Struktur keine ausreichende Stütze. Die durch dieses Merkmal künstlich aufrecht erhaltene Dreiecksstruktur setze sich überdies in Widerspruch zum Willen des Gesetzgebers, wie er bei der Neufassung zum Ausdruck kam.[103]

c) Opfersicht

Zuletzt wird das Kriterium der Opfersicht abgelehnt, denn das Vorliegen des Tatbestandes könne nicht davon abhängig gemacht werden, ob das Opfer, bei gleicher objektiver und subjektiver Tathandlung, die Drohung mehr oder weniger ernst nehme oder als mehr oder weniger nahe bevorstehend empfindet.[104]

Ferner sei dieses Kriterium nicht praktikabel, da sich nach der Tat in der Regel nicht rekonstruieren lasse, ob der Tod oder die schwere Körperverletzung objektiv und aus der Sicht des Opfers unmittelbar bevorgestanden habe.

2. Lösung

Zur Abgrenzung wird vielmehr auf das Merkmal des "Ausnutzens" der Bemächtigungslage abgestellt. Im Fall der Entführung werde es regelmäßig so sein, daß durch die Entfernung die Schutz- und Verteidigungsmöglichkeiten in einem Maß eingeschränkt seien, daß das Opfer dem ungehemmten Einfluß des Täters ausgesetzt ist. Diese Lage werde nun ausgenutzt, um das Opfer durch qualifizierte Drohung zur Duldung einer sexuellen Handlung zu nötigen. Dieses Ausnutzen setzte eine gewisse Stabilität der Lage voraus.[105]

---

[101] BGH GS St, NJW 95, 471 (472).
[102] BGH GS St, NJW 95, 471 (472).
[103] BGH GS St, NJW 95, 471 (472).
[104] BGH, NJW 94, 2162 (1. StS); GS St, NJW 95, 471 (472).
[105] So auch BGH, StV 96, 266; *Küper* BT S. 229 ff.; *Rengier* BT 2 § 24 Rdn. 16; *Britz*, JuS 97, 146 (151); *Heinrich*, NStZ 97, 365 (369).

Im Fall der Bemächtigung werde diese Stabilität häufig nicht erreicht, weshalb es dann am Ausnutzen der Lage fehle. Zwingt der Täter sein Opfer zum Beispiel durch Vorhalten einer Schußwaffe und Drohung mit dem Tod zu einer sexuellen Handlung, werde das abgenötigte Verhalten in der Regel durch die Bedrohung mit der Schußwaffe und nicht durch das Ausnutzen der Bemächtigungssituation erreicht. Der Bemächtigungslage komme dann aber keine eigenständige Bedeutung zu.[106]

Kritisiert wird an dieser Lösung, daß die geforderte eigenständige Bedeutung beziehungsweise die Stabilität der Lage schlecht abzugrenzen und daher auch diese Lösung unpraktikabel sei.[107] Zur Entkräftung dieses Argumentes wird vorgeschlagen, der Bemächtigung nur dann eine eigenständige Bedeutung zuzumessen, wenn die Erpressung von der Aufrechterhaltung deutlich unterscheidbar ist, und die Bemächtigungslage auch bei Wegfall der angestrebten Erpressungshandlung und des entsprechenden Mittels bestehen bliebe.[108] In dieser Richtung meint auch Renzikowski,[109] daß es an einer eigenständigen Bedeutung fehlen müsse, wenn das Mittel der Bemächtigung und das Mittel der Nötigung identisch sind. Diese Identitätstheorie, die seiner Ansicht nach der große Senat vertritt, führe aber zu Problemen bei Dreipersonenverhältnissen, denn auch bei diesen können Bemächtigungsmittel und Nötigungsmittel identisch sein, und trotzdem waren diese Sachverhalte nach ständiger Rechtsprechung[110] dem Bereich der §§ 239 a/b zuzuordnen.[111]

Auch überzeuge die, dem großen Senat unterstellte Identitätstheorie beziehungsweise Zweiaktigkeitstheorie nicht, weil sie denjenigen Täter bevorzuge, der von Anfang an mit der höchstmöglichen Brutalität vorgeht, denn dieser könne über die geschaffene Lage hinaus gar nicht mehr nötigen.[112] Sie sei daher abzulehnen.

Eine weitere Lösung der Wertungswidersprüche wird von den Kritikern des Großen Senats nicht vorgeschlagen, sondern statt dessen an den Gesetzgeber appelliert.[113]

---

[106] BGH GS St, NJW 95, 471 (472); BGH, StV 96, 266.

[107] *Eser*, Schönke/Schröder § 239 a Rdn. 13 a; *Fahl*, NJ 96, 70 (71); ders., Jura 96, 456 (460); *Martin*, JuS 97, 757.

[108] *Küper* BT S. 232.

[109] *Renzikowski*, JR 95, 346 (350); ders., JR 98, 126 (127).

[110] z.B.: BGHSt 38, 83 ff.

[111] *Renzikowski*, JR 95, 346 (350).

[112] *Tröndle* § 239 a Rdn. 6b; *Renzikowski*, JR 95, 346 (350); ders., JR 98, 126 (127).

[113] *Eser*, Schönke/Schröder § 239 a Rdn. 13a; *Britz*, JuS 97, 146 (151); *Hauf*, NStZ 95, 185; *Renzikowski*, JZ 94, 492 (499).

In der jüngsten Literatur findet sich auch die Meinung, daß das "Stabilitäts-kriterium" richtig, aber nicht ausreichend sei.[114] So erfasse es diejenigen Fälle nicht, in denen der Täter das Opfer an einen sicheren Ort bringe, um dort - unter Einfluß einer qualifizierten Drohung - eine (weitere) Straftat zu begehen, z.B. eine Vergewaltigung oder möglicherweise auch "nur" eine bloße Beleidigung. Insbesondere die letzte Tat dürfe aber nicht als Geiselnahme zu qualifizieren sein.[115] Daher sei für eine Geiselnahme eine Mitwirkung des Opfers erforderlich. Das Opfer müsse zu einem Verhalten gezwungen werden, welches über die bloße passive Duldung einer weiteren Straftat hinausgehe.[116] Kritisiert wird an dieser Auslegung, daß sie nicht erkläre, wie sich das Bemächtigen und die Stabilität der Zwangslage zueinander verhalten.[117] Ferner ergebe sich das Mitwirkungskriterium weder aus dem Wortlaut noch der Ratio der Norm; eine Unterscheidung nach dem Nötigungsziel sei ihr daher fremd.[118]

E. Die Lösung von Graul[119]

Graul zeigt in ihrem Aufsatz zunächst die Schwächen der angebotenen Lösungen auf, die alle eine Beschränkung der §§ 239 a/b zum Ziel haben, und versucht so zu belegen, daß eine Restriktion weder möglich noch notwendig ist. Nachdem sie dies als gelungen ansieht, zieht sie das Fazit, daß alle vom Wortlaut der §§ 239 a/b erfaßten Fälle auch in den Anwendungsbereich der Vorschriften einzubeziehen seien.[120] Nur so könne man Wertungswidersprüchen begegnen. Dies sei auch in sich schlüssig, einzig die Mindeststrafe sei ziemlich hoch geraten.[121] Deshalb könne man hierin eine Ermessensüberschreitung sehen. Dies zu beurteilen sei aber gemäß Art. 100 GG allein Aufgabe des Bundesverfassungsgerichts, und überdies sei eine Ermessensüberschreitung bislang von niemandem behauptet worden, weshalb auch sie sich dazu nicht äußert.[122] Diesem Resümee schließen sich auch Müller-Dietz und

---

[114] *Heinrich*, NStZ 97, 365 (369).

[115] *Heinrich*, NStZ 97, 365 (369).

[116] *Heinrich*, NStZ 97, 365 (370).

[117] *Renzikowski*, JR 98, 126 (127).

[118] *Renzikowski*, JR 98, 126 (127).

[119] *Graul*, Zustand, S. 345 ff.

[120] *Graul*, Zustand, S. 345 (365).

[121] *Graul*, Zustand, S. 345 (365).

[122] *Graul*, Zustand, S. 345 (365).

Renzikowski an, die eine Verringerung der Mindeststrafe im Wege einer Gesetzesänderung fordern.[123]

Zu dem Fazit Grauls, einzig die angedrohte Mindeststrafe wäre ziemlich
hoch geraten,[124] ist zu sagen, daß die Höhe der Strafandrohung für die Einordnung eines Deliktes in den Kanon der Strafvorschriften ein entscheidendes
Kriterium ist. Zudem ist der Tatbestand so auszulegen, daß er sich sinnvoll in
die Systematik der anderen Normen einfügt. Wie diese Auslegung angesichts
der hohen Strafandrohung vorzunehmen sei, sagt Graul indes nicht, sondern
beschränkt sich darauf festzustellen, daß für eine teleologische Reduktion kein
Raum sei, und die Normen so hinzunehmen und anzuwenden seien, wie der
Gesetzgeber sie geschaffen habe.

Auf welche Fälle eine Norm anzuwenden ist, ist aber eine Frage der Auslegung und diese hat, wie bereits dargelegt wurde,[125] restriktiv zu erfolgen. Solange eine solche Auslegung, deren Ziel es sein muß, die Norm sinnvoll in das
System des Strafgesetzbuchs einzufügen, möglich erscheint, ist in der Tat eine
Entscheidung des Bundesverfassungsgerichts nach Art. 100 GG überflüssig.
Der These Grauls, daß kein Problem besteht, kann daher dann, aber auch nur
dann, gefolgt werden, wenn eine sinnvolle Auslegung gelingt.

F. Der Weg der Gesetzesänderung

Nicht klein ist schließlich die Schar derjenigen, die resignieren und eine
Gesetzesänderung fordern.[126] Dieser Ruf nach dem Gesetzgeber beseitigt indes
nicht die Schwierigkeit hinsichtlich der momentanen Anwendung der Normen
und erscheint solange verfrüht, wie die Möglichkeiten grundgesetzkonformer
Auslegung nicht ausgeschöpft sind. Vorher mag eine Gesetzesänderung zwar
wünschenswert, nicht aber notwendig sein.

Ferner ist den Befürwortern einer Gesetzesänderung entgegenzuhalten, daß
aus ihren Beträgen nicht deutlich wird, in welcher Richtung eine Überarbei-
tung der Normen erfolgen soll. Soweit eine Absenkung des Strafrahmens gefordert und als ausreichend angesehen wird,[127] ist gegen diesen Vorschlag ein-
zuwenden, daß allenfalls eine Harmonisierung der Strafrahmen bei den Wil-

---

[123] *Müller-Dietz*, JuS 96, 110 (116); *Renzikowski*, JR 98, 126 (127).
[124] So auch *Renzikowski*, JZ 94, 492 (499); ders., JR 98, 126 (127).
[125] Vergl. hierzu oben 6. Abschnitt II., S. 172.
[126] BGH 5. StS, NStZ 94, 128 (130); *Britz*, JuS 97, 146 (150); *Hauf*, NStZ 95, 184
(185); *Heinrich*, NStZ 97, 365 (366); *Renzikowski*, JZ 94, 492 (499); ders., JR 95, 346
(350); ders., JR 98, 126 (127).
[127] *Renzikowski*, JR 98, 126 (127).

lensbeugungstatbeständen erzielt werden kann. Die erforderliche[128] tatbestandliche Abgrenzung der Geiseldelikte von anderen Willensbeugungstatbeständen kann auf diese Weise nicht erreicht werden. Eine einfache Rücknahme der Gesetzesänderung von 1989 vermag die Spannungen zwischen § 239 a und § 253 ebenfalls nicht zu lösen, denn auch im Dreipersonenverhältnis wäre dann zu klären, wann einfache Erpressung und wann erpresserischer Menschenraub vorliegt. Insoweit hätten sich die Autoren, wenn schon nicht zu einer konkreten Tatbestandsfassung, so doch wenigstens zum Tatbild oder den ihrer Meinung nach zu schützenden Rechtsgütern äußern müssen.

G. Stellungnahme zur bisherigen Diskussion

Die bisherige Diskussion hat noch zu keinem Ergebnis geführt, dem man sich vorbehaltlos anschließen könnte. Verwertbare Ansätze erscheint am ehesten das Ergebnis des Großen Senates zu enthalten,[129] aber nur dann, wenn das Stabilitätskriterium nicht als Zweiaktigkeit interpretiert wird, wie einige Autoren dies getan haben.[130] Dann privilegiert diese Ansicht auch nicht besonders brutale Täter, wie dies unter anderen Renzikowski annimmt,[131] denn auch wer von Anfang an mit höchster Gewalt vorgeht, kann mit dieser eine stabile Lage schaffen und darüber hinaus nötigen. Bleibt die Kritik der mangelnden Praktikabilität, die sich in erster Linie aus der mangelnden Bestimmtheit ergibt. Eine Lösung kann sich ergeben, wenn es gelingt, dieses Kriterium so bestimmt zu umschreiben, daß es praktikabel wird. Wie groß der Handlungsbedarf in dieser Richtung ist, zeigt insbesondere eine jüngere Entscheidung des ersten Strafsenats,[132] in der die Probleme erneut verkannt wurden.[133] Erst nach einer entsprechenden Definition kann entschieden werden, inwieweit Bedarf für eine weitere Einschränkung besteht und ob diese durch das vorgeschlagene "Mitwirkungskriterium"[134] erreicht werden kann.

Indes scheint klar zu sein, daß eine Restriktion zu erfolgen hat und, daß diese nach Möglichkeit auf dem Weg der Auslegung erfolgen sollte. Bei dieser Auslegung wird man, um Probleme auch in der Zukunft vermeiden zu können,

---

[128] Vergl. oben 6. Abschnitt II. A., B., C., Seiten 172 ff.

[129] So bereits *Rengier* BT 2 § 24 Rdn. 18.

[130] *Tröndle* § 239 a Rdn. 6b; *Britz*, JuS 97, 146 (150 f.); *Heinrich*, NStZ 97, 365 (367); *Renzikowski*, JR 95, 346 (350).

[131] *Rengier*, GA 85, 314 (317); *Renzikowski*, JR 95, 346 (350); ders., JR 98, 126 (127).

[132] BGH, JR 98, 125.

[133] *Martin*, JuS 97, 757; *Renzikowski*, JR 98, 126.

[134] *Heinrich*, NStZ 97, 365 (370).

weniger für die bislang strittigen Fälle eine Lösung zu suchen haben, als vielmehr von der Unterschiedlichkeit der Schutzbereiche ausgehen müssen, um so zu einer teleologisch sinnvollen Auslegung zu kommen. Diese wird dazu führen müssen, daß es zwar Überschneidungen der Anwendungsbereiche gibt, aber nur eine Minorität der fraglichen Fälle nach den §§ 239 a/b strafbar ist.

IV. Vorschlag einer eigenen Lösung

A. Vorüberlegung

Ausgangspunkt einer überzeugenden und insbesondere teleologisch sinnvollen Lösung muß der Schutzzweck der Geiseldelikte sein. Wie bereits festgestellt,[135] liegt der Schwerpunkt des Schutzbereichs in der persönlichen Freiheit und dem Leben der Geisel. Darüber hinaus wird die Willensentschließungsfreiheit des Nötigungsopfers in bezug auf die Handlungsfreiheit im Einzelfall geschützt.

Hinsichtlich der persönlichen Freiheit ist grundsätzlich zu beachten, daß es sich hierbei um ein Rechtsgut handelt, das tagtäglich von jedem und hinsichtlich dessen auch jeder beeinträchtigt wird. Anders als bei anderen Rechtsgütern fällt es hier besonders schwer, rechtmäßige von rechtswidrigen und diese wiederum von strafwürdigen Beeinträchtigungen zu unterscheiden. Das ist im Verfassungsrecht allgemein anerkannt, wie daran zu erkennen ist, daß eine Verletzung der persönlichen Freiheit, beziehungsweise des Rechts auf freie Entfaltung der Persönlichkeit, Art. 2 Absatz 1 GG, immer erst dann geprüft wird, wenn das fragliche Verhalten nicht schon gegen andere (Grund-)Rechtsgüter verstößt.

Auch im Strafgesetzbuch spiegelt sich diese Erkenntnis wieder. So finden sich im achtzehnten Abschnitt die Straftaten gegen die persönliche Freiheit, die keinem sonstigen Schutzbereich zugeordnet werden konnten, z.B. § 239, § 240 oder § 241. Wird indes ein anderes Schutzgut mitbetroffen, so findet sich entweder die entsprechende Norm in dem speziellen Abschnitt, der dieses Schutzgut betrifft, wie z.B. § 177, der bei den Straftaten gegen die sexuelle Selbstbestimmung steht, oder aber die Norm hat einen eigenen Abschnitt bekommen, wie z.B. § 253, der im Abschnitt Raub und Erpressung steht.

Indes darf diese Erkenntnis nicht den Blick dafür verstellen, daß es Verletzungen der persönlichen Freiheit gibt, die besonders einschneidend sind und das Opfer besonders belasten und daher auch sehr viel schwerer wiegen als Eigentums- oder Vermögensverletzungen. Zu dieser Kategorie gehören die

---

[135] Vergl. oben 3. Abschnitt I.A., S. 49.

Verhaltensweisen, die der Gesetzgeber in den §§ 239 a/b, aber auch in den §§ 234 und 234 a zu umschreiben versuchte. Das Problem besteht nun darin, zu beschreiben, worin der spezialisierende Unterschied im Verhältnis zu den anderen, die persönliche Freiheit schützenden Delikten liegt. Fraglich ist, ob ein anderes, weiteres Schutzgut betroffen wird oder nur der Eingriff in die persönliche Freiheit gravierender ist. Diese sprachlichen Schwierigkeiten setzen sich bei der Fassung der Tatbestände fort.

Gesichert ist in diesem Zusammenhang, daß Geiselnahme und Vergewaltigung nicht denselben Schutzbereich haben, und es sich daher um verschiedene Delikte handelt. Während aber der eigenständige Schutzbereich des § 177 mit dem sexuellen Selbstbestimmungsrecht des Einzelnen noch klar abgrenzbar ist, läßt sich der eigenständige Bereich des § 239 b nicht mit einem entsprechenden Schlagwort umschreiben. Bei der Geiselnahme wird ein Bereich der persönlichen Freiheit geschützt, der über den schon durch § 177 (mit-)geschützten Bereich der persönlichen Freiheit hinausgeht.[136] Entsprechendes läßt sich auch zum Verhältnis zwischen Erpressung und erpresserischem Menschenraub sagen. Das Delikt des erpresserischen Menschenraubes schützt einen Bereich der persönlichen Freiheit, der über den bei der Erpressung geschützten Bereich hinausgeht.

Genügt für eine Strafbarkeit aus den §§ 239 a/b aber nicht jede Verletzung der persönlichen Freiheit, so muß auch eine Differenzierung, welche Verstöße ausreichen und welche nicht, und damit eine Abgrenzung der Normengruppen voneinander möglich sein. Indem sich die Tatbestandsmerkmale, insbesondere hinsichtlich der Tathandlung, in den fraglichen Normen nicht überschneiden, wird man von einer teleologischen Reduktion absehen und eine Auslegung vornehmen können,[137] die sich am besonderen Schutzbereich der §§ 239 a/b orientiert.

B. Lösung durch Auslegung der verschiedenen Tathandlungen

Ansatzpunkt für eine solche Auslegung könnten die Tatbestandsmerkmale der §§ 239 a/b sein, die die Tathandlung betreffen, also die Entführung oder Bemächtigung.

---

[136] Vergl. hierzu oben 4. Abschnitt II., S. 161; bzw. 3. Abschnitt I.A.1., S. 49.

[137] Als ausgeschlossen betrachtet von BGHSt 39, 36 (38); NStZ 94, 430 (432); *Graul*, Zustand, S. 345 (360); *Tenckhoff/Baumann*, JuS 94, 836 (838).

1. Möglichkeit der Auslegung

Zunächst ist zu klären, ob eine von der bisherigen Ansicht abweichende Auslegung überhaupt möglich ist. So lehnte der erste Strafsenat des BGH eine neue, einschränkendere Auslegung dieser Tatbestandselemente ab, da die Auslegung des Elements "sich bemächtigen" durch die Rechtsprechung und Literatur zu § 234 und die Auslegung des Elements "entführen" durch die Rechtsprechung und Literatur zu § 237 a.f.[138] gesichert sei.[139]

Dabei wird als selbstverständlich vorausgesetzt, daß die Tatbestandsmerkmale in den §§ 239 a/b in gleicher Weise auszulegen sind wie im Rahmen der §§ 234 und 237 a.f. und das, obwohl die Begriffe nicht in gleicher Weise gebraucht werden. So sind in den §§ 234 und 237 a.f. mit "List, Drohung oder Gewalt" zusätzlich die Mittel genannt, die der Täter benutzen muß. Dieser Unterschied wird durch die These abgeschwächt, daß diese Mittel ohnehin fast alle denkbaren Fälle umfassen und man daher auf diese Einschränkung eigentlich auch verzichten könnte.[140]

Ein weiterer Unterschied liegt darin, daß es bei § 234 keine Tathandlungsalternativen gibt und bei § 237 a.f. keine gab. Anders als die §§ 239 a/b kann man die Norm des § 234 nur durch eine Bemächtigung verletzen, die des § 237 a.f. nur durch eine Entführung, wobei jeweils eine ganz besondere Absicht erforderlich ist beziehungsweise war.

Dieser Unterschied ist auch keinesfalls unbedeutend, denn, anders als bei nur einer möglichen Tathandlung, besteht bei zwei oder mehr Handlungsalternativen die Notwendigkeit, diese miteinander zu koordinieren.[141] Aufgrund des Strebens nach größtmöglicher materieller Gerechtigkeit ist diese Koordination dahingehend vorzunehmen, daß, unabhängig von der vorgenommenen Tathandlung, jeweils das gleiche Unrecht durch den Täter verwirklicht wird. Aufgrund dieses Aspektes ist die Auslegungsmöglichkeit der einzelnen Tathandlungsmerkmale beschränkter als bei den Delikten, die von vornherein nur eine Tathandlung vorsehen. Demnach ist nicht der vom ersten Senat eingeschlagene Weg richtig, von der Auslegung der §§ 234 und 237 a.f. auf die der §§ 239 a/b zu schließen, sondern allenfalls der umgekehrte. Selbst wenn also die Begriffe "entführen" in den §§ 239 a/b und 237 a.f. und "sich bemächtigen" in den §§ 239 a/b und 234 jeweils gleich auszulegen sind, hat die Auslegung der §§ 239 a/b nicht derjenigen zu den §§ 234 und 237 a.f. zu folgen, sondern umgekehrt.

---

[138] § 237 ist durch das 33. StrÄndG vom 1.7.97 aufgehoben worden.
[139] BGH, NStZ 93, 237 (238).
[140] *Maurach/Schroeder/Maiwald* BT I § 15 Rdn. 4.
[141] So ausdrücklich für § 239 a: *Eser*, Schönke/Schröder § 239 a Rdn. 6.

Auch gibt es nur eine geringe Anzahl höchstrichterlich entschiedener Fälle, so daß zweifelhaft ist, ob in diesem Bereich überhaupt von einer gefestigte Rechtsprechung gesprochen werden kann. Jedenfalls ist es nicht ausgeschlossen, daß Anwendungsprobleme noch nicht gesehen worden sind und erst später, insbesondere nach Änderungen erkannt werden. Indem es nach der Neufassung der §§ 239 a/b im Jahr 1989 zu den angesprochenen Anwendungsproblemen kam, ist bei einer Lösung dieser Schwierigkeiten durch eine andere Auslegung die Möglichkeit einer solchen auch hinsichtlich des § 234 zu prüfen. Bezüglich des § 237 a.F. erübrigen sich weitere Überlegungen, da bei dessen Einbeziehung in den § 177[142] das Merkmal "entführt" nicht mit übernommen wurde.

Im übrigen ersetzt der Verweis auf eine gefestigte Rechtsprechung und herrschende Meinung keine Argumentation, sondern bedeutet allenfalls einen erhöhten Begründungsbedarf für den Fall, daß man eine abweichende Lösung vorzieht. Ausgeschlossen ist eine Änderung der Auslegung jedenfalls nicht.

Nun könnte kritisch angemerkt werden, daß demnach der bisherigen Rechtsanwendung keine Bedeutung mehr beizumessen wäre. Dem ist entgegenzuhalten, daß im Rahmen einer solchen Auslegung auch die durch die Rechtsprechung zu anderen Delikten gefestigten Definitionen einzelner Merkmale als historische oder systematische Argumente von Bedeutung sein werden, weil es die Rechtssicherheit gebietet, daß insbesondere im Rahmen des Strafgesetzbuches ein Begriff in allen Normen denselben Lebenssachverhalt umschreibt. Insoweit kommt der bisherigen Rechtsanwendung eine gewisse Bedeutung zu, die dadurch eingeschränkt wird, daß die Richtigkeit der bisherigen Auslegung ständig und insbesondere dann kritisch zu hinterfragen ist, wenn die fragliche Norm und damit der Zusammenhang, in dem das Merkmal steht, geändert wurde. Soweit also die Tathandlungsmerkmale der §§ 239 a/b durch die ständige Rechtsprechung im Rahmen der §§ 234 und 237 a.F. eine Auslegung erfahren haben, ist diese Auslegung für die §§ 239 a/b aus den oben genannten Gründen nicht verbindlich. Indem die Gesetzesänderung von 1989 zu den bereits dargestellten Schwierigkeiten geführt hat, ist nun zu prüfen, ob durch eine Änderung der Auslegung der Tathandlungsmerkmale das Abgrenzungsproblem gelöst werden kann. Inwieweit eine neue Auslegung der Tathandlungsmerkmale der §§ 239 a/b eine Änderung der Auslegung des § 234 nach sich zieht, ist nicht Thema dieser Abhandlung und kann daher dahinstehen.

Entgegen der Ansicht des ersten Strafsenats ist aufgrund der dargestellten Argumente eine neue Auslegung möglich. Diese sollte sich weniger an der alten Auslegung zu den §§ 234 und 237 a.F. orientieren, als vielmehr das Wech-

---

[142] Durch das 33. StrÄndG vom 1.7.97, BGBl I 1997, S. 1607.

selspiel der verschiedenen Tathandlungsalternativen der §§ 239 a/b berücksichtigten.

2. Inhalt der Auslegung

Um der Konstituierung der verschiedenen Tathandlungsalternativen durch den Gesetzgeber gerecht zu werden, ist vor der grammatikalischen Einzelauslegung der verschiedenen Tathandlungen zunächst nach dem gemeinsamen Unrechtskern zu forschen. Hierbei soll von der bereits angenommenen Ansicht[143] ausgegangen werden, daß die beiden Tathandlungen sich weitgehend überschneiden, beziehungsweise die Entführung ein Beispielsfall der Bemächtigung sein könnte.

a) Erreichen einer hilflosen Lage

Der gemeinsame Unrechtskern und damit ein Bestandteil aller drei Tathandlungsmöglichkeiten könnte in der Schaffung einer hilflosen Lage liegen.[144] So wurde bereits dargelegt, daß die beiden Tathandlungen "entführen" und "sich bemächtigen" dann vollendet sind, wenn der Täter die erforderliche Herrschaftsposition erreicht hat.[145] Diese Herrschaftsposition wird entweder als Situation beschrieben, in der das Opfer dem ungehemmten Einfluß des Täters ausgeliefert ist[146] oder der Täter physische Macht über das Opfer hat.[147] Im zweiten Teil der Norm soll dasselbe Unrecht verwirklichen, "[...] wer die von ihm durch eine solche Handlung geschaffene Lage eines anderen [...] ausnutzt". Verbindendes Element aller Begehungsmöglichkeiten scheint also die Schaffung der "Lage" zu sein, die durch beide Handlungen, "entführen" und "bemächtigen", herbeigeführt werden kann und die ein Täter ausnutzen kann, wie sich aus der dritten Begehungsmöglichkeit ergibt.

Die Antwort auf die weitere Frage, worin das besondere Unrecht dieser "Lage" liegt, könnte sich aus der Systematik ergeben. So setzte der 1997 aufgehobene § 237 noch voraus, daß der Täter das Opfer entführt und dadurch eine "hilflose Lage" entsteht. Eine Entführung ohne eine anschließende hilflose Lage schien nach dem Wortlaut des § 237 nicht möglich zu sein oder erfüllte nicht den Tatbestand. Ist aber eine "hilflose" Lage nach der alten Fas-

---

[143] Vergl. oben 3. Abschnitt II.A.2.a., S. 88.

[144] *Lesch*, JA 95, 449.

[145] Vergl. oben 3. Abschnitt II.C., S. 128.

[146] BGHSt 22, 178; 24, 90; *Lackner/Kühl* § 237 Rdn. 4; *Tröndle* § 237 Rdn. 2.

[147] *Eser*, Schönke/Schröder § 239 a Rdn. 7; *Schäfer*, LK § 239 a Rdn. 7.

sung des § 237 zwingende Folge einer Entführung, so mußte eine solche auch zur Erfüllung der §§ 239 a/b entstehen. Trotz der Änderungen durch das 33. Strafrechtsänderungsgesetz[148] ist dieses Argument erhalten geblieben, denn der aufgehobene § 237 findet sich nun in dem neuen § 177 in der Formulierung "[...] unter Ausnutzen einer Lage, in der das Opfer der Einwirkung des Täters hilflos ausgeliefert ist [...]" wieder, so daß auch nunmehr das Verwerfliche an der Entführung die Schaffung einer hilflosen Lage ist. Die Systematik spricht also dafür, daß ein Bestandteil des Merkmals "Entführung" im Rahmen der §§ 239 a/b die Schaffung einer hilflosen Lage ist.

Eine hilflose Lage liegt dann vor - wie sich jetzt auch aus dem Gesetzestext ergibt -, wenn das Opfer dem ungehemmten Einfluß des Täters preisgegeben ist.[149] Die Erlangung des ungehemmten Einflusses ist wohl das selbe wie die Erlangung der physischen Macht. Die Erlangung der physischen Macht wird in der Literatur wie auch in der Rechtsprechung bislang als Kennzeichen der Bemächtigung angesehen,[150] so daß "sich bemächtigen" den selben Lebenssachverhalt beschreibt wie "eine hilflose Lage schaffen". Wenn dem so ist, erscheint es sinnvoll, in dem Erfordernis der hilflosen Lage das gemeinsame unrechtsbegründende Merkmal der verschiedenen Alternativen zur Durchführung der Tathandlung der §§ 239 a/b zu sehen.

Die hilflose Lage ist dabei zu definieren als Situation, in der das Opfer dem ungehemmten Einfluß des Täters ausgesetzt ist. Ungehemmt ist der Einfluß, wenn das Opfer sich gegen den Täter nicht wehren kann und die äußeren Umstände den Täter nicht daran hindern, mit dem Opfer nach Belieben zu verfahren. Auch das Eingreifen Dritter muß also weitgehend ausgeschlossen sein. Nicht hilflos ist die Lage, wenn sich das Opfer dieser Lage entziehen kann oder sonstige Verteidigungsmöglichkeiten hat.

Ferner muß der Täter eine Lage schaffen. Eine Lage ist aber nach dem Sinn des Wortes ein Zustand, der für eine gewisse Dauer vorliegt. Eine bloß punktuelle Einwirkungsmöglichkeit oder eine Einflußmöglichkeit nur für einen Augenblick reicht nicht aus. Der Täter muß also eine Situation schaffen, in der die Hilflosigkeit des Opfers für eine gewisse Zeit vorliegt. Fraglich ist, ob der vom Täter geschaffene Zustand von dessen Person unabhängig sein muß. Dafür spricht, daß es widersinnig wäre, den ungehemmten Einfluß dadurch erreichen zu wollen, daß dauerhaft (weiterer) Einfluß ausgeübt wird. Dann wäre nämlich nur der über diesen fortdauernden Einfluß hinausgehende Einfluß ungehemmt. Es könnte also postuliert werden, daß der Täter ein Handlung

---

[148] 33. StrÄndG vom 1.7.97; BGBl I 1997, S. 1607.

[149] *Eser*, Schönke/Schröder § 237 Rdn. 7; *Renzikowski*, JZ 94, 492 (494 f.).

[150] Vergl.: BGHSt 26, 70; *Eser*, Schönke/Schröder § 239 a Rdn. 7; *Schäfer*, LK § 239 a Rdn. 7; *Tröndle* § 239 a Rdn. 3.

vornimmt, die das Opfer seinem Einfluß aussetzt, ohne daß er diesen betätigen muß. Andererseits sind die Beeinträchtigungen in beiden Fällen für die Geisel gleich groß. So ist es dem Opfer in der Regel egal, ob es vom Täter gefesselt und damit seinem Einfluß ausgesetzt oder festgehalten wird. Ein möglicherweise relevanter Unterschied besteht jedoch hinsichtlich der weiteren Einflußmöglichkeiten des Täters. Hält der Täter das Opfer fest, so braucht er hierfür seine Hände und kann im Regelfall weder mit diesen etwas anderes tun, noch kann er sich selber entfernen. Durch diese Bindung ist der Einfluß nicht ungehemmt. Diese Einschätzung ändert sich jedoch dann, wenn es sich um mehrere Täter handelt und nur einer das Opfer festhält. Der Einfluß der anderen ist in solchen Fällen ungehemmt. Man wird also bei der Fallbeurteilung darauf abzustellen haben, welchen Einfluß der Täter gegebenenfalls geltend machen will und, ob er hierfür schon jede Schutzmöglichkeit des Opfers beseitigt hat. In der Regel wird es so sein, daß die Lage, die der Täter schafft, unabhängig von seiner Person (fort)bestehen muß.

Als Zwischenergebnis ist festzuhalten, daß der Täter in allen Alternativen der §§ 239 a/b eine Handlung vornehmen muß, die zu einer hilflosen Lage des Opfers führt. Fraglich ist, wie eine solche Handlung auszusehen hat.

b) Zusätzliches Element

Eine Definition, die "Entführen" mit der Schaffung einer hilflosen Lage gleichsetzt, würde die durch den Wortlaut gesetzten Grenzen hinter sich lassen und gegen das Analogieverbot verstoßen. Daher ist eine weitere Einschränkung geboten. Ist aber eine Tathandlungsalternative zu beschränken, so ist möglicherweise mit den anderen Tathandlungsalternativen entsprechend zu verfahren.

aa) Entführen

Von der Wortbedeutung her ist dem Tatbestandsmerkmal "entführen" eine Ortsveränderung immanent.[151] Diese Ortsveränderung muß, was sich aus dem Begriff "führen" ergibt, vom Täter gesteuert sein. Zuletzt wird man aus der Vorsilbe "ent-" noch folgern können, daß das Opfer aus etwas, möglicherweise seiner gewohnten Umgebung, herausgenommen wird.

---

[151] *Eser*, Schönke/Schröder § 239 a Rdn. 6; *Horn*, SK § 239 a Rdn. 4; *Lackner/Kühl* § 236 Rdn. 3; *Tröndle* § 237 Rdn. 2; *Küpper* BT 1 § 3 Rdn. 25; *Wessels* BT 1 Rdn. 428.

Fraglich ist aber, welcher Zusammenhang zwischen der Ortsveränderung und der hilflosen Lage bestehen muß. Man könnte "entführen" als Herbeiführung einer hilflosen Lage durch eine vom Täter gesteuerte Ortsveränderung definieren. Zu prüfen ist nun, welches Kausalverhältnis zwischen Ortsveränderung und hilfloser Lage bestehen muß. Das Merkmal "entführen" wäre zu begrenzt, wenn die Ortsveränderung der einzige Grund für die hilflose Lage sein müßte. Denn dann müßte der Ort, an den das Opfer gebracht wird, so beschaffen sein, daß dieses schon aufgrund der örtlichen Gegebenheiten oder der Abgelegenheit dem ungehemmten Einfluß des Täters ausgesetzt ist. Es wird für eine "Entführung" von der Wortbedeutung her ausreichen, wenn der Täter das Opfer an einen Ort bringt, an dem er Vorkehrungen schafft oder geschaffen hat, die eine Flucht des Opfers verhindern und so das Opfer dem ungehemmten Einfluß des Täters aussetzen. Das Verlassen des Ortes muß für das Opfer dabei ausgeschlossen sein. In der Ortsveränderung muß daher nicht die einzige, wohl aber die wichtigste Ursache für die hilflose Lage des Opfers liegen. Nicht ausreichend ist demnach, wenn sich die Verteidigungsmöglichkeiten durch die Ortsveränderung nicht verringert, etwa deshalb, weil das Opfer schon vorher dem Täter hilflos ausgesetzt war. Entführt ist demnach derjenige, der durch die vom Täter herbeigeführte Ortsveränderung in eine hilflose Lage geraten ist, wobei die Ortsveränderung nicht die einzige causa für diese hilflose Lage sein muß.

bb) Bemächtigen

Fraglich ist, welches zusätzliche Element die Schaffung einer hilflosen Lage zu einer Bemächtigung macht, oder wenn es ein solches nicht gibt, was der Täter tun muß, um eine hilflose Lage zu erreichen.

Dem Merkmal "sich bemächtigen" kann von der Wortbedeutung her nur entnommen werden, daß der Täter durch sein Verhalten Macht über das Opfer gewinnen muß.

Ist aber die hilflose Lage der gemeinsame Unrechtskern der Tathandlungsalternativen, so muß der Täter zur Erfüllung des Tatbestandsmerkmals "sich bemächtigen" etwas tun, was der Ortsveränderung bei der Alternative "entführen" entspricht, um diese hilflose Lage herbeizuführen. Andernfalls würde die Entführung mit der Ortsveränderung ein zusätzliches Unrechtsmerkmal aufweisen, was sie zu einer Bemächtigung mit Ortsveränderung macht. Keinen weiteren Hinweis bietet die Ausnutzungsalternative, denn bei dieser reicht es nicht aus, daß der Täter das Opfer in einer (hilflosen) Lage vorfindet und diese ausnutzt, sondern der Täter muß diese Lage vorher und zwar "durch eine solche Handlung" geschaffen haben. Für die Bemächtigung ist also erforderlich, daß der Täter eine hilflose Lage nicht durch eine Ortsveränderung, sondern mit einem anderen Mittel beziehungsweise Verhalten herbeiführt.

Es ist also zu klären, welches Mittel der Täter wählen muß, um ohne Ortsveränderung die hilflose Lage zu erreichen. Soll die Lage hilflos, das Opfer
also dem Täter ausgeliefert sein, so beinhaltet das, daß das Opfer sich dieser
Lage nicht entziehen kann. Bei der Entführung wird der Täter das Opfer regelmäßig an einen Ort bringen und dort jegliche Fluchtmöglichkeit verhindern. Er kann sein Opfer dort festhalten oder einsperren oder aber direkt einen
Ort auswählen, der so beschaffen ist, daß eine Flucht sinnlos und ein Festhalten daher nicht nötig ist. Die hilflose Lage besteht dabei jeweils unabhängig
vom weiteren Verhalten des Täters, allein aufgrund der Gegebenheiten des
Ortes. Hat der Täter also das Opfer an einen so beschaffenen Ort gebracht, so
hat er eine hilflose Lage durch die Ortsveränderung herbeigeführt.

Nimmt der Täter aber keine Ortsveränderung vor, sondern sperrt das Opfer
an dem Ort ein, an dem er es gefunden hat, so liegt keine Entführung vor.
Trotzdem hat er für das Opfer dieselbe Lage geschaffen. Hierin könnte ein
unter die Bemächtigungsalternative zu subsumierender Fall liegen. Von einer
hilflosen Lage wird aber erst dann auszugehen sein, wenn das Opfer dem Täter wirklich ausgeliefert ist, was dann der Fall ist, wenn die Geisel keine
Fluchtmöglichkeit und keinen Entscheidungsspielraum mehr hat. Den Entscheidungsspielraum wird der Täter nur durch die Anwendung von vis absoluta ausschließen können. Wendet er nur vis compulsiva oder Drohung an, so
verbleibt dem Opfer qua definitionem noch ein Entscheidungsspielraum, der
diesem die Möglichkeit eröffnet, sich zu fügen oder nicht; jedenfalls ist die
Lage dann nicht hilflos. Der Täter bemächtigt sich also dann seines Opfers,
wenn er es diesem durch die Anwendung von vis absoluta unmöglich macht,
sich seinem Einfluß zu entziehen und auch Hilfe von außerhalb verhindert.
Während bei der Entführungsalternative die hilflose Lage durch die Ortsveränderung entsteht, wird sie bei der Bemächtigungsalternative unabhängig von
der Ortsveränderung durch die Anwendung anderer Mittel herbeigeführt, die
als vis absoluta zu klassifizieren sind.

Nach diesen Vorgaben könnte eine tatbestandsmäßige Handlung so ausse-
hen, daß der Täter sein Opfer fesselt und ihm dann die Geldbörse abnimmt.
Das Problem dieses Beispiels liegt nun darin, daß zwar der Bestandteil der
Bemächtigung erfüllt ist, aber weder eine Erpressung vorliegt (jedenfalls nach
der hier und von der herrschenden Literatur vertretenen Meinung[152]), wie es
für die Erfüllung des § 239 a erforderlich wäre, noch eine Nötigung durch
Drohung, die im Rahmen des § 239 b notwendig ist. Allgemeiner formuliert,
darf der Täter zur Erfüllung des zweiten Teils des Deliktes gerade kein Mittel
anwenden, das vis absoluta darstellt. Daraus folgt, daß der Täter zur Vornahme eines erpresserischen Menschenraubes oder einer Geiselnahme sowohl

---

[152] Vergl. hierzu oben 3. Abschnitt II.B.2.e., S. 121.

das Mittel der vis absoluta - im ersten Teil - als auch das der vis compulsiva, beziehungsweise der Drohung mit einem empfindlichen Übel - im zweiten Teil - anwenden muß.

Im Dreipersonenverhältnis wird dieses Erfordernis ohne weiteres dadurch erreicht, daß es zwei Opfer gibt. Mit der Entführung der Geisel oder deren Bemächtigung hat der Täter diese in seiner Gewalt. Er erreicht seine Macht dadurch, daß er das Opfer an einen Ort schafft, von dem es nicht fliehen kann, z.B. weil dieser zu abgelegen ist, es den richtigen Weg nicht finden kann etc., oder indem er vis absoluta anwendet, also das Opfer einsperrt, festbindet oder ähnliches macht. Wenn der Täter seine Forderungen an den Dritten stellt, wird er eine Flucht der Geisel auf die eine oder andere Art unmöglich gemacht haben. Gegenüber dem Dritten wirkt dabei unter Umständen dasselbe Mittel aber nicht mehr als vis absoluta, sondern als vis compulsiva oder als Drohung, denn diesem verbleibt immer ein Entscheidungsspielraum. Anschauliches Beispiel ist die oft zitierte[153] Bedrohung eines Mithäftlings, bei der der Täter ein Messer an dessen Kehle hält und die Freilassung fordert. Das Messer macht dem Mitgefangenen jeden Befreiungsversuch unmöglich, denn eine Bewegung würde zu einer Verletzung des Halses und damit zum Tode führen. Dem Wächter verbleibt allerdings ein Entscheidungsspielraum, die Tür zu öffnen oder nicht. Ihm gegenüber liegt nur eine Drohung vor. Das Messer ist zwar hier Mittel für die Bemächtigung und die Nötigung, trotzdem baut die Nötigung auf der hilflosen Lage des Mitgefangenen auf, weshalb der Subsumtion unter § 239 b nichts entgegensteht.

Fraglich ist, ob entsprechende Überlegungen auch im Zweipersonenverhältnis möglich sind. Hier müßte es so sein, daß das oder die Mittel, das oder die der Täter anwendet, zugleich die Willensentschließung oder jedenfalls die Umsetzung eines gebildeten Willens absolut unmöglich macht oder machen und zugleich hinsichtlich des (End-)Ziels des Täters als vis compulsiva oder als Drohung wirkt oder wirken. Die anhand des Dreipersonenverhältnisses dargestellte Struktur der Geiselnahmedelikte müßte aber erhalten bleiben. Das ist dann der Fall, wenn der Täter von vornherein zwei verschiedene Nötigungsmittel anwendet, also beispielsweise das Opfer fesselt, um sodann zu drohen, es umzubringen, wenn es sich nicht wie gefordert verhält. Ferner kann sie aber auch dann vorliegen, wenn der Täter nur ein Nötigungsmittel einsetzt. Dies ist jedoch nur ausreichend, wenn das Mittel dem Täter sowohl absolute Macht über einen Menschen verschafft, als auch als vis compulsiva wirkt. In der Regel kommt es zu solchen Fällen nur, wenn der Täter eine hilflose Lage schafft, um etwas zu erreichen, was er sich selbst unter Anwendung von vis absoluta nicht nehmen kann.

---

[153] BGHSt 38, 83 ff.; *Renzikowski*, JR 95, 349 (350).

Fehlt es an einem Element, so scheiden die Geiseldelikte aus. Hält der Täter dem Opfer also das Messer an den Hals und nimmt ihm die Geldbörse ab, so fehlt es an einem tatbestandsmäßigen Nötigungsmittel, der (beabsichtigten) Drohung oder der (beabsichtigten) vis compulsiva. Will der Täter dagegen, daß das Opfer einen Scheck unterschreibt, stellt das Messer hinsichtlich dieser Forderung nicht mehr vis absoluta, sondern allenfalls vis compulsiva oder Drohung dar, so daß nun eine Geiselnahme vorliegt. Mit vis absoluta wird der Täter die Unterschrift der Geisel auf dem Formular nicht erreichen können.

Stellt der Einsatz des Messers jedoch insgesamt nur vis compulsiva oder Drohung dar, z.B. weil der Täter vor dem Opfer steht, so fehlt es schon an der Bemächtigung, und für eine Bestrafung kommen nur noch die "normalen" Nötigungstatbestände in Betracht.

Man kann also "sich bemächtigen" dahingehend definieren, daß der Täter mit vis absoluta eine hilflose Lage des Opfers herbeiführen und aufrecht erhalten muß, die ihm als Basis für eine Nötigung mit den Mitteln der vis compulsiva oder der Drohung dienen soll.

cc) Ausnutzen

Für die Ausnutzungsalternative ergeben sich auch nach der hier vorgenommenen Auslegung keine Abweichungen von dem bereits Dargestellten.[154] Der Täter muß sein Opfer entführt oder sich dessen bemächtigt haben, mithin eine hilfloses Lage durch Ortsveränderung oder vis absoluta herbeigeführt haben, und darf erst nach Schaffung, aber noch während dieses Gewaltverhältnisses den Entschluß zur Nötigung gefaßt und zu dieser angesetzt haben.

c) Vollendung

Vollendet ist die Bemächtigung, wie auch die Entführung, mit der Erreichung der hilflosen Lage. Eine solche ist bei der Bemächtigungsalternative mit der Anwendung der vis absoluta erreicht, sobald eine weitere Handlung des Täters zur Manifestierung des Zustandes nicht mehr notwendig ist. Bei der Entführung ist sie mit dem Erreichen eines Ortes entstanden, von dem eine Flucht des Opfers unmöglich ist.

Bemächtigung und Entführung unterscheiden sich dabei durch ihren Bezug zu den örtlichen Gegebenheiten.

---

[154] Vergl. oben 3. Abschnitt III., S. 129.

d) Weitere Einschränkung

Aus dem Wortlaut ergibt sich mit dem funktionalen Zusammenhang zwischen Entführung beziehungsweise Bemächtigung und Nötigung eine weitere Einschränkung, die bei der Auslegung der Elemente Entführung und Bemächtigung zu beachten ist.[155] Die vis absoluta muß noch anhalten, wenn der Täter zur Drohung schreitet.[156] Ist die Geisel wieder frei, fehlt der Drohung im Dreipersonenverhältnis die Grundlage. Entsprechendes gilt im Zweipersonenverhältnis.

Dies bestätigt ein teleologisches Argument. Entfaltet die beabsichtigte Drohung mit einem empfindlichen Übel nur durch die Vornahme der Entführung oder Bemächtigung den nötigen Druck zur Erreichung des Erfolges, muß der Täter auch beabsichtigen, daß die hilflose Lage der Geisel im Zeitpunkt des erstrebten Verhaltens noch anhält. Für die Erfüllung des Tatbestands reicht es daher nicht aus, wenn der Täter ein Opfer in seine Gewalt bringt und ihm mit einer erneuten Beeinträchtigung für den Fall droht oder drohen will, daß es sich in Zukunft nicht wie gewünscht verhält, also beispielsweise regelmäßig Schutzgeld zahlt, es sodann aber wieder frei läßt. In einem solchen Fall würde der funktionale Zusammenhang zwischen Bemächtigung und Nötigung beziehungsweise Erpressung fehlen, denn nicht die hilflose Lage, sondern allein die Drohung wäre Nötigungsmittel.

Die hilflose Lage, also die absolute Macht des Täters über die persönliche Freiheit des Opfers, muß während der Drohung noch andauern.

e) Zwischenergebnis

Beide Tathandlungsalternativen lassen sich in zwei Definitionsbestandteile aufspalten. Eine Entführung liegt vor, wenn eine hilflose Lage besteht und diese überwiegend aus einer vom Täter gesteuerten Ortsveränderung resultiert. Eine Bemächtigung liegt vor, wenn der Täter durch die Anwendung von vis absoluta eine hilflose Lage der Geisel herbeigeführt hat. Die Lage ist jeweils nur dann hilflos, wenn sie unabhängig vom weiteren Verhalten des nötigenden Täters vorliegt. Muß dieser jedoch fortdauernd weiteren Einfluß ausüben, ist die Lage nicht hilflos. Ferner muß die hilflose Lage im Zeitpunkt der Nötigung noch bestehen.

---

[155] Vergl. oben 3. Abschnitt II.B.2.b.aa., S. 113.
[156] BGH, NStZ 96, 277 (278); NJW 97, 1082; *Heinrich*, NStZ 97, 365 (368); *Rengier*, GA 85, 314 (318).

Bei der Ausnutzungsalternative muß der Täter entweder eine Entführung oder eine Bemächtigung vorgenommen haben und darf erst nach Schaffung der hilflosen Lage den Entschluß zur Nötigung gefaßt und zu dieser angesetzt haben.

f) Kritikmöglichkeiten an dieser Ansicht

Die gegenüber der Zweiaktigkeitstheorie[157] geübte Kritik könnte auch gegen die hier vorgeschlagene Lösung sprechen. So wurde vertreten, daß es nicht überzeugend sei, eine über die Nötigungshandlung als solche hinausgehende Intensität der Bemächtigung davon abhängig zu machen, ob der Täter das "In-Schach-halten" des Opfers durch flankierende Maßnahmen qualifiziert, denn solche würden oft auf Zufälligkeiten beruhen und nichts daran ändern, daß derjenige Täter, der bewußt oder unbewußt auf sie verzichtet, denselben Machteffekt erzielt.[158] Deshalb könnte die hier vertretene These den brutaleren Täter begünstigen und daher nicht überzeugen.[159] Fraglich ist aber, ob die Annahme stimmt, daß der Täter bei alternativer Anwendung der Gewaltformen, also vis compulsiva oder vis absoluta, denselben Machteffekt erzielt, wie bei kumulativer, also vis compulsiva und vis absoluta. Grundsätzlich wird ein Täter bemüht sein, unnötigen Aufwand zu vermeiden und sich daher auf eine Gewaltform beschränken, wenn ihm das zur Erreichung seines Ziels als ausreichend erscheint. Ein Täter wird nur dann vis absoluta und vis compulsiva oder Drohung anwenden, wenn er sein Ziel auf andere Art und Weise, also unter Anwendung nur eines oder nur auf eine Weise wirkenden Nötigungsmittels, nicht erreichen kann. Fraglich ist also, ob es Fälle gibt, in denen nur die Kombination beider Gewaltformen zum Ziel führt. Dies wäre beispielsweise der Fall, wenn der Täter ein bestimmtes Verhalten einer Person erreichen will, an die er nicht herankommt. Um ein Verhalten einer solchen Person zu erreichen, müßte sich der Täter anderer Mittel bedienen. Ein solches Mittel könnte eine Geisel sein. Dies ist für den Täter regelmäßig der kompliziertere und gefährlichere Weg, den er nur wählt, weil ihm der einfachere Weg, nämlich direkt das eigentliche Opfer zu beeinträchtigen, verstellt ist. Er erzielt so einen Nötigungsdruck, den er durch Anwendung eines nur auf eine Weise wirkenden Nötigungsmittels nicht erreichen konnte. Es zeigt sich, daß in solchen und ähnlichen Fällen die Anwendung der Kombination der Wirkungsweisen der Gewalt keineswegs auf einem Zufall, sondern vielmehr auf dem Umstand beruht, daß der Täter nur so sein Ziel erreichen kann, oder dies je-

---

[157] *Blei*, JA 75, 37 (38).
[158] *Rengier*, GA 85, 314 (317).
[159] Vergl. *Renzikowski*, JR 98, 126 (127).

denfalls glaubt. Die hier vorgenommene Differenzierung hängt also von der unterschiedlichen kriminellen Energie des Täters ab und spiegelt so den unterschiedlichen Unwertgehalt der Taten wieder, so daß das angesprochene Gegenargument nicht überzeugt.

Zu prüfen ist, ob die hier vorgenommene Auslegung auch aus teleologischer Sicht richtig ist. So sei nicht ersichtlich, welchen Unterschied es machen soll, ob der Täter ein und dasselbe oder verschiedene Mittel für die Begründung der physischen Herrschaft über die Geisel und die qualifizierte Drohung verwendet.[160] In der Tat kann in der Anzahl der Nötigungsmittel kein relevanter Unterschied liegen. Indes kommt es nach der hier vorgeschlagenen Lösung nicht auf die Anzahl, sondern den mit den Nötigungsmitteln bezweckten Erfolg an, und insoweit ist ein relevanter Unterschied feststellbar: Wie bereits erörtert muß die persönliche Freiheit bei den Geiseldelikten über das "normale" Maß hinaus beeinträchtigt sein. Das "normale" Maß ist gewissermaßen die Anwendung eines Mittels, daß nur auf eine Weise auf das Opfer wirkt, also entweder als vis absoluta oder als vis compulsiva oder Drohung. Der darüber hinausgehende Effekt läge darin, das Opfer beiden Wirkungsweisen auszusetzen. Die beiden Wirkungen des Täterverhaltens auf das Opfer führen dabei zu einem Eingriff sowohl in die Willensentschließungs-, als auch in die Willensbetätigungsfreiheit und stellen, da sie verschiedene Willensentschlüsse des Opfers betreffen, eine Steigerung dar. Im Dreipersonenverhältnis gilt das entsprechend, wobei sich hier die Auswirkungen auf zwei Opfer verteilen. Daher erscheint die hier vorgenommene Auslegung auch aus teleologischen Gründen richtig.

Fraglich ist ebenfalls, ob diese Auslegung dem Willen des Gesetzgebers entspricht. In die Begründung der letzten Änderung der fraglichen Normen wurde das Beispiel der Geiselnahme eines Politikers aufgenommen, dem ein bestimmtes Verhalten abgenötigt werden sollte.[161] Die Gefangenschaft dieses Politikers wird dabei durch absolut wirkende Gewalt erreicht und aufrecht erhalten, und er soll nun mittels einer qualifizierten Drohung zur Abgabe einer Erklärung gebracht werden. Dieses Beispiel erfüllt den Tatbestand auch bei der hier vorgenommenen Auslegung, so daß diese dem in der Begründung zur letzten Änderung der fraglichen Normen zum Ausdruck gekommenen Willen des Gesetzgebers nicht widerspricht. Auch beachtet sie den Ansatzpunkt des Gesetzgebers, der Fälle einbeziehen wollte, in denen das Vorgehen des Täters ebenso strafwürdig erscheint wie bei den bisher unter Strafe gestellten Fällen.[162] Die hier vorgenommene Auslegung macht den gemeinsamen Unrechts-

---

[160] *Renzikowski*, JR 98, 126 (127).
[161] BT Drucks. 11/2834 S. 9.
[162] BT Drucks. 11/2834 S. 9.

gehalt deutlich und ist geeignet, Taten mit geringerem Unwertgehalt auszugrenzen.

Kritik an der hier vertretenen Meinung kann dahingehend geübt werden, daß die Abgrenzung zwischen "entführen" und "sich bemächtigen" mitunter schwierig sein wird und deshalb die Tatbestandsmerkmale unscharf erscheinen könnten. Dies ist beispielsweise der Fall, wenn der Täter das Opfer fesselt, an einen anderen Ort bringt und dort einsperrt. Fraglich ist, ob die hilflose Lage auf der Ortsveränderung beruht, und daher Entführung vorliegt oder auf dem Fesseln und Einsperren, wobei dann Bemächtigung anzunehmen ist. Die Unsicherheit resultiert daraus, daß sich der Täter auch durch eine Ortsveränderung seines Opfers bemächtigen kann, jede Entführung mittels vis absoluta nach den hier vorgeschlagenen Definitionen zugleich eine Bemächtigung darstellt, und die Entführung, indem sie mit Erreichen der hilflosen Lage wie vis absoluta wirkt, sozusagen das Beispiel einer Bemächtigung ist. Eine Entführung liegt jeweils dann vor, wenn nach den Umständen des Einzelfalls festzustellen ist, daß die hilflose Lage überwiegend auf der Ortsveränderung beruht. Liegen andere Mittel vor, oder bestehen Zweifel, so ist entweder Bemächtigung anzunehmen oder das Vorliegen einer tatbestandsmäßigen Handlung abzulehnen. Im Rahmen der §§ 239 a/b hat die Unterscheidung weiter keine Bedeutung. Die Abgrenzung zu Verhaltensweisen, die die Tatbestandsvoraussetzungen nicht erfüllen, erscheint jedenfalls scharf genug.

g) Abgrenzung der Geiselnahmedelikte von anderen Nötigungsdelikten

Es stellt sich nunmehr die Frage, ob durch diese Auslegung zumindest theoretisch eine klare Abgrenzung zwischen den "einfachen" Nötigungsdelikten und den Geiselnahmedelikten in der Alternative der Bemächtigung ermöglicht wurde, mittels der entschieden werden kann, bei welchen Verhaltensweisen die qualifizierenden Tatmerkmale der Geiselnahmedelikte vorliegen.

Hinsichtlich der §§ 253, 255 und § 239 a ist die Abgrenzung insoweit eindeutig, als § 239 a, zusätzlich zu den Erfordernissen der §§ 253, 255, die Anwendung von vis absoluta erfordert und hierdurch die Erpressungstatbestände qualifiziert. Eine echte Qualifikation liegt dabei allerdings nicht vor, denn die Erpressung muß für eine vollendete Strafbarkeit aus § 239 a nur versucht sein. Von § 249 unterscheidet sich § 239 a darin, daß der Raub keine zusätzlich Drohung mehr erfordert und auf diese Weise eine Abgrenzung möglich ist.

Schwieriger gestaltet sich die Differenzierung zwischen § 239 b und § 177 n.F., denn mit dessen Neufassung ist das Merkmal "Ausnutzen einer hilflosen Lage" als Nötigungsmittel aufgenommen worden. Allerdings wird man auch hier die Geiselnahme als Qualifikation des § 177 n.F. ansehen können. Im Rahmen des § 177 n.F. reicht die Druckausübung mittels einer Gewaltform aus. Der Täter macht sich schon strafbar, wenn er mit Gewalt, also vis absoluta oder vis compulsiva, oder mit Drohung nötigt oder, wenn er eine hilflose Lage ausnutzt, die auch ein anderer geschaffen haben kann. Nicht erforderlich ist, daß er zunächst eine hilflose Lage schafft und diese zur qualifizierten Drohung ausnutzt, so daß hierin der qualifizierende Umstand liegt. In der Regel wird der Täter diese hilflose Lage nicht herbeiführen, sondern sich auf ein Nötigungsmittel beschränken. Zur Abgrenzung ist zudem noch wichtig, daß die hilflose Lage während der Nötigung noch andauern muß. Ein Fall ausschließlich des § 177 n.F. liegt also vor, wenn der Täter z.B. das Opfer fesselt, dann droht, es für den Fall umzubringen, daß es sexuelle Handlungen nicht widerstandslos über sich ergehen lasse, es zur Vornahme dieser Handlungen aber wieder losbindet und so die Wirkung der vis absoluta aufhebt.

h) Ergebnis

Die Kritikmöglichkeiten greifen nicht durch, weshalb die hier vorgenommene Auslegung richtig zu sein scheint. Ob sie auch praktikabel ist, muß die Anwendung auf die strittigen Fälle[163] und die Praxis in der Zukunft zeigen.

3. Gemeinsamkeiten und Unterschiede zu den bisherigen Lösungen

Der Große Strafsenat stellte zur Abgrenzung darauf ab, daß einerseits der Bemächtigungssituation eine eigenständige Bedeutung zukommen muß, und andererseits zur Erfüllung des Merkmals "Lage" eine gewisse Stabilität erforderlich ist.[164] Den Argumenten, die der BGH für seine Ansicht vorträgt, wird auch bei der hier vorgenommenen Auslegung Rechnung getragen. So kommt Stabilität der Bemächtigungslage dadurch zustande, daß der Täter sie mit vis absoluta herbeiführt, wobei die Wirkung der Gewalt während der Nötigung noch vorhanden sein muß. Die so entstandene hilflose Lage muß unabhängig vom weiteren Verhalten des Täters existieren, so daß sie als stabil bezeichnet werden kann. Auch besitzt die Bemächtigung die geforderte eigenständige Funktion, da sie eine hilflose Lage schafft, die dem Täter als Grundlage der Nötigung dient. Dabei kommen als Nötigungsmittel nur solche in Betracht, die gegenüber dem Opfer als Drohung oder vis compulsiva wirken. Der Vorteil

---

[163] Vergl. hierzu unten 6. Abschnitt V., S. 208.
[164] BGHSt 40, 359.

der hier vorgeschlagenen Lösung liegt darin, daß auf die Diskussion[165] zur Abgrenzung von vis absoluta und vis compulsiva zurückgegriffen werden kann und kein neues Kriterium geschaffen wird, das zumindest am Anfang Anwendungsprobleme beinhalten könnte. Die Kritik an der Lösung des BGH, weitere Auslegungsprobleme zu schaffen, indem er nicht definiere, wann die "gewisse Stabilität" der Lage vorliege,[166] trifft die hier vorgeschlagene Lösung nicht, da die Abgrenzung von vis absoluta zur vis compulsiva ausreichend diskutiert worden ist. Auch kann ihr nicht der Vorwurf gemacht werden, sie fordere eine zeitliche Zweiaktigkeit, die sich im Gesetz nicht wiederfinde,[167] da die gleiche Handlung des Täters durchaus beide Gewaltauswirkungen haben kann. Gegen die Unterstellung einer Zweiaktigkeit spricht auch, daß beide Gewaltwirkungen zusammentreffen, also zur gleichen Zeit vorliegen müssen.[168] Ob der Täter sie nun gleichzeitig oder nacheinander auslöst, ist für die Annahme eines Geiseldeliktes unerheblich.

Zuletzt wird die hier vorgenommene Auslegung vom Wortlaut gedeckt und berücksichtigt die Ratio der Norm. Eine Kritik, wie sie am Mitwirkungskriterium[169] geäußert wurde,[170] wäre bezüglich der hier vorgeschlagenen Lösung daher unberechtigt.

V. Überprüfung des Ergebnisses anhand der problematischen Fälle

A. BGH in NStZ 93, 39 ("Pkw-Fall")

1. Sachverhalt[171]

Der Angeklagte faßte den Entschluß, "einer Frau Gewalt anzutun". Auf der Suche nach einem geeigneten Opfer beobachtete er in einem Gewerbegebiet eine 25jährige Frau beim Verlassen eines Lokals. Er entschloß sich, die Frau unter Einsatz seiner (ungeladenen) Gaspistole in seine Gewalt zu bringen, sie durch Vorhalten der Waffe zur Herausgabe ihres Bargeldes zu zwingen und sodann mit dem Opfer in dessen PKW an eine andere Stelle zu fahren, wo er

---

[165] *Eser*, Schönke/Schröder Vorbem. §§ 234 ff. Rdn. 13 ff.; *Tröndle* § 240 Rdn. 13; *Maurach/Schroeder/Maiwald* BT I § 13 Rdn. 17 ff.

[166] *Hauf*, NStZ 95, 184 (185); *Renzikowski*, JR 95, 349; *Müller-Dietz*, JuS 96, 110 (116).

[167] *Renzikowski*, JR 95, 349 (350).

[168] Vergl. oben 6. Abschnitt IV.B.2.d., S. 203.

[169] *Heinrich*, NStZ 97, 365 (370).

[170] *Renzikowski*, JR 98, 126 (127).

[171] Der Sachverhalt wurde hier verkürzt dargestellt.

sich vor Passanten sicher fühlte. Dort wollte er die Frau fesseln und mit ihr gegen ihren Willen den Geschlechtsverkehr ausführen. Er ging davon aus, daß er die Frau nur durch eine Ortsveränderung in eine Lage bringen konnte, die sie seinem ungehemmten Einfluß preisgeben würde.

Diesen Plan setzte der Täter in die Tat um. Er stieg unmittelbar nach der Frau in deren PKW ein, zwang sie sofort mit vorgehaltener Pistole - die die Frau möglicherweise für eine scharfe Schußwaffe hielt - zur Herausgabe ihres Geldes und fuhr sodann über mehrere Straßenzüge an eine ihm geeignet erscheinende Stelle im Industriegebiet. Dort fesselte er sein Opfer an den Händen, entkleidete es fast vollständig und führte sodann gegen den Willen der Frau den Geschlechtsverkehr bis zum Samenerguß mit ihr aus.

2. Rechtliche Würdigung

a) Lösung des BGH

Der erste Senat nimmt in der vorliegenden Entscheidung aufgrund des Wortlautes der Normen im Gegensatz zur Vorinstanz (LG Stuttgart) eine Strafbarkeit aus § 239 a und aus § 239 b an. Dabei soll § 239 a in Tateinheit zu § 253 verwirklicht worden sein. Ferner soll die Geiselnahme in Tateinheit zum erpresserischen Menschenraub stehen, da die Entführung und die Bedrohung mit der Pistole den objektiven Tatbestand beider Normen erfüllt habe. Augenscheinlich hat der BGH die besondere Problematik des Falls anders als das LG Stuttgart nicht gesehen. Das LG Stuttgart stellte fest, daß Bemächtigung und Erpressung zeitlich völlig zusammenfallen und nur ein Opfer betreffen. In solchen Fallgestaltungen müsse jedoch erpresserischer Menschenraub ausscheiden, da andernfalls kaum eine räuberische Erpressung denkbar wäre, die nicht zugleich einen erpresserischen Menschenraub darstellt. Mit dieser Argumentation, mit der das LG Stuttgart eine Strafbarkeit aus § 239 a ablehnte, setzt sich der BGH jedoch nicht auseinander.

b) Eigene Lösung

Der Täter könnte sich aus § 239 a strafbar gemacht haben, indem er der Frau die Waffe vorhielt und das Geld forderte. Eine vom Täter gesteuerte Ortsveränderung liegt, jedenfalls bis zur Herausgabe des Geldes, nicht vor, so daß der Täter das Opfer nicht entführt hat. Fraglich ist aber, ob sich der Täter des Opfers im Sinne des § 239 a bemächtigt hat, als er ihr im Wagen die Pistole vorhielt. Dann müßte das Vorhalten der Pistole im Auto vis absoluta darstellen und zu einer hilflosen Lage geführt haben. Vis absoluta ist das unmittelbare Erzwingen eines Verhaltens, indem entweder die Willensentschließung

oder die Verwirklichung des vorhandenen Willens durch Beseitigung ihrer
äußeren Voraussetzungen absolut unmöglich gemacht wird.[172] Vorliegend
wird die Willensentschließung des Opfers dadurch beeinflußt, daß der Täter
mittels der Pistole Konsequenzen für den Fall androht, daß sich das Opfer anders verhält als er es verlangt. Ausgeschlossen ist ein abweichendes Verhalten
jedoch nicht, so daß die Willensentschließung nicht absolut unmöglich gemacht wird. Ferner kann mit dem Vorhalten der Pistole die Umsetzung eines
einmal gebildeten Willens nicht verhindert werden, so daß die Willensbetätigung im vorliegenden Fall nicht beeinflußt wird. Das Vorhalten der Pistole
stellt also keine vis absoluta dar.[173] Jedoch könnte das Auto als geschlossener
Raum vis absoluta darstellen. Dann müßte dem Opfer das Verlassen des Autos
absolut unmöglich sein. Dem Sachverhalt läßt sich indes nicht entnehmen,
daß der Wagen verschlossen war, oder das Opfer auf eine andere Weise absolut daran gehindert war, den Wagen zu verlassen. Eine Tathandlung, die eine
Willensbetätigung des Opfers absolut unmöglich gemacht hätte, liegt also
nicht vor. Daher liegt auch keine vis absoluta und damit keine Bemächtigung
vor.

Für einen erpresserischen Menschenraub fehlt es demnach an der Bemächtigung, auf der die Erpressung aufbauen könnte. Hinsichtlich dieses Tatkomplexes hat sich der Täter also nicht aus § 239 a, sondern nur aus den §§ 253,
255 strafbar gemacht. Ob sich der Täter darüber hinaus wegen einer schweren
räuberischen Erpressung nach §§ 253, 255, 250 Absatz 1 Nr. 1 a, Absatz 2
Nr. 1 strafbar gemacht hat, hängt davon ab, welche Meinung man zum Waf-
fenbegriff vertritt. Nach der herrschenden Auffassung in der Literatur[174], handelt es sich bei Waffen um Gegenstände, die bei ihrer eventuellen Anwendung
objektiv zur Gefährdung von Leib und Leben geeignet sind, was hier nicht der
Fall ist, so daß nach dieser Ansicht eine schwere räuberische Erpressung nicht
vorliegt. Nach der Ansicht der Rechtsprechung[175] kommt es auf die objektive
Gefährlichkeit des Gegenstandes nicht an, sondern es reicht aus wenn er gefährlich erscheint. Diese Voraussetzung ist hier erfüllt, so daß eine schwere
räuberische Erpressung nach dieser Meinung gemäß den §§ 253, 255, 250 Absatz 1 Nr. 1 a, Absatz 2 Nr. 1 vorliegt.

Bezüglich des zweiten Tatkomplexes könnte sich der Täter aus § 239 b
strafbar gemacht haben, indem er mit der Frau an eine andere Stelle gefahren

---

[172] *Eser*, Schönke/Schröder Vorbem. §§ 234 ff. Rdn. 13; *Wessels* BT 1 Rdn. 381;
[173] So auch BGHSt 23, 126; 39, 133; *Eser*, Schönke/Schröder Vorbem §§ 234 ff.
Rdn. 16; *Tröndle* § 240 Rdn. 11.
[174] *Eser*, Schönke/Schröder § 250 Rdn. 15; *Herdegen*, LK § 250 Rdn. 20; *Lack-
ner/Kühl* § 244 Rdn. 4; *Tröndle* § 250 Rdn. 5; *Maurach/Schroeder/Maiwald* BT I § 35
Rdn. 27.
[175] BGH, NJW 92, 920; 94, 1166.

ist, sie dort gefesselt und zur Duldung des Geschlechtsverkehrs gezwungen hat. Der Täter müßte die Frau entführt haben. Das Erfordernis der Ortsveränderung ist hier erfüllt. Auch ist eine hilflose Lage entstanden, denn das Opfer war auf dem einsamen Industriegelände, zumal gefesselt, völlig dem Täter ausgeliefert. Fraglich ist aber, ob gerade durch die Ortsveränderung die hilflose Lage entstanden ist. Die Ortsveränderung müßte für die hilflose Lage kausal geworden sein. Vorliegend benutzte der Täter an dem Zielort mit den Fesseln ein neues Nötigungsmittel, welches das Opfer absolutem Zwang aussetzte. Das läßt darauf schließen, daß der Ort so beschaffen war, daß ohne dieses neue Zwangsmittel eine hilflose Lage für das Opfer noch nicht entstanden war, was gegen die Annahme einer Entführung spricht. Andererseits schaffte der Täter im vorliegenden Fall das Opfer gerade deswegen an einen anderen Ort, um es dort ungestört in seiner Gewalt zu haben, so daß die Fesselung der Hände für sich genommen nach Vorstellung des Täters nicht ausreichte, die hilflose Lage der Geisel herbeizuführen. Indem also erst die Anwendung beider Mittel die hilflose Lage begründete, ist die vom Täter herbeigeführte Ortsveränderung eine nicht unwesentliche Ursache der hilflosen Lage, weshalb eine Entführung vorliegt. Der objektive Tatbestand ist damit erfüllt.

Diese Entführung nahm der Täter auch vorsätzlich vor. Fraglich ist, ob er mit der Absicht handelte, dem Opfer zum Zweck der Nötigung mit dem Tod, einer schweren Körperverletzung oder einer Freiheitsentziehung von über einer Woche Dauer zu drohen. Dafür gibt es im Sachverhalt keine Anhaltspunkte. Vielmehr ist es so, daß er sich von der wehrlosen Frau nahm, was er wollte. Er führte mit ihr den Geschlechtsverkehr bis zum Samenerguß durch. Hierzu bedurfte es keinerlei Mitwirkung der Frau und es verblieb ihr keinerlei Handlungsspielraum. Die Duldung des Geschlechtsverkehrs wurde so allein mit dem Druckmittel der hilflosen Lage und nicht mit einer darüber hinaus gehenden qualifizierten Nötigung durchgesetzt. Dementsprechend fehlt es an der Absicht zur qualifizierten Nötigung und der Täter hat sich nicht aus § 239 b wegen Geiselnahme strafbar gemacht.

Der Täter könnte sich ferner aus § 177 Absatz 1 Nr. 1 und 3, Absatz 2 Nr. 1, Absatz 3 Nr. 1[176] wegen Vergewaltigung strafbar gemacht haben. Dann müßte er mit Gewalt oder durch Ausnutzen einer Lage, in der das Opfer der Einwirkung des Täters schutzlos ausgeliefert ist, ein Opfer genötigt haben, sexuelle Handlungen des Täters an sich zu dulden. Vorliegend hat der Täter mit der Fesselung Gewalt angewendet und so das Opfer zur Duldung des Geschlechtsverkehrs, also einer sexuellen Handlung, genötigt. Ferner hat der Täter auch die schutzlose Lage des Opfers ausgenutzt, um den Geschlechtsverkehr mit ihm zu vollziehen. Indem der Täter den Geschlechtsverkehr bis

---

[176] Es wird § 177 in der Fassung des 6. StrRG angewandt (BGBl I 98/164).

zum Samenerguß mit dem Opfer ausführte, ist auch das Merkmal Beischlaf erfüllt, so daß die Voraussetzungen des § 177 Absatz 2 Nr. 1 vorliegen. Ob darüber hinaus ein Fall des § 177 Absatz 3 Nr. 1 gegeben ist, entscheidet sich danach, welche Ansicht man zum Begriff der Waffe vertritt.[177]

Indem auch die weiteren Voraussetzungen der Strafbarkeit vorliegen, hat sich der Täter wegen Vergewaltigung gemäß § 177 Absatz 1 Nr. 1 und 3, Absatz 2 Nr. 1 strafbar gemacht. Ob darüber hinaus auch § 177 Absatz 3 Nr. 1 und Absatz 4 Nr. 1 erfüllt ist, hängt davon ab, welcher Meinung man sich anschließt, und ob der Täter nach dem Ortswechsel die Gaspistole auch noch verwendet hat.

c) Bewertung

Zusammenfassend kann festgestellt werden, daß in diesem Fall eine Bestrafung aus einem Geiseldelikt ausscheidet. Der Täter hat sich vielmehr wegen der "klassischen Delikte", hier in erster Linie wegen (schwerer) räuberischer Erpressung und Vergewaltigung, strafbar gemacht.

Dieses Ergebnis läßt sich aufgrund der beeinträchtigten Rechtsgüter rechtfertigen. Soweit das sexuelle Selbstbestimmungsrecht der Frau beeinträchtigt wurde, hat sich der Täter aus § 177 strafbar gemacht. Soweit die allgemeine Handlungsfreiheit und das Vermögen beeinträchtigt wurde, wird der Täter aus den §§ 253, 255 bestraft. Weitere Rechtsgüter wurden nicht verletzt. Insbesondere wurde im ersten Komplex keine hilflose Lage erreicht und die Freiheit als Allgemeinzustand der Autonomie nicht tangiert. Im zweiten Komplex wurde zwar eine hilflose Lage erreicht, diese aber nicht zu einer weiteren Beeinträchtigung der persönlichen Freiheit ausgenutzt. Das Unrecht, das durch die Schaffung der hilflosen Lage begangen wurde, ist nun nicht schwerer zu bewerten als die Anwendung eines anderen Nötigungsmittels, so daß es mit der Bestrafung aus § 177 abgegolten wird. Die persönlichen Freiheit - verstanden als Allgemeinzustand der Autonomie - wird dabei nicht beeinträchtigt.

Die verwirklichten Normen eröffnen hinsichtlich des begangenen Unrechts einen angemessenen Strafrahmen. Darüber hinaus würde das hier verwirklichte äußere Geschehen dem Tatbild, das gemeinhin mit einer Geiselnahme verbunden wird, nicht entsprechen. Mittel der vorgeschlagenen Lösung läßt sich im vorliegenden Fall ein angemessenes Ergebnis erzielen.

---

[177] Vergl. oben 6. Abschnitt V.A.2.b., S. 209.

B. BGH in NStZ 93, 237 ("Schulhoffall" und "Tiefgaragenfall")

1. Sachverhalt

Der Täter lockte eine 22jährige Frau auf ein einsam gelegenes Gelände. Dort bedrohte er sie mit dem Messer und brachte sie dazu, ihm 160 DM auszuhändigen. Nun beschloß er, das Opfer unter Ausnutzung der Situation zur Duldung des Geschlechtsverkehrs zu zwingen. Er zog und trug die Geschädigte in eine Ecke eines dunklen Schulhofs, wo er gegen ihren Willen den Geschlechtsverkehr mit ihr ausführte.

An einem anderen Tag entschloß sich der Täter erneut, sich in der geschilderten Weise Geld zu beschaffen. Er lockte eine 27jährige in das zweite Untergeschoß einer Tiefgarage. Dort bedrohte er sie in einer Stellplatznische mit einer Pistole und forderte sie auf, ihm Geld und Drogen auszuhändigen. Die Geschädigte, die in Todesangst geriet, übergab ihm 18 DM und eine leere Spritze. Spätestens jetzt entschloß sich der Angeklagte die Abgelegenheit des Ortes und die Todesangst der Frau dazu zu benutzen, diese auch sexuell zu mißbrauchen. Er zwang sie daraufhin, vor ihm kniend den Mundverkehr bis zum Samenerguß auszuführen, wobei er sie an den Haaren festhielt, während er in der anderen Hand die Pistole hielt.

2. Rechtliche Würdigung

a) Lösung des BGH

Das LG Stuttgart hatte den Beklagten wegen schwerer räuberischer Erpressung in Tateinheit mit Vergewaltigung und wegen schweren Raubes in Tateinheit mit sexueller Nötigung verurteilt. Die auf eine Verurteilung wegen erpresserischen Menschenraubes und Geiselnahme gerichtete Revision der Staatsanwaltschaft wies der BGH zurück und schloß sich damit im Ergebnis der Einschätzung des LG Stuttgart an, daß eine Verurteilung wegen dieser Delikte unterbleiben müsse. In der Begründung stellte der BGH erstmals auf das Außenwirkungskriterium ab, welches eine Abgrenzung zwischen den Geiseldelikten und den anderen Nötigungsdelikten insbesondere in der Bemächtigungsalternative ermöglichen sollte.[178] Das Vorliegen der erforderlichen Außenwirkung lehnte der BGH im vorliegenden Fall ab und verneinte daher eine Strafbarkeit aus den §§ 239 a/b.

---

[178] Vergl. hierzu 6. Abschnitt III.A., S. 180.

b) Eigene Lösung

In dem hier vorliegenden "Schulhoffall" könnte sich der Täter aus § 239 a strafbar gemacht haben, indem er sich von der Frau Geld geben ließ. Dann müßte er die Frau entführt oder sich ihrer bemächtigt haben. Der Täter hat eine Ortsveränderung herbeigeführt. Daß er hierzu keine Gewalt, sondern List anwandte, hindert, da er die Ortsveränderung steuerte, die Annahme einer Entführung nicht. Ferner ist erforderlich, daß für das Opfer am Zielort eine hilflose Lage entstand. Eine solche liegt nur dann vor, wenn das Opfer dem ungehemmten Einfluß des Täters ausgeliefert ist, wobei dieser Einfluß vom weiteren Verhalten des Täters unabhängig sein muß. Selbst auf einem einsamen Gelände ist das Opfer noch nicht hilflos, da es sich grundsätzlich entfernen kann. Es bedarf daher weiterer Maßnahmen, die eine Entfernung von dem Gelände verhindern, damit von einer hilflosen Lage ausgegangen werden kann. Nach dem Sachverhalt bedrohte der Täter das Opfer mit dem Messer. Liegt jedoch nur eine Drohung vor und verbleibt dem Opfer ein Handlungsspielraum, so dient das Messer nicht der Herbeiführung einer hilflosen Lage, also der Beeinträchtigung des Grundzustandes der Autonomie, sondern nur der Beeinträchtigung der allgemeinen Handlungsfreiheit. Andererseits kann von einer hilflosen Lage ausgegangen werden, wenn das Opfer aufgrund des Messereinsatzes an bestimmten Bewegungen gehindert ist, wofür erforderlich ist, daß der Täter das Opfer festhält und das Messer an die Kehle setzt. Hierfür gibt es im Sachverhalt keinen Anhaltspunkt. Hinsichtlich des Merkmals "Entführung" fehlt es also an der Entstehung der hilflosen Lage. Entsprechendes gilt für die Bemächtigungsalternative, denn auch für deren Vorliegen ist die Entstehung einer hilflosen Lage erforderlich. Indem es an der Vornahme der Tathandlung fehlt, hat sich der Täter nicht aus § 239 a strafbar gemacht.

Der Täter könnte sich aber durch das Wegtragen und die Erzwingung des Geschlechtsverkehrs aus § 239 b strafbar gemacht haben. Dann müßte er das Opfer entführt oder sich des Opfers bemächtigt haben. Erforderlich ist für beide Tathandlungsalternativen, daß eine hilflose Lage für das Opfer in der Ecke des Schulhofs entstanden ist. Die Ortsbeschaffenheit alleine ist dabei nicht geeignet, das Opfer dem ungehemmten Einfluß des Täters auszusetzen, da sie das Opfer nicht hindert, den Ort zu verlassen. Weitere Maßnahmen, die eine hilflose Lage unabhängig vom weiteren Verhalten des Täters begründen könnten, sind nicht ersichtlich. Insbesondere dienten die weiteren Nötigungsmittel, die der Täter anwandte allein der Durchsetzung der Vergewaltigung und nicht der Schaffung einer hilflosen Lage. Es fehlt folglich an der Entstehung einer solchen, weshalb sich der Täter nicht aus § 239 b strafbar gemacht hat.

Auch im Tiefgaragenfall stellt sich hinsichtlich der Strafbarkeit aus § 239 a die Frage, ob der Täter eine hilflose Lage durch Entführung oder Bemächtigung erreicht hat. Eine hilflose Lage ist dann erreicht, wenn das Opfer dem ungehemmten Einfluß des Täters ausgeliefert ist. Grundsätzlich kann sich das Opfer aus dem zweiten Untergeschoß eines Parkhauses leicht entfernen, so daß der Ort allein zur Begründung der hilflosen Lage nicht ausreicht. Möglicherweise wurde diese aber dadurch erreicht, daß der Täter die Frau mit einer Pistole bedroht hat. Eine Drohung führt aber lediglich zu einer Beeinträchtigung der allgemeinen Handlungsfreiheit und nicht zu einer des Grundzustandes der Autonomie. Durch dieses Nötigungsmittel wird folglich keine hilflose Lage des Opfers herbeigeführt. Die Pistole dient lediglich der Durchsetzung des Herausgabeverlangens. Eine hilflose Lage ist daher nicht entstanden.

Möglicherweise hat sich der Täter aber aus § 239 b strafbar gemacht, indem er das Opfer an den Haaren festhielt und unter Einsatz einer Drohung mit der Pistole zwang, vor ihm kniend den Mundverkehr auszuführen. Dann müßte sich der Täter des Opfers bemächtigt haben. Dies könnte er durch das Festhalten an den Haaren getan haben. Dieses Festhalten müßte dann als vis absoluta zu qualifizieren sein. Vis absoluta ist das unmittelbare Erzwingen eines Verhaltens, indem entweder die Willensentschließung oder die Verwirklichung eines vorhandenen Willens durch Beseitigung ihrer äußeren Voraussetzungen absolut unmöglich gemacht wird. Durch das Festhalten an den Haaren wird die Willensentschließung nicht beeinflußt. Möglicherweise beseitigt aber dieser Griff die äußeren Voraussetzungen der Verwirklichung eines gebildeten Willens. Dem Opfer war es unmöglich, den Ort zu verlassen oder den Kopf auch nur in einer anderen als der vom Täter vorgegebenen Richtung zu bewegen, so daß der Griff vis absoluta darstellt. Zu prüfen ist ferner, ob durch diese vis absoluta eine hilflose Lage des Opfers entstanden ist. Dann müßte die Lage unabhängig vom weiteren Verhalten des Täters fortbestehen und das Opfer dem ungehemmten Einfluß des Täters aussetzen. Zwar muß der Täter das Opfer weiter festhalten, aber er muß seinen Griff nicht ändern. Eine Änderung des Täterverhaltens ist somit nicht nötig. Nun könnte darin, daß er seinen Griff beibehalten muß, eine Hemmung seiner weiteren Einflußmöglichkeiten liegen. Ob hierin tatsächlich eine Hemmung liegt, wird indes von seinem weiteren Nötigungsziel abhängen. Das Ziel des Täters liegt hier in der Durchführung des Mundverkehrs. Dieses Ziel kann er aufgrund der Art seines Griffs unter dessen Beibehaltung erreichen, so daß er diese Lage zu der von ihm intendierten weiteren Nötigung ausnutzen kann. Eine Hemmung des Einflusses des Täters liegt damit nicht vor und somit ist die Lage des Opfers genauso hilflos, wie sie wäre, wenn der Täter sein Opfer gefesselt hätte. Eine hilflose Lage ist mithin entstanden. Diese hilflose Lage dauerte auch bis zur Erreichung seines Nötigungsziels des Mundverkehrs an. Der Täter hat sich mithin der Frau bemächtigt. Der objektive Tatbestand ist daher erfüllt.

Hinsichtlich des objektiven Tatbestandes müßte der Täter vorsätzlich und mit der Absicht zu einer qualifizierten Nötigung gehandelt haben. Ob jedoch Vorsatz vorliegt, ist fraglich, denn der Täter müßte sicher gewußt oder gewollt haben, daß sein Griff eine hilflose Lage für das Opfer begründet, mithin vis absoluta darstellt. Unterstellt, das Festhalten diente nach der Vorstellung des Täters tatsächlich der Herbeiführung der hilflosen Lage, so müßte er ferner beabsichtigt haben, die Frau mit dem Tod zu bedrohen, um so ein Verhalten zu erreichen. Insoweit könnte argumentiert werden, daß der Täter die Frau zur Durchführung des Mundverkehrs mittels der in der Hand gehaltenen Pistole durch die konkludente Todesdrohung zu einem Verhalten gezwungen hat und weiter könnte hieraus eine entsprechende Absicht abgeleitet werden. Dem ist jedoch entgegenzuhalten, daß angenommen wurde, der Täter wende seiner Vorstellung nach vis absoluta an, was bedeutet, daß die Frau gar nicht anders konnte, als in die Knie zu gehen und den Mundverkehr durchzuführen. Dementsprechend bedurfte es der Pistole gar nicht und eine entsprechende Drohungsabsicht lag nicht vor. Lag hingegen die Drohungsabsicht vor, vertraute der Täter also auf die Wirkung der Pistole, so vertraute er eben nicht auf die Wirkung seines Griffs. Dem Täter würde es dann am Vorsatz bezüglich der vis absoluta und damit bezüglich der Bemächtigung mangeln.

Daher fehlt es entweder an der besonderen Absicht oder am Vorsatz, weshalb der Täter sich nicht aus § 239 b strafbar gemacht hat.

c) Bewertung

Das gefundene Ergebnis scheint auf den ersten Blick richtig zu sein, da das Geschehen nicht dem üblichen Tatbild eines Geiseldeliktes entspricht. Verwunderlich ist aber, daß die Strafbarkeit wegen Geiselnahme im zweiten Fall erst im subjektiven Bereich scheitert. Indes liegt das daran, daß der geschilderte Sachverhalt nur wenige Details lieferte und daher eine Bemächtigung angenommen werden mußte. Inwieweit ein Griff in die Haare tatsächlich vis absoluta darstellt, hängt dabei entscheidend von der körperlichen Überlegenheit des Täters ab. Bei entsprechenden Fallgestaltungen wird deshalb häufig davon auszugehen sein, daß das Druckmittel weniger der Griff in die Haare, als vielmehr die Drohung mit der Pistole sein wird, weshalb es dann schon an der Bemächtigung und damit an der Tathandlung fehlt.

Das vorliegende Verhalten wird hier jedenfalls nach den Normen sanktioniert, die grundsätzlich dafür vorgesehen sind und auch ausreichende Sanktionsmöglichkeiten bieten, nämlich nach den Erpressungsdelikten und den Sexualdelikten.

C. BGH in StV 93, 539 ("Bankfall")

1. Sachverhalt[179]

Der Angeklagte überfiel mit mehreren Komplizen einen Kaufmann, schlug ihn nieder, fesselte ihn an Händen und Füßen und brachte ihn im Kofferraum eines Autos in ein Haus, wo er ihn im Badezimmer ablegte. Nach einer halben Stunde injizierte er ihm eine Salzwasserlösung in den Oberarm mit der Erklärung, bei dieser Spritze handle es sich um ein giftiges Serum, das binnen 24 h zum Tode führe, sofern nicht ein Gegenmittel, das nur ihm bekannt sei, verabreicht werde. Er würde ihn aber nicht töten, wenn er eine Million bezahle. Das Opfer gab an, kein Bargeld zu besitzen, worauf der Angeklagte eine Messer zog und drohte, jede Stunde einen Finger abzuschneiden und zwar solange bis er bereit sei zu zahlen.

Das Opfer erklärte sich in seiner Todesangst bereit, bei seiner Bank telefonisch einen Betrag von 200.000,- DM anzufordern. Der Angeklagte brachte ihn daraufhin zu einem Telefon, von dem er die Bank anwies, das Geld auf das Konto eines Mitangeklagten zu überweisen. Von diesem sollte es dann abgeholt werden. Der Bankangestellte wurde allerdings mißtrauisch und überwies das Geld nicht, was die Täter erst im nachhinein erfuhren. Das Opfer bekam - 20 Stunden nach Beginn der Entführung - das angebliche Gegengift, und der Angeklagte ließ es frei.

2. Rechtliche Würdigung

a) Lösung des BGH

Das Landgericht hatte den Angeklagten wegen versuchter schwerer räuberischer Erpressung in Tateinheit mit erpresserischem Menschenraub verurteilt. Dem schloß sich der BGH an, da nach Vorstellung des Täters eine über die Entführung des Opfers hinausreichende Außenwirkung des abgenötigten Verhaltens eintreten sollte.[180] Dabei sollte die Außenwirkung in der Erklärung der Geisel gegenüber der Bank liegen.

---

[179] Der Sachverhalt wurde hier verkürzt dargestellt.
[180] BGH, NStZ 93, 539.

b) Eigene Lösung

Der Täter könnte sich eines erpresserischen Menschenraubes gemäß
§ 239 a strafbar gemacht haben, indem er das Opfer entführte und diese Entführung zu einer Erpressung ausnutzen wollte. Voraussetzung einer Entführung ist zunächst eine vom Täter gesteuerte Ortsveränderung, die eine hilflose
Lage begründet. Vorliegend hat der Täter das Opfer gefesselt, weggebracht
und in einem Haus im Badezimmer abgelegt. Damit liegt eine Ortsveränderung vor und, indem das Opfer dem ungehemmten Einfluß des Täters absolut
ausgeliefert war, ohne daß dieser noch etwas anderes tun mußte, auch eine
hilflose Lage. Fraglich ist indes, ob die hilflose Lage auf der Ortsveränderung
beruhte. Indem an der Straße Hilfe für das Opfer wahrscheinlich und dort die
Lage mithin nicht hilflos gewesen wäre, beruhte die hilflose Lage auf der Verbringung in das Haus, so daß eine Entführung vorliegt. Der objektive Tatbestand ist damit erfüllt.

Bezüglich des objektiven Tatbestandes handelte der Täter vorsätzlich. Ferner müßte er beabsichtigt haben, die Sorge des Opfers um sein Wohl zu einer
Erpressung auszunutzen. Vorliegend hat er dem Opfer, während es sich in
seiner absoluten Gewalt befand, eine Lösung injiziert, deren tödliche Wirkung
er ihm vorspiegelte, und weiter gedroht, ihm seine Finger nach und nach abzuschneiden. Darin liegt die Drohung mit einem empfindlichen Übel, die das
Opfer dazu motivieren sollte, eine Überweisung zu tätigen, worin ein Verhalten läge. Dieses Verhalten würde eine Vermögensverfügung darstellen und,
indem es sich unmittelbar vermögensmindernd auswirken würde, auch einen
Vermögensschaden herbeiführen. Der Täter handelte außerdem in der Absicht, sich ungerechtfertigt zu bereichern, so daß eine Erpressungsabsicht vorliegt. Auch der funktionelle Zusammenhang zwischen der durch die Entführung begründeten hilflosen Lage und der Drohung liegt vor, denn das vermö-
gensschädigende Verhalten sollte während der hilflosen Lage des Opfers vorgenommen werden und die Lage wurde vom Täter gerade deshalb geschaffen,
um mittels einer weiteren Drohung das gewünschte Verhalten des Opfers erreichen zu können. Weder die eine Beeinträchtigung, nämlich die Injektion
beziehungsweise die Drohung, die Finger abzuschneiden, noch die andere Beeinträchtigung, nämlich die Entführung, waren nach der Vorstellung des Täters alleine geeignet, den erstrebten Erfolg herbeizuführen. Damit liegt auch
die erforderliche Absicht vor, und der Täter hat sich mithin wegen erpresserischem Menschenraub strafbar gemacht. Die versuchte schwere, nach Ansicht
der Rechtsprechung räuberische Erpressung steht hierzu in Tateinheit.

c) Bewertung

Vorliegend wird dasselbe Ergebnis vertreten, das schon der BGH in seiner
Entscheidung zu begründen versuchte. Diesem Ergebnis kann auch ohne wei-

teres zugestimmt werden, unterscheidet sich das verwirklichte Unrecht doch kaum von dem, das ein Täter bei einem normalen erpresserischen Menschenraub im Dreiecksverhältnis verwirklicht. Ein Unterschied besteht nur insoweit, als das Opfer nicht für ein Verhalten Dritter, sondern für ein eigenes Verhalten einstehen muß. Gleichwohl wird der Allgemeinzustand der Unabhängigkeit dadurch beeinträchtigt, daß sich das Opfer geraume Zeit in der Hand des Täters befand und dessen Verhalten schutzlos ausgeliefert war.

Die vorgeschlagene Auslegung führt also in diesem Fall zu einem tragbaren Ergebnis.

Andererseits würden, zumindest im Fall der Vollendung, die §§ 253, 255, 250 eine angemessene Reaktion ermöglichen, nach Ansicht der Rechtsprechung mit 5 Jahren sogar dieselbe Mindeststrafe vorsehen (§ 250 Absatz 2). Im vorliegenden Fall würde die versuchte schwere räuberische Erpressung in Tateinheit zur vollendeten Freiheitsberaubung nach § 239 Absatz 1 und zur gefährlichen Körperverletzung nach den §§ 223, 224 Absatz 1 Nr. 2 stehen, was dem verwirklichten Unrecht weitgehend gerecht würde. Weitgehend deshalb, weil auf die Beeinträchtigung des Allgemeinzustandes der Autonomie nur ansatzweise durch § 239 reagiert werden würde.

D. BGH in NStZ 94, 127 ("Waldfall")

1. Sachverhalt

Das Opfer hatte eine Autopanne, weshalb es das Angebot des Täters, es zu einer im gleichen Ort gelegenen Diskothek zu bringen, annahm und arglos in dessen Auto stieg. Der Täter entschloß sich jedoch, mit der Frau ein intimes Abenteuer zu suchen und das notfalls gegen den Willen der Frau mit Gewalt durchzusetzen. Trotz Protestes der Frau steuerte der Täter das Auto aus dem Ort in den Wald, wo er mehrfach die Richtung wechselte, um dem Opfer die Orientierung zu nehmen und es völlig seinem Einfluß preiszugeben. Bereits während der Fahrt forderte er die Frau auf, sich zu entkleiden. Als sie dies entschieden ablehnte, drohte er, sie umzubringen, wenn sie sich nicht füge. Im Wald erzwang er nach massiver Gewalteinwirkung gegen den Hals und unter Todesdrohungen schließlich neben einer Reihe gravierender sonstiger sexueller Handlungen mehrfach den Geschlechtsverkehr.

2. Rechtliche Würdigung

a) Lösung des BGH

Das Landgericht hatte den Angeklagten wegen Geiselnahme in Tateinheit mit Vergewaltigung, sexueller Nötigung und gefährlicher Körperverletzung verurteilt. Der BGH vertrat demgegenüber die Auffassung, daß der Angeklagte nicht wegen Geiselnahme verurteilt werden könne, da das Kriterium der Außenwirkung nicht erfüllt sei.

b) Eigene Lösung

Der Täter könnte sich wegen Geiselnahme aus § 239 b strafbar gemacht haben, indem er mit der Frau in den Wald fuhr, um sie dort zu sexuellen Handlungen zu nötigen. Dann müßte er die Frau entführt oder sich ihrer bemächtigt haben. Vorliegend fuhr er mit ihr in den Wald und änderte dort mehrfach die Richtung, um dem Opfer die Orientierung zu nehmen. Die für eine Entführung erforderliche Ortsveränderung liegt damit vor. Fraglich ist, ob hierdurch auch eine hilflose Lage entstanden ist, was dann der Fall ist, wenn das Opfer aufgrund der örtlichen Gegebenheiten dem ungehemmten Einfluß des Täters ausgeliefert ist. Die Örtlichkeit müßte also so sein, daß sich das Opfer nicht entfernen kann. Hierfür könnte sprechen, daß der Täter öfter die Richtung wechselte und dem Opfer möglicherweise die Orientierung genommen hat. Andererseits dürfte die Stelle im Wald nicht so abgelegen gewesen sein, daß es dem Opfer unmöglich war, sich zu entfernen. Allein aufgrund der Ortsveränderung war eine hilflose Lage nicht entstanden. Weitere Maßnahmen des Täters, die eine hilflose Lage begründen könnten, sind nicht ersichtlich. Insbesondere führen massive Gewalteinwirkungen gegen den Hals und Drohungen mit dem Tod nicht zu einer hilflosen Lage, sondern dienen bereits dem eigentlichen Ziel des Täters, nämlich der Erzwingung des Geschlechtsverkehrs. Vollendete Geiselnahme liegt daher nicht vor.

Möglicherweise hat sich aber der Täter wegen versuchter Geiselnahme strafbar gemacht. Die Tat ist nicht vollendet, da die hilflose Lage nicht erreicht wurde. Der Versuch ist, da es sich um ein Verbrechen handelt, strafbar. Der Täter müßte zur Tat entschlossen gewesen sein, also Vorsatz bezüglich des objektiven Tatbestandes gehabt haben. Nach Vorstellung des Täters müßten also die Richtungswechsel zu einer Orientierungslosigkeit der Frau führen und diese zu einer hilflosen Lage. Ob der Täter sich vorstellte, daß die Orientierungslosigkeit der Frau zu einer hilflosen Lage führte, läßt sich dabei dem Sachverhalt nicht entnehmen, so daß auch eine Strafbarkeit wegen versuchter Geiselnahme nicht gegeben ist.

c) Bewertung

Bei dem vorliegenden Fall ist man auf den ersten Blick geneigt, eine Entführung anzunehmen. Bezieht man jedoch das Schutzgut in die Betrachtung mit ein, so erscheint es fraglich, ob die persönliche Freiheit als Allgemeinzustand der Unabhängigkeit tatsächlich verletzt wurde. Sie wäre wohl dann als verletzt anzusehen, wenn der Täter das Opfer an eine Stelle brächte, die so weit von der Zivilisation entfernt ist, daß das Opfer allein nicht zurückkehren könnte oder etwa, wenn der Täter das Opfer im Wald in eine Grube werfen würde, aus der es nicht mehr herauskäme. Das mehrfache Wechseln der Richtung im Wald führt bei einer erwachsenen Frau auch dann noch nicht zu einer hilflosen Lage, wenn sie die Orientierung verloren hat. Erforderlich wäre ferner eine groß Entfernung zur Zivilisation und damit eine entsprechende Größe und Einsamkeit des Waldes. Hierfür bietet der Sachverhalt jedoch keine Anhaltspunkte. Dementsprechend hat der Täter keine hilflose Lage geschaffen, und es kommt allenfalls eine Strafbarkeit wegen versuchter Geiselnahme in Betracht.

Die Ablehnung der Strafbarkeit aus § 239 b rechtfertigt sich insbesondere wegen der fehlenden Verletzung der persönlichen Freiheit als Allgemeinzustand der Unabhängigkeit. Auch entspricht die hier vorliegende Tat nicht dem gewöhnlichen Tatbild einer Geiselnahme.

Zur Reaktion auf die Tat ist hier in erster Linie § 177 berufen, weil im Bereich des sexuellen Selbstbestimmungsrechtes der Frau der gravierendste Eingriff liegt. Diese Norm ist auch deswegen zur Sanktion geeignet, weil sie Abstufungen nach der Art und dem Erfolg der Nötigungshandlung vorsieht. Einer weiteren Reaktion, etwa durch Annahme einer Strafbarkeit aus § 239 b, bedarf es nicht.

E. BGH in NStZ 94, 128 ("Brückengeländerfall")

1. Sachverhalt[181]

Nach tätlichen Auseinandersetzungen zwischen den Tätern G und L und dem Opfer M fuhren die Täter mit dem nichtsahnenden Opfer in Richtung Elbbrücke. Als M fragte, wohin es gehe, sagte L nur: "Ich bringe Dich um!" Vor der Elbbrücke stellten sie das Auto ab. Sie zogen die vor Angst gelähmte M aus dem Wagen bis zur Brücke. L hob M über das Geländer der Elbbrücke, so daß sie mit dem Bauch über dem Geländer hing und infolge des so entstan-

---

[181] Der Sachverhalt wurde hier verkürzt dargestellt.

denen Übergewichts fast heruntergestürzt wäre, wenn sie sich nicht im letzten
Moment mit dem Unterarm im Geländer hätte verhaken können. Einen Sturz
aus der Höhe von 8 m hätte sie voraussichtlich nicht überlebt. 1 Stunde lang
hielt L das Opfer auf Anweisung des G über das Geländer. Dabei schob er sie
bald mehr, bald weniger weit über das Geländer hinaus. Während dieser "Pro-
zedur" fragt G die M immer wieder, was sie über seine kriminellen "Ge-
schäfte" wisse, und was sein Bekannter T ihr erzählt habe. Sie beteuerte wie-
derholt, daß sie nichts wisse. Anschließend brachten die Täter die M zum
Kiosk, wo sie bis 6.30 Uhr morgens bleiben mußte. Während dieser Zeit spra-
chen die Angeklagten in Anwesenheit des Opfers darüber, was sie weiter mit
M machen sollten, ob sie etwa deren Finger in eine laufende Kreissäge halten
sollten. Während der ganzen Zeit war M fast ohnmächtig vor Angst.

2. Rechtliche Würdigung

a) Lösung des BGH

Das Bezirksgericht hatte die Angeklagten wegen gemeinschaftlicher Geiselnahme verurteilt. Der fünfte Strafsenat wollte, auf das Kriterium der Opfersicht abstellend,[182] die Revision des Angeklagten verwerfen, sah sich hieran
aber durch die Rechtsprechung des ersten und zweiten Strafsenates, insbesondere durch deren Außenwirkungskriterium, gehindert. Auf die entsprechende
Anfrage antwortete der erste Strafsenat, daß die eigene Rechtsprechung der
beabsichtigten Entscheidung nicht entgegen stände und schloß sich, obwohl er
Bedenken gegen das vorgeschlagene Kriterium äußerte, im Ergebnis der Meinung des fünften Senats zum vorliegenden Fall an.[183] Beide Senate gehen
demnach von einer Strafbarkeit der Täter aus § 239 b aus.

b) Eigene Lösung

Die Täter könnten sich wegen einer gemeinschaftlich begangenen Geiselnahme nach § 239 b strafbar gemacht haben, indem sie das Opfer über das
Brückengeländer hielten und Informationen von ihm erlangen wollten. Dann

---

[182] Vergl. hierzu oben 6. Abschnitt III.C., S. 185.
[183] BGH, NStZ 94, 284.

müßten die Täter die M entführt oder sich ihrer bemächtigt haben. Eine von den Tätern herbeigeführte Ortsveränderung liegt zwar vor, doch hat die mißliche Lage der M ihre Ursache weniger in Verbringung zur Elbe, als vielmehr in dem Festhalten über dem Geländer durch den L. Dementsprechend liegt hier keine Entführung, möglicherweise aber eine Bemächtigung vor. Dann müßten die Täter mittels vis absoluta eine hilflose Lage des Opfers herbeigeführt haben. Indem der eine Täter auf Anweisung des anderen das Opfer mal mehr mal weniger weit über das Brückengeländer schob und es dabei festhielt, wendete er absolute Gewalt an, denn das Opfer hatte keine Möglichkeit einen gebildeten Willen zu verwirklichen. Durch den Griff des einen Täters ermöglichte dieser den ungehemmten Zugriff des anderen. Der Griff wirkte hier genauso wie eine Fesselung und ermöglichte es dem anderen Täter, das Opfer mal mehr, mal weniger weit über das Geländer schieben zu lassen und mit dem Tod zu bedrohen. Durch den Griff des L sah sich das Opfer dem Einfluß des G hilflos ausgeliefert, so daß die erforderliche Lage durch vis absoluta entstanden ist. Die Täter haben sich mithin des Opfers bemächtigt. Dies taten sie auch vorsätzlich. Ferner müßten sie in der Absicht gehandelt haben, dem Opfer mit dem Tode zu drohen, um ein Verhalten zu erreichen. Vorliegend wollten sie, wie sich aus dem weiteren Verhalten ergibt, von dem Opfer Auskünfte erlangen und ihm zu diesem Zweck mit dem Tod drohen. Dabei wollten sie auch die hilflose Lage ausnutzen, so daß der notwendige funktionale Zusammenhang vorliegt.

Der Tatbestand des § 239 b ist daher erfüllt.

c) Bewertung

Die Strafbarkeit aus § 239 b erscheint hier deswegen angemessen, weil das Opfer, anders als wenn es nur mit einer Pistole bedroht worden wäre, auch absoluter Gewalt ausgesetzt war. Die Verletzung des Allgemeinzustands der Unabhängigkeit rührt hier daher, daß das Opfer nicht nur absoluter Gewalt ausgesetzt war, sondern ihm fortwährend gedroht wurde und ihm damit die Aussichtslosigkeit seiner Lage sowie seine eigene Hilflosigkeit und Ohnmacht längere Zeit vor Augen geführt wurde. Dementsprechend erscheint eine Bestrafung aus § 239 b gerechtfertigt.

Der Fall ist diesbezüglich mit dem Bankfall vergleichbar. Ein Unterschied besteht aber, weil es hier an einer Erpressungsabsicht fehlt und daher auf das verwirklichte Unrecht nach geltendem Recht abgesehen von § 239 b, nur mit § 239 und § 240 reagiert werden kann. Trotz der Möglichkeit, einen besonders schweren Fall der Nötigung anzunehmen, § 240 Absatz 4, kann man mit diesen Normen der verwirklichten Schuld kaum gerecht werden.

F. BGH in NStZ 94, 481 ("Kellerfall")

1. Sachverhalt[184]

Das 12jährige Opfer S öffnete, nur mit einem Slip bekleidet, dem Täter auf dessen Klingeln hin die Tür. Der Täter trat ein, und S erklärte ihm, daß sie allein zu Hause sei, ihre Mutter und ihr Bruder aber bald zurückkommen würden. Der Täter vergewisserte sich, daß S tatsächlich allein zu Hause war. Danach entschloß er sich, S zu vergewaltigen. Da er mit der baldigen Rückkehr der Mutter rechnete, wollte er S aus der Wohnung in den Keller bringen, um sie dort ungestört zu sexuellen Handlungen zu zwingen. Indem er ihr androhte, sie umzubringen, wenn sie ihm nicht gehorche, zwang er sie zunächst, das Kinderzimmer aufzusuchen, um sich dort Kleider überzuziehen. Eingeschüchtert kam sie der Aufforderung nach. Nachdem sie Socken, Jeans, Pullover und Halbschuhe angezogen hatte, drohte der Täter erneut, ihr "den Hals umzudrehen", wenn sie nicht ruhig sei und sich ihm nicht füge. Mit der rechten Hand hielt er ihr den Mund zu, mit der linken umgriff er sie fest im Nakken. So schob er sie vor sich her in das Treppenhaus. Plötzlich kam eine Nachbarin die Treppe hinauf. Obgleich der Täter der S den Mund zuhielt, begann diese zu schreien und hielt sich mit beiden Händen am Treppengeländer fest. Als die Nachbarin auf gleicher Höhe war, gelang es dem Opfer, sich aus der Umklammerung zu lösen und sich, laut um Hilfe schreiend, an der Kleidung der Nachbarin festzuhalten. Der Täter schaute daraufhin die Nachbarin provozierend böse an, worauf diese sich, ohne etwas zu sagen, von S befreite und weiterging. Nunmehr brach der Widerstand des Kindes zusammen. S ließ sich von dem Angeklagten, der sie weiterhin festhielt, widerstandslos in das Kellergeschoß bringen. Dort bedrohte er sie erneut mit dem Tode, zwang sie, sich auszuziehen, manipulierte an ihrem Geschlechtsteil und versuchte mit seinem Glied in ihre Scheide einzudringen. Durch die von dem Ehemann der Nachbarin begonnene Suche nach dem Kind gestört, tötete er S, um sich ohne Störung durch ihre Schreie an der Leiche geschlechtlich befriedigen zu können und um nicht entdeckt zu werden.

2. Rechtliche Würdigung

a) Lösung des BGH

Das Landgericht hat den Täter wegen Mordes in Tateinheit mit Geiselnahme mit Todesfolge, mit versuchter Vergewaltigung und mit sexuellem

---

[184] Der Sachverhalt wurde hier verkürzt dargestellt.

Mißbrauch eines Kindes verurteilt. Der BGH hat auf Revision des Angeklagten hin insbesondere die Verurteilung wegen Geiselnahme mit Todesfolge bestätigt. Die nach der Rechtsprechung des ersten Senats erforderliche Außenwirkung sah der dritte Senat, trotz Bedenken gegen dieses Kriterium, hier darin, daß der Täter das Opfer zwang, sich anzukleiden, um es in den Keller verbringen zu können, weil sie auf dem Weg in den Keller der Nachbarin begegneten.

b) Eigene Lösung

Der Täter könnte sich durch die Verbringung der S in den Keller, um sie dort zu vergewaltigen, wegen Geiselnahme mit Todesfolge nach § 239 b strafbar gemacht haben. Dann müßte er das Mädchen entführt oder sich ihrer bemächtigt haben.

Für die Entführung ist dabei eine vom Täter gesteuerte Ortsveränderung notwendig, die hier in der Verbringung in den Keller liegt. Fraglich ist, ob durch die Ortsveränderung von der Wohnung in den Keller eine hilflose Lage entstanden ist. Dann müßte der Keller so beschaffen sein, daß das Kind unabhängig vom weiteren Verhalten des Täters dessen ungehemmtem Einfluß ausgeliefert war. Die Ortsveränderung wurde vorgenommen, um ein Eingreifen der Mutter oder Dritter, also Hilfe von außen, zu verhindern. Dieser Ausschluß der Hilfe von außen ist auch gelungen, denn die Nachbarn konnten dem Mädchen nicht helfen. Indes beruhen die Verteidigungsmöglichkeiten eines 12-jährigen Kindes nicht nur auf der Hilfe anderer, denn auch ein 12-jähriges Kind hat einen eigenen Willen und Möglichkeiten, diesen zu verwirklichen und sich gegen Beeinträchtigungen seiner Willensfreiheit zu wehren. Auch diese Verteidigungsmöglichkeiten müßte der Täter durch die Verbringung in den Keller beseitigt haben. Der Täter müßte also mit der Ortsveränderung oder an dem neuen Aufenthaltsort etwas getan haben, was Ruf-, Flucht- oder sonstige Wehrmöglichkeiten (um sich schlagen, beißen, kratzen etc.) ausschließt. Der Keller gehört zu dem gewöhnlichen Lebensumfeld des Kindes, so daß die Ortsveränderung allein noch nicht zu Zwangswirkungen im Sinne einer vollständigen oder zumindest deutlichen Herabsetzung der Verteidigungsmöglichkeiten des Kindes geführt hat. Das ergibt sich auch bei einem Vergleich der Verteidigungsmöglichkeiten, die das Kind in der Wohnung hatte, mit denen, die es nun im Keller hat. Eine Veränderung hinsichtlich der eigenen Verteidigungsmöglichkeiten ist nicht festzustellen. Demnach müßte der Täter im Keller etwas getan haben, was die Verteidigungsmöglichkeiten herabsetzt. Laut Sachverhalt bedrohte der Täter das Opfer mit dem Tode und zwang es sich auszuziehen. Hierin liegt aber ein Zwang, der der Durchsetzung des direkten Nötigungsziels dient und nicht erst der Festigung einer Nötigungsbasis. Von weiteren, die Verteidigungsmöglichkeit herabsetzenden Maßnahmen berichtet der Sachverhalt nichts.

Dementsprechend liegt eine Entführung nicht vor.

Möglicherweise hat sich aber der Täter des Kindes bemächtigt. Dann müßte er vis absoluta angewendet und hierdurch eine hilflose Lage geschaffen haben. Die vis absoluta muß dabei während der Nötigung, insbesondere bei der Vornahme der erzwungenen Handlung noch andauern. Da der Täter das Mädchen im Keller jedenfalls wieder losgelassen hat, scheidet eine eventuelle Gewaltanwendung auf der Treppe aus. Im Keller drohte der Täter dem Mädchen mit dem Tode und zwang sie laut Sachverhalt zu verschiedenen Verhaltensweisen. Vis absoluta liegt daher nicht vor. Die letzte Möglichkeit, vis absoluta anzunehmen, liegt in der Tötung des Kindes. Indes kann ein toter Mensch nicht mehr zu etwas gezwungen werden, so daß auch hierin keine Bemächtigung im Sinne der Norm gesehen werden kann.

Der objektive Tatbestand ist nicht erfüllt und § 239 b findet keine Anwendung.

c) Bewertung

Dieses Ergebnis steht im Gegensatz zur Meinung der Rechtsprechung und mag angesichts des grausamen Vorgehens des Verbrechers überraschen. Indes liegt der Schwerpunkt des Verbrechens in der Tötung zur Befriedigung des Geschlechtstriebs beziehungsweise aus niederen Beweggründen, so daß die Tat als Mord nach § 211 strafbar ist. Ferner liegt unzweifelhaft ein Fall eines sexuellen Mißbrauchs eines Kindes in einem besonders schweren Fall mit Todesfolge nach § 176 Absatz 1, § 176 a Absatz 1 Nr. 1 und Absatz 4 Nr. 1 und 2, § 176 b vor. Mit diesen Normen wird auf die Verletzung der ungestörten Gesamtentwicklung des Kindes durch die sexuellen Erlebnisse sowie auf die Tötung des Kindes schuldangemessen reagiert.

Ob darüber hinaus der Täter auch aus § 239 b strafbar sein soll, muß sich danach richten, ob eine Verletzung der persönlichen Freiheit verstanden als Allgemeinzustand der Autonomie vorliegt. Hierfür könnte sprechen, daß das Kind dem Täter fast schutzlos ausgeliefert war. Das ist aber leider beim sexuellen Mißbrauch von Kindern stets der Fall und zwar ohne, daß der Täter die Hilflosigkeit speziell herbeiführen müßte. Aufgrund seiner körperlichen Überlegenheit ergibt sich für den Täter gar nicht die Notwendigkeit, einen noch hilfloseren Zustand des Kindes zu schaffen. Eine solche ergäbe sich nur dann, wenn der Täter das Kind eine gewisse Zeit lang mißbrauchen wollte und deshalb entführen müßte. Dann könnte auch eine Geiselnahme nach § 239 b gegeben sein. So liegt der Fall hier allerdings nicht. Durch den sexuellen Mißbrauch des Täters wird die persönliche Freiheit im Sinn des § 239 b nicht verletzt. Auch die Tötung des Kindes ist etwas anderes als die Verletzung dieser Art der persönlichen Freiheit.

Dagegen, die vorliegende Tat als Geiselnahme zu qualifizieren, spricht auch eine weitere Überlegung: Hätte der Täter das Opfer nicht in den Keller gebracht, sondern die Tat in der Wohnung begangen, so hätte ohne Zweifel keine Geiselnahme vorgelegen. In den Keller hat er das Mädchen aber nur gebracht, um nicht entdeckt zu werden und nicht etwa, um seinen Einfluß oder seine Einwirkungsmöglichkeiten gegenüber den Verteidigungsmöglichkeiten des Mädchens zu vergrößern. Alleine aufgrund dieser Tatortverlagerung eine Geiselnahme anzunehmen, erscheint nicht angemessen.

Dementsprechend muß eine Bestrafung aus § 239 b ausscheiden.

Auch ergibt sich ein wesentlicher Unterschied zu dem Bank- und dem Brückenfall. Dort wollte der Täter jeweils ein aktives Verhalten des Opfers erreichen. Hier benutzt der Täter das Opfer und erzwingt eine Duldung. Anders als in den genannten Fällen muß sich der Täter hier nicht erst die Mühe machen, eine hilflose Lage zu schaffen, da er auch ohne diese zum Ziel kommt. Als problematisch könnte angesehen werden, daß der Täter nur deshalb nicht aus § 239 b bestraft wird, weil das Kind ohnehin schon unterlegen ist, was bedeuten könnte, daß unterlegene Opfer weniger geschützt werden. Das mag für die Geiseldelikte in bestimmten Fällen zutreffen, bedeutet aber nicht zugleich, daß unterlegene Opfer insgesamt weniger geschützt sind, denn zu deren Schutz sind andere Normen berufen, zum Beispiel § 176. Diese vom Opfer und dessen Verteidigungsfähigkeit abhängige Unterscheidung hat auch ihre Berechtigung, denn es bedarf jeweils einer anderen kriminellen Energie. Einerseits muß jemandem sein Schutz genommen werden, um ihn dann zu nötigen, worauf der Gesetzgeber mit § 239 b reagiert. Andererseits muß die Schutzlosigkeit eines anderen zur Nötigung ausgenutzt werden, worauf der Gesetzgeber mit den §§ 176 ff. reagiert.

Auch das äußere Tatbild unterscheidet sich von einem Geiseldelikt, so daß die Ablehnung der Strafbarkeit aus § 239 b richtig erscheint.

G. BGH in NStZ 94, 283[185] ("Kornfeld-/Kirmesfall")

1. Sachverhalt

Der Angeklagte und seine beiden Landsleute hatten gesehen, daß die Zeugin K zu ihrem Auto gebracht und dort von ihrem Begleiter zurückgelassen

---

[185] = BGH 2. StR 421/93 (in NStZ 94, 430) = BGH GS St 1/94 (in NJW 95, 471).

worden war. Als das Mädchen die Fahrertür ihres geparkten Wagens öffnete und sich erbrach, faßten sie den Entschluß, die Situation auszunutzen, um die Zeugin zu vergewaltigen. Da sie befürchteten, daß ein solches Geschehen im Bereich der geparkten Autos vom nahegelegenen Festplatz aus bemerkt werden könnte, kamen sie überein, das Mädchen zu einer schlecht einsehbaren Stelle im angrenzenden Getreidefeld zu bringen, um dort die geplante Tat auszuführen. Einer der drei Täter fragte die Zeugin, ob ihr schlecht sei; als sie bejahte, bot er ihr Hilfe an, zog sie aus dem Auto, legte sie sich über die Schulter und trug sie etwa 20 bis 30 m in das Getreidefeld. Die Zeugin war zunächst ohne Argwohn und ließ dies in der Annahme, man wolle ihr helfen, geschehen. Im Getreidefeld wurde sie gepackt, zu Boden gedrückt, gewaltsam entkleidet, festgehalten und am Hilferufen gehindert. Einer der Täter hielt ihr ein Messer an den Hals und bedrohte sie mit dem Tode, falls sie sich weiter wehre, woraufhin sie jeden Widerstand aufgab. Der Angeklagte und seine beiden Landsleute übten sodann abwechselnd mindestens sechsmal den Geschlechtsverkehr mit ihr aus.

2. Rechtliche Würdigung

a) Lösung des BGH

Das Landgericht hat den Angeklagten wegen Geiselnahme in Tateinheit mit Vergewaltigung, sexueller Nötigung und vorsätzlicher Körperverletzung verurteilt. Der zweite Strafsenat beabsichtigte, das Rechtsmittel des Angeklagten zu verwerfen, sah sich damit allerdings im Widerspruch zur Rechtsprechung des ersten Senats; insbesondere sah er das Außenwirkungskriterium als nicht erfüllt an. Da der erste Senat auf Anfrage an seiner Rechtsansicht festhielt, wurde die Frage dem großen Senat vorgelegt.[186] Dieser stellte auf das Erfordernis der hilflosen Lage ab, die bei der Alternative des Sichbemächtigens vielfach nicht erreicht würde, und kam zu dem Ergebnis, daß eine Strafbarkeit wegen Geiselnahme im vorliegenden Fall am Fehlen der hilflosen Lage scheitern würde.[187]

b) Eigene Lösung

Der Angeklagte und seine Mittäter könnten sich wegen Geiselnahme aus § 239 b strafbar gemacht haben, indem sie die Frau festhielten, mittels eines

---

[186] BGH, NStZ 94, 430.
[187] BGH GS, NJW 95, 471 f.

Messers ihren weiteren Widerstand unterbanden und sie vergewaltigten. Dann müßten die Täter die Frau entführt haben. Einer hat das Opfer 20 - 30 m weit in ein Feld getragen und somit eine Ortsveränderung vorgenommen. Die Ortsveränderung müßte kausal für eine hilflose Lage des Opfers geworden sein. Allein aufgrund der hier vorliegenden örtlichen Gegebenheiten in einem Getreidefeld, maximal 30 m von einem belebten Rummelplatz entfernt, liefert die nur geringe Ortsveränderung keinen entscheidenden Kausalbeitrag zu einer eventuellen hilflosen Lage. Insbesondere wurden hierdurch die Verteidigungsmöglichkeiten des Opfers nicht beeinträchtigt. Trotz der Absicht der Täter, mit der Ortsveränderung die Hilfe Dritter auszuschalten, liegt also nach objektiven Kriterien nur aufgrund der Ortsveränderung keine hilflose Lage vor. Die Alternative "Entführung" kommt daher nicht in Betracht.

Die Täter könnten sich aber der Frau bemächtigt haben. Dafür ist erforderlich, daß sie unter Anwendung von vis absoluta eine hilflose Lage für das Opfer herbeiführten. Vorliegend wurde die Frau gepackt, zu Boden gedrückt und gewaltsam entkleidet, festgehalten und an Hilferufen gehindert, mithin vis absoluta grundsätzlich ausgeübt. Fraglich ist indes, ob dadurch eine hilflose Lage geschaffen wurde. Dann müßte die vis absoluta so wirken, daß das Opfer dem ungehemmten Einfluß wenigstens eines Täters ausgesetzt ist. Vorliegend wehrte sich die Frau aber so stark, daß einer der Täter ihr ein Messer an den Hals hielt und sie mit dem Tode bedrohte, falls sie sich weiter wehre. Dementsprechend ist zweifelhaft, ob die Gewalt, die die Täter zum Festhalten anwendeten, überhaupt absolut wirkte. Andererseits schließt nun das Messer am Hals der am Boden liegenden Frau jeden weiteren Widerstand aus. Daher liegt in der Art des Einsatzes des Messers vis absoluta und zwar unabhängig von dem Verhalten der anderen Tatbeteiligten, so daß eine hilflose Lage entstanden ist. Die Täter haben sich mithin der Frau bemächtigt, und der objektive Tatbestand ist erfüllt.

Die Täter müßten ferner vorsätzlich gehandelt haben. Fraglich ist, ob sie mit dem Einsatz des Messers eine hilflose Lage herbeiführen wollten, um auf dieser eine Nötigung aufbauen zu können, oder ob sie nicht vielmehr allein die Vergewaltigung mit vis absoluta durchsetzen wollten. Angenommen sie wollten eine hilflose Lage schaffen, so müßten sie weiterhin die Absicht gehabt haben, durch die Drohung mit einem qualifizierten Nötigungsmittels ein Verhalten zu erzwingen. Die Drohung könnte hier in der objektiv vorliegenden Todesdrohung liegen und das Verhalten in der Duldung des Geschlechtsverkehrs. Indes ist die Absicht bezüglich der weiteren Drohung fraglich, denn sie müßten eine hilflose Lage geschaffen haben, um nötigen zu können. Im vorliegenden Fall war aber der gesamte Widerstand des Opfers mit dem Erreichen der hilflosen Lage gebrochen. Einer weiteren Nötigung bedurfte es insoweit nicht, so daß auch eine entsprechende Absicht ausgeschlossen werden kann.

Lebensnäher erscheint es demgegenüber davon auszugehen, daß der Vorsatz der Täter nicht dahin ging, eine hilflose Lage zu erreichen, sondern dahin, den Widerstand gegen die Vergewaltigung zu brechen. Es würde dann zwar die qualifizierte Nötigungsabsicht vorliegen, nicht aber der Vorsatz bezüglich der Erreichung der hilflosen Lage.

Eine Geiselnahme liegt demnach nicht vor.

Die Täter haben sich jedoch wegen Vergewaltigung gemäß § 177 Absatz 1, 2 Nr. 1 und 2, Absatz 3, Absatz 4 Nr. 1 strafbar gemacht.

c) Bewertung

An diesem Fall ist auffällig, daß, trotz vieler Gemeinsamkeiten mit dem "Brückengeländerfall"[188], eine Strafbarkeit aus § 239 b anders als dort abgelehnt wurde. Das liegt hier, wie schon im Tiefgaragenfall[189], daran, daß zwar eine hilflose Lage entstanden war, es aber an einem entsprechenden Vorsatz fehlte. Die Täter wollten hier, anders als im "Brückengeländerfall", ein Duldung erreichen, die sie schon mit der Anwendung von vis absoluta durchsetzen konnten. Im "Brückengeländerfall" sollte dagegen ein aktives Verhalten erreicht werden, was eben nicht mit vis absoluta durchsetzbar ist. Eine weitergehende Nötigung war im vorliegenden Fall aufgrund des Nötigungsziels der Täter nicht erforderlich und folglich auch nicht beabsichtigt. Daher liegt hier auch kein Fall der Geiselnahme vor, sondern ein Fall des § 177 Absatz 1 und 3 Nr. 1 und 3.[190]

H. BGH in NStZ 96, 277 ("Hotelzimmerfall")

1. Sachverhalt[191]

Der Angeklagte betrat mit zwei weiteren Personen das Hotelzimmer des Opfers B in Teplice/CSFR und forderte von diesem unter Schlägen und Drohungen 10.000,- DM. Insoweit sollte er für seinen damaligen Arbeitgeber, von dem er sich trennen wollte, zunächst umsonst arbeiten. Während des Geschehens wurde B außerdem mit einer Drahtschlinge gewürgt und mit einem Mes-

---

[188] Vergl. oben 6. Abschnitt V.E., S. 221.
[189] Vergl. oben 6. Abschnitt V.B., S. 213.
[190] Dies gilt natürlich nur unter der Voraussetzung, daß § 177 in der Fassung des 33. StrÄndG schon zur der Tatzeit so gegolten hätte.
[191] Der Sachverhalt wurde hier verkürzt dargestellt.

ser am Finger verletzt. Aus Angst erklärte er sich bereit, die Forderungen zu erfüllen, worauf der Angeklagte und seine Mittäter das Zimmer verließen. Am nächsten Tag erstattete B in seinem Wohnort in Deutschland Strafanzeige. Das Arbeitsverhältnis beendete er, Zahlungen leistete er nicht.

2. Rechtliche Würdigung

a) Lösung des BGH

Das Landgericht hatte den Angeklagten wegen erpresserischem Menschenraub in Tateinheit mit gefährlicher Körperverletzung verurteilt. Der vierte Strafsenat vertrat demgegenüber die Auffassung, daß § 239 a nicht erfüllt sei, da zwischen der Bemächtigungslage und beabsichtigten Erpressung ein funktionaler und zeitlicher Zusammenhang derart bestehen muß, daß der Täter das Opfer während der Dauer der Zwangslage erpressen will, der hier fehle.

b) Eigene Lösung

Die Täter könnten sich wegen gemeinschaftlich[192] begangenem erpresserischem Menschenraub gemäß § 239 a durch ihr Verhalten in dem Hotelzimmer strafbar gemacht haben. Eine Entführung scheitert an der fehlenden Ortsveränderung, so daß sich die Täter des Opfers bemächtigt und mithin vis absoluta angewendet haben müßten. Während der gesamten Situation, insbesondere während des Würgens mit der Drahtschlinge, war es dem Opfer absolut unmöglich, das Zimmer zu verlassen, so daß man hier vis absoluta annehmen kann. Durch dieses Verhalten müßte eine hilflose Lage entstanden sein. Während des Würgens mit der Drahtschlinge war das Opfer den Tätern hilflos ausgeliefert. Die Lage hatte auch unabhängig von der Anwesenheit der nicht würgenden Täter Bestand. Ferner lagen keine Umstände vor, die gegen einen ungehemmten Einfluß der nicht würgenden Täter auf das Opfer sprechen würden. Demnach lag hier eine hilflose Lage vor, die die Täter auch mittels vis absoluta geschaffen haben. Die Täter handelten vorsätzlich. Fraglich ist aber, ob sie in der Absicht handelten, diese Lage zu einer Erpressung auszunutzen. Sie drohten zwar dem Opfer, was auf den entsprechenden Willen schließen läßt, jedoch drohten sie nicht mit einem Übel, das während der hilflosen Lage eintreten sollte, sondern erst, nachdem diese längst beendet war, um das Geld und die Arbeitsleistung zu erreichen. Damit fehlt es am funktio-

---

[192] Bei der Prüfung wird davon ausgegangen, daß die Beteiligten Mittäter im Sinne von § 25 Absatz 2 sind.

nalen Zusammenhang, und die Täter haben sich nicht aus § 239 a strafbar gemacht, soweit sie die zukünftigen Leistungen erstrebten.

Auch hinsichtlich des Versprechens, das die Täter während der hilflosen Lage erlangten, liegt kein erpresserischer Menschenraub vor, da dieses keinen Vermögenswert hat und als Nötigungsziel des § 239 a ausscheidet.

Indes könnten sich die Täter aus § 239 b wegen Geiselnahme strafbar gemacht haben, indem sie sich des Opfers bemächtigten und es zu dem Versprechen zwangen. Der objektive Tatbestand ist erfüllt, doch stellt sich die Frage nach der Absicht der Täter. So ergibt sich aus dem Tatbild, daß es den Tätern weit weniger auf das Versprechen, als darauf ankam, das Opfer einzuschüchtern, damit es die geforderte Arbeit für die Firma leistet. Dementsprechend war nicht das Versprechen beabsichtigt, sondern eine Einschüchterung des Opfers. Daher handelten die Täter nicht mit dem erforderlichen Vorsatz und eine Strafbarkeit aus § 239 b scheidet aus.

c) Bewertung

Das hier erzielte Ergebnis steht im Einklang mit der Rechtsprechung des BGH. Die Ablehnung der Strafbarkeit wegen erpresserischem Menschenraub und Geiselnahme erscheint auch angemessen.

I. Ergebnis

Die gefundene Auslegung scheint hinsichtlich der bislang als problematisch angesehenen Fälle praktikabel zu sein. Entscheidende Bedeutung kommt dabei der Frage zu, ob eine hilflose Lage entstanden ist. Eine solche hilflose Lage ist für die Erfüllung der Geiselnahmedelikte unabdingbar, konnte aber nach der hier vorgenommenen Auslegung in der Mehrzahl der Fälle nicht angenommen werden, so daß es insoweit bei einer Strafbarkeit aus den klassischen Delikten bleibt.

Es zeigt sich, daß sowohl dem erpresserischen Menschenraub als auch den Erpressungstatbeständen ein eigenständiger Anwendungsbereich verbleibt. Es kommt nur in einer geringen Anzahl der Fälle tatsächlich zu einer hilflosen Lage des Erpressungsopfers, so daß in den restlichen Fällen "nur" eine Erpressung oder räuberische Erpressung vorliegt. Kommt es aber zu einer hilflosen Lage, und gelangt die beabsichtigte Erpressung tatsächlich zur Vollendung, so wird die Erpressung nicht verdrängt, sondern es liegt Tateinheit vor, da andernfalls die Vollendung der Erpressung keine Berücksichtigung fände.

Entsprechendes gilt im Verhältnis der Sexualdelikte zu dem Delikt der Geiselnahme. Auch hier wurde der Anwendungsbereich der Geiseldelikte sehr eng begrenzt und liegt seinem Schwerpunkt nach im Bereich der Dreipersonenverhältnisse. Beide Normen schließen sich indes nicht aus, sondern können ideal miteinander konkurrieren, wenn ein Täter eine hilflose Lage des Opfers schafft und dabei das Nötigungsziel des § 177 verfolgt.

Siebter Abschnitt: Die weiteren Abgrenzungsfragen

I. Das Verhältnis des § 239 a zu anderen Delikten

A. Das Verhältnis zu § 239

Hinsichtlich des Verhältnisses des erpresserischen Menschenraubes zu § 239 Absatz 1 stellt sich die Frage, ob nicht ein Fall der Gesetzeskonkurrenz vorliegt. § 239 a könnte § 239 Absatz 1 aufgrund von Spezialität verdrängen. Spezialität liegt dann vor, wenn ein Gesetz einen schon allgemeiner durch ein anderes Gesetz erfaßten Sachverhalt durch Hinzutreten weiterer Merkmale besonders regelt.[1] Voraussetzung dafür ist, daß § 239 a alle Merkmale des § 239 enthält und darüber hinaus mindestens ein zusätzliches Merkmale aufweist. Jeder erpresserische Menschenräuber müßte seine Geisel des Gebrauchs der persönlichen Freiheit berauben. Der Raub der persönlichen Freiheit ist zwar nicht Tatbestandsmerkmal des § 239 a, andererseits könnte aber die zur Erfüllung dieser Norm zu schaffende hilflose Lage den Raub der persönlichen Freiheit umfassen. Fraglich ist demnach, ob die Schaffung einer hilflosen Lage ohne Raub der persönlichen Freiheit möglich ist. Ein Raub der persönlichen Freiheit liegt vor, wenn das Opfer daran gehindert wird, seinen Aufenthaltsort frei zu verändern.[2] Kann das Opfer sich entfernen, also seinen Aufenthaltsort ändern, ist es nicht dem ungehemmten Einfluß des Täters ausgesetzt und befindet sich daher nicht in einer hilflosen Lage im Sinne des § 239 a. Jede hilflose Lage im Sinne des § 239 a führt also zugleich zu einem Raub der persönlichen Freiheit. Dementsprechend handelt es sich bei § 239 a um ein lex specialis gegenüber § 239 Absatz 1, so daß § 239 Absatz 1 nach dem Grundsatz "lex specialis derogat legi generali" verdrängt wird.

Entsprechendes gilt auch hinsichtlich der Erfolgsqualifikationen, § 239 Absatz 4 und § 239 a Absatz 3. Hier muß jeweils der Tod des Opfers durch die Tat verursacht worden sein, wobei § 239 a Absatz 3 im Gegensatz zu § 239 Absatz 4, der Fahrlässigkeit ausreichen läßt, Leichtfertigkeit fordert. Auch be-

---

[1] RGSt. 60, 92; *Puppe*, NK vor § 52 Rdn. 8 ff.; *Samson*, SK vor §§ 52 Rdn. 82; *Tröndle* vor § 52 Rdn. 18; *Vogler*, LK vor § 52 Rdn. 108 ff.; *Otto* AT § 23 Rdn. 33; *Geppert*, Jura 82, 418 (422).

[2] BGH, NJW 93, 1807; *Lackner/Kühl* § 239 Rdn. 2; *Tröndle* § 239 Rdn. 2; *Wessels* BT 1 Rdn. 355.

züglich dieses Merkmals ist § 239 a Absatz 3 spezieller als § 239 Absatz 4 und verdrängt diesen aufgrund von Spezialität.[3]

Nach dem dritten Absatz des § 239 macht sich der Täter wegen eines erschwerten Falls der Freiheitsberaubung strafbar, wenn die Freiheitsentziehung über eine Woche gedauert hat, oder durch die Tat oder während der Tat eine schwere Gesundheitsbeschädigung des Opfers verursacht worden ist. Eine Entsprechung findet sich im Rahmen des § 239 a nicht, so daß bei Vorliegen des erschwerten Falls der Freiheitsberaubung Gesetzeskonkurrenz ausscheidet. Es liegt vielmehr Tateinheit wegen Teilidentität der Ausführungshandlung, nämlich der Freiheitsberaubung, vor.[4]

B. Das Verhältnis zu den §§ 240, 241

Das Verhältnis von § 239 a zu § 240 ist dadurch gekennzeichnet, daß im Rahmen des § 239 a mehrere Nötigungen stattfinden oder zumindest beabsichtigt sind. Bezüglich der Vornahme des objektiven Tatbestandes des § 239 a wird der gleichfalls verwirklichte § 240 aufgrund von Spezialität immer verdrängt.[5] Denn die Ausführung des objektiven Tatbestandes des § 239 a ist immer mit einer Nötigung der Geisel verbunden. Werden bei der Bemächtigung oder Entführung Dritte genötigt, so kann je nach Fallgestaltung Tateinheit oder Tatmehrheit vorliegen. Soweit die Erpressungsabsicht in die Tat umgesetzt wird, scheidet § 240 ebenfalls aufgrund von Spezialität aus. Zwar erfordert § 239 a nur eine Erpressungsabsicht, so daß weder Versuch noch Vollendung der Nötigung zum Tatbestand gehören, und § 240 gegenüber dem Erpressungsopfer eine Klarstellungsfunktion zukommen könnte; indes wird die Nötigung in einem solchen Fall durch die gleichfalls versuchte oder vollendete Erpressung nach § 253 verdrängt, da diese ihrerseits lex specialis gegenüber der Nötigung ist.[6]

Die Bedrohung nach § 241 wird, soweit die Norm tatbestandlich erfüllt ist, durch § 239 a im Wege der Gesetzeskonkurrenz verdrängt. Ist nämlich im Rahmen eines erpresserischen Menschenraubes auch der Tatbestand der Bedrohung erfüllt, so liegt stets auch eine zumindest versuchte Erpressung vor.

---

[3] So auch *Eser*, Schönke/Schröder § 239 a Rdn. 45.
[4] So auch *Eser*, Schönke/Schröder § 239 a Rdn. 45.
[5] *Tröndle* § 240 Rdn. 37.
[6] RGSt 41, 276; *Eser*, Schönke/Schröder § 253 Rdn. 30; *Lackner/Kühl* § 253 Rdn. 14; *Tröndle* § 253 Rdn. 17.

Dieser Erpressungsversuch verdrängt seinerseits, unabhängig von der Strafbarkeit aus § 239 a, die Bedrohung durch Spezialität.[7]

C. Das Verhältnis zu den §§ 253, 255

Wie sich das Verhältnis der §§ 253, 255 zu § 239 a darstellt und insbesondere wo der eigenständige Anwendungsbereich der §§ 253, 255 endet, wurde bereits erörtert.[8] Treffen die Normen jedoch zusammen, nämlich dann, wenn der Täter eine hilflose Lage geschaffen und diese zu einer Erpressung ausgenutzt hat, so liegt ein Fall von Tateinheit vor.[9] Gesetzeskonkurrenz scheidet aus, weil § 239 a eine objektiv vollendete oder versuchte Erpressung nicht voraussetzt und bei einer Verurteilung nur wegen § 239 a nicht klargestellt würde, wie weit der Täter die beabsichtigte Erpressung in die Tat umgesetzt hat. Verwirklicht der Täter allerdings die dritte Alternative des § 239 a, indem er eine geschaffene Lage ausnutzt, so beinhaltet das schon den Versuch einer Erpressung,[10] so daß aus Klarstellungsgründen nur bei vollendeter Erpressung Tateinheit anzunehmen ist; eine versuchte Erpressung durch § 239 a bei dieser Alternative verdrängt wird.[11]

D. Das Verhältnis zu § 249

§ 239 a und § 249 schließen sich nach der hier vertretenen Meinung aus.[12] Es liegt also entweder ein Raub oder ein erpresserischer Menschenraub vor. Dies ergibt sich daraus, daß sich § 253 und § 249 ausschließen und daher der erpresserische Menschenräuber mit der Absicht handelt zu erpressen und nicht mit der zu rauben. Liegen beide Tatbestände allerdings nebeneinander vor, etwa wenn aufgrund desselben Nötigungsmittels der Täter wegnimmt und eine Vermögensverfügung vornehmen läßt, so kann aufgrund von Teilidentität der Ausführungshandlung, nämlich der Nötigung, Tateinheit vorliegen.

---

[7] BGH, GA 70, 372; *Eser*, Schönke/Schröder § 241 Rdn. 16; *Lackner/Kühl* § 241 Rdn. 4; *Tröndle* § 241 Rdn. 7.

[8] Vergl. oben 6. Abschnitt I. bis V., S. 171 ff.

[9] BGH, NStZ 93, 39; *Eser*, Schönke/Schröder § 239 a Rdn. 45; *Horn*, SK § 239 a Rdn. 14; *Lackner/Kühl* § 239 a Rdn. 11; *Tröndle* § 239 a Rdn. 13; *Rengier* BT 2 § 24 Rdn. 21.

[10] Vergl. oben 3. Abschnitt III.A.2.d., S. 131.

[11] So auch *Horn*, SK § 239 a Rdn. 19.

[12] Vergl. oben. 3. Abschnitt II.B.2.e., S.121.

Folgt man aber der Ansicht, daß der Raub gegenüber der Erpressung lex specialis ist,[13] und nimmt an, daß es zur Verwirklichung des § 239 a ausreicht, wenn der Täter einen Raub beabsichtigt, so werden beide Delikte dennoch nicht zusammentreffen können, denn § 239 a würde neben der Schaffung der hilflosen Lage voraussetzen, daß der Täter einen vollständigen Raub beabsichtigt. Hat der Täter aber einmal eine hilflose Lage geschaffen, ist das Opfer seinem ungehemmten Einfluß ausgesetzt, so daß der Täter sich nehmen kann, was er will. Des Einsatzes eines weiteren Nötigungsmittels bedarf es nur dann, wenn die Lage für das Opfer eben nicht hilflos ist. Wendet der Täter demnach während einer tatsächlich bestehenden hilflosen Lage ein weiteres Nötigungsmittel an, so dient dieses jedenfalls nicht der Wegnahme. Ein Täter wird daher nie eine hilflose Lage schaffen und dabei einen vollständigen Raub, also Nötigung zur Ermöglichung der Wegnahme, beabsichtigen können. Raub und erpresserischer Menschenraub schließen sich also auch bei diesen Voraussetzungen aus.

E. Das Verhältnis zu § 177

Das Verhältnis von § 239 a und § 177 und hier insbesondere die Abgrenzung der Anwendungsbereiche wurde bereits erörtert.[14] Für den (seltenen) Fall, daß sowohl § 177 als auch § 239 a vorliegen sollten, etwa weil der Täter eine hilflose Lage nicht nur zur Erpressung, sondern auch zur Ausführung einer sexuellen Nötigung nutzt, stellt sich die Frage, ob aufgrund von Teilidentität der Ausführungshandlung auf Tateinheit entschieden werden kann. Nutzt der Täter die einmal geschaffene hilflose Lage zur sexuellen Nötigung aus, ohne ein weiteres Nötigungsmittel einzusetzen, so liegt Teilidentität der Ausführungshandlung vor, da die hilflose Lage notwendiger Bestandteil beider Delikte ist. Es ist auf Tateinheit zu entscheiden. Nutzt der Täter die hilflose Lage aber im Sinne von § 239 b zu einer vollständigen sexuellen Nötigung, setzt er also insbesondere eine Drohung als weiteres Nötigungsmittel ein, so läge zwischen § 239 a und § 177 eigentlich Realkonkurrenz vor. Indes stehen beide Delikte zu dem dann regelmäßig ebenfalls verwirklichten § 239 b aufgrund von Teilidentität der Ausführungshandlung in Tateinheit, so daß alle Delikte durch die Klammerwirkung der dritten Straftat, hier des § 239 b, in Tateinheit stehen.

---

[13] BGHSt 14, 386.
[14] Vergl. oben 6. Abschnitt I. bis V., S. 171 ff.

F. Das Verhältnis zu den §§ 223 ff.

Treffen § 239 a und die §§ 223 ff. zusammen, so ist Idealkonkurrenz möglich. So wird in der Regel dann Tateinheit vorliegen, wenn diese Körperverletzung bei einem Verhalten entsteht, das der Aufrechterhaltung der hilflosen Lage dient.[15] Das ergibt sich daraus, daß § 239 a ein Dauerdelikt ist,[16] so daß Tateinheit unstreitig dann vorliegt, wenn sich die Ausführungshandlungen zumindest zum Teil decken: Das andere Delikt muß hierfür einen tatbestandserheblichen Tatbeitrag zum Dauerdelikt liefern.[17] So ist es auch dann, wenn der Täter die Körperverletzung zur oder bei Herstellung oder Wiederherstellung der hilflosen Lage vornimmt.

Fraglich ist, ob auch dann Tateinheit vorliegt, wenn der Täter seine Drohung mit einer Körperverletzung in die Tat umsetzt. Diesbezüglich ist anerkannt, daß grundsätzlich keine Tateinheit zu einem nur gelegentlich des Dauerdelikts vorgenommenen Delikt besteht.[18] Im fraglichen Fall ist daher zu differenzieren: würde die Körperverletzung dazu dienen, die beabsichtigte Erpressung zu verwirklichen, indem der Täter etwa einzelne Glieder abschneidet und so seiner Drohung Nachdruck verleiht, nimmt er die Verletzung nicht nur gelegentlich des erpresserischen Menschenraubes vor, sondern um sein Ziel zu erreichen. Es läge dann ein Fall der rechtlichen Handlungseinheit vor, denn bei wertender Betrachtung gehört zum erpresserischen Menschenraub eben nicht nur die Schaffung der hilflosen Lage, sondern auch die Erpressung. Nimmt der Täter dagegen eine Körperverletzung vor, ohne daß diese das Ziel der Erpressung verwirklichen soll, so verwirklicht er sie nur gelegentlich des erpresserischen Menschenraubes, und es besteht Realkonkurrenz.

Liegen jeweils die Erfolgsqualifikationen vor, also § 239 a Absatz 3 und § 227, so könnte § 227 hinter § 239 a Absatz 3 wegen Gesetzeskonkurrenz aufgrund von Konsumtion zurücktreten. Dann müßte die eine Straftat, wenn schon nicht notwendige, so doch regelmäßige Erscheinungsform der anderen sein.[19] Beide Normen unterscheiden sich hier nur durch das Erfordernis einer vorsätzlichen Körperverletzung. Im Rahmen des § 239 a Absatz 3 wird dem Tod regelmäßig eine Körperverletzung vorausgehen, so daß hier § 227 wegen Konsumtion zurücktritt. Der Umstand, daß diese Körperverletzung im Rahmen des § 227 vorsätzlich sein muß, rechtfertigt insoweit nicht, den Tod dop-

---

[15] *Eser*, Schönke/Schröder § 239 a Rdn. 45, § 239 b Rdn. 22; *Tröndle* § 239 a Rdn. 13.

[16] Vergl. oben 3. Abschnitt I.B.4., S. 85.

[17] BGHSt 18, 29; *Stree*, Schönke/Schröder Vorbem. §§ 52 ff. Rdn. 90; *Tröndle* Vor § 52 Rdn. 41.

[18] *Stree*, Schönke/Schröder Vorbem. §§ 52 Rdn. 90.

[19] BGH, NJW 65, 2116.

pelt in Ansatz zu bringen,[20] wie dies bei einer tateinheitlichen Verurteilung der Fall sein würde.

G. Das Verhältnis zu den §§ 211 ff.

Beim Verhältnis der Tötungsdelikte zum erpresserischen Menschenraub interessiert insbesondere, wie sich die vorsätzlichen Tötungsdelikte zur Erfolgsqualifikation des erpresserischen Menschenraubes verhalten. Tatbestandlich kann die vorsätzliche Tötung mit der leichtfertigen Todesverursachung des § 239 a Absatz 3 zusammenfallen, da die Erfolgsqualifikation wenigstens Leichtfertigkeit voraussetzt und so den Vorsatz umfaßt.[21] Indem § 239 a Absatz 3 aber nur Leichtfertigkeit voraussetzt, würde bei Annahme von Gesetzeskonkurrenz der Vorsatz bezüglich der Tötung nicht berücksichtigt, so daß § 239 a Absatz 3 in Tateinheit zu vorsätzlich begangenen Tötungsdelikten stehen muß.[22] Die fahrlässige Tötung gemäß § 222 wird aufgrund von Spezialität durch § 239 a Absatz 3 verdrängt.[23]

Trifft ein erpresserischer Menschenraub mit mehreren Tötungen zusammen, so hängt die Frage nach den Konkurrenzen davon ab, ob der erpresserische Menschenraub die Tötungsdelikte miteinander verklammern kann. Dies ist dann ausgeschlossen, wenn die Tötungsdelikte einen schwereren Unrechtsgehalt verkörpern, denn die zusätzliche Verwirklichung eines leichteren Deliktes soll den Täter nicht dadurch privilegieren, daß nun die Taten statt in Tatmehrheit in der leichteren Form der Tateinheit zueinander stehen.[24] Werden also bei einem erpresserischen Menschenraub mehrere Geiseln getötet, so stehen die Tötungsakte, wenn es sich um Morde handelt, in Tatmehrheit, es sei denn, es liegt nur eine natürliche Handlung vor (z.B. die Explosion einer Handgranate).[25] Liegt dagegen jeweils "nur" ein Totschlag vor, so ist die Mindeststrafandrohung in § 212 und § 239 a mit fünf Jahren gleich, mithin der Unrechtsgehalt vergleichbar, und es kann Tateinheit angenommen werden. Dies gilt erst recht, wenn der eine Totschlag zugleich auch zu einer Anwendung von § 239 a Absatz 3 führt.

---

[20] *Eser*, Schönke/Schröder § 251 Rdn. 9.

[21] Vergl. hierzu 3. Abschnitt VI.B.2., S. 151.

[22] *Eser*, Schönke/Schröder § 239 a Rdn. 45; *Rengier*, BT 2 § 24 Rdn. 26.

[23] *Eser*, Schönke/Schröder § 239 a Rdn. 45; *Lackner/Kühl* § 239 a Rdn. 11; *Tröndle* § 239 a Rdn. 13.

[24] BGHSt 1, 68; 18, 26; *Stree*, Schönke/Schröder § 532 Rdn. 14 ff.; *Tröndle* Vor § 52 Rdn. 5 ff.

[25] So auch *Tröndle* § 211 Rdn. 16.

H. Das Verhältnis zu den § 235

Treffen § 239 a und § 235 zusammen, so wird in der Regel nur eine Tathandlung vorliegen, so daß aufgrund von Teilidentität der Ausführungshandlung Tateinheit anzunehmen ist.

II. Das Verhältnis des § 239 b zu anderen Delikten

Bezüglich des Verhältnisses der Geiselnahme zu anderen Delikten kann
weitgehend auf die Ausführungen zum Verhältnis des erpresserischen Menschenraubes zu anderen Delikten verwiesen werden, soweit sich aus den folgenden Ausführungen nicht etwas anderes ergibt.

A. Verhältnis zu § 177

Der eigenständige Anwendungsbereich, der dem § 177 als klassischem Delikt zukommt, wird gegenüber dem § 239 b dadurch charakterisiert, daß regelmäßig bei § 177 keine hilflose Lage geschaffen wird, beziehungsweise diese
nicht zu einer weitergehenden Nötigung ausgenutzt wird.[26] Beide Normen
werden tatbestandlich immer dann vorliegen, wenn der Täter eine bestimmte
sexuelle Handlung des Opfers erreichen will, zu deren Erreichung weder Drohung noch absolute Gewalt für sich genommen ausreichen. In solchen Fällen
ist die Schaffung der hilflosen Lage der sexuellen Nötigung gewissermaßen
vorgeschaltet. Der subjektive Bereich der Geiselnahme und die sexuelle Nötigung überschneiden sich, so daß in solchen Fällen Teilidentität der Ausführungshandlung und mithin Idealkonkurrenz vorliegt. Gesetzeskonkurrenz
scheidet aus, da klarzustellen ist, wie weit die sexuelle Nötigung in die Tat
umgesetzt worden ist, und überdies § 177 mit der Beeinträchtigung der sexuellen Freiheit ein wichtiges Tatbestandsmerkmal enthält, das dem § 239 b
fehlt. Hat der Täter die hilflose Lage nicht selbst herbeigeführt, so scheidet
§ 239 b aus.

B. Das Verhältnis zu den §§ 253, 255

Sind § 253 und § 239 b tatbestandlich erfüllt, so stellt sich, soll das Verhältnis der Normen zueinander beurteilt werden, die Frage, inwieweit sich
Nötigungsmittel und Nötigungsziel überschneiden. Nimmt der Täter den ob-

---

[26] Vergl. hierzu oben 6. Abschnitt I. bis V., S. 171 ff.

jektiven Tatbestand in der Absicht vor, mittels der in § 239 b genannten Mittel eine Erpressung durchzuführen, so wird § 239 b durch § 239 a aufgrund von Gesetzeskonkurrenz verdrängt.[27] Das Verhältnis von § 253 und § 239 a wurde bereits erörtert.[28]

Nutzt der Täter die von ihm geschaffene hilflose Lage ohne eine weitere Nötigung aus, um sich einen Vermögensvorteil zu verschaffen, so müßte die hilflose Lage selber das zur Vermögensverfügung motivierende Nötigungsmittel sein. Dann liegt aber, jedenfalls nach der hier vertretenen Meinung, keine Erpressung vor, da die hilflose Lage vis absoluta darstellt und daher als Nötigungsmittel im Rahmen der Erpressung ausscheidet.

C. Das Verhältnis zu § 249

Raub und Geiselnahme können dann zusammenfallen, wenn der Täter die zu einem anderen Zweck geschaffene hilflose Lage auch dazu ausnutzt, der Geisel etwas wegzunehmen. Die hilflose Lage ist dann Bestandteil beider Delikte, weshalb Idealkonkurrenz anzunehmen ist.

---

[27] Vergl. oben 5. Abschnitt, S. 169.
[28] Vergl. oben 7. Abschnitt I.C., S. 236.

Achter Abschnitt: Zusammenfassung

In den ersten sieben Abschnitten wurde versucht, eine Möglichkeit aufzuzeigen, die Geiselnahmedelikte durch Auslegung so zu begrenzen, daß sich die beiden Normen sinnvoll in das System des Strafgesetzbuches einfügen. Ansatzpunkt dieser Auslegung waren die Merkmale der Tathandlung und der "Lage". Durch die hier vorgenommene Interpretation konnten zumindest für die bislang strittigen Fälle schlüssige und sinnvolle Ergebnisse erzielt werden. Für eine teleologische Reduktion der §§ 239 a/b besteht, jedenfalls gegenwärtig, kein Bedürfnis.

Neunter Abschnitt: Ausblick

Bislang wurde eine Auslegung erarbeitet, mittels der sich die Geiseldelikte aufgrund der geltenden Tatbestandsfassung sinnvoll in das System des Strafgesetzbuches einfügen lassen.

Trotzdem erscheinen die beiden Tatbestände in der momentan geltenden Fassung wenig gelungen, weshalb im folgenden Abschnitt Änderungsmöglichkeiten aufzuzeigen sind, die zu einer besseren Fassung der Tatbestände führen könnten.

Zunächst wird darauf einzugehen sein, warum und inwieweit trotz der als gelungen betrachteten Auslegung Änderungsbedarf vorhanden ist. Danach ist darzulegen, wie den angesprochenen Mißständen im Einzelnen zu begegnen ist, um sodann einen Regelungsvorschlag zu unterbreiten.

I. Änderungsbedarf

Die hier postulierte Änderung erscheint in erster Linie deswegen wünschenswert, weil die §§ 239 a/b als Fremdkörper in der Systematik des Strafgesetzbuchs erscheinen. Weder schützen sie ein Rechtsgut absolut, wie dies § 239 hinsichtlich der Fortbewegungsfreiheit tut, noch läßt sich den Normen allein aus der Fassung des Tatbestandes entnehmen, welche Art der Verletzung oder Gefährdung sie verhindern wollen.[1] Die Konturen der Delikte sind unklar und vom Normadressaten, dem Bürger, kaum noch richtig zu erfassen, weil sich die Tatbestandsfassung sehr weit von dem entfernt hat, was ursprünglich unter "Kidnapping" oder "Geiselnahme" zu verstehen war und was ein "Durchschnittsbürger" heute noch als Geiseldelikt ansieht.[2] Die Erfassung des Tatbildes bedarf der Zuhilfenahme aller Auslegungsmethoden und ist daher dem Laien unmöglich. Indem dies nicht nur für die Grenzbereiche der Normen zutrifft und schon die Notwendigkeit einer umfangreichen Auslegung zu Konflikten mit dem Bestimmtheitsgebot führt, erscheint eine Änderung erstrebenswert.

---

[1] Vergl. oben 3. Abschnitt I., S. 47 und 4. Abschnitt II., S. 161.
[2] So auch *Fahl*, Jura 96, 456 (461).

Ferner paßt die sehr hohe Strafandrohung und der frühe Vollendungszeit-punkt nicht so recht zu dem sehr weit gefaßten Tatbestand. Auch ergibt sich aus der Entstehungsgeschichte, daß der Gesetzgeber mit dieser hohen Strafan-drohung die Bekämpfung terroristisch motivierter Gewaltkriminalität inten-dierte. Diese Zielsetzung hat sich indes nur im Strafrahmen, nicht aber in einem zusätzlichen Tatbestandsmerkmal niedergeschlagen, so daß der Tatbe-stand eine größere Deliktsgruppe erfaßt, als vom Gesetzgeber beabsichtigt.

Zuletzt stellen sich beide Normen als eine Qualifizierung eines nicht vor-handenen Grundtatbestandes dar. So fordert § 239 a mit der Erpressung und § 239 b mit dem besonderen Nötigungsmittel jeweils eine besondere Absicht. Beide Delikte weisen insoweit spezialisierende Elemente auf, die sie zu Quali-fikationen eines fiktiven Grunddeliktes machen. Mit der Schaffung eines ent-sprechenden Tatbestandes könnte die hier vorhandene Strafbarkeitslücke ge-schlossen und die entsprechenden Taten schuldangemessen bestraft werden.

Aus diesen Gründen ist eine Änderung wünschenswert.

II. Änderungsinhalt

Fraglich ist, wie den angesprochenen Schwächen begegnet werden kann.

A. Abschaffung des Zweipersonenverhältnisses

Möglicherweise könnten den Geiseldelikten deutlichere Konturen verliehen werden, wenn man von der Einbeziehung der Zweipersonenverhältnisse Ab-stand nimmt, und den Tatbestand so formuliert, daß eine Geiselnahme nur im Dreipersonenverhältnis möglich ist.

Hierfür könnte in erster Linie die Bedeutung des Wortes Geisel sprechen, und eng damit verbunden das Normalbild des verwerflichen Verhaltens, das es durch Schaffung der Norm unter Strafe zu stellen gilt. Nach der Bedeutung des Wortes "Geisel"[3] scheint es auf der Hand zu liegen, daß wenigstens drei Personen beteiligt sein müssen, nämlich der Täter, die Geisel und das Nöti-gungsopfer. Allerdings war der wichtigste Bestandteil der Änderung 1989 die Abschaffung dieses Dreipersonenverhältnisses, so daß eine Auseinanderset-zung mit den Argumenten notwendig erscheint, die den Gesetzgeber zu dieser Änderung veranlaßt haben.

---

[3] Vergl. insoweit: Brockhaus Enzyklopädie, Stichwort "Geisel"; Fischer-Lexikon, Stichwort "Geisel"; Meyers Enzyklopädisches Lexikon, Stichwort "Geiselnahme".

1. Das Kriterium der Verwerflichkeit

Begründet wurde die Änderung damit, daß das Vorgehen in den Fällen, in denen auf den Entführten selbst (weiterer) Zwang ausgeübt werden soll, genauso verwerflich sei, wie in den bereits vor der Änderung durch § 239 b erfaßten Fällen.[4] Explizit wurde auf den Fall verwiesen, in dem ein Politiker als Geisel genommen wird, um von ihm ein bestimmtes Verhalten zu erpressen.

Es stellt sich also die Frage, ob ein solcher Fall tatsächlich genauso verwerflich ist, wie der Fall, in dem die Frau des Politikers als Geisel genommen wird und nun der Politiker zu etwas gezwungen werden soll.

Eine gleiche oder vergleichbare Verwerflichkeit, die die Möglichkeit eröffnet, unterschiedliche Sachverhalte nach derselben Norm zu bestrafen, kann dann angenommen werden, wenn dieselben Rechtsgüter durch vergleichbares Verhalten mit etwa gleicher Intensität betroffen werden.

a) Die betroffenen Rechtsgüter

Fraglich ist demnach zunächst, ob dieselben Rechtsgüter betroffen sind und, ob ein Geiseldelikt zu ihrem Schutz erforderlich ist. Gemeinsam ist beiden Tatkonstellationen, daß jeweils ein Mensch dem Geiselnehmer ausgeliefert ist und in den Rechtsgütern persönliche Freiheit, körperliche Integrität und Leben beeinträchtigt wird oder werden kann. So ist das Kritische und Bedrohliche an der Lage die latente Todes- und Körperverletzungsgefahr, in der sich die Geisel befindet, solange sie in der Hand des Täters ist.[5] Allerdings gibt es zum Schutz dieser Rechtsgüter gerade im Zweipersonenverhältnis andere Normen, nämlich die §§ 239, 223 ff. und 211 ff., die zum Schutz dieser Rechtsgüter grundsätzlich auch ausreichen, da sie jeweils ein Rechtsgut vollumfänglich schützen.[6] In dieser Hinsicht bedarf es des Schutzes der §§ 239 a/b beziehungsweise des neuen Geiseldeliktes nicht.

Eine weitere Gemeinsamkeit besteht darin, daß ein Mensch zu einem Verhalten genötigt werden soll und so in dem Rechtsgut der allgemeinen Handlungsfreiheit und, im Fall des § 239 a, in dem der Dispositionsfreiheit hinsichtlich des Vermögens beeinträchtigt wird. Aber auch zum Schutz dieser Rechtsgüter sind primär andere Normen berufen und ausreichend, nämlich die §§ 240, 253 ff., so daß es auch hier des Schutzes der §§ 239 a/b grundsätzlich

---

[4] BT Drucks. 11/2834 S. 9.

[5] *Tröndle* § 239 b Rdn. 3; *Backmann*, JuS 77, 444 (446).

[6] Die §§ 211 ff. schützen das Leben, die §§ 223 ff. die körperliche Unversehrtheit und § 239 die potentielle Fortbewegungsfreiheit.

nicht bedarf. Dem widerspricht der Gesetzgeber, wenn er in seiner Begründung ausführt, daß der Nötigungsdruck auch im Zweipersonenverhältnis so stark sei, daß die Vorschriften des geltenden Rechts, nämlich die §§ 105, 106 und 239, das Unrecht nicht voll erfassen könnten.[7] Schon die Aufzählung der Normen, wie im übrigen die gesamte Begründung, weist daraufhin, daß es dem Gesetzgeber weniger um den Schutz gegen einen hohen Nötigungsdruck, als vielmehr um eine möglichst große präventive Wirkung gegen politisch motivierte Gewaltkriminalität ging. Es drängt sich die Frage auf, warum der Gesetzgeber die Verschärfung nicht in diesem Bereich vorgenommen hat, also beispielsweise einen besonders schweren Fall des § 105 eingeführt hat. Abgesehen von der Nötigung von Verfassungsorganen bietet das sonstige Strafrecht auch ausreichende Reaktionsmöglichkeiten auf das begangene Unrecht: So ermöglicht § 239 schon allein für die Freiheitsberaubung eine Strafe von bis zu 5 Jahren, bei einer Freiheitsentziehung von über einer Woche Dauer bis zu 10 Jahren (§ 239 Absatz 2). Ferner wird die Tat in der Regel nach § 240 StGB zu bestrafen sein, was eine Strafe bis zu 3 Jahren, in besonders schweren Fällen bis zu fünf Jahren nach sich ziehen kann. Soweit also im Zwei- wie im Dreipersonenverhältnis dieselben Rechtsgüter durch ein "Geisel"delikt verletzt werden, sind die §§ 239 a/b zum Schutz dieser Rechtsgüter nicht erforderlich.

In beiden Fällen, im Drei- wie im Zweipersonenverhältnis, werden grundsätzlich dieselben Rechtsgüter tangiert. Allerdings gibt es noch andere Normen, die das beschriebene Verhalten grundsätzlich unter Strafe stellen, so daß es auf die Intensität der Beeinträchtigung ankommt.

b) Die Intensität der Beeinträchtigung

Fraglich ist also, ob die Rechtsgüter im Zwei- wie im Dreipersonenverhältnis in vergleichbarer Weise und mit vergleichbarer Intensität betroffen werden.

Dies scheint schon deswegen zweifelhaft, weil sich die Anzahl der betroffenen Opfer unterscheidet. So gibt es in dem einen Fall nur ein Opfer, da der Politiker gleichzeitig Geisel und Nötigungsopfer ist, in dem anderen Fall aber zwei verschiedene, nämlich die Frau als Geisel und den Politiker als Opfer der Nötigung.

Fraglich ist, ob dennoch die Intensität der Beeinträchtigung vergleichbar ist, wenn der Druck, der sich im Dreipersonenverhältnis auf zwei Opfer verteilt, nur noch ein Opfer betrifft. Insoweit wird argumentiert, daß der Nötigungsdruck im Zweipersonenverhältnis besonders groß, weil geradezu exi-

---

[7] BT Drucks. 11/2834 S. 9.

stentiell sei.[8] Indes ist das nur ein Teil der Wahrheit. So trägt der Politiker in diesem Fall nur die Verantwortung für sich selbst. Er kann die Gefahren abschätzen, die von dem Geiselnehmer ausgehen. Er kann abschätzen, ob er frei kommt, wenn er auf die Forderung des Geiselnehmers eingeht. Und er muß sich nur um seine eigene Person Sorgen machen, wobei die Gefahr insbesondere für sein Leben als Geisel nicht größer, sondern geringer als im Dreipersonenverhältnis ist, da es dem Geiselnehmer gerade um ein Verhalten dieser Geisel geht und eine tote Geisel das Scheitern der gesamten Tat zur Folge hätte.

Ist aber die Frau die Geisel, so gibt es zwei Opfer, auf denen der Druck dieser Geiselnahme lastet, nämlich die Frau und den Politiker. Auf der Frau lastet dabei insbesondere die Ungewißheit über ihre Zukunft. Zwar kennt sie die Geiselnehmer und hat die Möglichkeit deren Verhalten abzuschätzen, jedoch ist es weder erforderlich, daß sie die Forderung der Geiselnehmer kennt, noch muß sie wissen, ob sich diese Forderung überhaupt realisieren läßt und auch ihr Mann willens ist, sie zu erfüllen.

Sie ist darüber hinaus den Repressalien der Geiselnehmer ausgeliefert, ohne daß es auf ihr Verhalten ankäme. Auch ist ihre Person weit weniger wichtig, als im ersten Fall. Stirbt sie oder erweist sie sich als untaugliches Nötigungsmittel, so kann der Täter eine andere Geisel nehmen, weshalb hier die Gefahr für die Geisel regelmäßig größer ist als im ersten Fall.

Dem Politiker wird durch die Tat das Schicksal seiner Frau in die Hand gelegt. Er muß nunmehr eine Entscheidung nicht für nur seine eigene Person, sondern auch für einen anderen Menschen treffen. Dies ist aber ein ganz anderes Nötigungsmittel als im ersten Fall und auch im Verwerflichkeitsgrad nur schwer vergleichbar.[9] Hinzu kommt, daß dem Erpressungsopfer der Zustand der Geisel weitgehend unbekannt ist. Auch wird das Erpressungsopfer in der Regel keinen persönlichen Kontakt zu den Geiselnehmern haben, so daß ihm eine Einschätzung des weiteren Verhaltens der Täter sehr schwer fallen dürfte.

Schon wegen der angeführten Gründe erscheint es problematisch, von einer vergleichbaren Intensität der Beeinträchtigung auszugehen und die gleiche Verwerflichkeit beider Tatmodalitäten anzunehmen.

Darüber hinaus liegt ein weiterer Unterschied darin, daß die Geisel im Zweipersonenverhältnis weiterhin als Rechtssubjekt behandelt wird. Sie soll eine Entscheidung treffen und sich dann in bestimmter Weise verhalten. Dies ist im Dreipersonenverhältnis anders, denn hier dient die Geisel nur als Druckmittel, gewissermaßen als Faustpfand zur Durchsetzung einer Forde-

---

[8] *Backmann*, JuS 77, 444 (446).
[9] So auch *Kunert/Bernsmann*, NStZ 89, 449 (450).

rung. Die Geisel wird nicht als Rechtssubjekt, sondern als Rechtsobjekt, nämlich als Handelsgegenstand des Geiselnehmers, behandelt, den dieser bereit ist,
gegen die Erfüllung seiner Forderung einzutauschen, so daß deren Menschenwürde in gravierender Weise beeinträchtigt wird.

Zuletzt dauert die Tat im Dreipersonenverhältnis schon von ihrer Anlage
her länger, als im Zweipersonenverhältnis. Das ergibt sich daraus, daß sich
der Täter im Zweipersonenverhältnis der Geisel bemächtigen und direkt auf
Erfüllung der Forderung drängen kann. Im Dreipersonenverhältnis muß er
sich dagegen erst der einen Person bemächtigen und dann mit der anderen
Person Kontakt aufnehmen, bevor er seine Forderungen stellen kann. Diese
längere Zeitspanne erhöht die Gefahr für die Rechtsgüter der Geisel und stellt
für das Rechtsgut der persönlichen Freiheit eine größere Beeinträchtigung dar.

c) Ergebnis

Es wurden gravierende Unterschiede hinsichtlich der Intensität der Beeinträchtigung der betroffenen Rechtsgüter zwischen dem Zweipersonenverhältnis und dem Dreipersonenverhältnis festgestellt. Somit erscheint selbst der
Beispielsfall, der den Gesetzgeber zur Einbeziehung der Zweipersonenverhältnisse in den Tatbestand bewogen hat, nicht in gleicher Weise verwerflich wie
eine Tat im Dreipersonenverhältnis. Daher verbietet sich vom Gesichtspunkt
der Verwerflichkeit her die Verbindung der Fälle im Zweipersonen- und im
Dreipersonenverhältnis in einem Tatbestand.

3. Das Kriterium des Tatbestandstypus

Möglicherweise läßt sich die Notwendigkeit der Einbeziehung des Zweipersonenverhältnisses aber damit begründen, daß der äußere Tatbestand dem
Dreipersonenverhältnis so ähnlich ist, daß eine Regelung sinnvollerweise für
beide Fallgestaltungen gemeinsam zu treffen ist. So ist der Gesetzgeber grundsätzlich verpflichtet, den Typus des strafbaren Verhaltens durch das Zusammenspiel von Generalisierung und Differenzierung klar herauszuarbeiten.[10]
Fraglich ist insoweit, wie ein Tatbestandstypus auszusehen hat, den man sinnvollerweise mit "Geiselnahme" überschreiben kann. Geht man von der Wortbedeutung und dem normalen Tatbild einer Geiselnahme aus, so ist die Geisel
eine Person, die, widerrechtlich ergriffen und festgehalten,[11] mit ihrem Leben,
ihrem Vermögen und ihrer Freiheit für das Tun und Unterlassen anderer haf-

---

[10] *Jescheck/Weigend* AT § 15 I.3.
[11] Brockhaus Stichwort "Geisel".

tet.[12] Demnach findet der "Normalfall" der Geiselnahme im Dreipersonenverhältnis statt.[13] Fraglich ist, ob die Situation im Zweipersonenverhältnis der im
Dreipersonenverhältnis so ähnlich ist, daß sie sinnvollerweise unter dem gleichen Tatbestandstypus zu fassen ist. Zwar befindet sich die Geisel im Zwei-
wie im Dreipersonenverhältnis in der Hand des Täters, indes bedeutet das
nicht zugleich, daß sie auch demselben Druck ausgesetzt ist, wie bereits anhand der Verwerflichkeit dargestellt wurde. Auch obliegt die Sanktionierung
dieses verwerflichen Zustands, der beiden Sachverhalten immanent ist, der
Norm des § 239, da sich die Vergleichbarkeit in der Beschränkung der Fortbewegungsfreiheit erschöpft. Im übrigen unterscheiden sich die Tatbilder einer
"Geiselnahme" im Zweipersonen- und einer im Dreipersonenverhältnis in dem
äußeren Tatbild so sehr, daß eine Zusammenfassung in einem Tatbestand
vermieden werden sollte.

Der Tatbestandstypus der Tatkonstellationen im Zwei- und Dreipersonenverhältnis ist insgesamt zu unterschiedlich, als daß sich eine Zusammenfassung in nur einer Strafnorm anbieten würde.

3. Ergebnis

Der Tatbestand eines Geiseldeliktes sollte so ausgestaltet werden, daß von
ihm nur eine Tat erfaßt wird, bei der mindestens drei Personen involviert sind,
nämlich ein Täter, eine Geisel und ein Nötigungsopfer.

B. Abschaffung der Erpressungskomponente

Es stellt sich die Frage, ob zur Regelung der Delikte, die eine Geiselnahme
voraussetzen, tatsächlich zwei Normen notwendig sind. Bedarf es also mit
dem erpresserischen Menschenraub einer Spezialnorm, die eine Geiselnahme
mit dem Ziel einer Erpressung unter Strafe stellt? Sollte dies der Fall sein, so
stellt sich weiter die Frage, wie das Verhältnis der Normen zueinander zu gestalten ist.

Für eine möglichst große Differenzierung und damit auch für die Zweiteilung könnte sprechen, daß so der Typus der jeweiligen Straftat deutlicher her-

---

[12] Brockhaus Stichwort "Geisel"; Fischer-Lexikon Stichwort "Geisel"; Meyers Enzyklopädisches Lexikon, Stichwort "Geiselnahme"; in diesem Sinne auch Middendorff,
Menschenraub, Seiten 24 ff.
[13] So auch *Kunert/Bernsmann*, NStZ 89, 449 (450).

ausgearbeitet und auf diese Weise eine größere Gerechtigkeit bezüglich des Einzelfalls erreicht werden kann.

Fraglich ist aber, ob angesichts der geringen Anzahl[14] der insgesamt verwirklichten Delikte eine solch starke Typisierung vor dem Hintergrund des Verbots eines Einzelfallgesetzes überhaupt erstrebenswert ist. Notwendig erscheint die Zweiteilung insoweit jedenfalls nicht.[15] Ferner wird das Vermögen in anderen Normen, insbesondere im 20. Abschnitt, so umfangreich und nahezu lückenlos geschützt, daß der Schutz dieses Rechtsgutes im Rahmen der Geiseldelikte vernachlässigt werden kann.[16] Die Geiseldelikte sollten, wie sich aus der Bezeichnung ergibt, in erster Linie dem Schutz von Personen dienen, nämlich dem der Geisel und dem des Nötigungsopfers. In diesem Bereich dürfte auch das Schwergewicht des Unrechts des speziellen, unter Strafe zu stellenden Verhaltens liegen. So kommt selbst nach der gültigen Fassung des § 239 a dem Vermögen im Kanon der Schutzgüter nur untergeordnete Bedeutung zu.[17]

Insgesamt erscheint eine Aufspaltung der Geiseldelikte nach dem Endziel des Täters zwar nicht falsch, wohl aber überflüssig und sollte unterbleiben.

Ist man dagegen der Auffassung, daß auch im Rahmen eines Geiseldeliktes das Vermögen noch einmal explizit geschützt werden muß, so wird dies aus der Auffassung resultieren, bei einer Beeinträchtigung des Vermögens sei die Geiselnahme verwerflicher, als beim Erstreben anderer Nötigungsziele. Dementsprechend wäre dann für den Vermögensschutz eine entsprechende Qualifikation zu schaffen.

C. Späterer Vollendungszeitpunkt

Fraglich ist ferner, ob es zu einem wirksamen Rechtsgüterschutz tatsächlich eines derartig frühen Vollendungszeitpunktes bedarf oder, ob nicht auch ein späterer Vollendungszeitpunkt ausreicht.

Für einen frühen Vollendungszeitpunkt spricht, daß die Geisel, deren Schutz die Norm in erster Linie bezweckt, in ihren Rechtsgütern, zumindest in ihrer persönlichen Freiheit, schon verletzt wird, wenn sich der Täter ihrer bemächtigt. Im Schutz der persönlichen Freiheit liegt auch das Hauptanliegen der Norm. Diese Beeinträchtigung der Rechtsgüter der Geisel muß, abgesehen

---

[14] Vergl. hierzu 2. Abschnitt, S. 42.

[15] In diesem Sinne auch *Bohlinger*, JZ 72, 230 (233); *Renzikowski*, JZ 94, 492 (494).

[16] So auch *Bohlinger* in JZ 72, 230 (233).

[17] Vergl. oben 3. Abschnitt I.A.3., S. 75.

von der Dauer, während der gesamten Tat nicht weiter intensiviert werden, damit eine Geiselnahme vorliegt. Dementsprechend ist die Verletzung dieser Rechtsgüter mit der Bemächtigung auch vollendet, so daß man von einer vollendeten Tat ausgehen kann.

Kriminalpolitisch rechtfertigt sich die Schaffung von Delikten mit überschießender Innentendenz durch das Bestreben des Gesetzgebers, den Schwerpunkt der Verteidigung gegenüber dem Rechtsbrecher mehr ins Vorfeld des Angriffs zu verlegen.[18] Dieser Zweck dürfte auch bei der Schaffung der Geiseldelikte verfolgt worden sein.

Gegen die jetzige Ausgestaltung der Geiselnahme kann, wie gegen alle unvollkommen zweiaktigen Delikte, eingewandt werden, daß der Täter mit der Bemächtigung allenfalls einen Teilerfolg erzielt, den er zur Verwirklichung seines Endziels, der Erreichung des Nötigungserfolges, braucht. Unter diesem Gesichtspunkt ist die Tat also nicht vollendet. Der Täter muß weiter handeln, will er den Erfolg herbeiführen. Begreift man die Geiselnahme vom Beginn der Bemächtigung bis zur Erreichung des Nötigungserfolges als zusammenhängendes, vorwerfbares, verwerfliches Verhalten, so ist der Vollendungszeitpunkt nach der geltenden Fassung falsch gewählt.

Ferner unterscheidet sich der Verwerflichkeitsgrad der Tat bis zur Erlangung der Herrschaftsgewalt nicht von dem der Freiheitsberaubung, sind die Tatbestände doch objektiv weitgehend identisch, abgesehen von der besonderen Situation bei Kleinstkindern.[19] Der besondere Unrechtsgehalt der Geiselnahme tritt erst dadurch hinzu, daß der Täter die Geisel zum Faustpfand seiner Forderungen macht, indem er seine Forderungen stellt und Konsequenzen für die Geisel androht. Ab diesem Zeitpunkt wird sich auch regelmäßig die tatbestandsspezifische Gefahr für das Opfer erhöhen, denn nun kann der Täter versucht sein, den Nötigungsdruck auf den Dritten durch Mißhandlungen des Opfers zu erhöhen. Mit dem Beginn der Nötigung erhöht sich also zum einen die Gefahr für die Geisel und zum anderen tritt das tatbestandsspezifische Unrecht zu Tage, das darin liegt, daß ein Mensch zum Handelsobjekt gemacht wird. Diese Umstände sprechen für einen späteren Zeitpunkt der formellen Vollendung. Fraglich ist nun, ob eine vollendete Geiselnahme vorliegen soll, wenn das Nötigungselement das Versuchsstadium erreicht hat, oder wenn auch die Nötigung vollendet ist.

Ob der Nötigungserfolg wirklich eintritt, ist, wenn die Nötigung das Versuchsstadium erreicht hat, und der Täter seine Forderungen gestellt hat, nur noch bedingt vom Täter zu beeinflussen, so daß hier kein Schwerpunkt des

---

[18] *Maurach/Zipf* AT I § 20 Rdn. 39.
[19] Vergl. oben 7. Abschnitt I.A., S. 234.

Tatunrechtes der Geiselnahme liegt, und die Tat schon vor Erreichung dieses Endziels vollendet sein kann. Dies auch deshalb, weil der Schutz vor diesem Nötigungserfolg durch andere Normen, wie die §§ 240 und 253, gewährleistet ist.

Fraglich ist, ob der sich nun herauskristallisierende Vollendungszeitpunkt auch den kriminalpolitischen Notwendigkeiten genügt. Dies täte er dann, wenn einerseits das vor der formellen Vollendung der Geiselnahme begangene Tatunrecht ausreichend nach anderen Normen sanktioniert werden könnte und andererseits beachtet wird, daß das Strafrecht nur ultima ratio ist und deshalb bei der Fassung strafrechtlicher Normen grundsätzlich Zurückhaltung geboten ist.

Durch die jetzt geltende Fassung wird erreicht, daß der Täter bereits mit der Herstellung seiner Herrschaftsposition eine vollendete Geiselnahme begangen hat. Indes ist ein solches Verhalten, zumindest hinsichtlich des objektiv begangenen Tatunrechts, schon nach § 239 strafbar, beziehungsweise im Fall von Kleinstkindern nach § 235. Allein das Vorliegen besonderer subjektiver Elemente beim Täter führt bei dieser Lösung zu einem ganz anderen Strafrahmen: statt bis zu fünf Jahren, was für das objektiv begangene Unrecht auch angemessen erscheint, ist nun eine Mindeststrafe von fünf Jahren zu verhängen. Eine solche Normierung garantiert zwar einen möglichst umfangreichen Rechtsgüterschutz, indes könnte sie gegen den Grundsatz "Cogitationis poenam nemo patitur"[20] verstoßen. Nach dem Tatprinzip reicht insoweit allein der ernsthafte Deliktsvorsatz zur Pönalisierung nicht aus.[21] Vielmehr ist zu fordern, daß dieser Gedanke durch den Täter externalisiert wurde, sich mithin im Verhalten des Täters nach außen manifestiert hat. Für das vorliegende Problem gilt es also zu entscheiden, ob in der Freiheitsberaubung die Absicht zur Geiselnahme so relevant zu Tage getreten ist, daß aufgrund des Strebens nach größtmöglichem Rechtsgüterschutz die Reaktion mit der Vollendungsstrafe angebracht ist. Indem aber der, in der Herbeiführung der Herrschaftslage liegende, rechtsfeindliche Wille schon durch andere Normen sanktioniert wird, fehlt es an einem Anknüpfungspunkt für eine Pönalisierung wegen vollendeter Geiselnahme, so daß eine Bestrafung wegen vollendeter Tat in diesem Stadium ausscheiden muß. Es kann insoweit nur versuchte Geiselnahme vorliegen, für deren objektiven Anknüpfungspunkt die Herbeiführung, wenn nicht sogar schon der Versuch der Herbeiführung, der Herrschaftslage ausreicht. Diese stünde dann in Tateinheit zu den sonstigen Delikten, je nach Fallgestaltung also den §§ 235 oder 239, was dem bis zu diesem Zeitpunkt verwirk-

---

[20] *Ulpian*, Digesten 48.19.18; *Jakobs* AT 25. Abschnitt Rdn. 1 a; *Jescheck/Weigend* AT § 27 I.1.
[21] *Jakobs* AT 25. Abschnitt Rdn. 1a.

lichten Unrecht auch gerecht wird. Dementsprechend besteht keine kriminalpolitische Notwendigkeit, den Strafrechtsschutz weiter vorzuschieben. Im übrigen spricht für die nunmehr vorgeschlagene Lösung, daß Konflikte mit dem Tatprinzip vermieden werden.

Darüber hinaus hätte eine Zurücknahme des strafrechtlichen Schutzes den Effekt, daß dem § 24 bei den Geiseldelikten wieder eine größere Bedeutung zukäme, was den Opferschutz verbessern würde und deswegen zu begrüßen ist.

Es sprechen gute Argumente dafür, den Strafrechtsschutz nicht zu weit vorzuverlagern, weshalb das Geiseldelikt erst dann vollendet sein soll, wenn der Täter die Nötigung wenigstens versucht hat.

D. Änderung des Strafrahmens

Möglicherweise ist auch eine Änderung des bislang vorgesehenen Strafrahmens erforderlich. So ist aufgrund des Gedankens der materiellen Gerechtigkeit erforderlich, daß Verhaltensweisen, die gleich verwerflich sind, vom Gesetz auch gleich behandelt werden. Dabei bedeutet Behandlung in der Regel die Zuweisung des entsprechenden Strafrahmens. Der Gesetzgeber hat die Geiseldelikte mit der Mindeststrafandrohung von fünf Jahren auf die gleiche Stufe gestellt, wie die Flugzeugentführung, § 316 c Absatz 1 Nr. 1, den schweren Raub, § 250 Absatz 2 und den räuberischen Angriff auf den Kraftfahrer, § 316 a. Diese Regelung ist auf Kritik gestoßen, da die Tatbestände zwar zunächst in ihrem Unwertgehalt vergleichbar schienen, es aber relevante Unterschiede gäbe.[22] Im Fall der Flugzeugentführung liege eine besondere Gefährdung für die Besatzung und die Fluggäste und damit typischerweise für ungleich mehr Personen als bei einer Geiselnahme vor.[23] Ferner fehle es bei einer "normalen" Geiselnahme anders als bei der Flugzeugentführung an der typischen Gefährlichkeit des "Tatwerkzeugs".[24] Auch bei einem schweren Raub und dem räuberischen Angriff auf den Kraftfahrer dürfte die typische Gefährlichkeit der Tatbegehung aufgrund der geforderten Umstände (Ausnutzung der besonderen Gefahrgeneigtheit des Straßenverkehrs, Verwendung von (Schuß-) Waffen oder gefährlichen Werkzeugen, Herbeiführung von Lebens- oder schweren Leibesgefahren) regelmäßig größer sein.[25]

---

[22] *Kunert/Bernsmann*, NStZ 89, 449 (451).
[23] *Kunert/Bernsmann*, NStZ 89, 449 (451).
[24] *Kunert/Bernsmann*, NStZ 89, 449 (451).
[25] *Kunert/Bernsmann*, NStZ 89, 449 (451).

Dieser Kritik ist insgesamt zu folgen. Auch ist eine niedrigere Mindeststrafe deswegen angezeigt, weil bei dem Grundtatbestand der Geiselnahme auf die qualifizierenden Umstände, die Erpressungsabsicht und die Absicht, besondere Nötigungsmittel einzusetzen, verzichtet werden soll.

E. Ergebnis

Aufgrund der festgestellten Schwächen der geltenden Tatbestandsfassung sind folgende Änderungen wünschenswert:

- Die Zweipersonenverhältnisse sind aus dem Tatbestand der Geiselnahme herauszunehmen, so daß ein Geiseldelikt nur noch in einem Dreipersonenverhältnis möglich ist, nämlich mit einem Täter, einer Geisel und einem Nötigungsopfer.

- Die Aufspaltung in zwei Delikte und damit verbunden der spezielle Schutz des Vermögens ist überflüssig und aufzugeben.

- Der Vollendungszeitpunkt ist zu früh und daher zu ändern.

- Aufgrund der geltenden Mindeststrafandrohung erscheint eine angemessene Würdigung des begangenen Unrechts nicht möglich, so daß eine Absenkung der Mindeststrafandrohung anzustreben ist.

Diesen Kriterien soll der folgende Regelungsvorschlag genügen.

III. Regelungsvorschlag

§ 239 a. Geiselnahme.

I. Wer einen Menschen entführt oder sich auf andere Art und Weise seiner bemächtigt und es unternimmt, die auf dieser Lage beruhende Sorge eines Dritten zur Nötigung desselben zu einer Handlung, Duldung oder Unterlassung auszunutzen, wird mit Freiheitsstrafe nicht unter drei Jahren bestraft.

II. In minder schweren Fällen ist die Strafe Freiheitsstrafe nicht unter einem Jahr.

III. In besonders schweren Fällen ist die Strafe Freiheitsstrafe nicht unter fünf Jahren. Ein besonders schwerer Fall liegt in der Regel vor, wenn

1. der Täter die Geisel körperlich schwer mißhandelt oder in die Gefahr des Todes oder einer schweren Gesundheitsbeschädigung bringt,

2. die Geisel länger als eine Woche in der Hand des Täters ist oder

3. es sich bei der Nötigung um die Nötigung von Verfassungsorganen (§ 104) oder des Bundespräsidenten oder von Mitgliedern eines Verfassungsorgans (§ 105) handelt.

IV. Verursacht der Täter durch die Tat wenigstens leichtfertig den Tod der Geisel, so ist die Strafe lebenslange Freiheitsstrafe oder Freiheitsstrafe nicht unter 10 Jahren.

V. Das Gericht kann die Strafe nach § 49 Abs. 1 mildern, wenn der Täter oder ein anderer Tatbeteiligter das Opfer unter Verzicht auf die erstrebte Leistung in dessen Lebenskreis zurückgelangen läßt. Tritt dieser Erfolg ohne Zutun des Täters oder Tatbeteiligten ein, so genügt sein ernsthaftes Bemühen, den Erfolg zu erreichen.

Literaturverzeichnis

Altenhain, Karsten: Der Zusammenhang zwischen Grunddelikt und schwerer Folge bei den erfolgsqualifizierten Delikten, in GA 1996, Seiten 19 ff.

Alwart, Heiner: Anmerkung zu BGH Urteil vom 12.04.88 - 5. StR 661/87, abgedruckt in NStZ 1988, Seite 331, in NStZ 1989, Seite 225

Amelung, Knut/*Cirener*, Gabriele/*Gründer*, Gerhard: Der praktische Fall - Strafrecht: Ein Schutzgeldkassierer unter Waschzwang, in JuS 1995, Seiten 48 f.

Amelung, Knut: Sitzblockaden, Gewalt und Kraftentfaltung, in NJW 1995, Seiten 2584 ff.

Arzt, Gunther/*Weber*, Ulrich: Strafrecht, Besonderer Teil: Lehrbuch in fünf Heften, LH 1: Delikte Gegen die Person, 3. Auflage, Bielefeld, 1988 (zit.: Arzt/Weber LH 1 Randnummer), LH 3: Vermögensdelikte, 2. Auflage, Bielefeld, 1986 (zit.: Arzt/Weber LH 3 Randnummer)

Arzt, Gunther: Anmerkung zu BGH Urteil vom 23.11.83 - 3. StR 256/83, abgedruckt in JZ 1984, Seiten 423 ff., in JZ 1984, Seiten 429 ff.

- Anmerkung zu BGH Urteil vom 12.04.88 - 5. StR 661/87, abgedruckt in StV 1988, Seite 383, in StV 1989, Seiten 57 f.

Backmann, Leonhard/*Müller-Dietz*, Heinz: Der praktische Fall – Strafrecht: Die Flugzeugentführung, in JuS 1975, Seiten 38 ff.

Backmann, Leonhard E.: Geiselnahme bei nicht ernstgemeinter Drohung – BGHSt 26, 309, in JuS 1977, Seiten 444 ff.

Bergmann, Alfred: Das Unrecht der Nötigung (§ 240 StGB), Berlin, 1983 (zit.: Bergmann, Nötigung, Seite)

Biletzki, Gregor C.: Die Abgrenzung von Raub und Erpressung, in Jura 1995, Seiten 635 ff.;

Blei, Hermann: Zum Nachdenken/Gesetzgebung, in JA 1972, Seiten 57 f.

- Die Neugestaltung der Raubtatbestände (EG StGB 1975), in JA 1974, Strafrecht Seiten 55 ff.

- Erpresserischer Menschenraub und Geiselnahme (§§ 239 a, 239 b), in JA 1975, Strafrecht Seiten 19 ff.

- Erpresserischer Menschenraub und Geiselnahme (§§ 239 a, 239 b), in JA 1975, Strafrecht Seiten 37 ff.

- Neue Entscheidungen; Materielles Strafrecht, in JA 1976, Strafrecht Seiten 117 f.

- Strafrecht II, Besonderer Teil, 12. Auflage, München, 1983 (zit.: Blei BT Paragraph Nummer)

Bloy, René: Freiheitsberaubung ohne Verletzung fremder Autonomie? in ZStW 96 (1984), Seiten 703 ff.

Bock, Michael: Prävention und Empirie - Über das Verhältnis von Strafzwecken und Erfahrungswissen, in JuS 1994, Seiten 89 ff.

Bohlander, Michael: Anmerkung zu BGH Urteil vom 17.11.1992 - 1. StR 534/32 abgedruckt in NJW 1993, Seite 1145, in NStZ 1993, Seiten 439 f.

Bohlinger, Günther: Bemerkungen zum Zwölften Strafrechtsänderungsgesetz (12. StRÄG), in JZ 1972, Seiten 230 ff.

Bohnert, Joachim: Strafrecht: Der entwendete Säugling, in JuS 1977, Seiten 746 ff.

- Die Abstraktheit der abstrakten Gefährdungsdelikte - BGH NJW 1982, 2329, in JuS 1984, Seiten 182 ff.

- Zu § 236 StGB, in ZStW 100 (1988), Seiten 508 ff.

Britz, Guido: Der praktische Fall - Strafrecht: Strafbarkeit böser Gedanken? in JuS 1997, Seiten 146 ff.

Bruck, Felix: Zur Lehre von den Verbrechen gegen die Willensfreiheit, Berlin, 1875 (zit.: Bruck, Lehre, Seite)

Cramer Peter: Der Vollrauschtatbestand als abstraktes Gefährdungsdelikt, Tübingen, 1962 (zit.: Cramer, Vollrauschtatbestand, Seite)

Degenhart, Christoph: Staatsrecht I, 14. Auflage, Heidelberg, 1998 (zit.: Degenhart Staatsrecht I Randnummer)

Dornseifer, Gerhard: Unrechtsqualifizierung durch den Erfolg - ein Relikt der Verdachtsstrafe? in Gedächtnisschrift für Armin Kaufmann, Köln, 1989, Seiten 427 ff. (zit.: Dornseifer, GS Armin Kaufmann, Seite)

Dreher, Eduard: Strafgesetzbuch und Nebengesetze, 32. Auflage, München, 1970 (zit.: Dreher 32. Aufl. Paragraph Anmerkung), Strafgesetzbuch und Nebengesetze, 33. Auflage, München, 1972 (zit.: Dreher 33. Aufl. Paragraph Anmerkung)

Fahl, Christian: Zur Konkurrenz der Geiselnahme mit anderen Tatbeständen, Zum Beschluß des Großen Senats in Strafsachen des BGH vom 22.11.94, in NJ 1996, Seiten 70 f.

- Zur Problematik der §§ 239 a, b StGB bei der Anwendung auf "Zwei-Personen-Verhältnisse", in Jura 1996, Seiten 456 ff.

- Erpresserischer Menschenraub, Geiselnahme, in JA 1997, Seiten 746 ff.

Feuerbach, Paul Johann Anselm von/*Mittermaier*, Carl Joseph: Lehrbuch des gemeinen in Deutschland gültigen peinlichen Rechts, 14. Ausgabe, Gießen, 1847 (zit.: Feuerbach/Mittermaier Seite Paragraph)

Fezer, Gerhard: Die persönliche Freiheit im System des Rechtsgüterschutzes, in JZ 1974, Seiten 599 ff.

Fischer, Heinz: Anmerkung zu BGH Urteil vom 18.09.1985 - 2. StR 378/85, abgedruckt in NStZ 1986, Seite 116, in NStZ 1986, Seite 314

Gallas, Wilhelm: Abstrakte und konkrete Gefährdung, Festschrift für Ernst Heinitz zum 70. Geburtstag, Berlin, 1972, Seiten 171 ff. (zit.: Gallas, FS Heinitz, Seite)

Geerds, Friedrich: Zur Lehre von der Konkurrenz im Strafrecht, Hamburg, 1961 (zit.: Geerds, Konkurrenz, Seite)

- Anmerkung zu BGH Urteil vom 17.11.92 - 1. StR 534/92, abgedruckt in BGHSt 39, 36, in JR 1993, Seiten 424 f.

Geilen, Gerd: Zur Problematik der gewaltsamen Entführung (§ 237 StGB), in JZ 1974, Seiten 540 ff.

- Unmittelbarkeit und Erfolgsqualifizierung, Festschrift für Hans Welzel, Berlin, 1974, Seiten 655 ff. (zit.: Geilen, FS Welzel, Seite)

- Strafrecht: Raub und Erpressung, in Jura 1979, Seiten 389 ff., und in Jura 1980, Seiten 43 ff.

Geppert, Klaus: Jura Repetitorium Strafrecht: Grundzüge der Konkurrenzlehre (§§ 52 bis 55 StGB), in Jura 1982, Seiten 358 ff. und Seiten 418 ff.

- Wiederholung Strafrecht: Die restlichen Brandstiftungsdelikte (§§ 307 bis 310 a StGB), in Jura 1989, Seiten 473 ff.

Graul, Eva: Vom Zustand der Zeit im Umgang mit Gesetzen, dargestellt am Beispiel der §§ 239 a, 239 b StGB, Vom unmöglichen Zustand des Strafrechts, Frankfurt a.M., 1995, Seiten 345 ff. (zit.: Graul, Zustand, Seite)

Hälschner, Hugo: Das gemeine deutsche Strafrecht, II. Band: Der besondere Theil des Systems, Bonn, 1884 (zit.: Hälschner, Strafrecht, Seite)

Haft, Fritjof: Grundfälle zu Diebstahl und Raub mit Waffen, in JuS 1988, Seiten 364 ff.

Hansen, Uwe: Tatbild, Tatbestandsfassung und Tatbestandsauslegung beim erpresserischen Menschenraub (§ 239 a StGB), in GA 1974, Seiten 353 ff.

Hassemer, Winfried: Stellungnahme zum Artikelgesetz, 3. § 239 a Erpresserischer Menschenraub; § 239 b Geiselnahme; § 243 Besonders schwerer Fall des Diebstahls; § 316 b Störung öffentlicher Betriebe, in StV 1989, Seite 78

- Kennzeichen und Krisen des modernen Strafrechts, in ZRP 1992, Seiten 381 ff.

Hauf, Claus-Jürgen: Zur Scheinwaffenproblematik des § 250 Abs. I Nr. 2 StGB, in GA 1994, Seiten 319 ff.

- Anmerkung zu BGH Beschluß vom 22.11.1994 - GS 1/94, abgedruckt in NStZ 1995, Seiten 129 ff., in NStZ 1995, Seiten 184 f.

Heinrich, Bernd: Zur Notwendigkeit der Einschränkung des Tatbestandes der Geiselnahme, in NStZ 1997, Seiten 365 ff.

Helmken, Dierk: Zur Strafbarkeit der Ehegattennotzucht, in ZRP 1980, Seiten 171 ff.

- Roll-Back des Patriarchats, in ZRP 1985, Seiten 170 ff.

- Eheliche Vergewaltigung, in ZRP 1993, Seiten 459 ff.

Herzog, Felix: Gesellschaftliche Unsicherheiten der strafrechtlichen Daseinsvorsorge, Heidelberg, 1991 (zit.: Herzog, Daseinsvorsorge, Seite)

Hilger, Hans: Die "Kronzeugenregelung bei terroristischen Straftaten" in NJW 1989, Seiten 3277 f.

Hirsch, Hans Joachim: Zur Problematik des erfolgsqualifizierten Delikts, in GA 1972, Seiten 65 ff.

- Der "unmittelbare" Zusammenhang zwischen Grunddelikt und schwerer Folge beim erfolgsqualifizierten Delikt, in Festschrift für Dietrich Oehler, Köln, 1985, Seiten 11 ff. (zit.: Hirsch, FS Oehler, Seite)

- Die Entwicklung der Strafrechtsdogmatik nach Welzel, in Festschrift der Rechtswissenschaftlichen Fakultät zur 600-Jahr-Feier der Universität zu Köln, Köln, 1988, Seiten 399 ff. (zit.: Hirsch, FS Köln, Seite)

- Gefahr und Gefährlichkeit, Festschrift für Arthur Kaufmann, Heidelberg, 1993, Seiten 545 ff. (zit.: Hirsch, FS Arthur Kaufmann, Seite)

- Strafrecht als Mittel zur Bekämpfung neuer Kriminalitätsformen? in Neue Strafrechtsentwicklungen im deutsch-japanischen Vergleich, herausgegeben von Hans Heiner Kühne und Koichi Miyazawa, Köln, 1995, Seiten 11 ff. (zit.: Hirsch, Strafrechtsentwicklungen, Seite)

- Zur Systematik und Angemessenheit von "Gefährdungs"-Tatbeständen im Kriminalstrafrecht, in Festschrift für Styung Kook Lee, 1998, Seiten 939 ff. (zit.: Hirsch, FS Lee, Seite)

Holtz, Günther: Aus der Rechtsprechung des Bundesgerichtshofs in Strafsachen, in MDR 1981, Seiten 98 ff.

Horn, Eckhard: Konkrete Gefährdungsdelikte, Köln, 1973 (zit.: Horn, Gefährdungsdelikte, Seite)

- Nötigung des Ehegatten zum Beischlaf - strafbar? in ZRP 1985, Seiten 265 ff.

- Anmerkung zu BGH Urteil vom 16.12.86 - 1. StR 566/86, abgedruckt in StV 1987, Seiten 483 f., in StV 1987, Seite 484

Hoyer, Andreas: Zum Begriff der "abstrakten Gefahr", in JA 1990, Seiten 183 ff.

Incesu, Lotte: Feministische Signale durch Strafzumessung? - Der Streit um die Mindeststrafe bei Vergewaltigungen - in StV 1988, Seiten 496 ff.

Jäger, Christian: Der Rücktritt vom erfolgsqualifizierten Versuch, in NStZ 1998, Seiten 161 ff.

Jakobs, Günther: Strafrecht, Allgemeiner Teil: die Grundlagen und die Zurechnungslehre, 2. Auflage, Berlin, 1991 (zit.: Jakobs AT Abschnitt Randnummer)

Jakobs, G.: Anmerkung zu BGH Urteil vom 15.10.1981 - 4. StR 461/81, abgedruckt in BGHSt 30, 235, in JR 1982, Seiten 206 ff.

- Anmerkung zu BGH Urteil vom 8.1.1987 - 1. StR 683/86, abgedruckt in JR 1987, Seiten 339 f., in JR 1987, Seiten 340 ff.

Jescheck, Hans-Heinrich/*Weigend*, Thomas: Lehrbuch des Strafrechts, Allgemeiner Teil, 5. Auflage, Berlin, 1996 (zit.: Jescheck/Weigend AT Paragraph Nummer)

Jung, Heike: Anmerkung zu BGH Urteil vom 21.12.83 - 2. StR 578/83, abgedruckt in JZ 1983, Seiten 533 ff., in JZ 1984, Seiten 535 f.

- Gesetzgebungsübersicht: Artikelgesetz zur inneren Sicherheit, in JuS 1989, Seiten 1025 ff.

- Anmerkung zu BGH Urteil vom 17.11.1992 - 1. StR 534/92, abgedruckt in BGHSt 39, 36, in JuS 1993, Seiten 778 f.

Kaufmann, Arthur: Unrecht und Schuld beim Delikt der Volltrunkenheit, in JZ 1963, Seiten 425 ff.

Keller, Rolf: Anmerkung zu BGH Urteil vom 05.10.1993 - 1. StR 276/93, abgedruckt in BGHSt 39, 330, in JR 1994, Seiten 428 f.

Kern, Bernd-Rüdiger Fremdbestimmung bei der Einwilligung in ärztliche Eingriffe, in NJW 1994, Seiten 753 ff.

Kindhäuser, Urs: Gefährdung als Straftat, Frankfurt a.M., 1989 (zit.: Kindhäuser, Gefährdung, Seite)

Knitschky, W. E.: Menschenraub und Kinderraub, in Der Gerichtssaal Band 44, Seiten 249 ff.

Kohlrausch, Eduard/*Lange*, Richard: Strafgesetzbuch mit Nebengesetzen und Erläuterungen, 38. Auflage, Berlin, 1944 (zit.: Kohlrausch/Lange 38. Aufl. Paragraph Nummer), 43. Auflage, Berlin, 1961 (zit.: Kohlrausch/Lange 43. Aufl. Paragraph Anmerkung)

Krack, Ralf: Die Voraussetzungen der Dreieckserpressung - BGH, NJW 1995, 2799, in JuS 1996, Seiten 493 ff.

Kratzsch, Dietrich: Verhaltenssteuerung und Organisation im Strafrecht, Berlin, 1985 (zit.: Kratzsch, Verhaltenssteuerung, Seite)

- Prinzipien der Konkretisierung von abstrakten Gefährdungsdelikten - BGHSt 38, 309, in JuS 1994, Seiten 372 ff.

Krehl, Christoph: Anmerkung zu BGH Urteil vom 18.09.1985 - 2. StR 378/85, abgedruckt in StV 1986, Seiten 430 f., in StV 1986, Seiten 432 ff.

Krey, Volker: Strafrecht Besonderer Teil Band 1, 10. Auflage, Stuttgart, 1996 (zit.: Krey BT 1, Randnummer)

- Strafrecht Besonderer Teil Band 2, 11. Auflage, Stuttgart, 1997 (zit.: Krey BT 2, Randnummer)

- Gesetzestreue und Strafrecht, in ZStW 101 (1989), Seiten 838 ff.

Küper, Wilfried: Strafrecht Besonderer Teil, Definitionen mit Erläuterungen, 2. Auflage, Heidelberg, 1998 (zit.: Küper BT Seite)

- Zum Raub mit einer "Scheinwaffe" (§ 250 I Nr. 2 StGB) - BGH, NJW 1976, 248, in JuS 1976, Seiten 645 ff.;

- Anmerkung zu OLG Karlsruhe Beschluß vom 27.05.77 - 2. Ss 11/77, abgedruckt in NJW 1978, Seite 331, in NJW 1978, Seiten 956 f.

- Examensklausur Strafrecht: Der Banküberfall, in Jura 1983, Seiten 206 ff.

- Die Aussetzung (§ 221 Abs. 1 StGB) - ein Lebensgefährdungsdelikt, in JZ 1995, Seiten 168 ff.

Küpper, Georg: Anmerkung zu BGH Urteil vom 18.09.85 - 2. StR 378/85, abgedruckt in NStZ 1986, Seiten 116 f., in NStZ 1986, Seiten 117 f.

- Der "unmittelbare" Zusammenhang zwischen Grunddelikt und schwerer Folge beim erfolgsqualifizierten Delikt, Berlin, 1982 (zit.: Küpper, Unmittelbarer Zusammenhang, Seite)

- Strafrecht Besonderer Teil I, Delikte gegen Rechtsgüter der Person und Gemeinschaft, Berlin, 1996 (zit.: Küpper BT 1 Paragraph Randnummer)

Kunert, Karl Heinz/*Bernsmann*, Klaus: Neue Sicherheitsgesetze - mehr Rechtssicherheit? Zum Gesetz zur Änderung des Strafgesetzbuches, der Strafprozeßordnung und des Versammlungsgesetzes und zur Einführung einer Kronzeugenregelung bei terroristischen Straftaten vom 9.6.1989 (BGBl I, 1059), in NStZ 1989, Seiten 449 ff.

Lackner, Karl/*Maassen*, Hermann: Strafgesetzbuch mit Erläuterungen, 7. Auflage, München, 1972 (zit.: Lackner/Maassen Paragraph Randnummer)

Lackner, Karl: Strafgesetzbuch mit Erläuterungen, 22. Auflage, München, 1997 (zit.: Lackner und Lackner/Kühl Paragraph Randnummer)

Lagodny, Otto: Anmerkung zu BGH Vorlagebeschluß vom 21.01.92 - 1. StR 593/91, abgedruckt in NStZ 1992, Seite 230, in NStZ 1992, Seiten 490 f.

Lampe E. - J.: Anmerkung zu BGH Urteil vom 21.11. 1974 - 4. StR 502/74, abgedruckt in JR 1975, Seiten 423 f., in JR 1975, Seiten 424 ff.

Lange, Richard: Das Dritte Strafrechtsänderungsgesetz (Strafrechtsbereinigungsgesetz), in NJW 1953, Seiten 1161 ff.

Langer, Wilfried: Die falsche Verdächtigung, Berlin, 1973 (zit.: Langer, Falsche Verdächtigung, Seite)

Larenz, Karl: Methodenlehre der Rechtswissenschaft, 6. Auflage, Berlin, 1991 (zit.: Larenz, Methodenlehre, Seite)

Laubenthal, Klaus: Anmerkung zu BGH Urteil vom 12.4.88 - 5. StR 661/87, abgedruckt in JR 1988, Seiten 334 f., in JR 1988, Seiten 335 f.

Laubenthal, Klaus: Mißglückter Banküberfall mit tödlichem Irrtum, in Jura 1989, Seiten 99 ff.

Leipziger Kommentar: Großkommentar zum Strafgesetzbuch, 8. Auflage, Berlin, 1958 (zit.: Bearbeiter, LK 8. Aufl. Paragraph Anmerkung), 9. Auflage, Berlin, 1974 (zit.: Bearbeiter, LK 9. Aufl. Paragraph Randnummer), 10. Auflage, Berlin, 1985 – 1989 (zit.: Bearbeiter, LK Paragraph Randnummer), 11. Auflage, Berlin, seit 1992 (zit.: Bearbeiter, LK Paragraph Randnummer)

Lesch, Heiko: Geiselnahme, in JA 1995, Seiten 449 ff.

Löffeler, Peter: Strafrecht - BT: Spezifischer Zusammenhang zwischen Grunddelikt und Erfolgsqualifizierung beim Tatbestand der Geiselnahme mit Todesfolge, in JA 1986, Seiten 286 ff.

Lorenzen, Klaus: Zur Rechtsnatur und verfassungsrechtlichen Problematik der erfolgsqualifizierten Delikte, Berlin, 1981 (zit.: Lorenzen, Rechtsnatur d. Erfolgsquali. Delikte, Seite)

Martin, Jörg: Strafbarkeit grenzüberschreitender Umweltbeeinträchtigungen, Zugleich ein Beitrag zur Gefährdungsdogmatik und zum Umweltvölkerrecht, Freiburg im Breisgau, 1989 (zit.: Martin, Umweltbeeinträchtigungen, Seite)

Martin, Sigmund P.: Anmerkung zu BGH Urteil vom 14.01.1997 - 1. StR 507/96, abgedruckt in NJW 1997, 1082, in JuS 1997, 757

Maurach, Reinhart: Probleme des erfolgsqualifizierten Delikts bei Menschenraub, Geiselnahme und Luftpiraterie, in Festschrift für Ernst Heinitz zum 70. Geburtstag, Berlin, 1972, Seiten 403 ff. (zit.: Maurach, FS Heinitz, Seite)

Maurach, Reinhart/*Schroeder*, Friedrich-Christian/*Maiwald*, Manfred: Strafrecht Besonderer Teil, Teilband 1, 8. Auflage, Heidelberg, 1995 (zit.: Maurach/Schroeder/Maiwald BT I Paragraph Randnummer), Teilband 2, 7. Auflage, Heidelberg, 1991 (zit.: Maurach/Schroeder/Maiwald BT II Paragraph Randnummer)

Maurach, Reinhart/*Zipf*, Heinz: Strafrecht Allgemeiner Teil, Teilband 1, 8. Auflage, Heidelberg, 1992 (zit.: Maurach/Zipf AT I Paragraph Randnummer)

Maurach, Reinhart: Zur Rechtsnatur des erpresserischen Kindesraubes (§ 239 a StGB), in JZ 1962, Seiten 559 ff.

Mezger, Edmund: Deutsches Strafrecht; Ein Grundriß, 3. Auflage, Berlin, 1943 (zit.: Mezger, Strafrecht, Seite)

Middendorff, Wolf: Menschenraub, Flugzeugentführungen, Geiselnahme und Kidnapping, Bielefeld, 1972 (zit.: Middendorff, Menschenraub, Seite)

Miebach, Klaus: Aus der Rechtsprechung des Bundesgerichtshofs zu materiell-rechtlichen Fragen des Sexualstrafrechts, in NStZ 1993, Seiten 223 ff.

Mitsch, Wolfgang: Die Strafbarkeit der Ehegattenvergewaltigung im geltenden Recht, in JA 1989, Seiten 484 ff.

- Unvollendete Hilfeleistung als Straftat - BGH, NJW 1993, 2628, in JuS 1994, Seiten 559 ff.

Mommsen, Theodor: Römisches Strafrecht, Berlin, 1899 (zit.: Mommsen, Röm. Strafrecht, Seite)

Morstadt, Karl Eduard: Ausführlicher kritischer Commentar zu Feuerbachs Lehrbuch des gemeinen in Deutschland gültigen peinlichen Rechts, Schaffhausen, 1855 (zit.: Morstadt Seite Anmerkung)

Müller-Dietz, Heinz: Der Tatbestand der Geiselnahme in der Diskussion - BGH, NJW 1995, 471, in JuS 1996, Seiten 110 ff.

Müller-Emmert, Adolf/*Maier*, Bernhard: Erpresserischer Menschenraub und Geiselnahme – zu den §§ 239 a, 239 b StGB neuer Fassung -, in MDR 1972, Seiten 97 ff.

Neumann, Ulfried/*Schild*, Wolfgang: Nomos Kommentar zum Strafgesetzbuch. Baden-Baden, 1995. (zit.: Bearbeiter, NK Paragraph Randnummer)

Nüse, Karl-Heinz: Zum dritten Strafrechtsänderungsgesetz (Strafrechtsbereinigungsgesetz), in JR 1953, Seiten 277 ff.

Oehler, Dietrich: Das erfolgsqualifizierte Delikt als Gefährdungsdelikt, in ZStW 69 (1957), Seiten 503 ff.

Olsenhausen, Justus: Kommentar zum Strafgesetzbuch für das Deutsche Reich, Band II, §§ 184 – 247, 12. Auflage, Berlin, 1942 (zit.: Olsenhausen Paragraph Nummer)

Otto, Harro: Grundkurs Strafrecht – Allgemeiner Teil, 5. Auflage, Berlin, 1996 (zit.: Otto AT Paragraph Randnummer)

- Grundkurs Strafrecht – Die einzelnen Delikte, 5. Auflage, Berlin, 1998 (zit.: Otto BT, Seite)

- Anmerkung zu BGH Urteil vom 22.09.1983 - 4. StR 376/83, abgedruckt in JZ 1984, Seiten 142 f., in JZ 1984, Seiten 143 ff.

- Anmerkung zu BGH Urteil vom 24.11.1988 - 4. StR 441/88, abgedruckt in JR 1989 Seiten 338 ff., in JR 1989, Seiten 340 f.

- Das Verhältnis der Nötigung zur Freiheitsberaubung, in Jura 1989, Seiten 497 ff.;

Paeffgen, Hans-Ullrich: Die erfolgsqualifizierten Delikte - eine in die allgemein Unrechtslehre integrierbare Deliktsgruppe?, in JZ 1989, Seiten 220 ff.

Park, Tido, Schwarz, Thomas: Die Freiheitsberaubung (§ 239 StGB), in Jura 1995, Seiten 294 ff.

Pfundtner, Hans: Das neue Deutsche Reichsrecht, Bände 1 – 19, Berlin 1933 – 1944 (zit.: Bearbeiter, Pfundtner, Anmerkung)

Prinz, Heinrich: Geiselnahmen, in Der Kriminalist 1995, Seiten 469 ff.;

Puppe, Ingeborg: Anmerkung zu BGH Urteil vom 30.6.82 - 2. StR 226/82, abgedruckt in NStZ 1983, Seiten 21 f., in NStZ 1983, Seite 22

- Funktion und Konstitution der ungleichartigen Idealkonkurrenz, in GA 1982, Seiten 143 ff.

Rabl, Kurt O.: Der Gefährdungsvorsatz, Breslau, 1933 (zit.: Rabl, Gefährdungsvorsatz, Seite)

Rengier, Rudolf: Strafrecht - Besonderer Teil 1, Vermögensdelikte, 2. Auflage, München, 1998 (zit.: Rengier BT 1, Paragraph Randnummer)

- Strafrecht - Besonderer Teil 2, Delikte gegen die Person und Allgemeinheit, 2. Auflage, München, 1998 (zit.: Rengier BT 2, Paragraph Randnummer)

- Die "harmonische" Abgrenzung des Raubes von der räuberischen Erpressung entsprechend dem Verhältnis von Diebstahl und Betrug, in JuS 1981, Seiten 654 ff.

- Genügt die bloße Bedrohung mit (Schuß-) Waffen zum Sichbemächtigen im Sinne der §§ 239 a, 239 b StGB, in GA 1985, Seiten 314 ff.

- Anmerkung zu BGH Urteil vom 10.4.1986 - 4. StR 89/86, abgedruckt in JZ 1986, Seiten 963 f., in JZ 1986, Seiten 964 ff.

- Opfer- und Drittverhalten als zurechnungsausschließende Faktoren bei § 226, in Jura 1986, Seiten 143 ff.

- Anmerkung zu BGH Urteil vom 12.11.1987 - 4. StR 541/87, abgedruckt in BGHSt 35, 19, in JZ 1988, Seiten 931 ff.

- Der Große Strafsenat entscheidet: Exklusivitäts- oder Konkurrenzlösung?, in StV 1992, Seiten 496 ff.

- Erfolgsqualifizierte Delikte und verwandte Erscheinungsformen, Tübingen, 1986 (zit.: Rengier, Erfolgsquali. Delikte, Seite)

Renzikowski, Joachim: Erpresserischer Menschenraub und Geiselnahme im System des Besonderen Teils des Strafgesetzbuches, in JZ 1994, Seiten 492 ff.

- Anmerkung zu BGH Urteil vom 22.11.1994 - GS St 1/94, abgedruckt in BGHSt 40, 350, in JR 1995, Seiten 349 f.

- Anmerkung zu BGH Urteil vom 14.01.97 - 1. StR 507/96, in JR 1998, Seite 126 f.

Roxin, Claus: Strafrecht Allgemeiner Teil: Band 1 Grundlagen, Der Aufbau der Verbrechenslehre, 3. Auflage, München, 1997 (zit.: Roxin Strafrecht I, Paragraph, Randnummer)

Rudolphi, Hans Joachim/*Horn*, Eckhard/*Samson*, Erich/*Günther*, Hans-Ludwig/*Hoyer*, Andreas: Systematischer Kommentar zum Strafgesetzbuch, 6. Auflage, Neuwied, 1994, Band I, Allgemeiner Teil (§§ 1 bis 79 b), (Stand: 28. Lieferung, Mai 1998), Band II, Besonderer Teil (§§ 80 bis 358), (Stand 44. Lieferung, Mai 1998) (zit.: Bearbeiter, SK Paragraph Randnummer)

Rudolphi, Hans-Joachim: Anmerkung zu BGH Urteil vom 15. 07. 1975 - 4. StR 201/75, abgedruckt in JR 1976, Seiten 73 f., in JR 1976, Seiten 74 f.

Schmidhäuser, Eberhard: Strafrecht, Besonderer Teil, 2. Auflage, Tübingen, 1983 (zit.: Schmidhäuser II, Seite)

Schmitt, Rudolf: Übungsklausur Strafrecht: Schuldeintreibung durch Kidnapping, in Jura 1985, Seiten 269 ff.

Schönke, Adolf: Strafgesetzbuch – Kommentar, 4. Auflage, München, 1949 (zit.: Schönke 4. Aufl. Paragraph Anmerkung)

Schönke, Adolf/*Schröder*, Horst: Strafgesetzbuch – Kommentar, 10. Auflage, München, 1961 (zit.: Schönke/Schröder 10. Aufl. Paragraph Anmerkung), 15. Auflage, München, 1970 (zit.: Schönke/Schröder 15. Aufl. Paragraph Anmerkung), 16. Auflage, München, 1972 (zit.: Schönke/Schröder 16. Aufl. Paragraph Anmerkung), 25. Auflage, München, 1997 (zit.: Bearbeiter in Schönke/Schröder Paragraph Randnummer)

Schroeder, Friedrich-Christian: Die Grundstruktur der Nötigung und die Möglichkeit zur Beseitigung ihrer durch das BVerfG geschaffenen Lücken, in NJW 1996, Seiten 2627 ff.

Schröder, Horst: Zur Abgrenzung der Vermögensdelikte, in SJZ 1950, Spalten 94 ff.

- Die Gefährdungsdelikte im Strafrecht, in ZStW 81 (1969), Seiten 7 ff.

- Anmerkung zu BGH Urteil vom 30.09.70 - 3. StR 119/70, abgedruckt in JR 1971, Seiten 205 f., in JR 1971, Seite 206

Schultz, Michael/*Richter*, Hans-Peter: Strafrecht: Der verwechselte Bankräuber, in JuS 1985, Seiten 798 ff.

Schünemann, Bernd: Moderne Tendenzen in der Dogmatik der Fahrlässigkeits- und Gefährdungsdelikte, in JA 1975, Strafrecht, Seiten 113 ff., 131 ff., 167 ff., 185 ff. und 203 ff.

- Raub und Erpressung, in JA 1980, Seiten 349 ff., 393 ff. und 486 ff.

Seelmann, Kurt: Grundfälle zu den Straftaten gegen das Vermögen als Ganzes, in JuS 1982, Seiten 751 ff., 914 ff. und 1983, Seiten 32 ff.

- Grundfälle zu den Eigentumsdelikten, 5. bis 8. Teil, in JuS 1986, Seiten 201 ff.

Seier, Jürgen: Die Gesetzeseinheit und ihre Rechtsfolgen, in Jura 1983, Seiten 225 ff.

Sowada, Christoph: Das sog. "Unmittelbarkeits"-Erfordernis als zentrales Problem erfolgsqualifizierter Delikte, in Jura 1994, Seiten 643 ff.

- Die erfolgsqualifizierten Delikte im Spannungsfeld zwischen Allgemeinem und Besonderem Teil des Strafrechts, in Jura 1995, Seiten 644 ff.

Spendel, Günter: Zur Neubegründung der objektiven Versuchstheorie, in Festschrift für Ulrich Stock, Würzburg, 1966, Seiten 89 ff. (zit.: Spendel, FS für Stock)

Stockmayer, Ulrich: Das Verbrechen des erpresserischen Kindesraubes nach § 239 a RStGB, Würzburg, 1937 (zit.: Stockmayer, Erpresserischer Kindesraub, Seite)

Stree, Walter: Beteiligung an einer Schlägerei - BGHSt 16, 130, in JuS 1962, Seiten 93 ff.

Sundermann, Heinz-Georg: Polizeiliche Befugnisse bei Geiselnahmen, in NJW 1988, Seiten 3192 ff.

Tenckhoff, Jörg: Die leichtfertige Herbeiführung qualifizierter Tatfolgen, in ZStW 88 (1976), Seiten 897 ff.

Tenckhoff, Jörg/*Baumann*, Lars Anton: Zur Reduktion der Tatbestände des erpresserischen Menschenraubs und der Geiselnahme, §§ 239 a, 239 b StGB - BGHSt 39, 36, in JuS 1994, Seite 836 ff.

Tiemann, Frank: Der praktische Fall – Strafrecht: Eine mißlungene Existenzgründung, in JuS 1994, Seiten 138 ff.

Tittmann, Carl August: Beiträge zur Lehre vom Verbrechen gegen die Freiheit, Meissen, 1806 (zit.: Tittmann, Beiträge, Seite)

Tröndle, Herbert: Strafgesetzbuch und Nebengesetze, 48. Auflage, München, 1997 (zit.: Tröndle Paragraph Randnummer)

Ulsenheimer, Klaus: Zur Problematik des Versuchs erfolgsqualifizierter Delikte, in GA 1966, Seiten 269 ff.

- Anmerkung zu BGH Urteil vom 10.7.1985 - 3. StR 104/85, abgedruckt in StV 1986, Seite 201, in StV 1986, Seiten 201 ff.

Vitt, Elmar: Anmerkung zu BGH Urteil vom 24.6.1993 - 4. StR 33/93, abgedruckt in JR 1994, Seiten 198 f., in JR 1994, Seiten 199 ff.

Weber, Ulrich: Die Vorverlegung des Strafrechtsschutzes durch Gefährdungs- und Unternehmensdelikte, herausgegeben von Jescheck, Hans-Heinrich, Berlin, 1987 (zit.: Weber, Gefährdungs- und Unternehmensdelikte, Seite)

Welzel, Hans: Das deutsche Strafrecht, 1. Auflage, Berlin, 1947 (zit.: Welzel, Strafrecht, 1. Aufl., Seite), 11. Auflage, Berlin, 1969 (zit.: Welzel, Strafrecht, 11. Aufl., Paragraph Nummer)

Wessels, Johannes: Strafrecht - Allgemeiner Teil, 28. Auflage, Heidelberg, 1998 (zit.: Wessels AT Randnummer)

- Strafrecht - Besonderer Teil 1, 22. Auflage, Heidelberg, 1998 (zit.: Wessels BT 1 Randnummer)

- Strafrecht - Besonderer Teil 2, 21. Auflage, Heidelberg, 1998 (zit.: Wessels BT 2 Randnummer)

Widmann, Hans Joachim: Die Freiheitsberaubung mit Todesfolge als erfolgsqualifizierte Straftat mit eingeschränktem Ursachenrahmen, in MDR 1967, Seiten 972 f.

Wolter, Jürgen: Die Struktur der erfolgsqualifizierten Delikte, in JuS 1981, Seiten 168 ff.

- Der "unmittelbare" Zusammenhang zwischen Grunddelikt und schwerer Folge beim erfolgsqualifizierten Delikt, in GA 1984, Seiten 443 ff.

- Anmerkung zu BGH Urteil vom 18.09.1985 - 2. StR 378/85, abgedruckt in JR 1986, Seiten 464 f., in JR 1986, Seiten 465 ff.

Zuck, Rüdiger: Gewalt in der Familie, in MDR 1987, Seiten 14 ff.

Sachwortverzeichnis

Schriften zum Strafrecht

Internet: http://www.duncker-humblot.de

Internet: http://www.duncker-humblot.de